CONCEPT BASED
CURRICULUM &
INSTRUCTION

개정 증보판

개념 기반 교육과정 수업 설계의 이론과 실제

조호제 · 김남준 · 김정숙 · 김정윤 · 김혜숙
박은하 · 박일수 · 백종민 · 채은경 · 최은아 공저

개정 증보판 서문

> "혁신을 위해서는 전통적 학문의 근본적이고 힘 있는 개념(powerful concept)의 창조적 전이(creative transfer)가 필요하다"
>
> — J. Stern et al., 2017.

최근 교육 분야에서는 지식교육, 개념 기반 교육이 중요하게 부각되고 있다. 무엇보다 '2022 개정 교육과정'에서 교육과정 개발 방향의 하나로 '깊이 있는 학습'을 제시한 것은 이러한 맥락과 관련이 있다. 역량교육과 지식교육이 상반된 것이 아니며, 역량교육을 위해 지식교육이 필요하다는 인식이 잘 반영되어 있는 것이다.

역량을 위해 지식이 필요하지만, 사실적 지식만으로는 충분하지 않다. 그런 의미에서 사실적 지식의 차원에 머물러 있던 교육을 비판하는 것은 일면 정당하다. 특히 서로 연결되지 않은 지식의 조각들은 지식 자체에 대한 이해를 위해서도 역량의 함양을 위해서도 유용하지 않다. 지식에는 사실적 지식, 절차적 지식, 개념적 지식 등 여러 층위의 지식이 있으며, 서로 다른 층위의 지식이 서로 연결되어 시너지를 낼 때 깊은 이해에 도달할 수 있고, 깊은 이해에 이르렀을 때야 비로소 필요한 역량이 발휘될 수 있다. 불확실하고 가변적인 현대사회에서, 뜻밖에 직면한 문제를 해결할 열쇠는 심층에서 길어 올린 개념적 지식에서 찾을 수 있고, 여기에 생동하는 역량의 원천이 흐르고 있는 것이다.

그렇다면 학생들이 개념적 이해에 도달하도록 돕기 위해 교사는 무엇을 해야 하는가? 개념 기반 수업은 어떻게 실행되어야 하는가? 무엇보다 학교교육에서는 이와 같은 개념 기반 교육이 어떻게 이루어져야 하는가?

저자들은 이러한 문제 인식과 질문들을 출발점으로 개념 기반 교육의 본질과 배경을 고찰하고, 현대 사회에서 개념 기반 교육이 필요한 이유에 대해 토론하였으며, 학교 현장에서 실행할 수 있는 구체적인 교수·학습 방안에 대해 머리를 맞대고 탐색하였다. 이 책은 이러한 과정에서 만들어진 작은 성과이다.

책은 크게 6부로 구성되어 있다. 1부에서는 교육과정의 의미, 교육과정 성취기준의 이해, 2015 개정 교육과정과 2022 개정 교육과정에 따른 각론의 주요 특징과 수업 설계 및 평가 등을 개관하였다. 2부에서는 '개념'이 무엇인지를 되짚어 본후, 개념 형성의 이론과 전략을 고찰한 다음 평가 방법 및 관련 교수·학습 모형등을 폭넓게 살펴보았다. 3부에서는 개념 기반 교수·학습 설계의 목적과 기본방향, 단원 계획의 과정, 개념 기반 교수·학습 설계 모형 및 각 단계의 전략을 제시하여 2022 개정 교육과정에 맞게 구체적인 수업 탐색방안의 토대를 마련하고자하였다. 4부에서는 국어과, 수학과, 사회과, 과학과, 영어과 등 5개 교과에서, 단원 개요, 단원 구조, 단원의 지도계획, 학습활동 설계 방안을 중심으로 개념 기반수업의 구체적인 사례를 제시하였다. 끝으로 5부에서는 보통 역행설계모형으로불리는 이해중심교육과정과 최근 많은 관심을 받고 있는 IB PYP 프레임워크를소개하였다. 이들은 모두 개념에 기반한 교수설계를 하고 있기 때문이다. 6부에서는 개정 증보판에서 추가한 단원이다. 여기서는 우리나라 교육과정을 IB PYP 프레임워크와 같이 구조화하여 대안적 교수 설계 모형을 제시하였다. 이는 개념 기반 수업에 전문성을 가진 다수의 전문가로부터 의견을 받아 교육과정 총론이 수업장면에서 구현될 수 있는 한국형 개념 기반 수업을 구안한 것이라고 할 수 있다. 대안적 교수 설계는 단순 명료한 단계로 이루어지면서도 교육을 통하여 달성해야하는 학생상, 핵심 가치, 핵심 기능, 핵심 개념 등을 2022 개정 교육과정과 연계한것이기 때문에 우리 고유의 개념 기반 수업 방안의 초석을 놓았다고 할 수 있다.

개념 기반 수업에서 추구하는 지식에 대한 깊은 이해는 삶을 살아가는 데 필요한 역량과 더 나은 세상을 만들기 위한 혁신의 토대이고, 학생들이 자기주도적인학습자로, 자율적인 인간으로 성장하도록 돕는 동력이 되리라 믿는다. 이 책이 이와 같은 비전을 갖고 학교에서 깊은 학습을 실천할 수 있는 좋은 길잡이가 되길바란다. 마지막으로 책의 출판을 위해 수고해 주신 박영스토리 관계자 여러분께깊이 감사드린다.

목 차

PART 04

개념 기반 교육과정과 수업 사례

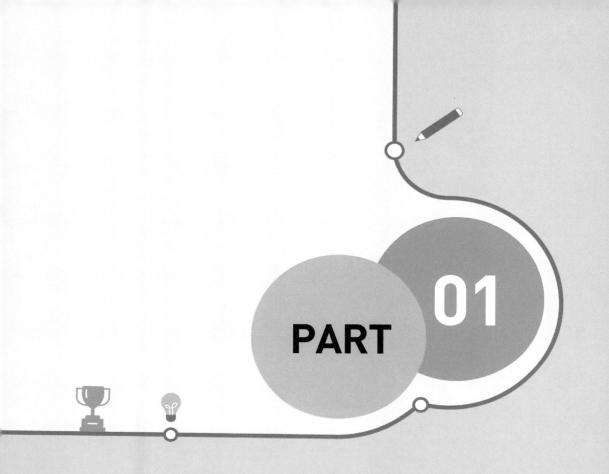

PART **01**

교육과정의 이해

교육과정의 이해

1. 교육과정의 기본 질문과 의미

가. 교육과정의 기본 질문

'무엇을 가르치고 배울 것인가?' 하는 질문이 중요한 이유는 현재 가르치고 있는 교육내용과 활동에 대한 반성적 사고를 촉구하는 것이기 때문이다. 학문탐구 분야로서 교육과정학은 교육기관의 교육상황에서 가르치고 배울 만한 것이 무엇인가를 찾는 일이다. 현재 가르치고 있는 것 중에서 혹시 가르치지 않아도 될 만한 것은 없는가? 현재 가르치지 않아도 될 만한 것들 때문에 마땅히 가르칠 만한 것을 빠뜨리고 있지 않은가? 등을 묻고 답하는 것이다.

그림 1-1 **교육과정을 기초로 한 질문**

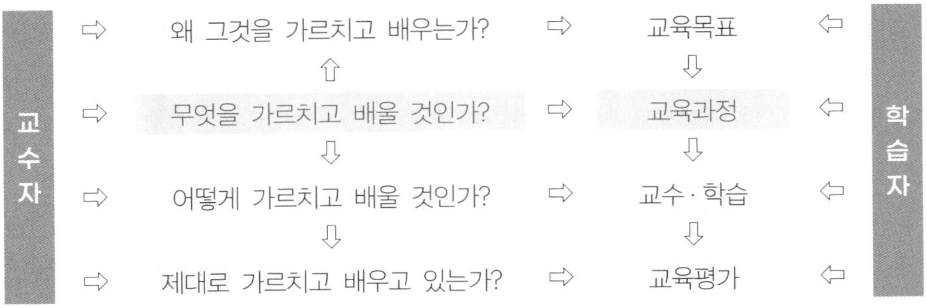

교수자				학습자
⇨	왜 그것을 가르치고 배우는가? ⇨	교육목표	⇦	
	⇧	⇩		
⇨	무엇을 가르치고 배울 것인가? ⇨	교육과정	⇦	
	⇩	⇩		
⇨	어떻게 가르치고 배울 것인가? ⇨	교수·학습	⇦	
	⇩	⇩		
⇨	제대로 가르치고 배우고 있는가? ⇨	교육평가	⇦	

출처: 홍후조(2017). 알기쉬운 교육과정. 서울: 학지사.

초·중등 교육법(제23조 1항)에 의하면 '학교는 교육과정을 운영하여야 한다'라고 되어 있다. 2009 개정 교육과정에서는 교육과정 편성·운영의 자율권이 학교로 대폭 이양되었다. 교사는 자율성을 발휘하는 하나의 방법으로 학생들의 수준과 흥미 그리고 지역사회 실정 등을 고려한 교육과정을 재구성하여 실천해야 한다. 교사의 교육과정 재구성 역량은 교육의 본질을 회복하기 위한 기본 전제이므로 새로운 교육 패러다임이 요구하는 교사의 전문성이라고 할 수 있다.

일반적으로 교육과정이라 하면 학교 교육에 있어서 학생들에게 어떠한 교육목표를, 어떠한 교육내용과 방법, 평가를 통하여 성취시킬 것인가를 정해 놓은 공통적·일반적 기준이다. 국가 교육과정에 따라 각 교육청에서는 지역적 특수성과 실태를 반영한 지침을 만들고, 각 학교에서는 국가 교육과정과 시·도별 지침에 따라 그 학교의 실정에 따른 학교 교육과정을 만들어 각 지역과 학교, 학생들에게 알맞은 교육을 하게 된다. 교사는 교육과정의 실천가로서 자신과 학생에게 왜 그것을 가르치고 배우는가(교육목표), 무엇을 가르치고 배우는가?(교육과정), 어떻게 가르치고 배우는가?(교수·학습), 제대로 가르치고 배우고 있는가?(교육평가)에 대한 질문을 통해 교육자로서 자신을 성찰해야 한다.

나. 교육과정의 의미

교육과정의 의미는 보는 시각과 관점에 따라 다양하게 해석되고 있다. 교육과정을 넓게 생각하느냐, 좁게 생각하느냐에 따라 그 의미가 달라질 수도 있고, 어디에 전제와 중점을 두고 있느냐에 따라서도 달라질 수 있다. 또, 누가 어느 수준에서 어떠한 준거와 방법으로 교육 내용을 결정하느냐에 따라서도 달라지게 된다.

교육과정은 관점이나 맥락에 따라 다양하게 이해될 수 있다. 예컨대 교육을 지식의 전달로 보면 교육과정은 전달하려는 지식 또는 그 한 단위로서의 교과들의 체계로 파악할 수 있고 그와는 달리 교육을 인격의 함양 또는 바람직한 능력·특성들의 형성으로 보면 교육과정도 그러한 인격 또는 능력·특성 형성에 최적한 학생들의 경험들을 지칭하기도 한다. 한편으로 그것은 교과 또는 경험들의 계획에 초점을 두기도 하지만 다른 한편에서는 그 계획의 시행을 통해 기대되는 학습 결과에 주목하기도 한다.

오늘날 학교에서 이루어지는 교육과정은 학생이 경험하는 총체 또는 학교가 제공하는 경험의 총체라는 광의의 의미로 정의해 볼 수 있다. 그렇지만 학교에서 계획하고 실천하는 교육과정은 의도적이고 계획적인 행위라고 할 수 있다. 이러한 의도적이고 계획적인 행위는 달성하고자 하는 교육목적 및 목표를 포함한다. 즉, 학교에서 계획하고 실천하는 교육과정은 학교의 교육목적 및 목표를 달성하기 위해 교육내용 또는 학습경험을 선정하고 조직하며 실천하고 평가하는 제 행위를 가리키는 것이라고 할 수 있다. 따라서 의도적이고 계획적인 학교 교육에 적용하고자 하는 교육과정은 '교육목표와 경험 혹은 내용, 방법, 평가를 체계적으로 조직한 교육 계획'으로 정의할 수 있다.

다. 교육과정은 세상을 보는 창문

교육과정 문서를 이루는 구성 요소는 교육과정 시기마다 달리하여 왔지만, 대체로 성격, 목표, 내용 및 성취기준, 교수·학습 방법과 평가 등으로 구성되어 왔다. 이 중에서 교육과정에서 가장 많은 부분을 차지하는 동시에 핵심 요체라고 할 수 있는 것은 내용 및 성취기준이다. 2015 개정 교육과정과 2022 개정 교육과정 모두 이것을 '내용 체계 및 성취기준'으로 제시하고 있다. 내용 체계 및 성취기준에서 다루는 내용은 허구가 아닌 실제이다. 다시 말해서, 교육과정에서 제시하고 있는 내용은 세상에서 인간이 살아가는 일과 관련된 현상, 자연이 만드는 현상 등을 총 망라해서 관련 이론과 학문으로 연계하여 체계화시켜 놓은 것이다. 그래서 학생들이 교육과정을 통해 내용을 배우고 습득하는 것은 세상에 대한 이치를 배우고 이를 활용하는 방식을 배우게 된다. 세상에서 살아가는 방식을 배우고 이를 발전시키기 위한 안목을 형성하는 것이다. 그래서 교육과정은 세상을 보는 창문이라고 할 수 있다. 여기서 주목할 것은 '배움'이라는 의미이다. 배운다는 것은 지식을 습득하는 차원을 넘어 습득한 지식을 활용할 줄 아는 사고 체계를 형성시켜 주고 탐구하는 방식을 실세계에 적용함으로써 문제를 해결하는 역량을 길러주는 것이다. 이것은 곧 배운 것을 실제 상황에 맞게 적용하여 문제 해결력을 길러주는 방식으로 전환시킬 수 있어야 한다는 것을 의미한다. 이를 통하여 학생들은 세상의 다양한 문제와 현상을 파악하여 대안을 마련하는 관점을 기를 수 있다.

세상을 보는 창문을 통해 학생들이 너무나 많은 내용을 기억하고 정리해야 하는 데는 한계가 있다. 그래서 이것을 유목화시켜 놓고 분류하여 기억하기 좋게 만든 것이 개념 기반 교육과정이다. 여기서는 깊은 개념적 이해를 통하여 다른 학습 내용을 이해하는 전이효과를 기대할 수도 있다. 무엇인가를 깊이 있게 할 수 있다는 것은 교육과정에서 다루는 실세계와 통합하는 안목을 형성시켜준다. 곧 이론과 실제의 연계인 것이다. 학생들은 학교에서 배운 지식을 이용하여 자신의 주변에서 볼 수 있는 다양한 사회나 자연에 대한 현상을 이해하고 설명할 수 있게 된다. 또한, 학습한 내용과 실제의 통합된 안목을 통하여 문제를 해결할 수도 있다. 이것이 곧 역량이다. 역량은 아는 것뿐만 아니라 해결하고 대안을 제시하며 바람직한 태도나 가치관을 형성하게 하는 교육의 총화이다.

2. 교육과정 성취기준의 이해

가. 성취기준의 도입

1983년 미국의 대통령 보고서인 '위기에 처한 국가'(A Nation at Risk)가 발표된 이후 미국 교육과정의 큰 변화는 교육과정 표준 또는 성취기준 운동이라고 할 수 있다. 우리나라는 제7차 교육과정에서 성취기준을 도입한 이후 2007 개정, 2009 개정, 그리고 2015 개정 교육과정에 이르기까지 그 비중이 점차 확대되어 왔다. 2022 개정 교육과정에서도 이를 적용하고 있다. '성취기준'이라는 용어는 1996년 한국교육개발원에서 발간한 「국가 공통 절대평가 기준 일반모형 개발연구」(허경철 외, 1996)에서 미국의 'Standards' 운동을 '성취기준'으로 번역 소개한 것으로 사실상 미국 중심의 교육개혁 용어를 차용한 것이다. 우리나라에서 성취기준은 제7차 교육과정에서 최초 도입된 이후 나름 구조화된 틀로 현재까지 거듭나고 있다고 할 수 있다.

나. 성취기준의 의미

제7차 교육과정에서는 성취기준을 내용 기준(content standards)과 수행 기준(performance standards)으로 분류하고, 교과목표와 내용을 밀접하게 관련시켜 학생들이 학습을 통하여 성취해야 할 능력이나 특성의 폭과 깊이를 나타낼 수 있도록 상세화 할 것을 지적하고 있다. 제7차 교육과정에서 성취기준을 도입하게 된 배경에는 지식 위주, 암기 중심교육의 한계를 극복하기 위하여 내용 기준과 수행 기준의 균형을 마련하고자 하였다고 볼 수 있다. 교육과정 성취기준을 일반적인 의미로 정의한다면 "학생들이 무엇을 알아야 하는지(내용 기준) 그리고 무엇을 할 수 있어야 하는지(수행 기준)를 정해 놓은 교육목표에 가까운 하나의 공적 진술문(성열관, 2005)"이라 할 수 있다. 내용 기준은 교과에서 중요하게 다루어야 할 중심이 되는 개념, 원리, 명제, 법칙, 이론 등을 규정한 것으로 명세적으로 제시되어야 하며 이는 교육활동 계획으로 작용된다(홍후조, 2017). 수행 기준은 학생들이 내용 기준을 바탕으로 수업 시간에 수행해야 할 대상을 적시한 것으로 실제적인 맥락성이 깊게 관련된다. 다음은 2015 개정 교육과정에서 성취기준이 갖는 의미를 제시한 것이다.

- 교과를 통해 학생들이 배워야 할 지식과 기능, 수업 후 학생들이 할 수 있어야 할, 또는 할 수 있기를 기대하는 능력을 나타내는 결과 중심의 도달점, 교과의 내용(지식)을 적용하고 문제해결을 하는 수행 능력
- 학생들이 교과를 통해 배워야 할 내용과 이를 통해 수업 후 할 수 있거나 할 수 있기를 기대하는 능력을 결합하여 나타낸 수업 활동의 기준

다. 2015 개정 교육과정에서 성취기준 설정 근거

2015 개정 교육과정에서 성취기준은 내용 기준(content standards)과 수행 기준(performance standards)으로 분류하는 의미를 연계시키고 있다. 즉, 교과 목표와 내용을 밀접하게 관련시키고 학생들이 학습을 통하여 성취해야 할 능력이나 특성의 폭과 깊이를 나타낼 수 있도록 상세화하는 것의 맥락을 강조하고 있는 것이다. 그래서 2015 개정 교육과정에서는 내용요소(내용 기준) + 기능(수행 기준) = 성취기준이라는 등식을 제시하고 있다. 다음은 2015 개정 교육과정에서 성취기준 설정의 방침을 제시한 것이다.

- 성취기준을 진술하기 위해 교과의 핵심 개념을 설정하고 이를 내용(지식)으로 구체화한다.
- 성취기준을 진술하기 위해 교과의 기능(탐구 과정 및 전략)을 설정한다.
- 교과의 내용(지식)을 구체화한 학년(군)별 내용과 기능을 의미 있게 정합하여 진술한다.
- 지식의 적용 및 지식에 대한 이해를 나타내는 수행 능력을 진술한다.
- 지식과 기능 이외의 관련 영역(예를 들어, 가치 및 태도, 타 교과와의 연결개념 등)을 설정하고 구체화한다.

내용 요소(내용 기준) + 기능(수행 기준) = 성취기준을 구체적으로 제시하면 아래 그림과 같다.

그림 1-2 성취기준의 내용 기준과 수행 기준의 연계 구도

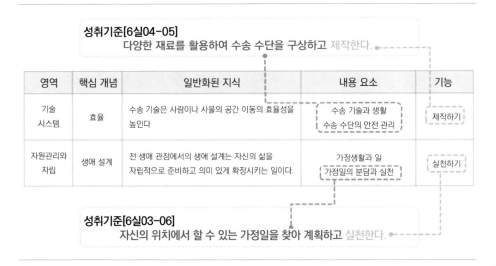

다음은 국어과 교육과정의 내용 체계를 재구조화하여 성취기준의 구도를 나타낸 것이다. '[4국03−01] 중심 문장과 뒷받침 문장을 갖추어 문단을 쓴다.'에서 내용 기준은 중심문장, 뒷받침 문장, 문단에 관련된 지식이고 수행 기준은 문단 쓰기를 하는 것이다. 즉, 문단에 관련된 지식을 습득하고 문단 쓰기를 수행하는 것이라고 할 수 있다. 수행에는 기능도 연계되어 있는데 여기서 기능이라 함은 '기

대하는 수행능력'의 줄임말로 교과 역량을 의미하는 것이다. 유의할 점은 기능이 수행 기준과 반드시 1:1 대응관계는 아니라는 것이다. 다시 말해서, 문단 쓰기는 맥락 이해하기, 글 구성하기, 표현하기, 고쳐쓰기 등과 모두 연계할 수 있다는 것이다. 그러나 관련성이 높은 특정한 기능은 있을 수 있다.

표 1-1 국어과 쓰기 영역의 내용 체계

영역	핵심 개념	일반화된 지식	성취기준	내용 요소	기능	성취기준의 구분	
						내용 기준	수행 기준
쓰기	• 쓰기의 구성 요소 • 쓰기의 과정 • 쓰기의 전략	필자는 다양한 쓰기 맥락에서 쓰기 과정에 따라 적절한 전략을 사용하여 글을 쓴다.	[4국03-01] 중심 문장과 뒷받침 문장을 갖추어 문단을 쓴다.	문장 갖추기	맥락 이해하기 글 구성하기 표현하기 고쳐쓰기	중심문장, 뒷받침 문장, 문단	문단 쓰기
			[4국03-02] 시간의 흐름에 따라 사건이나 행동이 드러나게 글을 쓴다.	시간의 흐름에 따른 조직		시간의 흐름, 사건, 행동	글쓰기
			[4국03-04] 읽는 이를 고려하며 자신의 마음을 표현하는 글을 쓴다.	독자 고려		마음 표현, 독자 고려, 읽는 이 고려, 정서 표현	글쓰기

다음은 사회과 교육과정 성취기준을 예시로 수행 기준과 내용 기준으로 분류하고 이것이 어떻게 차시로 연계되는지를 제시한 사례이다.

[4사03-01] 지도의 기본 요소에 대한 이해를 바탕으로 하여 우리 지역 지도에 나타난 지리 정보를 실제 생활에 활용한다.
[4사03-02] 고장 사람들의 생활과 밀접하게 관련이 있는 지역의 다양한 중심지(행정, 교통, 상업, 산업, 관광 등)를 조사하고, 각 중심지의 위치, 기능, 경관의 특성을 탐색한다.

표 1-2	사회과 성취기준에 의한 학습활동 사례		
차시	교과서의 학습활동	내용 기준	수행 기준
1	단원 학습 내용 예상하기		
2	지도가 무엇인지 알아보기	○	
3	우리 지역을 나타낸 지도 살펴보기	○	
4	지도에서 방위표를 이용해 위치 알아보기	○	
5	지도에 있는 기호와 범례 살펴보기	○	
6	지도에서 축적의 쓰임새 알아보기	○	
7	지도에서 땅의 높낮이를 나타내는 방법 알아보기	○	
8	우리 생활에서 지도를 어떻게 활용하는지 살펴보기		○
9	사람들이 많이 모이는 곳 찾아보기		○
10	중심지의 역할과 특징 알아보기		○
11	다양한 중심지를 찾아 지역의 특징 탐색하기		○
12~13	중심지 답사하기		○
14~15	단원 학습 내용 정리 및 사고력 학습		

사회과에서 2~8차시는 성취기준 [4사03-01]와 관련되며 9~13차시는 [4사03-02]와 관련된다. 성취기준 [4사03-01]에는 지도의 기본 요소에 지식을 다루고 있으며 8차시를 제외하면 내용 기준에 해당되는 '지식'을 중심으로 이루어진다. 따라서 지필평가를 통한 과정중심평가도 가능하다. 8차시에는 '활용'이 기능으로 나타나며 이는 실생활과 연계된 수행평가로 결과 또는 과정중심평가를 할 수 있다. 성취기준 [4사03-02]에는 조사와 탐색을 중심으로 하는 내용 요소가 제시되어 있으며 교과 내용보다 실제 학생들이 살아가는 지역사회와 연계된 학습활동이 필요하다. 여기에는 내용 기준보다 수행해야 할 기능을 강조하고 있으며 수행평가로 과정중심평가와 결과중심평가를 실시할 수 있다.

이와 같이 성취기준은 교육과정의 핵심을 이루고 있으며 학습목표 설정, 수업 내용 선정, 평가 문항의 근거가 된다. 따라서 수업을 설계하는 측면에서는 내용 기준과 수행 기준을 포함시켜야 한다. 내용은 지식, 기능, 태도를 모두 포괄하는 것이고 수행은 내용을 기반으로 어떤 일을 수행할 수 있는 것을 의미한다.

서경혜(2016)는 교육과정 재구성 논쟁의 핵심에는 내용과 수행 기준의 문제가 자리하고 있음을 밝혔다. 재구성에서 누락이나 비약시키면 안되는 교육과정 기준을 강조한 것이라고 할 수 있다. 이러한 문제를 해결하기 위한 방법으로 교과내 통합으로 다음의 <표 1-3>과 같이 구조화하여 검토하는 과정이 필요하다. 물론 이는 성취기준을 변경하는 것은 허용되는 것이 아니기 때문에 주요 내용 기준과 수행 기준을 추출하여 재구성의 근거를 제시한 것이다. 이와 같은 과정은 교과 내, 교과간, 교과+창의적 체험활동의 경우에도 동일하다. 다만, 창의적 체험활동은 성취기준이 없는 것을 고려하여 자율활동, 동아리 활동, 봉사활동, 진로 활동 등과 관련성을 고려할 필요가 있다.

표 1-3 성취기준에서 내용 기준과 수행 기준 및 재구성에서 교수 · 학습 기준

구분	내용 기준	수행 기준
<성취기준1> [4사03-03] 우리 지역을 대표하는 유 · 무형의 문화유산을 알아보고, 지역의 문화유산을 소중히 여기는 태도를 갖는다.	지역의 유 · 무형의 문화유산 알기	문화유산을 소중히 여기는 태도(정의적 영역)
<성취기준2> [4사03-04] 우리 지역과 관련된 역사적 인물의 삶을 알아보고, 지역의 역사에 대해 자부심을 갖는다.	지역과 관련된 역사적 인물의 삶 알기	지역의 역사에 대해 자부심을 갖기 (정의적 영역)
재구성에서 교수 · 학습의 기준	유 · 무형의 문화 유산과 관련된 인물 삶 조사하기	문화유산과 인물에 대한 자부심(관점, 해석) 갖기

라. 2022 개정 교육과정에서 성취기준 설정 근거

2022 개정 교육과정에서도 성취기준이 갖는 원리적 측면에서의 특징은 2015 개정 교육과정의 성취기준과 다르지 않다. 다만 성취기준을 내용 체계표에 영역별로 제시한 세 가지 범주, 즉 지식 · 이해, 과정 · 기능, 가치 · 태도에 근거하여 진술하고 있다. 이는 2015 개정 교육과정이 내용 요소와 기능을 연계하여 성취기준을 개발한 것과 같은 맥락이라고 할 수 있다. 다만, 성취기준의 진술은 내용 체계표의 지식 · 이해, 과정 · 기능, 가치 · 태도의 세 가지 범주 중 두 가지 이상의 범주를 결합하여 진술하고 있다는 점이 특징이다. 이는 성취기준을 통하여 지식 · 이

해, 과정·기능, 가치·태도 중 어느 두 가지 이상의 교육적 효과를 갖도록 하기 위한 것이라고 할 수 있다.

범주		내용 요소			
		초등학교			중학교
		1~2학년	3~4학년	5~6학년	1~3학년
지식·이해	쓰기 맥락		• 상황 맥락	• 상황 맥락 • 사회·문화적 맥락	
	글의 유형	• 주변 소재에 대해 소개하는 글 • 겪은 일을 표현하는 글	• 이유를 들어 의견을 제시하는 글 • 독자에게 마음을 전하는 글	• 대상의 특성이 나타나게 설명하는 글 • 적절한 근거를 들어 주장하는 글 • 체험에 대한 감상을 나타내는 글	• 복수의 자료를 활용하여 다양한 형식으로 쓴 글 • 대상에 적합한 설명 방법을 사용하여 쓴 글 • 타당한 근거를 들어 주장하는 글 • 의견 차이가 있는 사안에 대해 주장하는 글 • 자신의 정서를 표현하는 글
과정·기능	쓰기의 기초	• 글자 쓰기 • 단어 쓰기 • 문장 쓰기	• 문단 쓰기		
	계획하기		• 목적, 주제 고려하기	• 독자, 매체 고려하기	• 언어 공동체 고려하기
	내용 생성하기	• 일상을 소재로 내용 생성하기	• 목적, 주제에 따라 내용 생성하기	• 독자, 매체를 고려하여 내용 생성하기	• 복합양식 자료를 활용하여 내용 생성하기
	내용 조직하기			• 통일성을 고려하여 내용 조직하기	• 글 유형을 고려하여 내용 조직하기
	표현하기	• 자유롭게 표현하기	• 정확하게 표현하기	• 독자를 고려하여 표현하기	• 다양하게 표현하기
	고쳐쓰기			• 글 수준에서 고쳐쓰기	• 독자를 고려하여 고쳐쓰기
	공유하기	• 쓴 글을 함께 읽고 반응하기			

점검과 조정	• 쓰기 과정과 전략에 대해 점검 · 조정하기
가치 · 태도	• 쓰기에 대한 흥미 • 쓰기 효능감 • 쓰기에 적극적 • 쓰기에 대한 성찰 참여 • 윤리적 소통 문 • 쓰기 윤리 준수 화 형성

위의 표는 2022 개정 교육과정 국어과 쓰기 영역으로 다음은 2개의 범주와 3개의 범주를 경합한 성취기준의 사례이다. 밑줄친 내용 요소로 2개의 범주를 경합한 성취기준은 '절차와 결과를 보고하는 글'(지식 · 이해) + '절차와 결과에 따라 조직하기'(과정 · 기능)의 경우 '관찰하거나 조상한 내용을 절차와 결과에 따라 조직하여 학습 결과를 보고하는 글을 쓴다.'로 제시할 수 있다. 3개의 범주를 결합한 성취기준은 '절차와 결과를 보고하는 글'(지식 · 이해) + '절차와 결과에 따라 조직하기'(과정 · 기능) + '사실에 근거한 표현'(가치 · 태도)으로 이는 '관찰하거나 조사한 내용을 절차와 결과에 따라 조직하여 사실에 근거하여 학습 결과를 보고하는 글을 쓴다.'로 제시할 수 있다. 여기서 범주가 2개보다 3개가 될 경우 학습 분량은 더 확대될 수 있다는 점이다. 따라서 교사는 수업 설계에서 성취기준이 몇 개의 범주로 설정되어 있는지를 고려해야 한다.

마. 성취기준과 교과서

교육과정이 확정 · 고시된 이후 교과용 도서 국 · 검 · 인정 구분 고시가 이루어지면, 고시에 따라 교과서 개발이 이루어진다. 교과서가 개발되고 나면, 학교 현장에서 일정한 절차를 거쳐 교과서를 선정하여 사용하게 된다. 그리고 교과서를 사용하는 도중이나 교과서 사용 이후에 평가를 하고, 그 결과가 차기 교과서 개발에 반영이 된다.

국가에서 고시한 교육과정을 근거로 개발한 교과서는 전국 공통의 일반적인 기준을 충족시키기에는 만족할 만하나, 지역의 특수성, 학교 · 학급의 실정, 학습자의 능력과 수준 등을 충분히 반영하기에는 부족한 점이 많다. 따라서 교과서는 국가 수준의 교육과정을 바탕으로 학생들이 학습활동을 통해 익힐 지식이나 기능 등을 조직해 놓은 기본 자료로서 학교 현장에서 활용할 수 있는 정선된 여러 자료 중의 하나로 이해하는 것이 타당하다.

그렇다면, 교과서는 학습자와 맥락적인 학습 내용을 담고 있는가?라는 의문이 생겨날 수 있다. 교과서는 하나의 학습 자료에 불과하고 무엇보다 중요한 것은 교육목표 달성을 위해 성취기준에 부합되도록 구성된 자료이다. 그러나 아쉽게도 교과서는 현재 학생들이 살아가고 있는 삶을 담아내지 못하는 경우가 많다. 즉, 교과서를 통하여 학습하는 내용은 학생들이 다양하게 경험하는 애로점이나 고민을 해결해 주는 데는 한계가 있다. 다시 말하면 교과서는 교육과정 내용을 구체화하고 교육과정에 대한 해석을 저자 나름대로 교수·학습에 적합한 방식으로 구조화한 것이지, 특정 학교나 특정 학생들을 위한 내용은 아니라는 것이다. 왜냐하면 교과서는 상당히 일반적이면서도 표준적인 특징을 갖고 있기 때문이다. 학생들이 살아가는 생활환경은 학생마다 각각 다른 경험, 관심, 흥미 등을 갖고 있기 때문에 교과서를 통해 학습을 할 때는 학생에 대한 적합성을 높이는 것이 무엇보다 중요하다고 할 수 있다.

수업에서 다루는 내용이 곧 학생들의 삶과 생활로 연계되어야 진정한 배움이 일어난다. 따라서 교사는 지역적인 특성 및 교육 환경과 수준을 고려하여 학생들에게 유용한 배움이 일어나도록 교과서를 수업 자료의 한 종류로 인식하는 유연한 자세가 필요하다. 교사는 넓은 의미의 교과서관을 갖고 교과서를 목적이 아닌 수단으로 인식되는 것이 필요하다는 것이다. 그렇다면 이러한 교과서관은 어떻게 실천할 수 있는가? 교육과정의 최종 결정자이며 실천가인 교사가 전문성을 발휘하여 교육과정 재구성을 하였다면 교과서만을 활용한 수업도 교사 수준 교육과정이 될 수 있다. 교사는 교사 자신의 교육과정을 교과서라는 자료를 수단으로 활용하여 수업으로 실천하게 되는 것이다. 이와 같이 교과서를 지나치게 맹신하기보다는, 교과서는 학습 자료 중 한 종류라는 시각을 가져야 한다. 결국, 교과서는 일반적, 표준적이지만 학생은 특성화, 다양화되어 있음을 염두에 두어야 한다. 앞서 밝힌 일반적이고 표준적인 교과서 내용을 특성화하고 다양화된 학습자에게 연계시키기 위해서는 교육 내용이 재구성되어야 하는 문제가 필수적으로 동반되어야 한다는 것이다. 따라서 교과서를 교사와 학생의 필요와 요구에 맞추어 적절히 수정·변용하여 활용할 수 있는 교사 수준 교육과정을 편성·운영하는 역량이 필요하다고 할 수 있다.

흔히 학교에서는 진도 나가는 것을 교과서에 근거하여 말하고 있다. 그러나 '진도를 나간다'는 의미는 엄밀히 말해서 성취기준에 대한 진도이지 교과서 내용에 대한 진도는 아니다. 교과서 개발의 근거는 성취기준이다. 성취기준은 많은 내용을 품고 있으나 교과서는 일정하게 간추려진 지식만을 제시하고 있다는 점을 간과해서는 안될 것이다. 그래서 교사는 교과서가 아닌 성취기준으로 수업을 해야 한다는 점을 늘 직시할 필요가 있다. 다음은 성취기준과 교과서 차시의 관계를 나타낸 예시이다.

표 1-4 성취기준과 교과서의 관계

핵심 개념	성취기준	학습 요소	차시	차시명
열과 에너지 (열평형)			1차시	색깔이 변하는 신기한 종이컵
	[6과01-01] 일상생활에서 온도를 어림하거나 측정하는 사례를 조사하고 정확한 온도 측정이 필요한 이유를 설명할 수 있다.	온도, 열의 이동	2차시	차갑거나 따뜻한 정보를 어떻게 표현할까요?
			3~4 차시	온도계는 어떻게 사용할까요?
	[6과01-02] 온도가 다른 두 물체를 접촉하여 온도가 같아지는 현상을 관찰하고 물체의 온도 변화를 열의 이동으로 설명할 수 있다.		5차시	온도가 다른 두 물질이 접촉하면 두 물질의 온도는 어떻게 변할까요?
	[6과01-03] 고체 물질의 종류에 따라 열이 전도되는 빠르기를 관찰을 통해 비교하고 일상생활에서 단열을 이용하는 예를 조사할 수 있다.	전도, 단열	6차시	고체에서 열은 어떻게 이동할까요?
			7차시	고체 물질의 종류에 따라 열이 이동하는 빠르기는 어떻게 다를까요?
	[6과01-04] 액체나 기체에서 대류 현상을 관찰하고 대류 현상에서 열의 이동을 설명할 수 있다.	대류	8차시	액체에서 열은 어떻게 이동할까요?
			9차시	기체에서 열은 어떻게 이동할까요?
	[6과01-03] 고체 물질의 종류에 따라 열이 전도되는 빠르기를 관찰을 통해 비교하고 일상생활에서 단열을 이용하는 예를 조사할 수 있다.	단열	10~11 차시	단열이 잘 되는 집 만들기
			12차시	온도와 열을 정리해 볼까요?

3. 수업 설계

가. 수업 설계의 방향

1) 2015 개정 교육과정

2015 개정 교육과정에서는 핵심 개념을 중심으로 학습내용을 구조화하여 질적으로 교육내용 적정화를 실현하는 데 도움을 준다. 즉, 재구성을 하는 데 있어서 해당 교과의 영역에서 핵심 개념을 확인하고 하위 내용요소를 손쉽게 파악하여 전체 재구성의 방향을 설정할 수 있다는 것이다.

효과적인 학습을 위한 학습 내용을 구성하기 위해서는 교과 역량을 고려하여 영역을 대표하는 핵심 개념과 기능을 선정해야 한다. 교과의 기능은 교과 탐구 과정 및 전략이며, 교과를 배웠다면 다양한 상황에 적용할 수 있는 능력을 갖추는 것이다.

핵심역량을 함양하기 위한 교과교육은 기존의 지식 중심의 주입식 설명방식의 수업으로는 불가능한 편이다. 학생들이 수업 과정에 적극 참여하여 학습 활동의 내용을 직접 수행함으로써 교과 역량을 기를 수 있다. 교과 역량은 단순한 지식 습득이 아닌 기능과 태도 등 여러 가지 능력을 선택하거나 통합, 조절하여 발현하는 능력이기 때문이다. 이를 위한 수업 설계 과정의 절차를 나타내면 다음 [그림 1-3]과 같다.

그림 1-3 교과내, 교과간 지식과 기능의 연계 구도

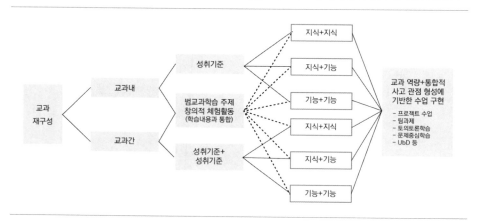

2) 2022 개정 교육과정

가) 개념 기반 교육과정의 이해

교실 장면에서 무엇을 어떻게 가르칠 것인가에 대한 관점은 수업의 방향을 결정하는 데 큰 영향을 끼친다. 우리나라 수업의 특징은 한마디로 '주입'으로 표현된다. 그렇다면 주입식 교육이 나쁜 것인가? 단언하기는 어렵다. 이는 넣어주는 지식 중심의 교육을 비판하는 것이지 지식을 습득하는 자체를 비판하는 것이 아니다. 학교에서 가르치는 지식은 유용해야 하며 이는 학생들이 삶과 유리되지 않도록 해야 한다. 공부를 하는 이유를 깨우치도록 하면서 수업이 이루어져야 한다는 것이다.

개념 기반 교육과정은 근원적으로는 Bruner의 학문중심교육과정에서 말하는 지식의 구조(structure of knowledge)와 전이(transfer)와 맥락을 함께한다. 그러나 개념 기반 교육과정과 수업은 Erickson의 지식의 구조에 기반한다. 이와 같은 수업 방법이 등장하게 된 배경은 아버지 부시 행정부 아래 '1990 National Education Goals'가 시작되었고, 1991년 'The America 2000' 법안이 시행되었고 이런 개혁 노력은 클린턴 행정부 아래 'The Goal 2000' 법안이 통과되면서였다. 이때는 성취기준에 의한 학업성취도를 높이는 것이 미국 교육의 과제였다. 이와 함께하여 등장한 것이 Wiggins & McTighe에 의한 백워드 설계 모형(backward design, UbD: understanding by design, 이해중심 교육과정)이었다. 이는 2015 개정 교육과정의 이론적 배경이 될 뿐만 아니라 각론 교육과정 설계 논리였다. 2022 개정 교육과정은 현재 개념 기반 교육과정과 수업(Concept-Based Curriculum and Instruction: CBCI)에 기초하여 각론 개정이 이루어지고 있다.

아직도 학습의 의미를 지식을 머리에 쌓아가는 것으로 이해하는 경향이 있다. 교사는 성취기준에 의한 교과서 내용을 전달해야 한다는 강박관념에 잡혀 있다. 그러나 학습은 여러 기능을 배우거나 많은 정보를 획득하는 것 이상이어야 한다. 실제로 학생들이 나아갈 세상에서는 단편적 지식으로 살아갈 수 있는 사회 분야는 없다. 자신이 갖고 있는 지력을 바탕으로 다양하게 당면하는 문제에 창의적으로 대응하는 역량이 필요하다.

특히, 인공지능 시대를 살아갈 오늘의 학생들이 미래에 사회적으로 품질을 보중 받는 인재 또는 개인의 사회적 역할을 다하는 시민으로서 살아가기 위해서는 개념적 지식이 강조되고 있는 것이 패러다임이다. 개념적 지식은 학습 결과의 전이, 즉 지식이 단순한 정보에 그치는 것이 아니라 다른 범주와 상황에 적용할 수 있는 가치가 높은 지식으로 습득되도록 해야 한다. 개념 기반 교육과정과 수업에서는 학습을 통하여 요구되는 지식(knowledge), 기술(skill), 인성(character), 메타학습(meta-learning)을 모두 포괄할 수 있다. 뿐만 아니라 학습자는 자신의 학습에 대한 주도성을 가져야 한다. 피상적인 수준에서 지식을 다루고 학생이 단순히 배운 것을 앵무새처럼 되풀이만하는 과정에서는 학생 스스로 학습에 대한 주도성을 가질 수 없다.

"아주 어린 학생들과 함께 개념 이해에 빠져드는 것은 학생들이 할 수 있는 것들에 대해 더 높은 기대를 갖도록 해 준다. 나는 학생들이 만들어 내는 명확한 일반화에 놀라곤 한다. 짧은 기간에도 학생들은 다른 상황에 전이 가능한 개념적 이해를 구성해 간다."

-멜라니 스미스- (2학년 교사. 암스테르담 국제학교)

나) 2022 개정 교육과정 각론 구성의 특징

2022 개정 교육과정의 내용 체계는 '지식·이해, 과정·기능, 가치·태도'의 세 차원으로 구성하였으나 교과별로 구현하는 방식은 다를 수 있다. 하지만 세 차원으로 구현되는 학습 내용에 초점을 부여하기 위해서 우선 교과의 본질과 얼개를 드러내는 핵심 아이디어(빅 아이디어)를 제시하였다(온정덕, 2021).

'이해', '과정'은 개념 기반 교육과정에서 사용되는 용어로서 '이해'는 '깊은 이해'나 '개념적 이해'를 의미하고 '과정'(process)은 언어 과목이라면 '독해'를, 미술 과목이라면 '그리기'를, 음악 과목에서는 '음악 공연'을, 외국어 과목에서는 '구두 및 문자에 의한 의사소통'을 말한다(Erickson et al., 2017). 과정은 곧 원하는 결과나 목적을 만들어내는 일련의 행동이라고 할 수 있다.

2022 개정 교육과정이 지향하는 다양한 변화를 관통하는 가장 큰 핵심어는 '이해'이다. 이는 '개념적 이해'를 말하며 동시에 전이가 불가능한 낮은 수준의 지식·기

능 중심에서 전이 가능한 이해 중심으로 지식을 전수하자는 뜻이기도 하다. 전이 가능한 지식은 개념적 이해를 통해 터득할 수 있는 일반화된 지식(generalization), 개념, 원리 등이다. 내용 체계에서 '이해'를 강조하는 것은 기존의 '지식·기능 습득' 중심의 교육에서 '개념적 이해'를 바탕으로 한 '깊이 있는 학습'을 위한 것이다. 2022 개정 교육과정에서는 이러한 방법으로 개념 기반 교육과정과 수업(concept—based curriculum & instruction)이 강조되고 있다. 이는 문제 해결능력이 개념적 이해라는 질 높은 지식 교육으로부터 나올 수 있다는 것을 의미한다. 다음은 2015 개정 교육과정과 2022 개정 교육과정의 내용 체계와 성취기준 및 교수·학습과 평가를 비교한 것이다.

표 1-5   **교육과정의 내용 체계와 성취기준 및 교수·학습과 평가의 비교**

구분	2015 개정 교육과정	2022 개정 교육과정
내용 체계	'영역', '핵심 개념', '일반화된 지식', '내용 요소', '기능'을 표로 전 교과 공통으로 동일하게 제시	교과별로 본질과 얼개를 드러내는 핵심 아이디어(빅 아이디어)[1])를 선정하고, 내용 체계표를 '지식·이해', '과정·기능', '가치·태도'로 구성하되 교과별로 구현 방식을 다양화할 수 있음
	내용 요소는 일반화된 지식과 관련된 구체적인 학습 요소를 단어로 나열	지식·이해: 빅 아이디어를 해당 학년의 학습 내용과 결부된 일반화 형태로 구체화하는 것을 원칙으로 하되 교과별로 제시 방식 다양화
	기능을 영역별로 학교급 공통으로 나열식으로 제시	과정·기능: 교과 고유의 탐구 및 사고 과정과 기능을 명료화하고 학교급이 올라갈수록 심화되는 방식
		가치·태도: 교과 활동을 통해서 학생들이 갖추기 기대하는 가치와 태도를 제시

---

1) 빅 아이디어(big idea)−교육과정, 수업지도, 평가에서 의미 있는 내용에 초점을 제공하기 위한 핵심 개념, 원리, 이론, 절차 등을 말한다. 이는 점(dots)을 이었을 때 드러나는 그림 같은 것으로서 수많은 혼란스러운 경험과 분절된 사실에서 의미를 도출하는 데 도움을 준다. 단어나 어구로 표현되기도 하고 문장이나 질문으로 표현되기도 한다.

성취 기준	영역을 대표하는 핵심 개념 별로 학년(군)별 내용과 기 능을 정합한 문장 형태로 진술	• 지식·이해, 과정·기능, 가치·태도를 의 미 있게 통합하여 진술하지만, 각 차원별 진술 혹은 두 차원 이상을 통합하여 진술 하는 것도 가능 • 영역의 층위에서 학년(군)별로 교과 학습 결과로써 학생이 할 수 있어야 할 진술문 으로 제시
교수· 학습 및 평가의 방향	2015 개정 교육과정의 큰 방향인 창의·융합 교육 및 핵심역량 구현을 강조하는 교수·학습 방법 및 평가를 구하도록 진술	• 교수·학습의 방향, 디지털 환경을 고려한 수업, 교수·학습 모형 및 방법으로 구성 • 교수·학습의 방향: 교과 목표를 달성하기 위한 교수·학습의 강조, 원격수업, 학생 맞춤형 수업, 다양한 학습자에 대한 고려 등을 포함하여 교수·학습의 원칙과 중점 을 제시 • 디지털 환경을 고려한 구체적인 교수·학 습을 제시 • 평가의 방향, 과정중심평가 운영, 평가 방 법으로 구성 • 평가의 방향: 과정중심평가를 포함하여 교 과목표 도달을 촉진하고 확인하기 위한 평가의 목적, 방향, 원격수업에서의 평가, 다양한 학습자를 위한 평가 등 평가의 원 칙과 중점을 제시 • 평가 방법: 구체적인 평가 방법(원격수업 에서 활용할 수 있는 평가 포함) 제시

2022 개정 교육과정의 총론에서 제시하는 주요 방향에 따라 역량 함양을 위한 각론의 구성 체계는 성격과 목표, 구성의 원리(신설), 내용 체계 및 성취기준, 교수·학습 및 평가를 반영하고 있다. 교과 교육과정 문서의 '성격'과 관련해서 교과 특성을 최대한 반영하도록 하고 있다. 교과 역량 진술 방식에 있어서는 통일성 있게 진술될 것으로 보인다. 2022 개정 교육과정의 각론은 2015 개정 교육과정과 같이 교과 고유의 본질적 특성을 교육과정 문서에 잘 반영하게 하는 안내사항으로서 역할을 할 것으로 기대한다. 또한 교과 역량과 목표와의 연계를 제고하며 목표 진술 방식이 보다 체계화되도록 하고 있다.

표 1-6	**각론의 체계**
1. 성격 및 목표	• 역량 함양을 위한 교과교육의 필요성 및 역할(본질, 의의 등)
2. 내용 체계 및 성취기준	• (내용 체계) 각 교과의 본질과 얼개를 드러내는 핵심 아이디어 선정, 지식·이해, 과정·기능, 가치·태도의 세 가지 차원으로 구성 • (성취기준) 학습의 결과로 진술하고 내용 체계를 구성하는 세 가지 차원의 요소를 통합한 학생의 수행을 보여주는 문장진술
3. 교수·학습 및 평가	• (교수·학습 방향) 교과의 성격이나 특성에 따른 교수·학습의 방향과 방법, 유의사항 제시, 온·오프라인 연계 수업 등 원격수업 방향 • (평가 방향) 교과의 성격이나 특성에 따른 평가 방향과 방법, 유의 사항 제시, 과정중심 평가, 온라인 평가 등

각 교과 교육과정의 설계 원리는 다음과 같이 요약할 수 있다.

표 1-7	**교과 교육과정 설계 원리**

① 각 교과의 본질과 얼개를 드러내는 핵심 아이디어를 선정
② 학생이 궁극적으로 이해하고 알아야 할 것, 교과의 사고 및 탐구 과정, 교과활동을 통해서 기를 수 있는 고유한 가치 및 태도를 선정하고 조직
③ 성취기준은 영역별 학습의 결과로 진술하고 내용 체계를 구성하는 요소별이 아닌, 세 가지 차원의 요소를 통합한 학생의 수행을 보여주는 문장으로 진술

⇒ 교과 역량은 교과교육을 통해 학생들이 갖추기를 기대하는 능력이며, 교수 학습 과정에서 지식, 이해, 과정 기능, 가치 태도 세 요소 간의 통합적 작동을 통한 학생의 수행으로 나타남

다) 교수·학습 및 평가 방안

최근 전 세계가 코로나19를 겪으며 학교 교육에서 온라인 수업의 필요성이 극대화됨에 따라 2022 개정 교육과정에는 이러한 사회 변화를 반영하여 온·오프라인 병행 수업과 관련하여 교과 특성을 고려한 다양한 교수·학습 방법 및 평가를

제시하도록 하고 있다. 또한 2015 개정 교육과정 문서에서 다소 분산되어 있는 '교수·학습 및 평가의 방향' 내용을 일원화하여 재구조화하는 방안, 일부 교과의 구체적인 교수·학습 방법 및 평가 예시에 대한 자료집 제공의 필요에 대한 것도 제안되었다. '깊이 있는 학습, 교과 간 연계와 통합, 삶과 연계한 학습, 학습과정에 대한 성찰'이라는 네 가지 지향점을 구현하는 방안을 다음과 같이 모색한다.

표 1-8 교수·학습 및 평가 방안

교수 학습	• (방향) 교과 목표(역량) 달성을 위한 교수·학습의 강조점, 학생 맞춤형 수업, 다양한 학습자에 대한 고려 등 교수·학습의 원칙과 중점을 제시 • (방법) 교과별 구체적인 교수·학습 모형과 방법 제시, 온·오프라인 연계 수업 등 상황에 맞는 원격수업, 빅 데이터·AI를 활용한 맞춤형 수업 제시
평가	• (방향) 창의력, 비판적 사고력 등 미래역량 함양을 위한 평가 방법 개선, 원격수업에서의 평가, 다양한 학습자를 위한 평가 등 평가의 원칙과 중점 제시 • (방법) 학생의 학습을 지원하고 학생 스스로 자신의 학습을 성찰할 수 있는 평가 방법 제시(과정중심평가, 서·논술형 평가, 개별 맞춤형 피드백 강화 등)

라) 2015 개정 국어과 교육과정과 비교

2022 국어과 교육과정 개정에서는 총론에서 제시하는 주요 방향에 따라 역량 함양을 위한 국어교육의 원칙과 중점을 반영하고 있다. 문서 체제 일체를 총론에서 제시하는 개발 방향과 지침에 따라, 국어과 교육과정의 언어관, 학습관, 학습자관 정립과 그에 기반한 국어교육의 목표와 원리, 매체, 역량 교육 강화와 내용 체계, 성취기준 진술 개선 방안, 교수·학습 방법 및 평가 등 국어과 교육과정의 특성을 반영하여 개발하고 있다. 2015 개정 국어과 교육과정의 내용 체계는 지식 중심의 내용 체계의 부적합성, 기능의 모호성 및 중복 제시, 분절적 내용 제시의 문제점이 있었다. 다음은 2015 개정 국어과 교육과정의 내용 체계이다.

핵심 개념	일반화된 지식	학년(군)별 내용 요소					기능
		초등학교			중학교 1~3학년	고등학교 1학년	
		1~2학년	3~4학년	5~6학년			
·듣기·말하기의 본질	듣기·말하기는 화자와 청자가 구어로 상호 교섭하며 의미를 공유하는 과정이다.			·구어 의사소통	·의미 공유 과정	·사회·문화성	
·목적에 따른 담화의 유형 ·정보 전달 ·설득 ·친교·정서 표현 ·듣기·말하기와 매체	의사소통의 목적, 상황, 매체 등에 따라 다양한 담화 유형이 있으며, 유형에 따라 듣기와 말하기의 방법이 다르다.	·인사말 ·대화[감정 표현]	·대화[즐거움] ·회의	·토의[의견 조정] ·토론[절차와 규칙, 근거] ·발표[매체 활용]	·대화[공감과 반응] ·면담 ·토의[문제 해결] ·토론[논리적 반박] ·발표[내용 구성] ·매체 자료의 효과	·대화[언어 예절] ·토론[논증 구성] ·협상	·맥락 이해·활용하기 ·청자 분석하기 ·내용 생성하기 ·내용 조직하기 ·자료·매체 활용하기 ·표현·전달하기 ·내용 확인하기 ·추론하기 ·평가·감상하기 ·경청·공감하기 ·상호 교섭하기 ·점검·조정하기
·듣기·말하기의 구성 요소 ·화자·청자·맥락 ·듣기·말하기의 과정 ·듣기·말하기의 전략 ·표현 전략 ·상위 인지 전략	화자와 청자는 의사소통의 목적과 상황, 매체에 따라 적절한 전략과 방법을 사용하여 듣기·말하기 과정에서의 문제를 해결하며 소통한다.	·일의 순서 ·자신 있게 말하기 ·집중하며 듣기	·인과 관계 ·표정, 몸짓, 말투 ·요약하며 듣기	·체계적 내용 구성 ·추론하며 듣기	·청중 고려 ·말하기 불안에의 대처 ·설득 전략 분석 ·비판하며 듣기	·의사소통 과정의 점검과 조정	
·듣기·말하기의 태도 ·듣기·말하기의 윤리 ·공감적 소통의 생활화	듣기·말하기의 가치를 인식하고 공감·협력하며 소통할 때 듣기·말하기를 효과적으로 수행할 수 있다.	·바르고 고운 말 사용	·예의를 지켜 듣고 말하기	·공감하며 듣기	·배려하며 말하기	·담화 관습의 성찰	

위의 2015 개정 국어과 교육과정 내용 체계의 문제점으로 지식의 상대성, 잠정성 및 교육과정의 정치적 속성(선택과 배제의 과정)을 고려할 때 '핵심 개념', '일반화된 지식', '영속적 이해'와 같은 2015 개정 교육과정의 '강한 수사'에 유의해야 하며, 학생들이 내용을 '핵심'으로 받아들이고 '영속적으로 이해'한다는 것이 갖는 위험성을 인식하고 교육하는 것이 필요하다고 말하고 있다(정혜승, 2016).

다음은 2022 개정 교육과정 초·중학교 국어과 듣기·말하기, 읽기, 쓰기, 문법, 문학, 매체 영역 중 2015 개정 교육과정에는 없는 매체 부분의 내용 체계[2]이다. 교육 내용 위계의 명료화와 2015 개정 교육과정 내용 체계표가 친숙해진 상황을 고려하여 ① 학년(군)별 내용을 명시하는 내용 체계표의 근간 유지, ② 기존 내용 체계에 대한 비판 및 교과 특성을 고려하여 '핵심 개념'을 '내용 범주'로, '일반화된 지식'을 '핵심 아이디어'로 재개념화, ③ 2015 개정 교육과정의 '기능' 범주는 용어 중복에 따른 혼란을 피하기 위하여 삭제하고 사고 과정 및 절차 등은 영역 특성에 따라 '내용 범주'에서 일부 수용, ④ '핵심 아이디어, 내용 범주 및 학년(군)별 내용 요소'를 하나의 체계로 제시하였다.

핵심 아이디어	· 매체는 소통을 매개하는 도구, 기술, 환경으로 당대 사회의 소통 방식과 소통 문화에 영향을 미친다. · 매체 이용자는 매체 자료의 주체적인 수용과 생산을 통해 정체성을 형성하고 사회적 의미 구성 과정에 관여한다. · 매체 이용자는 매체 및 매체 소통의 영향력에 대한 이해와 자신과 타인의 권리를 지키기 위한 적극적인 노력을 통해 건강한 소통 공동체를 형성한다.			
범주	내용 요소			
	초등학교			중학교
	1~2학년	3~4학년	5~6학년	1~3학년

2) '범주'의 항목들에는 국어과 하위 영역의 기초 개념이나 원리를 바탕으로 지식·이해, 과정·기능, 가치·태도와 관련되는 교육 내용이 모두 포함되도록 구성함. 듣기·말하기, 읽기, 쓰기, 매체 영역에서 '의사소통의 맥락과 유형'은 '지식·이해'를, '의사소통의 과정과 전략'은 '과정·기능'을, '의사소통의 주체와 태도'는 '가치·태도'를 중심으로 구성함. 문법, 문학 영역에서 '국어 탐구의 대상', '문학의 갈래와 맥락'은 '지식·이해'를, '언어 탐구의 경험', '문학의 수용과 생산'은 '과정·기능'을, '언어와 문학에 대한 태도'는 '가치·태도'를 중심으로 구성함.

지식·이해	매체 소통 맥락		· 상황 맥락	· 상황 맥락 · 사회·문화적 맥락
	매체 자료 유형	· 일상의 매체 자료	· 인터넷의 학습 자료	· 뉴스 및 각종 정보 매체 자료	· 대중매체와 개인 인터넷 방송 · 광고·홍보물
과정·기능	접근과 선택	· 매체 자료 접근하기	· 인터넷 자료 탐색·선택하기	· 목적에 맞는 정보 검색하기	
	해석과 평가		· 매체 자료 의미 파악하기	· 매체 자료의 신뢰성 평가하기	· 매체의 특성과 영향력 비교하기 · 매체 자료의 재현 방식 분석하기 · 매체 자료의 공정성 평가하기
	제작과 공유	· 글과 그림으로 표현하기	· 발표 자료 만들기 · 매체 자료 활용·공유하기	· 복합양식 매체 자료 제작·공유하기	· 영상 매체 자료 제작·공유하기
	점검과 조정		· 매체 소통의 목적 점검하기	· 매체 이용 양상 점검하기	· 상호 작용적 매체를 통한 소통 점검하기
가치·태도		· 매체 소통에 대한 흥미와 관심	· 매체 소통 윤리	· 매체 소통에 대한 성찰	· 매체 소통의 권리와 책임

출처: 2022 개정 국어과 교육과정(2022.12.22. 고시)

국어과 성취기준 측면에서는 지식·이해, 기능·과정, 가치·태도 등 세 가지 범주로 다음과 같이 구분하였다.

- 지식·이해 범주: 매체 환경 자체나 매체 활용에 필요한 기술적 측면의 지식 등
- 기능·과정 범주: 각종 매체 텍스트에 대한 비판적 수용이나 다양한 기호 체계를 활용한 텍스트 생산 및 공유 기능 등
- 가치·태도 범주: 바람직한 의사소통 문화에 대한 성찰이나 적극적인 사회적 소통 참여 태도 등

표 1-9 국어과 듣기 영역 성취기준 예시

학년군	영역	성취기준	범주
1-2 학년	매체	[2국06-01] 일상의 다양한 매체와 매체 자료에 흥미와 관심을 가진다.	가치 · 태도
		[2국06-02] 일상의 경험과 생각을 글과 그림으로 표현한다.	기능 · 과정
3-4 학년		[4국06-01] 인터넷에서 학습에 필요한 다양한 자료를 탐색하고 목적에 맞게 자료를 선택한다.	지식 · 이해
		[4국06-02] 매체를 활용하여 간단한 발표 자료를 만든다.	기능 · 과정
		[4국06-03] 매체 소통 윤리를 고려하여 매체 자료를 활용하고 공유한다.	가치 · 태도
5-6 학년		[6국06-01] 정보 검색 도구를 활용하여 자신의 목적에 맞는 매체 자료를 찾는다.	지식 · 이해
		[6국06-02] 뉴스 및 각종 정보 매체 자료의 신뢰성을 평가한다.	기능 · 과정
		[6국06-03] 적합한 양식과 수용자의 반응을 고려하여 복합양식 매체 자료를 제작하고 공유한다.	기능 · 과정
		[6국06-04] 자신의 매체 이용 양상에 대해 성찰한다.	가치 · 태도

3) 2022 개정 교육과정 네 가지 주요 질문

2022 개정 교육과정의 중요한 변화에 대해 다음의 네 가지 측면에서 살펴볼 필요가 있다.

"학교교육의 목표는 무엇인가?"

2015 개정 교육과정이 도입되었을 때 한국교육과정평가원(한국교육과정평가원, 2017) 문서에 따르면 "학교 교육목표＝핵심역량 함양"이었다. 그 문서에서 "최근 교과지식 위주의 학교교육을 핵심역량 중심으로 개편해 나가고자 하는 개혁 운동이 국내외적으로 활발하게 전개되고 있다."라는 문장이 그 당시 역량교육에 대한 고조된 분위기를 말해준다. 이런 교육목표의 달성을 위해 총론에 여섯 가지 핵심역량을 명시적으로 반영하고 이를 모든 교과에 연결시켜 가르치기를 기대했다. 바로

이런 기조가 2022 개정 교육과정에서는 바뀌고 있다. 역량의 함양은 여전히 중요하다고 생각하여 여섯 가지 핵심역량은 유지하되 새롭게 '개념적 이해(conceptual understanding)'를 강조하기 시작했다. 교육과정 목표를 나타내는 내용 체계에서도 '개념적 이해'가 핵심 요소로 포함된다.

"역량은 어떻게 함양되는가?"

종전에는 이에 대한 답이 분명했던 것은 아니지만 역량은 지식처럼 실체(entity)가 있는 것이며, 지식처럼 직접 가르칠 수 있는 것으로 오해한 측면이 있었다.

> "사실 사회적 삶에서 필요로 하는 역량을 학교교육을 통해 강화해야 한다고 할 때, 해당 역량을 그 자체로 가르치는 것은 쉽지 않다. 역량은 그 자체로 의미를 가지기 보다는 종래 교과교육에서 다루어 온 가치로운 지식과의 관련 속에서 의미가 좀 더 명료하게 드러나는 경우가 많기 때문이다. 예컨대 의사소통능력이 단순한 기술 이상의 것이 되기 위해서는 말할 만한 가치가 있는 내용을 수반해야 한다(Pring, 1995; 소경희, 2007 재인용 13쪽)."

또한 2022 개정 교육과정 총론 주요사항에 따르면 '역량 함양 교과 교육과정 개발'의 설명에서 '깊이 있는 학습'과 '교과 간 연계와 통합', '삶과 연계한 학습', '학습과정에 대한 성찰'을 강조하며 다음과 같은 도표를 제시하고 있다.

2022 개정 교육과정에서는 깊이 있는 학습을 위해서는 소수의 핵심 아이디어를 중심으로 학습 내용 엄선, 교과 내 영역 간 내용 연계성을 강화할 예정이다. 교과 고유의 사고와 탐구를 명료화하여 깊이 있는 학습을 지원하고, 교과 목표, 내용 체계, 성취기준, 교수 학습, 평가의 일관성을 강조한다.

그림 1-4 역량 함양을 위한 교과 교육의 강조점 (총론 주요 사항(시안) 33쪽)

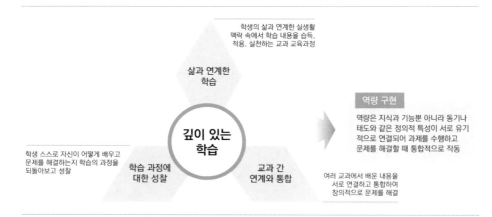

"2022 개정 교육과정이 지향하는 교육과정은 역량중심 교육과정인가 이해중심 교육과정인가?"

"2022 개정 교육과정이 지향하는 교육과정은 역량중심 교육과정인가 이해중심 교육과정인가?"에 대해 2015 개정 교육과정에서는 '두 가지 교육과정의 성격을 동시에 가지고 있다'가 답이었다. 하지만 2022 개정 교육과정에서는 새롭게 '개념 기반 교육과정(concept-based curriculum)'이라는 용어의 사용이 두드러진다. 2022 개정 교육과정의 교육목표 강조점이 '개념적 이해'이고 내용 체계에서도 '이해'가 핵심 요소로 들어가기 때문이다.

"수업지도의 원리와 방법(pedagogy)은 어떻게 달라지는가?"

2022 개정 교육과정에서는 개념적 이해를 위해 탐구 중심의 수업이 강조되며 이를 통해 "생각하는 학생, 생각하는 교실"의 전면화를 추구한다. 개념적 이해에 이르기 위해서는 기존의 연역적 수업 방식에서 학생 탐구 중심(inquiry-based)의 귀납적 수업 방식으로 바꾸어 나가야 한다. 여기서 탐구 중심의 수업은 학습을 촉진하는 방법으로 적극적인 질문을 하는 것에 중점을 맞추는 것이다. 즉, 학생들은 질문을 통하여 개념을 탐구하게 된다. 더 나아가 자신이 던진 질문을 스스로 해결

하기 위한 탐구 활동에 대한 스스로의 책무성을 갖게 할 수도 있다. 곧 내가 던진 질문을 자신이 스스로 해결하는 학습을 통하여 개념적 이해에 도달하게 하는 것이다. 학생들은 전이 가능한 개념에 대한 탐구를 통하여 학습이 깊어지게 되고 자연스럽게 학습을 통한 자기 주도성을 기르게 된다.

ㄴ. 평가의 방향

가. 알아야 하는 것 확인하기(지식, 이해)

학생들이 '알아야 하는 것'과 '할 수 있어야 하는 것'에는 차이가 있을 수 있으므로 두 가지를 균형적으로 습득했는지 확인하기 위해서는 지필평가와 수행평가를 적절히 사용해야 한다(성태제 외, 2014). '알아야 하는 것'을 평가하는 방법은 지식을 측정하는 행위이다. 그 사례는 가령, 기억하기, 식별하기, 열거하기, 짝짓기 등의 활동이다. '할 수 있어야 하는 것'에 대한 것은 분류하기, 비교하기, 해석하기, 비판하기 등의 활동이 된다. 이 두 가지는 평가의 균형을 이루는 것이 필요하다. 그러나 실제로 수행평가가 이루어지는 것은 사실상 지필평가 중심이다. 또한, 실제적 맥락이 연계된 평가가 거의 이루어지지 않고 있는 것이 사실이다.

나. 지식을 활용하여 문제해결하기(과정, 기능)

Eisner가 주장하는 참평가(authentic assessment)는 학생들이 알고 있는 것, 할 수 있는 것을 평가하기 위한 과제로 학교 내에만 국한된 것이 아니라 학교 밖 세계에서 부딪힐 수 있는 것이어야 한다고 주장한다(강현석 외, 2015). 이것은 배운 것을 그대로 측정해서는 안 되고 새로운 상황에 적용을 요구하는 것이다. 수업 내용이 실세계와 맥락성을 가져야 하는 이유도 여기에 있다. 우리 수업과 평가에 시사하는 바가 크다고 할 수 있다. 아울러 그는 평가과제는 학생들이 배운 것을 표현하기 위해 사용되는 제시 형태를 선택할 수 있도록 허용해야 한다고 주장한다. 평가가 스냅사진이 아니고 앨범이 되어야 하는 이유를 말하는 것이다.

다. 실제상황에서의 평가를 통한 역량 기르기

1) GRASPS를 통한 수행과제 해결하기

개념 기반 교육과정과 이해중심 교육과정(UbD), IB PYP3)(International Baccalaureate Primary Years Programme) 교육과정은 개념에 기반한 수업을 전개한다는 측면에서 공통점을 갖는다. PYP의 경우 평가 목적을 학교와 교사가 교수·학습 과정의 여러 단계에서 학생들이 무엇을 알고, 이해하며, 할 수 있고, 가치 있게 생각하는지에 대한 정보를 수집, 확인하여 교수·학습을 개선하고 교육과정을 효과적으로 실행하며 궁극적으로는 학생의 학습을 증진시키는 데 두고 있다(IBO, 2018). 여기서 알고 이해한다는 것은 배운 지식을 수행으로 전환시키는 것으로 평가는 수용 가능한 증거로 결정한다. 이와 관련하여 유용한 평가 방법이 이해중심 교육과정(UbD)에서 수행과제 방식으로 제안된 GRASPS이다. GRASPS는 목표(Goal), 역할(Role), 청중(Audience), 상황(Situation), 수행(Performance), 기준(Standards)의 두문자를 말한다. Wiggins와 McTighe(2005)는 GRASPS가 수행과제를 개발하는 데 도움이 되는 실제 도구로써 학생이 이해한 내용을 맥락화된 수행을 통해 가장 잘 드러낼 수 있다고 생각하였다. 즉, 수행과제는 학습자들이 실생활에 적용할 수 있는 상황에서 어떤 목표를 가지고 구체적인 대상 혹은 관중을 고려하면서 특정 역할을 맡아서 기준에 따라 결과물을 만들어내는 형식으로 개발된다.

표 1-10   GRASPS 요소에 따른 사회과 수행과제 개발의 예

GRASPS 요소	설계 단서	수행과제 개발의 예
목표 (Goal)	· 과제는 ○이다. · 목표는 ○하는 것이다.	외국 방문객들이 우리 지역의 중요한 역사적, 지리적, 경제적 특징을 이해할 수 있도록 돕고자 한다.

---

3) IB PYP(International Baccalaureate Primary Years Programme)는 개념 기반 수업으로 설계한 국제공인 교육과정으로서 만 3세에서 12세까지 초등학생들을 위한 프로그램이다. 학생들이 탐구자로서, 전인적 발달하는 것에 중점을 두는 교육과정 틀(Curriculum framework)의 성격이 강한 프로그램이다.

역할 (Role)	• 당신은 ○이다. • 당신은 ○요구 받았다.	당신은 관광공사의 지역 사무소 인턴이다.
청중 (Audience)	• 당신의 고객은 ○이다. • 대상은 ○이다.	영어가 모국어인 외국인 관광객 9명을 대상으로 한다.
상황 (Situation)	• 당신의 도전은 ○이다. • 당신 자신을 발견하는 맥락은 ○이다.	4일 동안 지역을 관광하는데 예산과 함께 계획을 세우도록 요구받았다. 방문객들이 우리 지역의 중요한 역사적, 지리적, 경제적 특징이 가장 잘 나타나는 장소를 볼 수 있도록 여행 계획을 세워야 한다.
수행 (Performance)	• 당신은 ○하기 위해 ○을 만들 것이다. • 당신은 ○을 하기 위해 ○를 개발할 필요가 있다.	여행안내서와 예산계획서, 여행 일정 지도를 작성해야 한다. 당신은 각각의 장소가 선정된 이유와 방문객들이 우리 지역의 중요한 역사적, 지리적, 경제적 특징을 이해하도록 어떻게 도울 것인가 설명해야 한다.
기준 (Standards)	• 당신의 수행은 ○할 필요가 있다. • 성공적인 결과는 ○할 것이다.	계획서에는 지역의 중요한 역사적, 지리적, 경제적 특징, 특정 지역을 선정한 이유가 포함되어 있고, 정확하고 완벽한 경비가 계산되어 있어야 한다.

수행과제의 시나리오에는 어떠한 목적을 가지고 누가, 누구를 대상으로, 어떤 상황 속에서 어떠한 결과물이나 수행을 해야 하고, 성공적인 수행에는 어떠한 내용들이 반드시 포함되어야 하는지를 제시해야 한다. 이는 Eisner가 주장하는 참평가(authentic assessment)와도 일맥상통한다. Eisner는 학생들이 알고 있는 것, 할 수 있는 것을 평가하기 위한 과제는 학교 내에만 국한된 것이 아닌 학교 밖의 세계에서 부딪힐 수 있는 것이어야 한다는 것을 강조한다. 이는 배운 것을 그대로 측정하는 것이 아니라 학생으로 하여금 실세계에서 당면할 수 있는 상황을 가정하여 적용하도록 요구한 것이라고 할 수 있다. 그래서 GRASPS는 시나리오를 필요로 한다. 학생들은 제시된 기준에 맞게 수행을 통하여 학습 결과물을 산출하고 이를 평가받게 된다. 다음은 교과간 통합을 통한 GRASPS 평가의 예이다.

□ 평가 계획

성취기준	평가 내용	평가 시기	평가 방법
[4도02-03]	감정을 적절하게 표현하는 방법을 알고 있는가?	탐구하기	관찰법/서술형 평가
[4음01-03] [4음03-01] [4체03-04] [4체03-07]	감정의 표현방법을 탐색하고 작품을 구상할 수 있는가?	구상하기	관찰법
	개인별, 모둠별로 설계한 내용에 따라 감정을 표현하는 작품을 구체화할 수 있는가?	설명하기	관찰법
	공연의 형태로 감정을 표현하는 작품을 발표할 수 있는가?	행동하기	관찰법 자기/동료 평가

□ 수행과제 1: 감정의 예술적 표현방법을 탐색하고 작품을 구상하여 발표할 수 있는가?

(1) 수행 기준에 의한 수행과제 문항

여러분들은 감정을 표현하는 공연을 준비하는 예술가들로, 공연의 기획자들을 대상으로 여러분들이 구상한 계획을 발표할 예정입니다. 이를 위해 표현하고 싶은 감정을 선택한 후, 악기 연주하기, 노래 부르기, 신체 표현하기 등 음악을 통해 감정을 표현하는 방법을 탐색하고, 감정을 예술적으로 표현할 수 있는 작품을 구상하여 발표해 봅시다.

(2) GRASPS 요소별 내용

목표 (G)	음악을 통해 감정을 표현할 수 있는 작품의 제작과정을 설계하여 발표할 수 있다.
역할 (R)	여러분은 공연을 준비하는 예술가이다.
청중 (A)	여러분이 목표로 하는 대상은 공연을 기획하는 기획자들이다.
상황 (S)	여러분은 감정을 다양한 방법으로 표현하는 발표회를 위하여 작품과정을 설계하고 기획자의 동의를 구해야 한다.
수행 (P)	여러분은 감정의 종류 및 발생 원인을 이해하고, 감정을 잘 표현할 수 있는 음악적 표현방법을 정해서, 감정을 표현할 수 있는 작품의 제작과정을 설계해야 한다.

	작품의 제작과정을 설계하기 위해 다음과 같은 조건이 필요하다.
기준 (S)	- 표현하고 싶은 감정을 정하기 - 악기연주 부르기, 노래 부르기, 신체 표현하기 등 음악을 통해 표현하는 방법 선택하기 - 작품 제작 과정을 설계하여 발표하기

(3) 평가기준

영역 수준	표현하고 싶은 감정 정하기	음악적 표현방법 선택하기	작품 제작과정 설계하여 발표하기
가중치	30	30	40
잘함	여러 가지 감정의 종류를 알고 표현하고 싶은 감정을 정한다.	표현하고 싶은 감정이 잘 드러날 수 있는 음악적 표현방법을 선택한다.	작품 제작과정을 창의적으로 설계하고 전달력 있게 발표한다.
보통	표현하고 싶은 감정을 정한다.	음악적 표현방법을 선택한다.	작품 제작과정을 설계하고 발표한다.
노력 요함	교사의 도움을 받아 표현하고 싶은 감정을 정한다.	교사의 도움을 받아 음악적 표현방법을 선택한다.	교사의 도움을 받아 작품 제작과정을 설계하고 발표한다.

2) 지식의 통합적 활용 역량 기르기

Eisner는 평가는 학생들이 단편적인 사실과 함께, 보다 전체적인 맥락에 신경을 쓰도록 하는 것이어야 한다고 말하고 있다. 마치 교육과정의 조직 방법에서 통합성을 기해야 하는 논리와 같은 이치이다. 같은 맥락 차원에서 다루어지는 지식은 상호 연계되어 있으며 이를 종합하여 사고하는 능력을 길러줘야 한다는 것이다.

2015 개정 교육과정은 창의융합형 인재를 기르는 데 중점을 두고 있다. 2022 개정 교육과정에서도 통합이나 융합적 사고를 강조한다. Eisner의 말처럼 교과 내용의 전체적인 맥락성을 연계하여 평가하는 방안이 요구되는 교육과정이다. 그러나 학교에서는 통합수업이나 융합형 수업 등은 꾸준히 권장되어 왔지만 교과간 통합된 성격의 수행평가는 제시된 바가 없다. 지식을 단편적으로만 활용하는 것이 아닌 교과간 연계를 통해 종합적인 활용 능력을 길러주고 확인할 필요가 있다

는 것이다. 이러한 방법은 단일교과 차원에서 수업을 했다 하더라도 교과간 관련 내용을 연계시켜 활용하기 때문에 자연스럽게 수업 내용과 수업방법의 혁신을 필요로 한다. 따라서 교과와 교과, 교과내 내용 기준과 수행 기준이 연계된 수행평가를 제안한다. 이것은 하나의 수행과제를 제시하는 것이 아니라 여러 교과를 다루는 전체적으로는 학습내용을 정리하는 가운데 시나리오 형식을 갖춘 평가 방식이 될 수 있다. 가령, 과학에서 자연현상을 파악하고 이것을 이용한 생활과 연계된 어떤 물건을 제작하는 능력을 기르게 하며 이 물건을 수학적으로 풀이하는 등의 여러 교과를 연계한 통합적인 수행평가 방안이 필요하다. 지식의 활용 능력을 통합적인 안목에서 길러주자는 것이다. 이를 통하여 기존의 수행평가 방식을 재개념화하고 새로운 지평이 열리기를 기대한다.

초등학교 교육과정은 고교의 과목처럼 세분화된 분류가 아닌 큰 덩어리 차원의 교과로 분류되어 있다. 그러나 교과의 경계를 분명하게 구분함으로써 학생들은 교과간 지식의 상호 호환성에 대한 관점이 형성되어 있지 않다. 교과를 가로지르는 통합적 평가는 이와 관련된 교수·학습이 선행되어야 한다. 그러나 여기서는 교수·학습 방법을 제안하지 않지만 그 기본 방향은 기존의 통합 수업의 원리를 적용하는 것과 다르지 않다는 것을 밝혀둔다. 더불어 평가에서는 실제적 맥락을 고려하는 것도 필요하다. 다음은 3~4학년군의 국어, 과학, 사회과를 연계한 통합형 평가 방안의 사례이다.

[4과03-02] 다양한 환경에 서식하는 식물을 조사하여 식물의 생김새와 생활 방식이 환경과 관련되어 있음을 설명할 수 있다.
[4사10-01] 여러 지역의 자연환경과 인문환경의 특징을 살펴보고, 환경의 이용과 개발에 따른 변화를 탐구한다.
[4국03-01] 중심 문장과 뒷받침 문장을 갖추어 문단을 쓰고, 문장과 문단을 중심으로 고쳐 쓴다.

<교과의 경계를 넘는 개념 기반의 주제중심 평가의 출제 방향>

식물의 생김새와 생활 방식이 환경과 밀접하게 관련되어 있음은 사람에게도 적용된다. 즉, 내가 살고 있는 고장에서 지리적 특성이라는 자연환경이나 인문환경이 사람들의 생활에 어떤 영향을 끼쳤는지를 탐구하는 것은 환경이 식물의 생김새와 생활방식에 영향을 끼치는 이치와 같은 맥락이라는 것이다. 즉, 식물의 생활 방식과 환경의 문제, 지리적 특성이라는 환경과 사람들의 생활모습은 대상만 다를 분 환경에 의한 영향을 받고 있다는 것은 공통점이라고 할 수 있다. 이에 대해 2개의 비교표를 작성하고 구체적인 근거와 이유를 들어 중심 문장과 뒷받침 문장을 갖춘 문단으로 유사점과 차이점을 기술하도록 할 수 있다. 이를 통하여 학생은 인간의 삶도 자연의 일부와 같은 맥락성을 갖게 할 수 있다. 여기서는 수행평가의 내용을 실제적으로 적용하기 위해 교과 내용 외에 사람이나 식물이 어떤 특정 환경에서 살아가기 위해서 어떠해야 하는지까지 파악하게 하여 학습의 전이를 기대할 수 있다.

각론으로 쪼개진 교과 학습에서는 학생들의 단편적이고 분절적인 지식의 암기 여부를 '측정(measurement)'하는 평가가 아닌 실제적인 학생들의 언어 사용 능력의 향상과 성장을 확인할 수 있는 '참평가(authentic assessment)'로서 평가를 학교 현장에서 구현해야 한다.

참고문헌

강현석 외(2015). 백워드 설계의 이론과 실천. 서울: 학지사.

교육부(2022). 개정 교과 교육과정 정책 연구진 4차 합동 워크숍 2차 초안(2022년 4월 15일).

교육부(2021). 2022개정 국어과 교육과정 재구조화 연구 공청회 자료집(2021년 9월 17일).

교육부(2021). 보도자료. '2022 개정 교육과정' 총론 주요사항 발표(2021년 11월 24일).

교육부(2021). 2022 개정 교육과정 총론 주요사항(시안)(2021년 11월 24일).

교육부(2021). 2022 개정 교육과정 총론 주요사항의 신구 대비표(2021년 11월 24일).

교육부(2021). 2022 개정 총론 주요사항 마련을 위한 연구 공청회 자료집.

이광우, 정영근, 민용성 외 17인(2015). 개정 교과 교육과정 시안 개발 연구 II: 국가 교육과정 각론 조정 연구. 한국교육과정평가원 연구보고 CRC 2015－25－1.

성열관(2005). 교육과정 성취기준 논쟁의 동향과 평가. 한국교육학연구, 11(1), 215－234. 안암교육학회.

성태제(2014). 교육평가의 기초. 서울: 학지사.

소경희(2007). 학교교육의 맥락에서 본 '역량(competency)'의 의미와 교육과정적 함의. 교육과정 연구, 25(3), 1－21. 한국교육과정학회.

정혜승(2016). 2015개정 교육과정의 핵심 개념 중심 내용 체계에 대한 비판적 분석: 국어과 교육과정을 중심으로. 교육과정연구, 34(3), 29~50. 한국교육과정학회.

허경철 외(1996). 「국가 공통 절대평가 기준 일반모형 개발연구」. 한국교육개발원.

홍후조(2017). 알기쉬운 교육과정. 서울: 학지사.

황규호(2016). 역량기반 교육의 의미와 발전과제. 에듀인뉴스(2016년 6월 15일).

Erickson et al. (2017). 생각하는 교실을 위한 개념 기반 교육과정 및 수업. 온정덕, 윤지영 공역. 학지사.

Julie Stern et al. (2017). Tools for Teaching Conceptual Understanding: Designing Lessons and Assessments for Deep Learning. Corwin Press.

OECD, Education 2030 중간보고서. Preliminary Findings from the OECD Education 2030 project. https://www.nier.go.jp/kankou_kiyou/146/b08.pdf

Richard M. Cash (2017, 2011). Advancing Differentiation: Thinking and Learning for the 21st Century. free spirit Publishing.

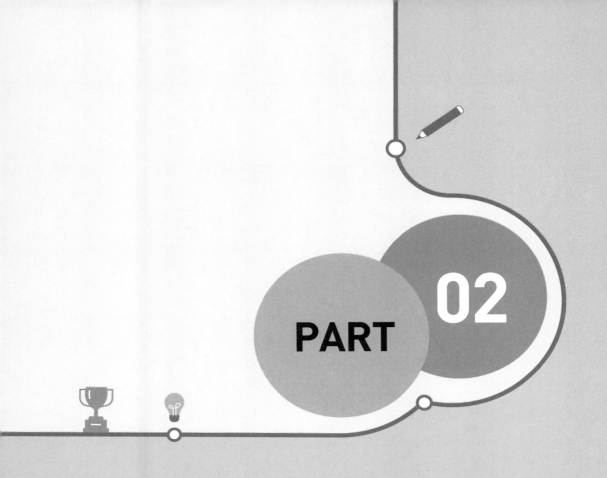

PART **02**

개념 형성과
수업 설계 모형

개념 형성과 수업 설계 모형

1. 개념의 특성

개념 기반 교육을 이해하기 위해서는 먼저 개념에 대한 의미 규정이 이루어져야 한다. 개념은 일련의 지식과 기술을 학생의 삶과 연결시키는 역할을 한다. 개념은 보편적이고, 시대를 초월하며, 추상적인 특성이 있기 때문에, 학생들에게 고차원적 사고를 유도한다(Erickson, 2007). 개념은 특정 주제에 대한 관점과 한계를 초월하는 광범위한 아이디어라고 할 수 있다. 특정 주제와 관련 있는 개념에 대한 예시는 <표 2-1>과 같다.

표 2-1   특정 주제와 관련 있는 개념에 대한 예시

주제	개념
인체	시스템
노예	억압
저자의 의도	관점
기하학	변화
동사의 활용	관계
출판	의사소통
초현실주의	상징주의
리듬	패턴
전투	갈등
팀 스포츠	공동체
재봉	미학
원예	지속 가능성

개념은 사실, 주제, 일반화와 원리, 이론 등의 용어와 다음과 같은 점에서 명확하게 구분된다(Erickson, 2007). 첫째, 사실은 이론의 기초를 형성하는 자원이다.

사실은 학생들이 학습하는 지식, 기능, 과정의 구체적인 부분들로서, 이론을 뒷받침한다. 예를 들어, 독립운동이 일어난 장소, 기미독립선언서 등은 사실에 해당된다. 둘째, 주제는 사실을 구체적이고 통합된 단위로 결합하는 단위이다. 주제는 개별적인 수업 시간을 전체로 연결시키는 우산 역할을 한다. 예를 들어, 독립운동과 투쟁은 주제에 해당된다. 셋째, 개념은 빅 아이디어이다. 개념은 공통적인 속성을 가진 아이디어를 추상적으로 표현하고, 서로 다른 학문 분야를 초월하며, 영구적인 방식으로 연결한다. 개념은 일반적으로 주제에 대한 핵심 질문(이것이 실제로 무엇에 관한 것입니까?)에 답하는 형태로 이루어진다. 예를 들어, 독립운동이라는 주제에서 교사와 학생은 갈등과 자유라는 개념을 학습한다. 넷째, 일반화와 원리는 명제의 형태로 진술한다. 일반화와 원리는 사실에 의해 뒷받침되는 개념이 서로 결합한 문장의 형태로 나타난다. 원리는 법칙이나 정리의 수준에 도달하는 일반화에 해당한다. 예를 들어, '자유에 대한 개념 정의는 개인, 집단, 시기에 따라 달라지며, 이것은 사회의 긴장과 갈등을 유발한다'라는 진술은 갈등과 자유에 대한 일반화에 해당된다. 다섯째, 이론은 사실에 입각한 정보와 개념 및 일반화에 대한 이해를 바탕으로 한다. 이론은 경험을 이해하고 새로운 상황에서 문제를 해결하는 데 도움을 준다. 이론은 우리가 세상을 이해하고, 설명하는 방식이라고 할 수 있다. 예를 들어, 자유가 어떻게 긴장을 유발하는지 이해하게 되면, 중동에서의 주요 전쟁이나 부모와 학생과의 다툼과 같은 다른 상황에서의 갈등을 보다 잘 파악할 수 있다.

2. 개념의 형성

개념은 사물, 사건, 현상을 유목화하는 정신적 표상이다(Jonassen, 2006). 사람들은 일상생활에서 수많은 개념을 인지하고 의사소통한다. 그러나 사람들은 의식적인 주의를 하지 않더라도 이러한 개념을 학습하는 경향이 있다. 개념은 의미구성과 의사소통의 기초로 작용하기 때문에, 개념이 없다면 의사소통은 불가능하다. 예를 들어, 상대방에게 코커스패니얼(강아지 품종)을 설명할 때, '개', '동물', '친구' 등과 짧은 단서를 제공하지 않고, 다리가 네 개, 털이 있다는 것 등과 같이 코커스패니얼의 모든 특징을 설명해야 하는 상황을 떠올려보자. 만약 상대방이 코커스패니얼을 본 적이 없거나, 설명한 것과 다른 것을 떠올린다면 코커스패니얼에 대한 의미를 구성하는 데 어려움이 발생할 것이다. 이와 같이, 코커스패니얼, 그 자체가 개념이기 때문에, 이것을 코커스패니얼이라고 부르는 것은 간단하지 않다. 코커스패니얼을 이해시키기 위해서는 이것과 다른 비슷한 생물들을 제시해야 하고, 이들의 유사점과 차이점을 제시해야 한다. 이러한 사례에서 볼 수 있듯이, 개념이 없는 의사소통은 불가능하며(Jonassen, 2006), 개념은 정신적 표상 과정에 의하여 형성된다.

비고츠키는 개념을 일상적(자발적; spontaneous concept) 개념과 학문적 개념(academic concept)으로 구분하고, 학문적 개념은 일상적 개념에 기반하여 형성되어야 한다고 주장하였다. 첫째, 일상적 개념은 개인적 경험과 인식을 기반으로 형성된다. 아이들은 일상생활에서 만나는 대상에 대해서 일상적 개념을 자연스럽게 구성한다. 예를 들어, 어린 아이들은 자신의 여동생이 누구인지 말할 수 있지만 '형제'라는 개념이나 실제로 '자매'라는 단어를 설명하지 못한다(Lai, 2012). 왜냐하면, 이들의 지식은 이들이 매일 보는 사람과 그들을 둘러싸고 있는 세계에 한정되기 때문이다. 이와 같이, 일상적 개념은 제한된 경험과 관찰을 기반으로 상향식으로 구축되는 경향이 있다. 일상적 개념은 주어진 주제에 대해 심오하거나 체계적인 설명을 제공하지 않는 특징이 있다. 둘째, 학문적 개념은 의식적 자각과 자발적 통제에 의하여 하향식으로 형성된다. 교육은 특정 목적을 달성하도록 조직화하여 설계되기 때문에, 개념 학습을 위한 학생의 의식적인 인식을 유도한다. 학생들은 개념을 이해할 수 있을 때까지 배운 내용을 연습하고 확장한다. 학문적 개념은 상황에 따라 일반화 할 수 있으나, 일상적 개념은 특정 경험을 범주화하는 데 사용된다는 점에서 차이가 있다. 개념은 아이들이 세상을 경험하고 그것을 이해하려고 노력할 때 자연스럽게 발전한다. 학교에서는 학생들에게 단순히 개인적인 삶의 경험을 통해서는 개발할 수 없는 광범위한 학문적 개념을 의도적으로 제시한다는 문제점이 있다. 학생들이 학문적 개념을 형성하기 위해서는 개념에 대한 학습자의 의식적인 인식을 조장하고, 주제 및 상황 전반에 대한 일반화를 지원할 필요가 있다.

청소년기의 학생들은 추상적 사고 능력, 또래 관계 및 우정에 있어서 변화가 나타나고, 개인의 유사점과 차이점을 구별할 수 있으며, 도덕적 판단 능력(옳고 그름에 대한 그들의 견해)이 형성된다. 청소년기의 학생들은 이전의 시기와 달리 추상적 사고가 가능하고, 다른 사람의 사고 과정을 이해하기 시작하며, 새롭고 다양한 방식으로 환경과 상호작용할 수 있게 된다. Ogena(2004)는 이러한 변화를 '청소년기의 지적 능력(intellectual-competency view)'으로 정의하였다. 또한, 인지발달은 청소년 시기에 절정에 이르게 된다. 지능은 생물학적 성숙과 문화의 영향을 받으며, 일련의 단계를 거쳐 발달한다(Piaget, 1952). 청소년 이전 시기에는 구체적인 조작적 사고, 즉 '지금 여기'에 대하여 생각할 수 있지만, 청소년은 그 이상을 넘어 무엇이 있을 수 있는지에 대해 생각할 수 있다. 추상적 사고는 '나는 누구인가?'와 같은 질문에 대한 답을 할 수 있게 한다. 이 질문에 대하여 학생들은 나이, 이름, 다양한 호/불호, 그 이상에 대하여 답할 수 있다. 청소년은 여러 가지 대안 중에서 자신이 선호하는 대안을 판단하고 장기적인 계획과 약속을 수행할 수 있는 사고를 하게 된다.

이와 같이 인간은 어린 시절부터 자신의 세계를 설명하기 위한 이론을 구축하고 있다(Jonassen, 2006). 인간은 경험, 성찰, 의도적인 가르침을 통해 학습하고, 이 과정에서 개념을 추가하고 발전시킨다. 인간은 기존의 개념화 및 이론, 이해 가능하고 일관성이 있는 경우에 한하여 개념을 추가하고 재구성한다. 이러한 이론을 적용하고 재구성하는 인지 과정은 개념적 변화에 해당된다(Vosniadou, 1999).

개념적 변화 모델은 학습자가 새로운 학습에 비추어 기존 지식을 점진적으로 재구성하는 피아제주의에 해당된다. 새로운 개념이 기존의 인지구조에 동화될 수 있지만, 새로운 정보가 기존의 인지구조에 통합을 시도하는 과정에서 급진적인 재구성 또는 조절이 발생할 수 있다(Vosniadou & Brewer, 1992). 학습자는 동화(기존의 인지구조에 새로운 정보의 추가)와 조절(새로운 정보를 반영하여 인지구조의 재구조화)을 통하여, 해당 영역에 대한 개념을 형성하게 된다.

이상을 종합하면, 개념의 형성은 다음과 같은 특성을 갖는다. 첫째, 개념은 대상, 사건, 실재의 유목에 대한 정신적 표상에 의하여 형성된다. 둘째, 개념은 학생들이 세상을 경험하고 그들이 이해하는 방식으로 자연스럽게 발달한다. 학교에서는 학문적 개념을 소개할 때 학생의 일상적 개념에 기반할 필요가 있다. 셋째, 학문적 개념의 발달은 개념에 대한 학습자의 의식적인 인식에 의하여 형성되기 때문에, 학교에서는 교과 및 상황에 대한 일반화를 제시해야 한다. 넷째, 학습자의 개념은 동화와 조절에 의하여 형성된다.

3. 개념 형성 이론

가. 피아제의 인지발달 이론

Piaget(1952)의 인지발달 이론은 학생들의 개념 형성과 관련한 이론 중에서 가장 널리 알려져 있으며, 영향력 있는 이론이다. 피아제는 아동의 지식이 과거 경험을 조직화하고 새로운 경험을 이해하는 과정에서 스키마(도식: schema)가 구성된다고 주장하였다. 스키마는 동화(assimilation)와 조절(accommodation)이라는 두 가지 과정에 의해 계속되며 변형된다. 동화는 새로운 정보를 기존의 스키마에 구축하여 학습하는 과정으로써, 학습자는 새로운 경험을 이미 알고 있는 것과 연관시켜 새로운 경험을 동화시킨다. 조절은 스키마 자체가 새로운 지식을 통합하여 변경할 때 발생하게 된다.

피아제는 동화와 조절의 균형을 유지하기 위한 지속적인 시도, 즉 평형화를 통하여 인지발달이 이루어진다고 주장하였다. 피아제는 일련의 뚜렷하고 보편적인 4단계에 의하여 인지발달이 이루어진다고 제시하였다. 인지발달의 각 단계는 점차적으로 정교해지며 추상적인 사고의 수준으로 발전하게 된다. 이러한 발달 단계는 항상 동일한 순서로 발생하며 각 단계는 이전 단계에서 학습한 내용을 기반으로 한다. 피아제의 인지발달은 감각운동기, 전조작기, 구체적 조작기, 형식적 조작기의 4단계로 발전하게 된다.

- **감각운동기**(영아기): 이 시기의 아동은 기호를 사용하지 않으며, 신체 활동을 통하여 지능을 형성한다. 세계에 대한 지식은 제한적이며, 물리적 상호 작용과 경험을 기반으로 지능을 형성한다. 아동은 생후 7개월에 대상 영속성을 습득하게 된다. 아동은 신체 발달(이동성)을 통해 새로운 지적 능력을 개발하게 된다. 이 단계가 끝나면 상징적(언어) 능력이 일부 개발된다.
- **전조작기**(유아기): 이 시기에는 기호를 사용하여 지능이 발달되며, 언어 사용 능력이 증가하고, 기억과 상상력이 발달한다. 그러나 사고는 비논리적, 비가역적인 형태로 존재하고, 자기 중심적 사고가 지배적이다.

- **구체적 조작기**(초등학생): 이 단계에서는 구체물과 관련된 기호를 논리적이고 체계적으로 조작하여 지능을 형성한다. 조작적 사고가 발달하고, 자기중심적 사고가 줄어든다. 6세에서 12세 사이의 어린 학령기 아동은 생각하고 문제를 해결하는 데 논리적이고 일관된 행동을 사용한다. 아이들은 외형의 변화에도 불구하고 부피, 무게, 숫자가 일정하게 유지될 수 있다는 것을 배움으로써 영속성과 보존의 개념을 이해할 수 있다. 이 단계에서의 아이들은 과거의 경험을 쌓을 수 있으며, 그 경험을 사용하여 어떤 일이 발생한 이유를 설명할 수 있다. 주의집중 시간은 6세에 약 15분이었으나, 9세가 되면 1시간으로 증가하게 된다. 그러나 이 시기의 학생들은 구체적인 조작기에 머물러 있다.
- **형식적 조작기**(청소년기 및 성인기): 이 단계에서는 추상적 개념과 관련된 기호를 논리적으로 사용하여 지능을 형성한다. 12세에서 18세 사이의 청소년은 문제와 상황을 통해 사고하는 데 있어 독립성이 증가하는 "정신적 조작" 단계로 전환한다. 청소년은 추상화를 이해하고 일반적인 정보를 배우며 특정 상황에 적용할 수 있게 된다. 이들은 특정 정보와 기술을 배울 수 있다. 청소년기의 핵심 과제는 인지적 전환이다. 어린 아이들과 비교할 때, 청소년들은 더 발전되고 더 효율적이며 일반적으로 더 복잡한 방식으로 사고한다. 이 시기의 특성은 다음과 같다. 첫째, 청소년기의 개인은 자신의 생각을 현실에 국한하지 않고 가능한 것에 대해 더 잘 생각할 수 있게 된다. 아동의 사고는 지금 여기, 즉 직접 관찰할 수 있는 사물과 사건을 지향하는 반면, 청소년은 관찰할 수 없는 것, 즉 가설적으로 생각할 수 있게 된다. 둘째, 청소년기로 넘어가면서 개인은 추상적 관념에 대해 더 잘 생각하게 된다. 예를 들어, 청소년은 말장난, 속담, 은유 및 유추에 내재된 일종의 고차원적이고 추상적인 논리를 보다 더 잘 이해하게 된다. 청소년기에는 추상적 사고를 형성하게 된다. 이 시기의 청소년들은 사회 및 이데올로기 문제에 대한 추론과 논리적 사고를 할 수 있다. 이것은 대인 관계, 정치, 철학, 종교 및 도덕에 대해 생각하는 데 있어 청소년의 증가된 편의, 관심과 관련된다. 셋째, 청소년기의 개인은 사고 자체 또는 메타인지 과정에 대해 더 자주 생각한다. 결과적으로 청소년은 내성과 자의식이 증가한다. 초인지 능력의 향상은 중요하지만, 자기중심주의 또는 자신에 대한 강한 집착을 발전시키는 경향이 있다. 넷째, 사고가

단일 문제에 국한되지 않고 다차원적으로 전환된다. 아동은 한 번에 한 가지 측면만 생각하는 경향이 있는 반면, 청소년은 더 복잡한 렌즈를 통해 사물을 볼 수 있다. 청소년은 자신과 타인을 보다 차별화되고 복잡한 용어로 설명하며 다양한 관점에서 문제를 보다 쉽게 볼 수 있다. 사람의 성격이 일방적인 것이 아니라 사회적 상황이 관점에 따라 다르게 해석될 수 있다는 점을 이해함으로써 청소년은 타인과의 관계가 훨씬 더 정교하고 복잡해진다. 마지막으로, 청소년들은 흑백논리와 같은 절대적인 관점에서 사물을 바라보기보다는 사물을 상대적으로 보기 시작한다. 그들은 다른 사람들의 주장에 의문을 제기하며 사실을 절대적인 진리로 받아들이지 않게 된다.

나. 피아제의 인지발달 이론과 상반된 이론

최근 연구에서는 청소년기 이전에 발생하는 학생의 개념 발달 과정과 관련하여 피아제의 이론과 상반되는 연구결과가 발견되고 있다. 학생의 개념 발달 과정에 대한 쟁점은 다음과 같은 네 가지 차원에서 논의되고 있다(Gelman & Diesendruck, 1999).

첫째, 개념은 사람의 경험을 효율적으로 조직하는 데 사용되는 도구이다. 따라서 개념은 긍정적이건 부정적이건 아이들의 추론에 강력한 영향을 끼치게 된다. 개념은 정보를 효율적으로 저장하는 데 영향을 미칠 뿐만 아니라, 대상의 식별, 유추 형성, 추론 등을 포함하여 다양한 인지 과정에 중요한 역할을 수행한다. 즉 개념은 복잡한 인지 기능을 형성하는 데 주춧돌 역할을 한다. 이와 같이 개념은 인간의 경험을 조직화하고 확장시키는 도구로 사용된다.

둘째, 어린이가 초기에 형성한 개념은 반드시 구체적이거나 지각에 기초한 것은 아니다. 미취학 어린이라도 명확한 수준은 아니지만 추상적인 개념에 대한 미묘한 수준의 추론 능력이 있다. 어린이는 성장함에 따라 개념에 대한 근본적이고 질적인 변화를 경험하게 된다. 어린이와 성인의 개념 발달을 비교할 때, 지각과 개념, 구체성과 추상성 등과 같은 이분법적 논리를 사용하는데, 이와 같은 이분법적 사고는 어린이들이 무언가를 할 수 있는지를 설명하는 데 적절하지 않다. 어린이는 일상 행동에서 자신의 발달 단계에서 나타나지 않을 수 있는 능력을 표현할 수 있으며, 피아제의 인지발달 단계를 뛰어넘을 수도 있다(Donaldson, 1986). 즉, 어린이도 추상적 사고가 가능하다.

셋째, 어린이들은 개념을 획일적으로 형성하지 않는다. 어린이가 형성한 개념은 주제, 영역, 개인 또는 활동 전반에 걸쳐 동질적이지 않다. 어떤 어린이들은 특정 분야에서 전문적인 지식과 역량을 발휘하기도 한다. 예를 들어, 어린이 체스 전문가는 성인 체스 초보자를 능가할 수 있다. 어린이의 개념은 일반적으로 특정 전문 분야에 국한되며, 의도적인 계획 및 가르침이 없다면 다른 영역으로 일반화 또는 전이되지 않을 수 있다.

넷째, 어린이가 형성한 개념은 세상에 대한 새로운 '이론'을 반영한다. 어린이들의 이론이 정확하지 않은 만큼 그들의 개념 역시 틀리기 마련이다. 어린이들이 이론을 개념에 통합하기 시작하는 시기와 방법에 대해 주의를 기울일 필요가 있다. 어린이의 개념 형성에 대한 전통적인 견해는 어린이가 개념을 형성하는 초기 범주는 유사성에 기반하며, 정규 학교 교육의 결과로 경험을 얻을 때만 이론의 통합이 시작된다는 것이다(Quine, 1977). 피아제 역시 전조작기 시기의 어린이는 이론이나 실제 개념을 구성할 논리적 능력이 없다고 주장하였다. 그러나 이와 반대로, 어린 시절의 개념을 습득하기 위해서 이론이 필요하다는 연구가 보고되었다. 이론은 학습자가 개념을 형성하고, 개념과 관련된 기능을 식별하는 데 도움이 되며, 개념은 정보를 저장하는 방식에 영향을 준다(Murphy, 2002). 그러므로 아주 어린 아이들이라도 세상의 측면에 대해 이론화(예측)를 시도할 수 있도록 격려해야 한다.

이와 같이, 개념 발달은 누적되는 현상이라고 할 수 있다(Chadwick, 2009). 학습자가 학습 전반에 걸쳐 다양한 맥락에서 개념을 학습함에 따라, 점차적으로 이해의 폭, 깊이, 복잡성이 증가하게 된다. 학생들이 개념을 이해하게 되면, 다음과 같은 측면에서 긍정적인 변화가 발생한다. 첫째, 학생들은 추상적 개념에 대한 이해와 사용 수준이 높아진다. 둘째, 학생들은 여러 개념을 연결한다. 셋째, 보다 복잡하고 낯선 상황뿐만 아니라 친숙한 상황을 이해하는 데 개념을 적용하고 활용한다. 넷째, 학생들은 새로운 이해를 바탕으로 정보에 입각한 판단과 결정을 하게 된다. 다섯째, 학생들은 개념이 여러 가지 다양한 해석을 가져올 수 있다는 것을 이해하게 된다.

4. 개념 형성 전략

개념은 대상, 사건 또는 기타 개체의 범주에 대한 정신적 표상이다. 개념은 사건, 대상, 현상의 추상화로서, 추상적인 특성을 강조한다(Agbo & Isa, 2017). 즉, 개념은 정신적 구성물이다. 따라서 학생이 실제 경험을 통해 개념을 형성하는 데 도움을 줄 수 있지만, 뇌에 기반하여 학습이 진행되어야 한다. 학습자에게 유의미한 개념은 개념과 관련된 사례에 대하여 다양한 경험을 제공할 때 가능해진다(Agbo & Isa, 2017; Erickson, 2008).

개념은 시간을 초월하고 보편적이며 다양한 정도로 추상적인 정신적 구성물이다(Erickson, 2008). 따라서 개념은 언어적 단서와 명칭(예: 상호의존성, 문화변화, 인과성)으로 진술되는 높은 수준의 추상화이다. 이것은 개별 교과 설계 및 교육과정 통합 설계의 기본적인 조직자로 사용된다(Taba, 1966). 그러므로 교육과정과 수업은 일반화와 원리에 기초하여 내용의 범위와 방향과 깊이가 결정되어야 한다(Taba, 1966). 일반화는 영속한 이해(Wigging & McTighe, 2005) 또는 본질적인 이해(Erickson, 2002), 빅 아이디어 등으로 표현된다.

개념을 가르칠 때에는 개념의 선택, 영역별 학습, 실제적 학습, 비계 학습 등을 고려해야 한다. 이들에 대하여 살펴보면 다음과 같다.

첫째, 개념은 매우 맥락적이며 시간이 지남에 따라 변경될 수 있기 때문에, 학습자의 연령, 발달 단계, 능력 수준을 고려하여 적절한 개념을 선택해야 한다(Milligan & Wood, 2010). 개념은 추상화 또는 보편성의 수준에 따라서 유형화될 수 있다. Taba 등(1971)은 개념을 핵심 개념과 일상적 개념으로 구분하였다. 핵심 개념은 보다 크고 보편적이며 추상적이지만(예: 변화, 권력, 진실), 일상적 개념은 특정 학문과 맥락과 연관되어 있는 것으로서, 보다 구체적이고 제한적으로 사용된다. Gütl와 Garcia-Barrios(2005)는 이것을 지각 정보에서 직접 형성되는 기초 개념(또는 저차원적 개념)과 추상화하고 표현하는 과정을 통해 정의되는 고차원적 개념으로 구분하였다. Erickson(2002)은 개념을 '거시적 개념'과 '미시적 개념'으로 구분하였다. 교사가 어떠한 개념의 유형을 선택하더라도, 교육과정의 목적과 맥락을 고려해야 한다. 개념의 유형 구분과 상관없이, 학생들에게 개념적 사고를 형성할 수 있도록 도와주어야 한다. 개념적 사고는 학습자가 이미 친숙한 개념과 이러한 개념에 도전할 수 있는 새로운 아이디어를 연결하는 과정에서 발생한다. 그러므로 학습자가 개념을 올바르게 이해하고 어떻게 만들 수 있는지를 확인하는 것이 중요하다. 즉, 학생들이 개념적으로 생각하고 학습하는 것을 배워야 한다. 그러므로 교육과정과 수업은 다수의 정보로 구성되어 피상적으로 다루기보다는 각 주제에 대한 몇 가지 핵심 개념을 심층적으로 탐구할 수 있는 방향으로 설계되어야 한다. 특정 주제와 관련한 소단원에 대한 수업이 개념에 대한 깊고 질적인 이해를 달성하기에 충분한 시간과 학문적 깊이를 제공하지 못한다면, 사실에 대한 암기를 조장하고, 논리적 모순과 오해를 초래할 수 있다(Tan, 2017). 즉, 개념은 추상적이고 구체적인 수준과 같이 다양한 형태로 존재하기 때문에, 특정 영역에 대한 모든 정보를 제시하기보다는 핵심 개념에 초점을 두고 지도해야 한다.

둘째, 학생들은 일반적인 맥락보다는 특정 지식 영역의 맥락에서 개념을 가르칠 때 잘 배운다(Mayer, 2001). 따라서 개념은 특정 맥락과 영역에서 가르치는 것이 필요하다. 학습자가 학문 분야를 이해하는 구조(지도)를 형성하는 과정에서 개념적 연결이 필요하다. 개념에 대한 최초의 이해는 상황적이어야 한다. 이해는 다른 교과 및 학문과 간학문적으로 연결될 때 보다 풍부해진다. 즉, 개념은 일반적인 맥락보다는 특정 지식 영역의 맥락에서 가르치는 것이 효과적이다.

셋째, 실제적 학습이 요구된다. 학생들은 정보가 파편적으로 제시될 때보다는 실제 또는 실생활 문제를 해결하는 과정에서 개념을 보다 잘 학습한다. 개념 학습을 위해서는 개념을 활용할 수 있는 형식으로, 실생활 문제 해결과 관련되거나 구체적으로 문제가 제시되어야 한다. 왜냐하면, 개념 학습은 정보의 파편으로 형성되기보다는 실제 문제를 해결하는 과정에서 형성되기 때문이다.

넷째, 비계 학습을 적용한다. 학생들은 과제 난이도가 학습자의 능력을 충족할 때 가장 잘 배운다. 다양한 수준의 능력을 가진 학생들이 학습 과제를 성공적으로 해결하기 위하여 다양한 종류와 강도의 지원을 제공할 필요가 있다. 과제의 난이도가 학생의 능력에 부합해야 한다.

5. 개념의 발달 및 이해도 평가

학생평가의 결과를 시험점수 또는 등급의 형태로 제시하는 것은 학생의 개념 발달 및 개념의 형성 여부를 확인하는 데 적절하지 않은 평가방법이다. 학생의 개념 발달 및 개념 이해도를 평가하기 위해서는 평가방법이 전환되어야 한다(Nair et al, 2015).

학생의 이해도를 평가하는 것은 쉬운 일이 아니다. 특정 기간 동안 학생의 발달을 요약하고, 개개인의 학습목표 도달 여부를 일일이 확인하는 것은 쉬운 일이 아니다. 학습자가 교과에 대한 일관된 지식의 구조를 형성하지 못할 수 있으며, 학문적 지식(과학적 지식)보다는 일상적 지식이 형성될 수도 있다. 학생의 시험성적이 교과에 대한 새로운 이해를 나타내지 않고, 단순히 직관을 나타낼 수 있는데, 이러한 시험성적은 학생의 이해도를 적절하게 평가하지 못한 대표적인 사례에 해당된다(Talanquer, 2017). 어떤 학생들은 시험 내용을 실제로 이해하지 않고 시험에 통과하기도 한다(Kinchin, Baysan, & Cabot, 2008). 이러한 경우, 시험지의 답변이 해당 교과에 대한 학생의 이해도를 반영하지 못한다. 그러므로 학생에 대한 개념 이해도를 파악하고 수업에 활용할 수 있는 적절한 도구가 필요하다.

SOLO(Structure of Observed Learning Outcome) 분류법은 사고의 수준이나 개발 단계보다는 학생의 반응 구조에 초점을 두고 개발되었다. SOLO 분류법(SOLO Taxonomy)은 문제해결과정에서 나타난 학생들의 반응을 <표 2-2>와 같이 다섯 가지로 분류한다.

<표 2-2>에서 볼 수 있듯이, SOLO 분류법은 학습자의 발달 수준 및 학습 단계를 파악하는 데 용이하기 때문에, 비구조화된 문제에 대한 구조적 복합성을 평가하는 데 활용될 수 있다. SOLO 분류법은 문제에 대한 학생들의 정답 여부보다는 학생의 학습상태, 개념 이해도를 파악하는 데 유용한 방법이다. 일반적으로 시험이 사실을 회상하는 데 초점을 맞추고 있다면, SOLO 분류법은 사실에 대한 학생의 반성과 추론을 확인함으로써, 이해의 시도 여부를 판단할 수 있다. 이와 같이, SOLO 분류법은 다양한 수준의 학생과 다양한 유형의 과제에서 다양한 교과목에 대한 인지적 학습의 결과를 측정하는 데 활용할 수 있다.

표 2-2		문제해결과정에서 나타난 학생들의 반응(SOLO 분류법)

단계	수준	반응
1	전구조 반응 (Prestructual response, P)	과제를 부적절하게 수행한다. 이 수준의 학생들은 문제로부터 정보를 수집하지만, 그 정보는 부적절하거나 연관성이 없는 것들로 이루어져 있다. 그들은 중요한 부분을 알아채지 못하거나 문제를 시작하는데 도움이 필요한 학생들이다. 그들의 풀이에는 일관성이 없으며, 문제 해결을 거부하거나 제대로 보지 않고 마무리하기도 한다.
2	단일 구조 반응 (Unistructural response, U)	문제로부터 단 하나의 적절한 정보를 보이는 반응이다. 그러나 그 정보는 제한적이며 문제와의 연결성이 부족하다. 따라서 모순적인 결론에 도달할 수 있다.
3	다중 구조 반응 (Multistructural response, M)	문제로부터 여러 가지의 정보를 포함하고 있지만 정보들 간의 관계는 파악하지 못하고 있는 반응이다. 여전히 모순적인 결론에 도달할 수 있다.
4	관계적 반응 (Relational response, R)	유용한 모든 정보가 통합된 반응이다. 문제 상황에서 이용 가능한 모든 정보를 일반화하여 구조화시킬 수 있는데, 이는 문제에 대한 전반적인 이해가 가능함을 보여준다. 그러나 이때 생성한 구조는 현재 수행하고 있는 과제 내에서만 의미가 있으며 다른 분야에서는 모순이 발생할 수도 있다.
5	확장된 추상화 반응 (Extended abstract response, E)	모든 정보를 포함할 뿐만 아니라 문제에 포함되지 않은 정보를 통합할 수 있는 반응으로 더 높은 수준의 일반화가 가능하다. 일반화는 더 넓은 범위에 적용 가능하며, 새로운 상황으로 확장하고 전이하게 된다.

한편, 교육과정의 목표가 학생의 개념을 개발하는 것이라고 한다면, 학생이 자신의 추론 능력을 사용하여, 새로운 개념 구조를 구성하는 방향으로 평가가 실시되어야 한다(Mucenski, 2004). Wiggins(1993)는 참평가(authentic assessment)를 제안하였는데, 이것은 교과에서 배운 지식을 활용하여 일상생활의 문제를 효과적이고 창의적으로 해결할 수 있는 평가과제를 의미한다. 평가는 학생의 이해도 여부를 판단하기 위하여, 교수·학습의 모든 단계에서 활용될 수 있어야 한다.

학생들의 개념 이해도를 확인하는 데 사용할 수 있는 평가도구에는 피드백, 반구조화된 면접, 안내 질문, 논술형 평가, 사고구술전략(Think-Aloud problem solving), 그래픽 조직자, 개념 지도, KWL 차트 등이 있다(Mucenski, 2004).

가. 피드백

평가는 교수·학습의 중요한 부분이며, 피드백은 형성평가의 필수적인 부분이다. 피드백은 교사와 학생 모두가 의미 있는 변화를 만들고 교수·학습 과정을 개선하는 데 기여한다. 효과적인 피드백이 되기 위해서는 '목표 지향성, 실행 가능성, 개별화, 시의 적절성, 지속적, 일관성' 등을 충족해야 한다(Nair et al, 2015: 848).

나. 반구조화된 면접

Jonassen(2006)은 학생의 개념 획득 및 개념 변화를 평가하는 가장 효과적인 방법으로 반구조화된 면접을 제시하였다. Vosniadou(1994)는 돌과 막대기 모양의 그림을 제시하고 어린 학습자들에게 "돌에 힘이 가해지는 이유는 무엇입니까?"와 같은 질문을 한다. 이와 같은 개방형 질문에서 학생은 자신이 추론한 것을 설명하는데, 이 과정에서 학생이 형성한 개념적 구조를 확인할 수 있다. 학습자와 대화하는 것은 학습자의 사고 과정에 접근하는 가장 효과적인 방법 중의 하나이다.

다. 안내 질문

학습자의 개념적 이해를 평가하는 또 다른 방법은 안내 질문을 사용하는 것이다. 이것은 개방형 질문의 형식으로 표현되며, 구체적인 수준에서 추상적인 수준으로 학습자의 사고를 의도적으로 개발하는 데 활용된다. Erickson(2007)은 사실적 질문, 개념적 질문, 논쟁적 질문의 세 가지 유형을 제시하였다. 사실적 질문은 내용 지식의 발달을 위해서 필요하고, 개념적 질문과 논쟁적 질문은 학습자가 보다 복잡하고 깊이 있는 이해를 추구하는 데 활용된다(Yak-Foo & Koh, 2017).

- 사실적 질문 – "농부들은 농작물이 더 잘 자랄 수 있도록 밭에 어떤 재료를 사용하는가?"
- 개념적 질문 – "이 재료의 공통점은 무엇인가?"
- 논쟁적 질문 – "농부들이 항상 이렇게 하는 것이 좋은 일이라고 생각하는가? 어떤 문제를 발생시킬 수 있는가?"

라. 논술형 평가

논술형 평가는 객관식 및 단답형 질문과 달리 개념적 이해의 여부를 판단하는데 유용하게 활용할 수 있다(McCoy & Ketterlin-Geller, 2004). 논술형 평가는 채점기준과 그래픽 조직자, 개념 지도 등과 결합하여 사용된다.

마. 사고구술전략(Think-Aloud problem solving)

사고구술전략은 학생들이 문제를 해결하는 과정에서 큰 소리로 생각하도록 하는 것을 의미한다. 학생들이 과제를 수행하는 과정에서 소리내어 생각하도록 한다. 학생들은 과제를 완료할 때 떠오르는 생각을 말해야 한다. 학생이 보고, 생각하고, 행동하고, 느끼는 활동이 포함될 수 있다. 이것은 최종 산출물이 아니라 학생의 인지과정에 대한 통찰력을 확인할 수 있으며, 과제 수행과 관련한 사고 과정을 명확하게 제공한다.

학습자의 개념 구조와 관련한 광범위한 정보를 생성하는 방법으로 사고구술 짝활동이 있다(Whimby & Lockhead, 1999). 이것은 짝을 이루어 한 학생이 문제를 해결하면서 큰 소리로 생각하는 방법이다. 학생은 문제해결 과정, 회상하는 방법, 추론 또는 결론을 가능한 많이 소리내어 말해야 한다. 다른 한 쌍의 구성원은 파트너의 생각을 경청하고 적절한 순간에(서로 상충되는 내용) 질문이나 의견을 제시한다.

바. 그래픽 조직자

그래픽 조직자는 학습자의 개념 구조에 대한 정보를 확인하고, 학습 이전, 학습 중, 학습 종료 후에 학습자가 아이디어를 구성하는 데 활용된다(Yak-Foo & Koh, 2017). 그래픽 조직자는 학습자가 특정 개념에 대한 복잡성을 시각화하고, 개념과 관련된 모든 부분의 '큰 그림' 또는 '패턴'을 시각화하여, 개념의 이해도를 점검하는 데활용될 수 있다. 그래픽 조직자는 다양한 수준의 학습자의 요구 사항을 충족하는데 기여한다. 왜냐하면 텍스트와 그래픽 형식으로 정보를 제공하게 되면 보다 많은 학생들이 수업에 참여할 수 있기 때문이다. 그래픽 조직자는 개별 사실과 아이디어 간의 관계에 중점을 두고 평가가 이루어지기 때문에, 학생이 획득한 개념과 그 개념과의 관계에 대한 이해도를 파악할 수 있다. 학생들이 자신의 아이디어를 그래픽 조직자를 활용하여 표현함으로써, 개념의 이해와 사고 과정 형성 여부를 평가할 수 있다.

사. 개념지도

개념지도는 그래픽 조직자의 특수한 형태이다. 이것은 Ausubel(1963)의 유의미 학습 이론에 의하여 도입되었다(Novak & Gowin, 1984). 개념지도는 개념의 구조도로서, 개념 간의 관계를 명확하게 나타내는 것을 강조한다. 개념지도에서 개념은 노드(node)로 표시되며, 각 노드와의 관계는 의미성에 기초하여 화살표로 표시된다. 개념지도는 지식 획득 및 지식 구성을 확인하는 데 활용된다. 개념지도는 학생들이 새롭게 형성한 지식을 기존의 지식과 어떻게 구조화하고 조직화하는지를 평가하는 데 활용할 수 있으며, 형성평가와 총괄평가에서 모두 활용할 수 있다. 개념지도는 개념의 복잡성과 상호 관계에 대한 학생들의 이해를 측정하는 데 유용하게 사용할 수 있다(Ruiz-Primo et al., 2001).

아. KWL 차트

K-W-L(Know-Want-Learned) 차트는 학습을 시작하기에 앞서서 학생들이 갖고 있는 오개념 또는 오해를 확인할 수 있다는 장점이 있다. 학생들이 차트의 첫 번째 열(K: Konw)에는 학생이 현재 알고 있는 지식에 대하여 작성한다. 교사는 학생이 작성한 자료에 기초하여 학생의 기존 지식이나 오개념에 기초하여 교재를 개발한다. 두 번째 열(W: Want)에는 학생들이 학습할 내용을 작성한다. 세 번째 열(L: Learned)에서 학생들은 교사에게 배운 내용에 대한 요약을 정리한다 (Mucenski, 2004). 학생들은 이와 같이 구조화된 방법을 통하여 이해하는 과정을 표현할 수 있다.

6. 개념 형성을 위한 교수·학습 모형

　개념 기반 학습에서는 '왜 학생들이 우리가 가르치는 모든 것에 관심을 가져야 하는가?'와 같은 매우 중요한 핵심 질문을 다룬다는 점에서 기존의 교수·학습 접근방법과 차이가 있다.

　교사는 교과의 내용, 학생의 연령과 경험, 다양성, 개인의 목적, 수업의 목적 등을 종합적으로 고려하여 적절한 개념을 선정해야 한다. 교사는 학생들에게 빅 아이디어를 탐구할 수 있는 기회를 제공하고, 학생들의 일상생활 및 배경지식과 경험을 연결시켜 학생들을 지도해야 한다. 교사는 <표 2-3>과 같이, 구체적인 교과 내용, 일반적인 사고능력과 학습 기능, 초학문적인 보편적 개념, 장기 과제 등을 선정하여 제시할 수 있다.

표 2-3 　개념의 유형과 내용 예시

내용 중심 개념	기능 중심 개념	보편적 개념	장기 과제
지리 수업 - 위치 - 장소 - 인간 상호 작용 - 이동 - 지역	16가지 마음의 습관 - 끈기 - 이해와 공감으로 경청 - 생각하기 - 새로운 상황에 지식 적용하기	실제 세계(핵심 개념) - 변화 - 형태 - 정체성 - 글로벌 상호작용	글로벌 이슈 - 인권 - 봉사 - 사회적 문제 초점

　Erickson(2002, 2007, 2008)은 개념을 가르치는 데 활용할 수 있는 교수·학습 방법을 개념 기반 교수·학습으로 규정하였다. 개념 기반 교수·학습은 교과의 빅 아이디어에 초점을 맞추고 있기 때문에 단순한 사실에 대한 지식 습득을 뛰어넘는다. 교사는 한 교과에서 모든 사실적 내용을 가르치기보다는 빅 아이디어에 기초하여, 이와 관련된 내용을 선택하여 교육과정을 재구성해야 한다. 이와 같이, 개념 기반 교수·학습은 학습자가 빅 아이디어를 이해하도록 안내하는 귀납적 교수방법이라고 할 수 있다. 개념 기반 교수·학습에서는 학생들이 개념을 이해하고, 다른 상황과 맥락으로 전이하는 것을 중시한다. 개념 기반 교수·학습에서 주

제에 대한 빅 아이디어는 개념과 일반화의 형태로 제시된다.

개념 기반 교수·학습에서는 개념과 일반화에 초점을 맞추어 수업을 설계한다. 교사는 학생들에게 빅 아이디어를 지도하기 위하여, 구체적이고 관련성 있는 교육내용을 선택하여 재구성한다. 교사는 학생들에게 개념과 일반화가 무엇인지 안내하고, 개별 사실들을 핵심 개념과 연결시키고, 귀납적인 방법을 통하여 학습자들이 빅 아이디어를 이해할 수 있는 학습환경을 조성한다. 교사의 역할은 학생들이 개념과 일반화 사이의 패턴과 연결을 파악하고, 그 개념을 다른 교과 또는 학생의 삶에 연결시키는 데 있다. 학생들의 개념 및 이해를 강조하는 개념 기반 교수·학습 모형에는 다음과 같은 것들이 있다.

가. 5E 순환학습 모형

순환학습은 Piaget의 인지발달 이론에 기초를 두고, 탐구 단계에서 간단한 실험을 통하여 학생 스스로 새로운 개념을 발견할 수 있도록 유도한다. 순환학습 모형은 유형에 따라 단계별 활동에서 차이가 있지만, 탐색, 용어 도입, 적용의 3단계로 구성된다. Martin 등(1997)은 4E 순환학습 모형을 제안하였다. 4E 순환학습 모형은 탐색-설명-확장-평가로 구성된다(Llewellyn, 2002). 4E 순환학습 모형은 구성주의가 제시한 학습의 과정을 설명하며, 피아제의 지능발달 이론과도 부합된다. 4E 순환학습 모형에 학생들의 선행지식을 평가하여 이해하는 단계가 포함되어야 한다는 주장이 제기됨에 따라, 참여 단계가 추가된 5E 순환학습 모형이 되었다. 즉, 5E 순환학습 모형은 참여-탐색-설명-정교화-평가 단계로 이루어진다. 5E 순환학습의 일반적 방법과 절차는 <표 2-4>와 같다(Llewellyn, 2002).

표 2-4　5E 순환학습 모형

단계	주요 활동
참여 (engagement)	• 어떤 사건이나 질문에 대해 학생들의 흥미와 호기심 유발 • 학생들이 이미 알고 있는 것과 학습할 내용을 연관시킴
탐색 (exploration)	• 소집단을 바탕으로 직접적인 활동으로 탐구 • 교사의 지도하에 주요 개념과 기술에 대한 사전 지식을 명료화

설명 (explanation)	• 학생은 자신이 이해한 것 설명 • 교사는 새 개념을 도입하고 정의
정교화 (elaboration)	• 문제 중심의 활동에 참여 • 학습한 새로운 개념이나 사고 유형을 다른 상황에 적용
평가 (evaluation)	• 학생들은 자신의 지식, 기술, 능력 평가 • 교사는 학생들의 향상 평가

1) 참여(engagement)

5E 모형의 첫 단계는 학생들의 주의를 집중시켜 개념, 원리, 이슈, 문제 등에 대한 학습 활동에 학생들을 끌어들이는 역할을 한다. 이 단계의 주요한 목적은 학생들이 앞으로 수행할 탐구 활동 및 탐구 방법 등을 소개하는 것이다. 참여 단계의 활동은 질문, 불일치 사례, 문제, 퍼즐 등이 있으며, 학생들의 사고를 집중시킬 수 있다면 어떠한 활동도 가능하다. 이 단계에서 교사는 학생들이 기존 지식과 앞으로 학습할 내용을 연결 지을 수 있도록 안내하는 역할을 담당한다.

2) 탐색(exploration)

학생들은 정보를 수집하고, 아이디어를 검증하고, 관찰을 기록하며, 실험하는 등 구체적이고 실제적인 탐구를 실시한다. 이 단계에서는 학습하고 있는 현상이나 상황을 학생들이 직접적으로 접할 수 있도록 구체적인 경험이 제공되어야 한다. 학생들은 탐색 활동의 결과로써, 특정한 패턴이나 관계를 깨닫고, 그와 관련된 의문을 형성할 수 있어야 한다. 교사는 학습의 촉진자로서 학생들이 아이디어(특정한 패턴이나 관계)를 발견해 낼 수 있도록 도와주는 역할을 담당한다.

3) 설명(explanation)

학생들은 이전 단계에서의 탐색 결과를 이해하게 된다. 이 단계에서는 특정한 유형, 관계, 혹은 질문에 대한 답을 찾아내도록 학생들을 격려한다. 유의해야 할 점은 학생들이 자신의 생각을 설명할 때는 비록 정확하지 않더라도 반드시 자기 나름대로의 언어를 사용해야 한다는 것이다. 왜냐하면, 새로운 개념의 학습을 위해서는 발견한 것을 설명하고 이해한 것을 표현하는 과정이 필수적이기 때문이다. 교사가 보다 정확한 과학적 용어를 도입하는 것은 그 다음 문제이다. 교사는 학생들의 논리적 추론과 사고를 유도할 수 있는 질문을 해야 한다.

4) 정교화(elaboration)

학생들은 학습한 개념이나 기술을 다른 상황에 적용하는 기회를 경험한다. 학습한 정보나 기술을 새로운 상황에 적용을 해 봄으로써 학생의 이해도는 강화되고, 보다 유의미한 학습이 될 수 있다. 학생들의 활동은 협동적인 집단 활동, 개별적인 학습 모두 가능하다. 또한, 학생들의 이해를 증진시키기 위해 정교화 단계가 여러 차시에 걸쳐 이루어질 수도 있다.

5) 평가(evaluation)

5E 모형의 마지막 단계인 평가 단계에서 학생들은 자신의 지식과 학습한 아이디어에 대한 이해도를 확인한다. 이 활동은 의도했던 학습 목표, 즉 학습의 결과물을 강화시키는 역할을 한다. 평가는 여러 가지 형태의 인지적, 심동적 행동에 대한 측정(예를 들어, 보고서, 실험 기술 및 과정의 시범, 프로젝트 결과 등)에 근거하여 이루어진다.

나. 통합교육과정 모형(Integrated Curriculum Model: ICM)

통합교육과정 모형(Integrated Curriculum Model: ICM)은 1986년에 최초로 제안되었으며 VanTassel-Baska에 의해서 수차례 걸쳐 수정, 보완되었다(VanTassel-Baska, 1986; 노일순, 김민경, 2016). ICM 모형에서는 핵심 개념을 고급 내용 영역, 과정-산출물 영역, 이슈/주제 영역과 연결할 것을 강조한다. 이것은 영재를 위한 속진, 심화, 통합교육이 가능하도록 세 개의 고리를 중심으로 교육과정을 구성하는 방식이다. ICM 모형의 개념도는 [그림 2-1]과 같다.

그림 2-1   ICM 모형의 개념도

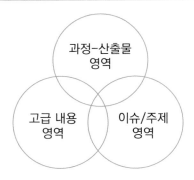

출처: VanTassel-Baska, & Stambaugh, 2007: 33

[그림 2-1]에서 볼 수 있듯이, 고급 내용 영역에서는 속진을, 과정-산출물 영역에서는 심화를, 이슈/주제 영역에서는 통합교육을 제시하고 있다. 이에 대하여 구체적으로 살펴보면 다음과 같다.

첫째, 고급 내용 영역에 대한 교육과정은 학생의 현재 학년수준에 맞는 내용이거나 2~3학년 위의 속진 내용으로 설계된다. 교육내용 선정을 위해 과정에 참여하는 영재에게는 진단(Diagnose) → 처치(Prescriptive) 방법이 사용된다. 학생이 사전에 가지고 있는 교과지식에 대한 진단이 이루어진다. 진단 결과에 기초하여, 학생이 이미 습득한 지식과 기술을 제외하고 현재 학년 또는 상위학년의 내용과 기술로 구성된 프로그램 및 교재를 학생들에게 제공한다. 내용 주제를 선정할 때에는 중요도와 복잡성, 실세계의 연관, 흥미, 효율성 등을 고려한다.

둘째, 과정-산출물 영역에서는 문제중심학습, 주제기반 연구, 실세계 연결, 실제 청중 대상 발표, 상황 또는 주제 추론 및 분석과 같은 높은 수준의 사고 훈련과 추론 기술을 통해 학생이 과정과 산출물에 집중하여 높은 수준의 결과를 유도하는 내용과 활동으로 구성한다. 이 과정을 통해 학생들은 사고하는 방법, 표현방법, 문제 해결, 중요 이슈를 탐구하는 방법을 익히게 된다. 고차원적 사고력, 문제해결능력, 연구 기술에 초점을 두어 내용을 구성한다.

셋째, 이슈/주제 영역에서는 학생들이 배운 정보의 파편들을 상호 유기적으로 결합할 수 있도록 구성한다. 학생들이 관찰한 내용과 사실들을 중심개념에 연결할 수 있는 틀을 제공한다. 이러한 틀은 시스템, 변화, 원인과 결과 등과 연결되기 때문에, 학생들이 실세계에 대한 깊이 있는 이해와 학교에서 배운 내용을 실세계에 활용하는 기능을 한다(노일순, 김민경, 2016; VanTassel-Baska, 1986, 2007).

다. STS 모형

STS란 Science, Technology, Society의 각 첫 글자를 나타내는 것으로, 이들 첫 글자를 합성한 것이다. 학생은 자연세계에 대한 그들의 개인적 이해를 인간이 만든 세계(Technology)와 학생이 매일 경험하는 세계(Society)와 통합하려는 경향을 가진다. 따라서 과학의 기술적, 사회적 환경에서 과학 내용을 가르칠 필요성이 제기되었다. STS 모형에서는 학생들이 살아가는 과정에서 흔히 만날 수 있는 실제적 문제와 이러한 문제를 해결할 수 있는 능력을 길러주는 데 목적이 있다. 또한, STS 모형에서는 의사 결정, 실천적, 사회적 책임과 관련된 부분을 강조한다. STS 모형의 절차는 [그림 2-2]와 같이 문제로 초대, 탐색, 설명 및 해결 방안 제시, 실행의 4단계로 구성된다(Yager & Tamir, 1993).

그림 2-2 STS 모형의 절차

1) 문제로 초대(1단계)

과학-기술-사회와 관련된 문제를 제기한다. 교사는 사회적 쟁점이 되는 문제 제시를 위해 통계 자료나 신문 기사 등을 이용한다.

① 학생에게 지적 호기심을 갖게 하고, 가능한 한 실생활과 관련된 문제를 제

시한다.

② 학생이 자신의 생각을 충분히 생각한 후에 발표하도록 한다.

③ 교사는 학생들의 문제 인식을 도와주고, 생각의 정리를 촉진하는 역할을 수행한다.

2) 탐색(2단계)

문제를 보다 명확하게 이해하기 위해서 자료를 수집하고 조직하거나, 실험을 설계하고 수행한다. 또한, 다른 사람과 해결책을 토의하고, 적절한 자료를 수집한다.

① 실험 및 관찰한다.

② 관련 내용을 조사한다.

③ 문제 해결을 위해 실험을 하거나 도움이 되는 자료를 수집하여 자기 생각의 타당성을 알아본다.

④ 교사는 용어의 혼동을 피하기 위해 관련 용어를 정리해 준다.

3) 설명 및 해결 방안 제시(3단계)

이전 단계에서 수집한 정보와 실험 결과를 토대로 문제 해결 방안에 대한 설명을 제시하고, 이에 대한 해결책을 검토하고 토의한다.

① 문제 해결 방법을 설명한다.

② 해결 방법을 발표하게 하고, 해결 과정에서 해결하지 못 한 것을 토론을 통해 이해하게 한다.

③ 문제가 해결되지 않을 경우 교사가 보충 설명을 한다.

4) 실행(4단계)

이전 단계의 해결책을 이용하여 의사 결정을 하고, 다른 사람들에게 이에 대한 정보와 생각을 전달하고, 실천에 옮긴다.

① 학생들의 생각을 확인 및 정착시키기 위해 새로운 상황에 적용한다.

② 가능한 실생활과 관련된 문제에 적용한다.

이상에서 살펴본, STS 모형의 구체적인 학습단계와 수업내용은 <표 2-5>와
같다.

표 2-5 STS 모형의 구체적인 학습단계와 수업내용

학습 단계	수업내용	
문제로 초대	① 호기심을 위해 주변 환경을 관찰한다. ③ 예기치 않은 현상을 기록한다.	② 질문에 대하여 가능한 한 많은 반 응을 고려한다. ④ 학생들의 지각이 다양함을 확인한다.
탐색	① 중심이 된 역할에 참여한다. ③ 정보를 살핀다. ⑤ 모형을 설계한다. ⑦ 문제해결 전략을 채택한다. ⑨ 다른 사람과 해결책을 토의한다. ⑪ 선택을 평가한다. ⑬ 조사의 척도를 정의한다.	② 가능한 대안을 토의한다. ④ 구체적인 현상을 관찰한다. ⑥ 자료를 수집, 분석, 정리한다. ⑧ 적절한 자원을 선택한다. ⑩ 실험을 설계하고 수행한다. ⑫ 논쟁에 참여한다.
설명 및 해결 방안 제시	① 정보와 관념으로 의사를 전달한다. ③ 새로운 설명을 구성한다. ⑤ 동료의 평가를 이용한다. ⑦ 기존의 지식과 경험에 해결책을 통 합한다.	② 모델을 만들거나 설명한다. ④ 해결책을 검토하고 비평한다. ⑥ 다양한 답과 해결방안을 수립한다.
실행	① 의사 결정을 한다. ③ 정보와 관념을 나눈다. ⑤ 결과를 발달시키거나 관념을 촉진 한다.	② 지식 및 기능을 응용하고 전달한다. ④ 새로운 의문을 묻는다. ⑥ 다른 사람들에 의한 동의, 수용을 반영한다.

라. Reigeluth의 정교화 이론

정수화(epitomize)는 학습내용의 유형인 개념, 절차, 원리 중 하나를 선택해서
이루어지는 것으로 전체 과제를 대표하면서도 가장 단순한 과제를 찾아내는 과정
이다. 개념, 절차, 원리 중 하나가 학습하게 될 내용의 뼈대를 이루며, 이것이 정
교화되어 학습을 완성하게 된다(Reigeluth, 1992).

Reigeluth(1992)는 학습(수행)의 중요한 세 가지 수준으로, 기억, 이해, 적용을

제시하였다. 첫 번째 수행수준은 기억(memorization)이다. 즉 일반성, 일반성의 특정한 사례, 그리고 그 이름을 기억할 수 있는 수준이다. 두 번째 수행수준은 이해(understanding)이다. 학습한 내용을 자신의 말로 기술하거나 알고 있는 다른 것과의 관계를 이용해 설명할 수 있는 수준이다. 세 번째 수행수준은 적용(application)이다. 새롭게 접하는 상황에 적용할 수 있는 수준이다.

개념학습은 개념의 기억, 이해, 적용의 수준에서 수행되어야 한다. 개념학습이 완벽하게 이루어지려면 마지막 수행수준 단계인 개념의 적용이 이루어져야 한다. 이러한 점에서 볼 때, 개념학습은 개념의 적용 학습이라고 할 수 있다.

개념 적용을 위한 교수 원리는 전형(典型) 형성, 변별, 일반화의 학습 단계를 거친다(Reigeluth, 1995). 1단계는 전형 형성 단계이다. 학습자는 전형을 먼저 형성해야 한다. 교사는 전형적인 사례를 들면서 전형 형성을 촉진시킬 수 있다. 사례는 일반적이면서 가능한 한 많은 사례를 대표할 수 있어야 한다. 2단계는 변별 단계이다. 학습자는 특정 개념의 사례가 공통적으로 지니고 있는 특성들을 학습하여야 한다. 이 과정을 거쳐 개념의 정례와 부정례를 구별하게 된다. 이것을 습득하기 위해서는 다음과 같은 두 가지 방법이 있다. 한 가지 방법은 개념의 일반성이나 정의를 제시하는 것이다. 또 다른 방법은 개념의 정례와 부정례를 대응시켜 제시하는 것이다. 이때의 부정례를 대응적 부정례(matched nonexamples)라고 한다. 왜냐하면 개념의 다양한 속성과 정의적 속성을 가진 정례와 부정례가 대응되기 때문이다. 정례와 대응적 부정례들은 정의적 속성을 가지고 학습자가 사물을 개념화하는 것이 용이하도록 동시에 제시된다. 3단계는 일반화 단계이다. 다양한 사례가 어떻게 한 개념의 사례가 될 수 있는지를 학습한다. 즉 주어진 사례가 다른 것과 어떻게 다른가를 학습하면서 일반화한다. 때로는 다양한 사례의 어떤 속성은 무시하고 일반화한다. 가변적 속성을 이용하는 두 가지 방법으로 일반화를 조장할 수 있다. 첫 번째 방법은 가변적 속성 중에서 공통된 속성을 보여 주는 일반성을 제시하는 것이다. 두 번째 방법은 서로 다른 사례를 제시하는 것이다. 이렇게 제시되는 사례를 발산적 사례(divergent examples)라고 한다. 이와 같이, 일반화 단계에서는 다양한 사례를 통하여 학습자가 개념화 할 수 있도록 연습하는 것이 중요하다.

마. 그래픽 조직자 모형

그래픽 조직자는 비선형적인 시각적, 언어적 보조도구이다. Paivio(1986)의 이중부호화이론에 따르면, 인간은 시각정보와 언어정보를 처리하는 두 가지 인지적 부호화 기능을 가지고 있고 이것은 서로 다른 형식으로 기억되고 인출됨으로써, 시각정보의 이미지는 관련된 언어정보를 인출하는 데 도움을 준다. 그러므로 그래픽 조직자를 개념수업에 적용한다면, 개념의 중요한 속성이나 사례가 강조되고 개념 자체를 이해하는 기초를 제공할 수 있다. 개념의 정의적 속성은 부각되고 상관적 속성과 같이 상대적으로 중요하지 않은 상세 정보나 무관한 정보가 제거되어 개념의 혼란을 감소시킬 수 있다(이유진, 강이철, 2012).

Tufte(1990)는 그래픽 조직자가 단어나 진술들을 의미 있는 패턴으로 나타내는 것이기 때문에 그래픽 조직자들은 서로 관련된 많은 내용들을 분명하게 전달하는 데 효율적인 방법이 될 수 있다고 하였다. 개념은 선언적 지식 측면과 절차적 지식, 패턴 인식 측면이 있다(Tessmer, Wilson, & Driscoll, 1990). 그러므로 공통된 속성을 기준으로 범주화된 일정한 패턴 인식인 개념학습에 의미 있는 패턴으로 나타내는 그래픽 조직자를 활용하는 것은 개념 형성에 큰 도움이 될 수 있다(이유진, 강이철, 2012).

바. 개념 획득 모형

개념 획득 모형은 학생들에게 개념의 특성을 포함한 예와 포함하지 않은 예를 제시하여 비교 검토하게 함으로써 그들이 어떤 개념에 이르도록 고안된 것이다. 이 때 개념의 특성을 포함한 예는 공통적 속성을 찾기 위해 주의 집중을 해야 하는 것이며, 개념의 특성을 포함하지 않은 예는 무시해야 하는 속성을 포함하고 있다. 이러한 학습 과정은 학생들이 특정 개념을 정의하는 속성을 정확하게 배우도록 해주며, 특정 개념을 정의하는 속성과 그렇지 않은 속성을 구분할 수 있도록 해준다(박인우 외, 2005).

Joyce와 Weil(1992)이 제안한 개념 획득 모형은 <표 2-6>과 같다. 이 모형에서는 개념 획득의 절차를 자료 제시 및 개념 형성, 획득된 개념의 검증, 사고 전략의 분석 단계로 제시하였다.

표 2-6 개념 획득 모형의 단계

교수·학습 단계	교수·학습 과정
자료 제시 및 개념 형성	- 긍정적 예와 부정적 예들을 제시 - 긍정적 예의 속성을 찾아 가설로 설정하고 검증 - 개념의 속성을 확정
획득된 개념의 검증	- 제시되는 예들을 개념의 속성을 포함한 예와 그렇지 않은 예로 구분하는 활동을 통해 확정된 개념의 속성을 검증 - 개념의 속성을 포함하는 예와 그렇지 않은 예를 만들기
사고 전략의 분석	- 학생들은 자신의 사고과정을 설명 - 가설과 속성의 역할에 대하여 토의

첫째, 자료 제시 및 개념 형성 단계에서는 학생들에게 개념의 속성을 포함한 긍정적 예와 그렇지 않은 부정적 예를 제시하고 긍정적 예들이 가지고 있는 공통된 속성을 찾아 써보게 한다. 이는 가설 설정과 수정이 반복되는 과정이다. 이러한 활동은 학생들이 자신의 가설이 확실하다고 느낄 때까지 계속한다. 학습자가 자신의 가설이 확실하다고 생각하는 것은 개념이 형성되었음을 의미한다.

둘째, 획득된 개념의 검증은 긍정적 예와 부정적 예를 구분하지 않고 제시된 예들을 학생들이 긍정적인 것과 부정적인 것으로 구분하는 활동과 학생들이 직접 긍정적인 예와 부정적인 예를 만들어 보는 활동으로 이루어진다. 이러한 과정을 통해 학생들은 획득된 개념을 검증하게 된다.

마지막은 학생들이 개념을 획득하는 과정에서 사용한 사고 전략을 분석하는 단계이다. 가설 설정의 초기 단계에는 폭넓게 접근하여 범위를 좁혀가는 학생이 있는가 하면 처음부터 구체적으로 접근하는 학생이 있고, 하나의 가설에 집중하는 학생이 있는가 하면 여러 개의 가설에 집중하는 학생이 있다. 모든 가설이 기각되었을 때 접근하는 방법도 다르다. 이와 같은 개별적 사고 과정을 공유함으로써 학생들은 효율적인 사고 전략을 학습할 수 있게 된다.

사. 백워드 설계 모형

개념 기반 교육을 강조하는 독특하고 인기 있는 교육과정 설계 모형은 백워드 설계 모형이다(Wiggins & McTighe, 2005). 백워드 설계 모형은 Wiggins와 McTighe (1998)가 제안한 모형으로써, 학습의 결과로서 학생들의 이해력을 강조한다. 백워드 설계 모형은 학생들의 이해력을 달성하기 위하여 제안된 모형으로, 단편적인 사실과 지식의 기억에서 벗어나 학습 내용에 대한 이해를 바탕으로 실제 생활의 문제를 해결할 수 있는 능력을 강조한다. 백워드 설계 모형은 이해에 기반한 설계 (UbD: Understanding by Design)라고 지칭하는데, 이것은 교육과정과 수업의 설계 목적이 학생이 이해도를 향상시키는 것과 관련이 있기 때문이다.

백워드 설계 모형은 학생들의 영속한 이해를 추구하는 이해중심 교육과정 설계 모형이다. 영속한 이해란 단편적이고 분절적인 지식과 기능의 습득이 아닌, 교과에서 다루는 빅 아이디어, 즉 핵심 개념과 원리를 학습함으로써 이것을 교과 이외의 장면에서 수행할 수 있는 능력, 즉 수행으로서의 이해를 의미한다. 따라서 영속한 이해의 달성 여부는 실제 수행 장면에서 판단된다. 학생들이 이해했다고 한다면, 단지 알고 끝나는 것이 아니라 실제 상황 및 맥락에서 적시적소에 활용할 수 있어야 한다. 이러한 것들을 종합적으로 고려하여, Wiggins와 McTighe(2005) 는 [그림 2-3]의 백워드 설계 모형을 제시하였다.

그림 2-3   백워드 설계 모형의 절차

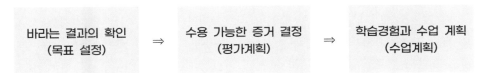

바라는 결과의 확인 (목표 설정) ⇒ 수용 가능한 증거 결정 (평가계획) ⇒ 학습경험과 수업 계획 (수업계획)

출처: Wiggins & McTighe, 2005

[그림 2-3]에서 볼 수 있듯이, 백워드 설계 방식은 평가계획이 수업계획에 앞서 이루어진다. 이러한 절차상의 특징은 수업과 평가의 일관성을 높이는 데 기여하며, 결국 수업과 평가의 일체화를 구현하는 데 기여한다.

아. KDB 모형

KDB 모형에서 KDB는 KNOW/DO/BE의 약자로, 알아야 하는 것(to know), 할 수 있어야 하는 것(to do), 되어야 하는 것(to be)을 의미한다. 이 모형은 간학문적 개념과 복합적인 간학문적 수행 기능을 중심으로 교육과정을 통합할 때 적절하게 활용할 수 있다. 이 모형은 간학문적 접근방법뿐만 아니라 다학문적 접근방법에서도 활용될 수 있다.

이 모형에서는 지식, 기능, 인성의 핵심 3요소를 중심으로 교육과정을 통합한다. 이들 세 가지 요소는 교육과정 통합의 결과로서 학생들에게 기대되는 학습 성과를 의미한다. KDB 모형의 핵심 아이디어는 [그림 2-4]와 같다.

그림 2-4   KDB 설계 모형

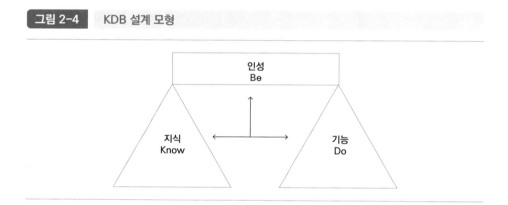

[그림 2-4]에서 볼 수 있듯이, KDB 모형에서는 지식, 기능, 인성의 상호작용을 중시한다. 지식과 기능은 인성의 중재로 균형을 이루며, 이들 세 가지 요소들은 서로 상호작용하는 과정에서 완성된다. 학생들이 획득한 지식은 행동으로 구현되어야 하며, 인성이 반영되지 않은 지식이나 기능은 무의미하다. 이와 같이, KDB 모형은 학생들의 전인적인 성장을 고려한 통합교육과정 설계모형이다. 학생들은 간학문적 지식과 간학문적 수행 기능이 통합되는 과정에서 인성적인 측면을 최종적으로 달성할 수 있다.

Drake와 Burns(2004)는 간학문적 통합을 위한 교육과정 설계 모형을 <표 2-7>과 같이 7단계로 제시하였다. 1단계는 교육과정 스캔과 클러스터, 2단계는 쟁점/주제 선정, 3단계는 개념 망 구성, 4단계는 K/D/B 구조화, 5단계는 평가 설계, 6단계는 핵심 질문 개발, 7단계는 수업 및 평가 계획이다.

표 2-7　간학문적 통합을 위한 KDB 교육과정 설계 모형

간학문적 통합을 위한 교육과정 설계 모형

1. 교육과정 스캔 및 클러스트
2. 쟁점/주제 선정
3. 개념 망 구성
4. K/D/B 구조화
5. 평가설계
6. 핵심 질문 개발
7. 수업 및 평가 계획

자. Erickson(2012)의 개념 기반 교수·학습 모형

Erickson(2012)은 개념 기반 교육과정과 수업을 위하여 3차원 모형을 제시하였다. 이 모형은 '개념, 원리 및 일반화'에 초점을 맞추고 관련 사실과 기능을 도구로 사용하여 학문 분야의 내용 및 초학문적 주제와 간학문적인 이해의 심화를 강조한다. Erickson(2012)의 개념 기반 교수·학습 모형에서는 시너지적 사고, 지식과 기능의 전이, 의미의 사회적 구성을 강조한다.

첫째, 시너지적 사고란 사실적 수준과 개념적 수준에서 사고하는 것 사이의 상호 작용을 의미한다. 사실과 개념 사이의 시너지 효과의 필요성을 강조한다. 개념의 정의 또는 사실을 아는 것으로 학습이 충분히 이루어지지 않으며, 그 두 가지 모두가 필요하다.

둘째, 지식과 기능의 전이가 필요하다. 사실은 다른 장면으로 전이되지 않는다. 이것은 특정한 상황과 관련이 있다. 지식은 일반화와 원리가 상황에 따라서 적용되기 때문에 개념적 수준에서만 전이될 수 있다.

셋째, 의미의 사회적 구성이 요구된다. 학생들은 협동 및 협력을 통하여, 상호의존성을 형성하고 새로운 아이디어와 해결방안을 고안함으로써 개념을 형성하게 된다.

이상에서 볼 수 있듯이, 효과적인 개념 기반 교수 모형에서는 사실과 개념이 교육과정 구성의 핵심 요소이며, 학습은 협력 활동으로 조직될 때 가장 효과적으로 이루어진다는 것을 가정한다. Erickson은 3차원 접근 방식(사실, 기능 및 개념)과 전통적인 2차원 접근 방식(사실 및 기능만 해당) 간의 차이점을 <표 2-8>과 같이 제시하였다.

표 2-8 2차원적 접근방식과 3차원적 접근방식과의 비교

	2차원적인 접근방식	3차원적인 접근방식
목표	사실적 지식과 기능의 향상	사실적 지식과 기능에 기초한 개념적 이해의 향상과 포괄적인 맥락으로의 이해의 전이
수업방법	사실적 지식 전달 중심의 강의	1-2개의 핵심 개념들을 개념적으로 유도하고, 간학문적 또는 학문적 주제와 이슈에 대한 탐구 촉진
개념 사용	개념적 이해와 연관된 개념을 정의하거나 그와 관련된 사실적 예시 제공	사실적 내용과 관련된 개념을 활용하여 시너지적 사고(synergistic thinking) 촉진 학생이 사실 그 이상을 학습할 수 있도록 개념을 의도적으로 사용
도입	매 수업시간에 목표 제시	다양한 종류의 질문(사실, 개념, 논쟁)을 제시함으로써, 학생의 흥미 유발 및 학습 촉진
학습환경	교사의 설명 및 수업에 집중을 강조하는 일제식 수업	사회적 탐구, 협력, 시너지적 사고, 문제해결력을 향상시킬 수 있는 집단 활동 참여 강조 개별, 짝, 집단 활동을 통하여 인터넷 또는 다른 매체를 활용하여 글로벌 상황(global contexts)에 대한 학습 가능
교수방법	교사중심의 수업 교사가 수업목표와 해당되는 내용을 요약하여 제시	학습자 참여형 수업의 강조 귀납적 수업을 통한 학생의 개념 이해 강조 후속 학습에 해당되는 주제와 관련된 핵심 아이디어 제시 학생들의 질적 사고의 증거는 이해와 관련된 정확한 사실을 제시할 때 가능
평가	사실적 지식과 기능	개념적 이해에 대한 평가 학습과제와 관련되어 있는 아이디어를 통합하여 평가
강조점	교육과정 성취기준	학생의 사고와 이해 중시 교사는 시너지 효과를 발휘할 수 있는 각 학생의 능력 인지

참고문헌

노일순, 김민경(2016). ICM(Integrated Curriculum Model) 기반의 영재통합교육 과정 개발과 실행. **영재교육연구**, 26(3), 515－539.

박일수(2013). 백워드 설계 모형을 적용한 단원 개발에 대한 예비교사의 경험 기술 연구. **학습자중심교과교육연구**, 13(4), 327－350.

박일수(2014). 이해중심 교육과정 통합의 가능성 모색: 백워드 설계 모형 (backward design)을 중심으로. **통합교육과정연구**, 8(2), 1－23.

박일수(2017). 백워드 설계 모형을 활용한 간학문적 통합 단원 설계. **통합교육과정 연구**, 11(2), 47－66.

박일수(2018). 백워드 설계 모형을 활용한 이해중심 도덕과 단원 설계. **학습자중 심교과교육연구**, 18(9), 863－885.

백남진, 온정덕(2014). 역량 기반 교과 교육과정에서 기준과 수행의 의미. 교육과 정연구, 32(4), 17－46.

이유진, 강이철(2012). 그래픽조직자를 활용한 개념수업프로그램의 효과분석. **교 육공학연구**, 28(3), 471－496.

Agbo, F., & Isa, A. (2017). *Scientific skills and concept learning by rural women for personal and national development*. Science Education International, 28(2), 128－135.

Ausubel, D. P. (1963). Cognitive structures and the facilitation of meaningful verbal learning. *Journal of Teacher Education*, 14(2), 217－222.

Chadwick, D. (2009) (Ed.) *Approaches to building conceptual understandings*. Wellington, New Zealand: Ministry of Education.

Cuban, L. (1984). Policy and research dilemmas in the teaching of reasoning: Unplanned designs. *Review of Educational Research*, 54, 655－681.

Donaldson, M. L. (1986). *Children's explanations: A psycholinguistic study*. Cambridge, England: Cambridge University Press.

Drake, S, M., & Burns, R, C. (2004). *Meeting standards with integrated curriculum*. Alexandria, VA: Association for Supervision and Curriculum Development.

Erickson, H. L.(2002). *Concept—based curriculum and instruction: Teaching beyond the facts*. Thousand Oaks, CA: Corwin press.

Erickson, H. L. (2007). *Concept—based curriculum and instruction for the thinking classroom*. Thousand Oaks, CA: Corwin Press

Erickson, H. L. (2008). *Stirring the head, heart, and soul: Redefining curriculum, instruction, and concept—based learning*. Thousand Oaks, CA: Corwin Press.

Erickson, H. L. (2012). *Concept—based teaching and learning*. IB position paper. The Hague: International Baccalaureate Organization.

Gardner, H., & Boix—Mansilla, V. (1994). Teaching for understanding in the disciplines and beyond. *Teachers College Record, 96(2)*, 198—281.

Gelman, S. A., & Diesendruck, G. (1999). A reconsideration of concepts: On the compatibility of psychological essentialism and context sensitivity. In E. K. Scholnick, K. Nelson, S. A. Gelman, & P. H. Miller (Eds.), *Conceptual development: Piaget's legacy* (pp. 79-102). Lawrence Erlbaum Associates Publishers.

Gütl, C. & García—barrios, V. (2005). The application of concepts for learning and teaching. In Auer, M. & Auer, U. (Eds) *Proceedings of the International Conference on Interactive Computer—Aided Learning*. Villach, Austria: Carinthia Technology Institute.

Jonassen, D. (2006). On the role of concepts in learning and instructional design. *Educational Technology Research and Development*, 54(2), 177-196.

Joyce, B., & Weil, M. (1992). *Models of teaching*(4th ed.). Englewood Cliffs, NJ: Prentice—Hall.

Joyce, B., Weil, M., & Calhoun, E. (2004). *Models of Teaching*(7th ed.). Boston: Allyn and Bacon. 박인우, 강영하, 임병노, 최명숙, 이상수, 최정임, 조규락(역)(2005). **교수모형**(7판). 서울: 아카데미프레스.

Kinchin, I., Baysan, A. & Cabot, L. (2008). Towards a pedagogy for clinical education: Beyond individual learning differences. *Journal of Further and Higher Education, 32*, 373–388.

Lai, W. (2012). *Concept–based foreign language pedagogy: Teaching the Chinese temporal system.* Unpublished doctoral thesis, Pennsylvania State University, USA.

Llewellyn, D. (2002). Inquire within; Implementing inquiry–based science standards. Thousand Oaks, CA: CorwinPress.

Markle, G., Markle, G. C., Johnson, J. H. G., Ceer, C., & Meichtry, Y. (1990). What research says to the practitioner: Teaching for understanding, *Middle School Journal, 22*(2), 53–57.

Martin, R., Sexton, C., Wagner, K., & Gerlovich, J. (1997). *Teaching science for all children* (2nd ed). Boston: Allyn and Bacon.

Mayer, R. (2001). *Teaching for meaningful learning.* Upper Saddle River, NJ: Merrill Prentice Hall.

McCoy, J. D., & Ketterlin–Geller, L. R. (2004). Rethinking instructional delivery for diverse populations: Serving all learners with concept–based instruction. *Intervention in School and Clinic, 40(2)*, 88–95.

Milligan, A., & Wood, B. (2010). Conceptual understanding as transition points: Making sense of a complex social world, *Journal of Curriculum Studies, 42*(4), 487–501.

Mucenski, D. (2004) How does the use of children's literature support student construction of basic biological concepts? *Mathematical and Computing Sciences Masters. Paper 28.* Available: https://fisherpub.sjfc.edu/mathcs_etd_masters/28/

Murphy, G. L. (2002). *The big book of concepts.* Cambridge, MA: MIT Press.

Nair, C., Archana, J., Chatterjee, S. & Bijlani, K. (2015). Knowledge representation and assessment using concept based learning. *Proceedings of the 2015 International Conference on Advances in Computing, Communications and Informatics* (ICACCI). 848−854.

Novak , J. D., & Gowin, D. B. (1984). *Learning how to learn.* New York: Cambridge University Press.

Ogena, N. B. (2004). A development concept of adolescence: The case of adolescents in the Philippines. *Philippine Population Review. 3(1),* 1−15.

Paivio, A. (1986). *Mental representations: A dual coding approach.* New York: Oxford University Press.

Piaget, J. (1952). *The origins of intelligence in children.* NY: W.W. Norton & Co.

Porter, A. C. (1989). A curriculum out of balance: The case of elementary school mathematics. *Educational Researcher, 18(5),* 9−15.

Quine, W. V. (1977). Natural kinds. In S. P. Schwartz (Ed.), *Naming, necessity, and natural kinds* (pp. 155−175). Ithaca, NY: Cornell University Press.

Ruiz−Primo, M. A. (2004). Examining concept maps as an assessment tool. *Paper presented at the first international conference on concept mapping,* Pamplona, Spain. Available: http://cmap.unavarra.es/rid= 1PPHQFL65−23ZND2Q−2YQ/examining%20concepts%20maps%20as%2 0assessment%20tool.pdf

Reigeluth, C. M. (1992). Elaborating the elaboration theory. *Educational Technology Research and Development,* 40(3), 80-86.

Reigeluth, C. M. (1995). *Module on concept classification.* Course Material Provided by Reigeluth, Bloomington: IN.

Ruiz−Primo, M. A., Shavelson, R. J., Li, M., & Schultz, S. E. (2001). On the validity of cognitive interpretations of scores from alternative concept−

mapping techniques. *Educational Assessment*, 7(2), 99−141.

Taba, H. (1966). *Teaching strategies and cognitive functioning in elementary school children*. San Francisco, CA: San Francisco State College. (Co−operative Research Project, no. 2404.)

Taba, H., Durkin, M. C., Fraenkel, J. R., & McNaughton, A. H. (1971). A *teacher's handbook to elementary social studies: An inductive approach* (2nd ed.). Reading, MA: Addison−Wesley.

Talanquer, V. (2017). Concept inventories: Predicting the wrong answer may boost performance. *Journal of Chemical Education. 94(12)*, 1805−1810.

Tan, P. (2017). Advancing inclusive mathematics education: Strategies and resources for effective IEP practices. I*nternational Journal of Whole Schooling*, 13(3), 28-38.

Tessmer, M. A., Wilson, B., & Driscoll, M. P. (1990). A new model of concept and learning. *Educational Communications and Technology Journal, 38(1)*, 45−53.

Tufte, E. R. (1990). *Envisioning information*. Cheshire, CT: Graphics Press.

VanTassel−Baska, J. (1986). Effective curriculum and instructional models for talented students. *Gifted Child Quarterly, 30(4)*, 164−169.

VanTassel−Baska, J. (2007). Toward best practice: An analysis of the efficacy of curriculum models in gifted education. *Gifted Child Quarterly, 51(4)*, 342−358.

Vosniadou, S. (1994). Capturing and modeling the process of conceptual change. *Learning and Instruction, 4(1)*, 45-70.

Vosniadou, S. (1999). Conceptual change research: The state of the art and future directions In Schnotz, W., Vosniadou, S. & Carretero, M. (Eds.), *New perspectives on conceptual change* (1-13). Amsterdam: Pergamon.

Vosniadou, S., & Brewer, W. F. (1992). Mental models of the earth: A study of conceptual change in childhood. *Cognitive Psychology, 24*, 535-585.

Whimby, A., & Lockhead, J. (1999). *Problem solving and comprehension.* Mahwah, NJ: Lawrence Erlbaum Associates.

Wiggins, G. P. (1993). *Assessing student performance.* San Francisco: Jossey−Bass.

Wiggins, G. P., & McTighe, J. (1998). *Understanding by design handbook.* Alexandria, VA: Association for Supervision and Curriculum Development.

Wiggins. G. & McTighe, J. (2005). *Understanding by Design* (2nd ed.). Alexandria, VA.: Association for Supervision and Curriculum Development.

Yager, R. E. & Tamir, P. (1993). The STS approach: Reasons, intentions, accomplishments and outcome. *Science Education, 77(6),* 637−658.

Yak−Foo, S. & Koh, K. (2017). Processes and Issues in concept−based curriculum for the humanities. In Tan, L. (Ed.) *Curriculum for High Ability Learners* (169−187). Singapore: Springer Nature.

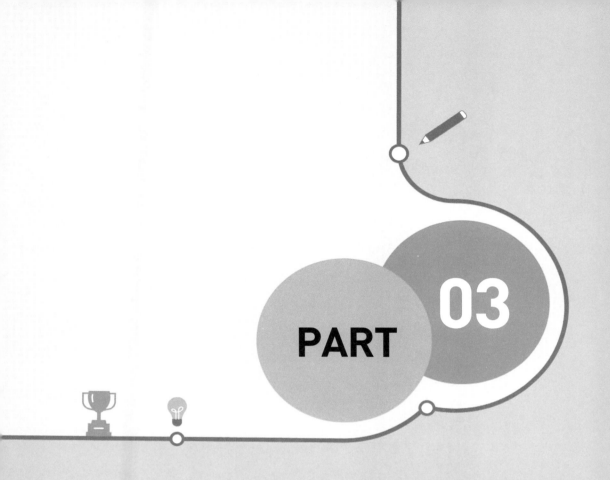

PART 03

개념 기반
교육과정과 수업 설계

개념 기반 교육과정과 수업 설계

1. 개념 기반 수업 설계의 목적

4차 산업혁명 시대에서는 단순하게 주어진 사례를 기억하여 지식을 확장하는 것에 그치지 않고, 개념의 특성을 파악하여 미래의 새로운 상황이나 불확실한 미래에 대처하고 일반화하는 능력이 요구된다(Murphy, 2002). 새로운 상황에 적응하는 능력, 즉 역량은 개념적 이해의 학습과 밀접하게 관련되어 있다. "역량은 그 자체로 의미를 가지기보다는 종래 교과 교육에서 다루어 온 가치 있는 지식과의 관련 속에서 의미가 좀 더 명료하게 드러나는 경우가 많다. 예를 들어 의사소통능력이 단순한 기술 이상의 것이 되기 위해서는 말할 만한 가치가 있는 내용을 수반해야 한다(소경희, 2007)." 역량은 상황적 맥락에서 일반화할 수 있는 보다 깊이 있는 학습과 높은 수준의 사고력을 요구한다. 즉, 개념적 이해는 역량 함양에 핵심이 되는 것이다.

개념적 이해가 가능한 수업, 지식의 이해가 더 명료하게 드러나는 수업은 개념 자체를 가르치는 것이 아니라 개념적 수준에서의 사고의 통합에 초점을 맞추는 것이다. 사고의 통합과정에서 필요한 것은 뇌에서 단순한 처리를 담당하는 기관과 복잡한 처리를 담당하는 기관 사이의 시너지이다. 즉 더 정교하고 복잡하게 사고하기 위해서는 저차원의 사고와 고차원의 사고 간 상호작용을 통해 시너지적 사고(synergistic thinking)가 요구되며, 이와 같은 시너지적 사고를 위해 안내 질문이 필요하다.

개념적 이해에 다다른다는 것은 학습자가 탐구 과정을 통해 비로소 전이 가능한 지식과 역량을 갖추게 된다는 것을 의미한다. 학습자가 많은 양의 지식을 습득하는 것보다 경험과 선지식(prior knowledge)과 관련된 의미 있는 주제에 초점을 맞추어 지식을 일관성 있고, 깊이 있는 수준으로 이해하도록 하기 위해 개념 기반 교수·학습이 필요하다. 요컨대, 개념 기반 수업 설계의 궁극적 목적은 학습자가 탐구 과정을 통해 학습한 지식을 다른 상황에 일반화할 수 있도록 개념적 수준의 사고를 형성하는 데 있다.

ㄹ. 개념 기반 수업 설계의 기본 방향

가. 지식(knowledge)의 구조와 과정(process)의 구조의 연계

개념 기반 수업 설계를 위해서는 각 교과별로 지식과 기능(과정) 그리고 개념 간의 위계와 구조를 이해하는 것이 필요하다. 교과 고유의 지식과 과정의 구조에서 나타나는 여러 수준 및 서로 다른 수준이 수업 설계에서 어떻게 상호 관련되는지에 대해 이해하는 것, 즉 교과의 지식과 과정이 어떻게 구조화되었는지에 대해 이해하는 것은 개념 기반 수업 설계의 기초가 된다. 우선 지식의 구조와 과정의 구조를 대별하면 [그림 3−1]과 같다.

그림 3-1 지식의 구조와 과정의 구조

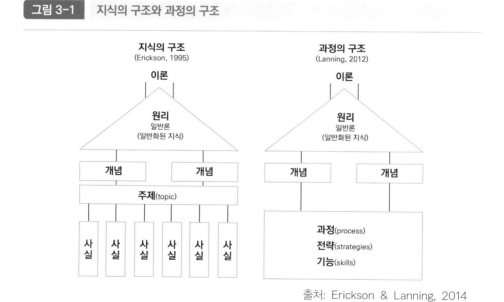

출처: Erickson & Lanning, 2014

[그림 3−1]에서와 같이, '지식의 구조'는 사실적 지식과 주제, 이들로부터 도출된 개념, 두 가지 이상의 개념을 결합하여 전이 가능한 원리와 이론의 이해에 도달하는 과정을 보여주고 있다.

- **사실**(facts): 인물, 장소, 상황 혹은 물건의 구체적인 예로서, 소재를 뒷받침하고 시간, 장소, 상황에 한정적임. 일반화 및 원리의 기초를 제공함.
- 소재나 **주제**(topics): 학습의 구체적인 맥락을 제공함. 소재는 인물, 장소, 상황, 물건과 관련됨. 주제는 사실적이며, 시간, 장소, 상황에 한정되어 있고 전이되지 않음.
- **개념**(concepts): 여러 대상이나 현상의 공통된 특성에 기초하여 형성된 단어로 보편적이고 추상적임.
- **일반화**(generalization): 두 개 이상의 개념 간 관계를 하나의 문장으로 진술함. 새로운 상황에 대한 이해로 전이됨.
- **원리**(principles): 학문의 기초를 이루는 '진리'로 간주됨. '영속적인 이해' 또는 '빅아이디어'로 불리기도 함.
- **이론**(theories): 현상이나 실천 양상을 설명하기 위해 사용되는 개념적 아이디어의 집합을 의미함.

한편 '과정의 구조'는 기능, 전략, 과정, 개념, 일반화, 원리의 관계를 보여준다. 이 구조에서 개념 수준에 도달하게 되면 우리는 행함(doing)의 수준에서 이해(understanding)의 수준으로 옮겨갈 수 있으며 우리가 행하는 것의 의미와 이유를 알 수 있게 된다.

- **과정**(process): 원하는 결과나 목적을 만들어내는 일련의 행동으로 연속적 단계를 거쳐 나아감. 수행해야 할 것을 규정함.
- **전략**(strategies): 학습자가 자신의 학습 수행을 향상시키기 위해 의식적으로 적용하거나 점검하는 체계적인 계획으로 볼 수 있음. 어떤 전략을 효율적으로 사용하기 위해서 학생들은 관련된 다양한 기능들을 습득해야 하고, 그 기능들의 적용과 관련된 맥락을 이해해야 함.

- **기능**(skills): 전략을 더 성공적으로 만들 수 있게 하는 가장 작은 요소임.

모든 학문 분야에서 잘 구성된 단원은 지식의 구조와 과정의 구조를 모두 잘 연계하여 반영하고 있다. [그림 3-2]와 [그림 3-3]은 지식의 구조와 과정의 구조가 어떻게 연계되는지를 잘 보여준다.

그림 3-2 지식의 구조: 신화의 인물들

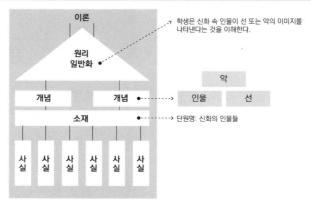

출처: Erickson, 1995

그림 3-3 과정의 구조: 신화의 인물들-쓰기 과정

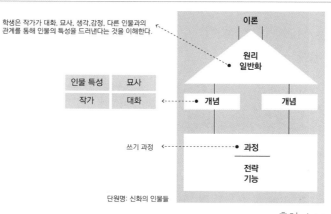

출처: Lanning, 2012

| 표 3-1 | 지식 기반, 과정 기반 교과 |

지식 기반 교과	과정 기반 교과
사회(지리, 역사) 과학(전산학 포함) 수학 공학 체육(건강)	영어 외국어 미술 공연 예술(음악, 드라마, 무용) 디자인과 테크놀로지 체육(전략과 전술)

출처: Marschall & French, 2018

기본적으로 사실과 기능은 모두 개념과 일반화를 깊이 있게 이해하도록 돕는 도구라 할 수 있으며, 가는 길은 다소 다를지라도 전이 가능한 이해를 향해 나아 간다는 공통점이 있다. 즉, 각 교과의 특성, 상황과 맥락에 따라 <표 3-1>과 같이 지식 기반의 교과와 과정 기반의 교과로 구분될 수 있으며, 지식의 구조와 과정의 구조 모두 깊이 있는 이해에 필수적인 것으로서 상호 연계되는 것이 필요 하다.

나. 개념적 이해를 위한 지도

개념은 학생들이 보다 깊은 수준에서 반드시 이해해야 할 핵심적인 아이디어를 뜻하며, 개념적 이해를 위해서는 교육과정에서 구체적인 내용 지식과 기능 이외 에 각 교과별, 학년별로 중요한 핵심 개념과 원리를 정교하게 제시할 필요가 있 다. 이러한 사실과 기능을 기초로 개념적 이해에 이르도록 하고, 개념적 이해가 서로 다른 시간과 공간, 문화, 상황에서 전이가 되도록 지도해야 한다. "이해는 사실적 지식을 기반으로 하지만 그 이상의 것을 만들어내는 것"(Ritchhart, 2015: 47)으로서, 개념 기반 교육과정은 사실적 지식과 기능에서 출발하더라도 이를 바 탕으로 더 높은 수준의 지식으로 이끄는 것이다. 이에 따른 교과의 주제, 사실, 개 념을 예시하면 <표 3-2>와 같다.

| 표 3-2 | 주제, 사실, 개념 예시 | | |

교과	주제	사실(예시)	개념
기하학	삼각형	대응하는 세 변의 길이가 같을 때, 두 개의 삼각형은 합동이다. 대응하는 두 변의 길이가 같고, 그 끼인 각이 같을 때 두 개의 삼각형은 합동이다.	비례/유사성
화학	산과 염기	수소이온농도(pH), 평형 상수, 강산/약산/강염기/약염기	시스템/평형/분리/중화
음악	고전주의 음악	모차르트 교향곡 40번 베토벤 피아노 소나타 3번	박자/리듬/가락
영문학	셰익스피어	맥베스, 던컨 왕, 햄릿, 2막	인물/비극/텍스트 구조
스페인어	가정법 시제	동사 변화 Ir(가다)/ Venir(오다)	시간/강세/동사
지리학	이주패턴	아프리카의 디아스포라(diaspora) 미국으로의 멕시코 이민	이주/갈등/선택/자원부족

출처: J. Stern et al., 2017

다. 3차원의 학습 목표 설정

2차원 수업 모델은 전통적인 교육과정과 수업에서 사용되는데, 이 모델에서는 사실(소재)을 알게 되면 깊이 있는 개념적 이해를 한 것으로 간주한다. 따라서 학습 목표를 사실과 기능으로 설정한다. 반면 개념 기반 교육과정과 수업에서는 전이 가능한 개념적 이해를 학습 목표에 포함시켜 3차원으로 수업 목표를 진술한다([그림 3-4]). 수업의 주요 목표가 내용에 대한 이해와 더불어 사고력 발달에 있다면, '안다(사실적 지식의 습득)', '할 수 있다(과제의 수행)', '이해하다(개념적 이해)' 등과 같은 용어를 사용하여 각각에 대해 단원의 학습 목표를 분명하게 설정해야 한다(Ritchhart, 2015). 이 과정에서 개념적 렌즈를 잘 활용하여 낮은 인지적 단계에서 개념적 단계로 상호작용적 시너지를 내는 것이 필요하다. 교사는 지식과 기능 및 개념 사이에서 일어나는 사고의 시너지를 고려하면서 수업을 계획할 수 있어야 한다.

그림 3-4 2차원-3차원 교육과정의 요소 비교

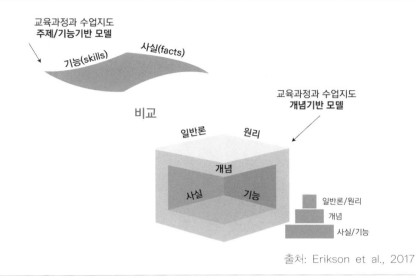

출처: Erikson et al., 2017

<표 3-3>은 '상호존중'과 '인간관계'라는 개념적 렌즈를 사용하여 2차원 학습 목표를 3차원 학습 목표로 바꾼 예시이다. <표 3-3>과 같이 2차원 학습 목표에서는 사실과 기능에 초점을 두고 있는 반면, 3차원 수업 목표에서는 학생들이 '상호존중', '인간관계'라는 개념적 렌즈를 통한 일반화, 원리에 주목하고 있다.

표 3-3 개념적 렌즈를 사용한 2차원 학습 목표와 3차원 학습 목표

2차원 학습 목표	개념적 렌즈	3차원 학습 목표
학생들은 사람들의 외양에 대한 단어와 문장의 의미를 읽고 이해할 수 있다.	상호존중	학생들은 상호존중을 배우기 위해 사람들의 외양에 대한 단어와 문장의 의미를 읽고 이해할 수 있다.
학생들은 '어디 아파?', '나는 두통이 있어'라는 표현을 할 수 있다.	인간관계	학생들은 인간관계를 이해하기 위해 '어디 아파?', '나는 두통이 있어'라는 표현을 할 수 있다.

라. 귀납적(inductive) 탐구 방식으로 접근

연역적(deductive) 접근 방식에서는 학생들이 탐구 활동 전에 단원의 일반화를 공유한 후 일반화를 뒷받침하는 사실적 사례를 탐색하고 일반화를 검증한다. 이와 달리, 귀납적 접근 방식에서는 학생들이 사실적 사례를 탐색하여 이들의 공통점과 패턴을 찾고, 찾아낸 내용들을 종합하여 일반화를 형성한다. 각 접근 방식에서 사실적 사고 수준과 개념적 사고 수준 간의 상호작용으로 나타나는 시너지적 사고가 필요하다.

그림 3-5 귀납적 접근과 연역적 접근

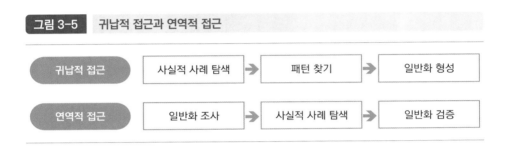

귀납적 방법과 연역적 방법 모두 지식 습득 및 형성을 위해 필요한 과정이지만, 개념 기반 교육과정에서는 귀납적 탐구 방식을 보다 강조한다. 귀납적 접근 방식은 학생들이 주체적으로 사고하면서, 구체적인 예들로부터 추상적이고 일반적인 지식으로 나아가도록 하기 때문이다. 즉, 귀납적 탐구 과정에서 학생들은 스스로 이해에 다다르고, 보다 명료하게 표현할 수 있게 된다. 이를 통해 보다 의미 있는 학습이 이루어질 수 있다.

> "나는 학생들에게 배워야 할 것을 알려 주거나 그들의 학습에 끼어들어 돕는 것을 정말 좋아하지만, 배움은 학생들이 직접 부딪히면서 일어난다. 우리는 한발 물러나서 학생들이 배움에 도달할 수 있다고 믿어야 한다. 교사로서 우리의 역할은 다양한 방법을 안내하고, 학생들이 필요로 하는 도구와 경험을 제공하며, 학생들 스스로 개념적 이해에 도달할 수 있도록 하는 것이다(Erikson et al., 2017)."

마. 낮은 수준 사고에서 높은 수준 사고로 안내

앞서 언급한 바와 같이, 낮은 수준(lower–level)의 인지적 수행에 머물지 않고 높은 수준으로 발전시키기 위해서는, 더 정교하고 복잡한 사고를 자극할 수 있어야 하며, 뇌에서 단순한 처리를 담당하는 기관과 복잡한 처리를 담당하는 기관 사이의 시너지를 만들어내야 한다. 시너지적 사고란 뇌의 높은 수준의 사고와 낮은 부분이 상호작용할 때 나타나는 에너지를 의미한다(Erickson, 2001). 이러한 상호작용적 시너지를 만들어내기 위해서는 두 개의 인지적 단계, 사실적/기본적 기능 단계와 개념적 단계가 서로 긴밀하게 연계되어야 한다.

이를 위해서는 사실을 묻는 질문과 개념을 묻는 질문을 균형 있게 제시하여 학생들이 통합적 사고를 통해 목표로 하는 일반화된 개념적 지식을 도출할 수 있도록 안내해야 한다. 또한 논쟁이 가능한 질문도 포함시켜서 학생들이 스스로 개인적인 입장을 취하거나 방어할 수 있도록 하는 것이 필요하다. 제시된 아이디어와 정보를 이미 알고 있는 내용과 연결하고[connect], 새로운 아이디어로 확장하거나 새로운 방향으로 생각을 발전시키는[extend] 한편, 여전히 도전적이거나 혼란스러운 것들과 마주하면서[challenge] 보다 높은 수준의 사고로 나아가도록 이끌어야 하는 것이다.

그림 3-6 　사실적 지식과 개념적 이해

통합적 사고

바. 학습의 전이 경험 제공

학생들이 개념적으로 이해한 것을 다른 상황이나 보다 복잡한 맥락에 전이될 수 있도록 한다. 지식과 기능을 새롭거나 비슷한 맥락에 전이시키는 능력은 심층적인 이해와 고차원적 사고의 증거이다. 전이는 가까운 전이와 먼 전이로 구분된다. 문제와 과제가 꽤 비슷하여 전이가 쉽게 일어난다면 그것은 가까운 전이이고, 하나의 맥락에서 배운 것을 다른 맥락에 전이하는 데에 심층적인 사고와 지식 그리고 신중한 분석이 필요한 경우에는 먼 전이가 일어난다. 예를 들어, 자동차 운전 기술을 습득하였을 때, 이 기술이 익숙하지 않은 트럭으로 전이되는 것은 가까운 전이의 예이며, 전기 시스템의 작동에 대한 이해를 동맥과 정맥의 순환계에 대한 이해로 전이하는 것은 먼 전이의 예이다(Lanning, 2009). 개념 기반 교육과정에서는 먼 전이, 즉 고차원적 전이가 이루어지도록 의도적으로 수업을 설계해야 한다.

학문의 핵심 개념과 개념적 아이디어가 학습의 동인이 될 때, 학생들은 다양한 상황에 전이시킬 수 있는 이해에 도달할 수 있다. 개념적 전이(conceptual transfer)는 학생들이 개념들 간의 관계에 대한 통찰을 새로운 시나리오에 적용할 때에만 일어난다. 교과를 학습한다는 것은 학습자 자신의 삶에 필요한 지식을 알아가는 과정이며, 특정한 상황에서 필요한 기능을 수행하는 능력을 발달시켜가는 경험이다. 따라서 무엇을 가르칠 것인가에 대한 기준은 '전이의 정도'에서 찾을 수 있다. 이는 학습한 내용을 언제, 왜 적용하는지 알고 다른 상황과 맥락에서 활용할 수 있어야 하며, 메타적 사고가 중요하게 다루어져야 함을 시사한다.

사. 지식·이해, 과정·기능, 가치·태도의 평가

평가는 구체적인 지식·이해뿐 아니라 과정·기능, 가치·태도에 대해 이루어지도록 하며, 서술적인 피드백을 제공하여 학생들의 사고를 확장시키고 학습 목표에 계속 초점을 맞출 수 있도록 해야 한다. 개념 기반 교육과정에서 평가를 위하여 염두에 두어야 할 기본 원리는 다음과 같다(J. Stern et al.: 2017).

첫째, 전이가 궁극적인 목적이다. 앞서 언급한 바와 같이, 학생들이 학교에서 습득하는 기능, 지식, 태도 및 이해는 다른 상황에서 적용될 수 있기에 중요한 가치를 지닌다. 궁극적으로 학생들이 개념적 이해를 사용하여 자신의 세계를 이해하고 변형할 수 있기를 바란다. 개념적 이해는 살아있는 지식으로 새로운 상황을 여는 열쇠가 될 수 있음을 의미하는 것이며, 이것이 학습의 목표라면 평가는 학생들이 자신의 이해를 새로운 상황에 전이시킬 수 있는가에 초점이 맞추어져야 한다.

둘째, 실수를 통해 배우도록 한다. 실수하는 것은 당연하며, 의미를 만드는 가치 있는 과정이다. 학생들이 편안한 분위기에서 처음 이해한 내용을 테스트하고, 개선이 필요한 부분을 스스로 파악하며, 만족스러운 수준에 이를 때까지 꾸준히 시도할 수 있는 기회를 제공해야 한다.

셋째, 평가는 '옳고 그름'이 아니라 '과정'과 '증거'에 대한 것이다. 개념적 이해를 위한 평가에는 "이것이 맞는가?"보다 "이해를 뒷받침하는 증거를 제시할 수 있는가?", "아이디어에 대한 이해를 어떻게 심화시킬 수 있는가?"에 초점이 맞추어져야 한다. 이러한 과정을 통해, 학생들은 증거를 기반으로 개념에 대한 단순한 이해에서 정교한 이해로 나아갈 수 있고, 지속적으로 성장해갈 수 있다.

넷째, 지속적인 피드백을 제공한다. 학생들은 개념을 탐구하는 전반에 걸쳐 스스로 개선하는 데 도움이 되는 피드백이 필요하다. 이를 위해서는 단원의 전반적인 과정에서 이해를 심화시킬 수 있도록 교사 및 동료들과의 지속적인 대화와 상호 피드백이 이루어져야 한다.

아. 메타 인지적 사고의 발달

개념적 사고 과정은 지속적인 메타 인지적 사고를 필요로 한다. 비판적 사고의 전문가 폴(R. Paul)과 엘더(L. Elder)는 인지적 기준과 함께 이에 초점을 둔 질문을 <표 3−3>과 같이 제시하였다. 이는 개념 기반 교육과정에서 발달시켜야 할 사고를 명료하게 할 뿐 아니라, 학생의 발달의 성장의 수준, 교사 스스로 자신의 생각을 돌아볼 틀을 제공해준다(Paul & Elder, 2014).

표 3-4	지적 기준에 초점을 둔 질문 예시
명확성	• 더 자세히 설명해 줄 수 있는가? • 예를 보여줄 수 있는가? • 무슨 의미인지 설명해 줄 수 있는가?
정확성	• 어떻게 확인할 수 있나? • 사실인지 어떻게 알 수 있나? • 어떻게 확인하거나 검증할 수 있나?
정밀성	• 더 구체화할 수 있는가? • 보다 세부적인 내용을 말해 줄 수 있는가? • 더 정확하게 말할 수 있는가?
관련성	• 그것은 문제와 어떤 관련이 있는가? • 그것은 질문에 어떻게 영향을 주는가? • 문제를 다루는 우리에게 어떤 도움을 주는가?
깊이	• 왜 이 문제가 어렵나? • 이 질문에 포함된 복합적 요소는 무엇인가? • 우리가 다루어야 할 어려움은 무엇인가?
너비	• 이것을 다른 관점에서 볼 필요가 있는가? • 다른 시각을 고려해야 하는가?
논리	• 이 모든 것이 타당한가? • 첫 번째 단락과 마지막 단락의 내용이 일치하는가?
중요성	• 이것이 고려해야 할 가장 중요한 문제인가? • 이것이 중심 아이디어인가? • 가장 중요한 것이 무엇인가?
공정성	• 이 문제에 기득권을 가지고 있는가? • 다른 사람의 견해에 동감하고 있는가?

자. 모범적 학습자(Model learner)로서의 교사

개념 기반 교육과정에서 교사는 모범적인 학습자로서 학생들과 함께 탐구하고, 함께 배우며 성장해가는 것이 중요하다. 이를 위하여 교사가 해야 할 일들을 예시하면 [그림 3-7]과 같다.

그림 3-7   모범적 학습자(model learner)로서의 교사

3. 단원 계획

가. 단원 제목(unit title) 정하기

단원 제목은 학습의 초점이 무엇인지 알려 주고, 중심이 되는 소재나 맥락을 제공하며 단원의 방향과 내용을 설명하는 역할을 한다. 따라서 단원 제목은 학생들에게 매력적이어야 하지만, 내용의 초점을 명확하게 나타내야 한다.

컴퓨터 자판 치기나 철자 익히기와 같이 내용 없는 기능의 묶음이어도 안 되며, 곰 혹은 사과와 같이 개념적 연결이 없는 한 단어여도 안 된다. 단원 제목은 정해진 시간에 학습이 가능한 단어들을 포함해야 하며, 간결한 소재·맥락으로 진술될 수도 있고, 생성적이며, 사고를 자극하는 질문의 형태로 진술될 수도 있다. 무엇보다 학생들의 관심을 사로잡고 참여시킬 수 있도록 흥미로운 것이되 학습할 내용을 명확하게 제시해야 한다. 효과적이지 못한 단원명과 효과적인 단원명을 예시하면 다음과 같다(Erikson et al., 2017).

표 3-5	효과적이지 못한 단원명과 효과적인 단원명 예시	

	효과적이지 못한 단원명	효과적인 단원명
너무 광범위한 경우	삶/ 패턴/ 우리는 누구인가/ 회화	자연에서의 패턴/ 우리는 누구인가: 옛날과 오늘날의 가족/ 풍경화/ 식물: 오, 우리는 어떻게 자라는가!/ 화재 안전: 도와주세요!
너무 협소한 경우	식물의 부분/ 구두점/ 아일랜드 감자 기근	
불분명한 경우	불/ 힘, 힘, 힘!	

나. 개념적 렌즈(conceptual lens) 파악하기

단원명과 맥락을 파악한 후에는 개념적 렌즈를 선택하는 것이 중요하다. 개념적 렌즈는 어떤 아이디어나 개념으로서 학습에 초점을 제시하고 깊이를 더해 주며, 연구에 초점과 깊이를 부여하고, 낮은 수준과 높은 수준의 사고 사이에서 시너지적 사고를 촉진한다. 개념적 렌즈의 예는 <표 3-6>에서 제시한 바와 같다. 매크로 개념은 변화, 시스템, 규칙 등 광범위하고 탐구에 폭을 더하는 교과(학문) 내 또는 교과(학문)간 개념으로 학문의 깊이 있는 지식으로 전이력이 크다. 마이크로 개념은 해당 교과(학문)에 관련된 개념으로 구체적이고 보다 전문적인 지식을 요구한다.

표 3-6	개념적 렌즈 예시	

매크로 개념	마이크로 개념	
변화	미생물	활동 범위
시스템	전기음성도	등급
규칙	기울기	선형 함수
상호의존성	의견의 영향	강도
태(voice)	어조	강세

출처: Erickson, Lanning & French, 2017

다. 단원 스트랜드(strand) 파악하기

단원명을 책의 장이라고 한다면 스트랜드는 그 장을 구성하는 소제목들이다. 즉, 단원 스트랜드는 탐구의 범위로서, 학습 단원을 좀 더 세분화한다. 스트랜드는 간학문적 단원의 경우 그 단원이 걸쳐있는 교과 영역을 대표하며, 교과 내에서는 "이해", "반응", "비평", "생산"과 같이 과정의 학습에서 중요한 차원을 대표한다. 스트랜드는 단원명 주변의 학습 줄기로 그물 형태로 배치된다.

라. 스트랜드 안에서 주제(topics)와 개념(concepts) 엮기

이 단계에서는 스트랜드 안에서 단원의 주제와 개념을 엮어 그물망을 형성해간다. 즉, 단원의 큰 그림을 그리게 되는데, 이 과정은 사전 작성과 브레인스토밍 활동으로 이루어지며, 그물을 만들 때 전문 지식뿐만 아니라 성취기준, 교과서 그리고 단원에서 사용할 만한 기타 학습 자료 등을 사용할 수 있다. 단원 개념망을 만들다 보면 주요 개념이 정확하게 나타나는데, 단원 학습을 안내할 4~7개 정도의 주요 개념을 정하도록 한다. 이 과정에서 주요 개념과 관련된 마이크로 개념도 명확해질 것이다. 전체적으로 개관하는 그물의 완성도가 높을수록 단원의 일반화와 나머지 부분들이 더 구조화된다. 주제/단원 제목과 이에 따른 개념적 렌즈 및 주요 개념을 예시하면 다음과 같다.

표 3-7 개념적 렌즈 및 주요 개념 예시

주제/단원 제목	주요 개념	개념적 렌즈
음악 작곡	리듬, 비트, 멜로디, 오스티나토	영향
수학적 패턴	패턴, 반복, 규칙, 기간	예측
글로벌 에너지 사용	에너지, 효율성, 자원, 생산, 소비	균형
세포 생물학	세포, 세포기관, 세포막, 구조, 기능	시스템
기계체조	기계체조, 힘, 유연성, 안정성, 균형	움직임

출처: Marschall & French, 2018

마. 학생들이 단원으로부터 도출하길 기대하는 일반화(generalization) 작성하기

일반화는 2개 이상의 개념 간 관계를 설명하는 것으로, 학생들이 단원 학습의 결과로 보다 깊은 수준에서 이해해야 할 중요한 개념적 아이디어이다. 일반화는 전이 가능한 개념적 아이디어로서, 시간, 장소, 사람 혹은 장소에 구애받지 않는다. 하나의 단원에는 학년과 수업 시간에 따라 5~9개 정도의 일반화를 찾을 수 있으며, 이 중 1~2개의 일반화는 개념적 렌즈의 중요한 이해를 나타내고, 나머지는 각 스트랜드 그물에서 찾을 수 있는 개념 간의 관계로부터 도출된다. 하나의 일반화가 하나 이상의 스트랜드에 걸쳐 적용될 수 있으며, 교과의 성취기준에 따라 단원의 강조점이 지식에 있는지, 과정에 있는지 결정된다. <표 3-8>과 같이 개념 목록을 만든 후, 이를 통해 일반화를 작성할 수 있다.

※ 이상의 1단계에서 5단계까지의 과정을 통해 [그림 3-8], [그림 3-9]와 같이 단원 개념망을 만들 수 있다.

바. 안내 질문(guiding questions) 만들기

안내 질문은 학생들의 사고를 촉진하여 일반화로 향하게 하는 것으로 개념 기반 탐구의 핵심적인 부분이다. 안내 질문은 크게 사실적, 개념적, 논쟁적 질문으로 구분할 수 있다. 하나의 일반화에 사실적 질문과 개념적 질문이 3~5개 정도 있을 수 있으며, 하나의 단원 전체에서 논쟁적 질문이 2~3개 있을 수 있다.

표 3-8 개념과 일반화 예시

개념	일반화
날씨, 기후, 생활	사람들은 기후에 적응하면서 생활한다.
물질, 전달, 반사	소리가 물질과 만나면 소리가 전달되거나 반사되어 되돌아온다.
변화, 신념, 가치, 갈등	사회의 변화하는 신념과 가치는 집권 정부와의 갈등을 초래할 수 있다.
인권, 법	인권은 법과 관심을 통해 보호될 수 있다.

그림 3-8 단원 개념망 예시(1)

그림 3-9 단원 개념망 예시(2)

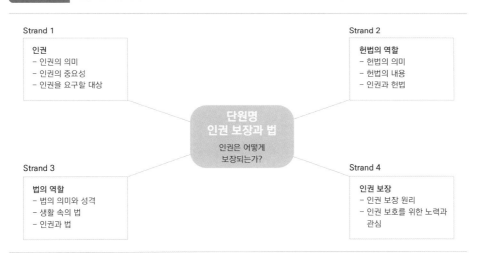

사실적 질문(factual questions)은 단원의 학습 내용에 관한 것으로, 지식의 기초를 마련하는 것에 목적이 있다. 이 질문은 일반화를 이끌어낼 사실적 예시나 사례연구를 포함하는데, 다른 상황이나 맥락에 전이될 수 없고 시간, 공간, 상황 등에 한정된다. 개념적 질문(conceptual questions)은 학생이 자신의 사고를 깊이 있고전이 가능한 이해로 연결 지을 수 있는 질문으로, 전이성을 보장하기 위해 3인칭 및 현재 시제로 작성된다. 논쟁적 질문(debatable questions)은 비판적 사고와 대화를 촉진하는 질문으로, 사실적이거나 개념적일 수 있지만 정답이 없는 것으로 작성된다. 이 질문은 학생의 호기심을 촉발하고 지식을 적용하는 데 도움이 되므로 학생들이 자신의 이해를 전이하도록 이끄는데 유용하다.

표 3-9 세 가지 유형의 질문 예시

사실적 질문	• 이 글에서 글쓴이의 관점은 무엇인가? • 이 숫자의 값은 무엇인가? • 조선시대 세종대왕의 주요한 업적은 무엇인가?
개념적 질문	• 글쓴이는 자신의 관점을 뒷받침하는 주장을 어떻게 구성하는가? • 민주주의의 가치와 원리는 비판적인 분석에서 어떤 점에 영향을 미치는가? • 숫자에서 숫자의 값을 결정하는 것은 무엇인가? • 예술가의 정체성이 예술적 과정과 어떻게 연결될 수 있을까?
논쟁적 질문	• 다른 사람이 나의 관점을 받아들이도록 설득하는 것이 윤리적인가? • 숫자의 값을 결정하는 수학적 규칙이 없다면 어떻게 될까? • 예술가는 작품 속에서 자신의 정체성을 드러내지 않는 것이 가능한가?

사. 핵심 내용(critical content) 파악하기

핵심 내용은 학생들이 알아야만 하는 필수 내용으로, 일반화의 기초를 다지고 단원 내용의 지식을 깊이 있게 하며, 핵심 과정 및 기능과 관련해서 알아야 할 지식을 정의하는 데 필요한 사실적 지식이다. 핵심 내용의 목록은 일반화와 달리 동사가 있는 문장으로 진술되지 않는다. 핵심 내용 목록을 예시하면 다음과 같다.

• 인권 보호 측면에서 법의 역할
• 인권 보장의 원리
• 상대성 이론
• 비와 비율

아. 핵심 기능(key skills) 파악하기

핵심 기능은 학생들이 할 수 있어야만 하는 것으로, 국가 교육과정의 성취기준에서 원문 그대로 가져올 수 있다. 이것은 과정 및 기능의 측면에서 학생들이 학습을 마친 후에 할 수 있어야만 할 것을 의미한다. 핵심 기능은 여러 분야에 걸쳐 적용될 수 있으며, 특정한 소재와 기반으로 학습 활동이나 평가에서 구체화된다.

자. 최종 평가와 채점 가이드/루브릭(scoring guide/rubric) 작성하기

최종적인 단원 평가는 1~2개의 일반화와 핵심 내용 및 핵심 기능에 대한 학생들의 이해를 드러낸다. 3차원의 개념 기반 단원에서 '무엇을, 왜, 어떻게'를 활용한 계획은 평가 과제와 단원의 중요한 일반화를 긴밀히 연결한다. '무엇'과 '왜'는 교사를 위한 것이며, '어떻게'는 학생들을 위해 작성한다. 채점 가이드나 루브릭은 학생이 작업한 최종 과제를 평가하는 준거를 보여주며, 이는 핵심 내용과 핵심 기능뿐만 아니라 개념적 이해(일반화)를 위한 기대치를 담는다.

차. 학습 활동 설계하기

학습 활동은 학생들이 단원을 마칠 때까지 이해하고, 알고, 할 수 있어야 하는 것을 반영하는 것으로서, 학습을 진행하는 속도, 형성평가, 학생 맞춤형 수업 전략, 단원 자료 등으로 구성된다. 교사가 최종 평가를 먼저 개발하고 학습 활동을 계획하지만, 완성된 설계안에서 학습 활동들은 최종 평가 전에 수업의 순서에 따라 위치할 것이다. 여기에서 주의할 것은 학습 활동 설계가 교사의 차시별 계획안이 아니라는 것이며, 지나치게 제한적이어서는 안 된다는 것이다. Lanning(2013)은 학습 활동 설계의 목적을 다음과 같이 제시하였다.

- 학교에서 권장하는 수업실천에 관해 학생들과 소통한다.
- 학생들이 정해진 시간 내에 최종 과제를 준비할 수 있도록 학습 활동의 속도를 제안한다.

- 학생들이 전이를 잘할 수 있도록 지원한다.
- 단원을 마친 후 학생들이 보여주어야 할 단원의 일반화, 핵심 내용, 핵심 기능이 학습 활동과 직접적으로 연결되고, 명료하게 전달되도록 한다.

카. 단원 개요 작성하기

단원 개요는 학생들에게 학습할 단원을 소개할 때 함께 나눌 이야기로, 마지막에 작성한다. 단원 개요 작성 전략의 하나는 학습 내용과 관련하여 학생의 참여를 이끄는 질문을 작성한 후, 배울 내용을 제시하는 것이다. 다음은 '시민과 정부' 단원의 개요 예시이다.

> 시민들의 일상생활에서 국가적 위기에 대응하여 정부의 역할은 증가합니다. 여러분이 정부의 관료라면 국가의 위기에 대응하여 어떤 정책이나 법을 만들 수 있을까요? 이번 단원에서는 국가 위기와 그에 대한 정부의 대응 간의 관계에 대하여 탐색해보겠습니다. 우선 미디어 검색을 통하여 여러분이 생각하는 국가적 위기를 조사할 것입니다. 국가적 위기에 대응하는 법안을 생각해보고 그 법률이 우리 생활에 미치는 영향을 알아봅시다.

4. 개념 기반 수업 설계 모형 및 단계별 전략

가. 개념 기반 탐구 모형(Marschall & French, 2018)

마샬(C. Marschall)과 프렌치(R. French)는 개념 형성, 일반화 개발, 개념의 전이를 탐구 과정의 중심에 두고, 개념과 개념적 이해가 어떻게 탐구 기반 학습을 통해 형성되는지에 초점을 맞추어, 개념 기반 탐구 모형을 제시하였다([그림 3-10]).

그림 3-10 개념 기반 탐구 모형

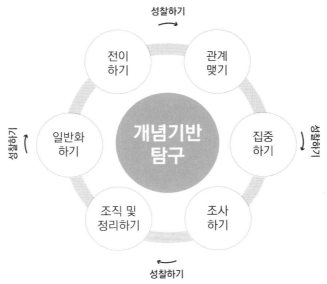

출처: Marschall & French, 2018

각 단계별 특징과 주요 활동은 다음과 같다. 각 단계는 수업의 맥락에 따라 생략되거나 반복될 수 있다.

1) 관계 맺기(Engage)

탐구학습의 기초가 되는 것은 주제에 대해 학생들의 관심을 이끌어내는 것과 학생들의 경험과 사전 지식을 주제와 연결시키는 것이다. 이 단계의 목적은 감정적·지적으로 학생들을 참여시켜 학생들이 탐구에 보다 깊이 관여하고 더 알아보고 싶다는 마음으로 질문할 수 있도록 유도하는 것이다. 이 단계에서는 학습의 주제와 단원의 개념을 학생의 관심을 유발할 수 있는 방법으로 제시하는 것이 필요하다.

2) 집중하기(Focus)

단원과 관계를 맺고 난 후에는 개념 형성 전략을 사용하여 학생들이 단원의 개념적 렌즈나 주요 개념에 대한 이해를 발전시켜 나아가도록 하는 것이 필요하다. 이를 통해 학생들이 단원의 주요 개념이 무엇인지 공통적 이해를 확실하게 하고 이후의 과정을 준비시킬 수 있다.

3) 조사하기(Investigate)

개념적 렌즈와 주요 개념에 대한 일반적 이해가 이루어진 후 학생들은 조사를 시작한다. 조사하기 단계에서는 단원 개념들과 연결된 다양한 사실적 예시와 기능들을 알아보도록 하는데, 조사는 개인별, 모둠별, 전체 학급으로 진행될 수 있다.

4) 조직 및 정리하기(Organize)

학생들은 조사하기 단계에서 수집한 데이터를 활용하여 자신들이 새롭게 배운 것들 속에 존재하는 패턴들을 살펴보면서 사실적·개념적 수준에서 자신의 사고를 정리한다. 학생들은 배운 것들을 정리하면서 교과 내용에 더 쉽게 접근하게 된다. 이 단계는 탐구의 다음 단계인 일반화를 발전시켜 나아가도록 한다.

5) 일반화하기(Generalize)

학생들은 전 단계에서 학습한 내용들을 새롭게 배운 것과 연결하면서, 개념들 사이의 관계를 식별하고 일반화로 결론을 설명한다. 일반화는 개념적 렌즈를 통해 학습한 내용을 전이 가능한 상태로 만드는 것이기 때문에 개념 기반 학습에서 매우 중요한 과정이다. 교사는 모든 학생에게 생각을 종합하고 일반화하는 방법을 적극적으로 지도하여 개념적 사고 수준에 도달하게 한다.

6) 전이하기(Transfer)

일반화가 이루어진 후에는 이를 적용하거나 전이해보는 기회를 제공해야 한다. 교사는 학생들이 새로운 상황에 일반화 내용을 전이할 수 있는 학습경험을 계획하고, 학생들은 다양한 경험과 이해를 적절하게 활용하여 자신의 개념적 이해가 유효하고 명확한지 확인하면서 스스로 점검하도록 한다.

7) 성찰하기(Reflect)

학생들은 단원에서 습득한 지식, 기능, 이해가 자신의 생각, 관점, 태도 등이 어떻게 변화되었는지 스스로 살펴보는 것이 필요하다. 이를 위해서는 학생들 자신이 학습의 주체라는 인식을 갖고, 자신의 학습 과정을 계획하고 통제할 수 있어야 한다.

나. 개념 기반 탐구모형의 각 단계별 전략[4)]

1) 관계 맺기 전략

관계 맺기 단계에서는 학생들이 사전 지식을 활성화할 수 있도록 전략을 사용한다. 학생들이 새로운 정보를 선택하고 사전 지식을 구성하는 데 도움을 줌으로써 학습에서 중심적인 역할을 한다. 이 과정에서 학생들은 새로운 정보를 기존 스키마에 동화(assimilation)시키거나 조절(accommodation)한다. 관계 맺기 전략은 단원의 초반뿐 아니라 단원이나 수업 전개의 다양한 시점에서 사용될 수 있다. 또한 단원의 주제 및 주요 개념과 쉽게 연결점을 찾도록 함으로써 개념 이해를 위해 꼭 필요한 전략이다. 또한 관계 맺기 전략은 평가 도구의 하나로서, 이를 통해 학생들의 사고를 파악할 수 있다.

---

4) 이하 각 단계별 전략은 "개념 기반 탐구학습의 실천(C. Marschall & R. French, 2018)"에 수록된 내용 중 일부를 발췌하여 재구성한 것임을 밝혀둔다.

① 의견 기반 전략: 네 모퉁이 토론

단원의 주도적인 개념과 질문 등을 고려하여 입장 진술문 작성	교실의 네 모퉁이에 '매우 동의함', '동의함', '동의하지 않음', '매우 동의하지 않음'과 같은 등급 척도 표시	입장문을 보고 자신의 의견을 가장 잘 반영하는 모퉁이로 가서 그룹 형성	각 그룹별로 논쟁을 정리하고, 다른 그룹의 학생들과 의견 공유

↘ 입장 진술문 예시(사회, 과학)
- 리더십은 타고나는 것이지 만들어지는 것이 아니다.
- 모든 돌연변이는 해롭다.

동의하지 않음   동의함

매우 동의하지 않음   매우 동의함

② 경험 기반 전략: 실험놀이

자료 준비 및 지적 호기심 촉발	개방형 질문을 사용한 도입	관찰하고 궁금증을 갖도록 격려	일화 정보 수집	멈춤	자료를 가지고 계속 참여	관찰 기록 및 정리

표 3-10	실험 놀이와 개념의 연결 예시

개념	실험놀이
색상	수채화 물감을 섞으며 다양한 색깔의 명암 및 색조 만들기
빛	램프, 손전등, 라이트 박스, 거울, 프리즘, 투명도가 다른 재료를 가지고 다양한 광원 탐구하기

그림자 잡아볼까?

③ 토론 기반 전략: 선호도 다이어그램

| 프롬프트 소개 | 아이디어 생성 | 분석 | 개념적 질문 제시 | 분류 및 묶기 | 이름 짓기 | 각 그룹 소개 및 공유 |

표 3-11 선호도 다이어그램 프롬프트 및 질문 예시

단원 주제	주요 개념	선호도 다이어그램 프롬프트 및 질문
20세기 예술 운동	예술적 과정, 예술 운동, 영감, 창의력	• 시작 프롬프트: 예술가가 작품을 창작할 때 영감을 주는 것들을 말해보라. • 개념적 질문: 예술가는 창작할 때 어디에서 영감을 받는가?
세계의 정부 시스템	정부 시스템, 힘, 대표, 기능	• 시작 프롬프트: 정부의 기능을 말해보라. • 개념적 질문: 정부의 가장 중요한 기능은 무엇인가?

2) 집중하기 전략

집중하기 단계의 목적은 개념 형성 전략을 사용하여 단원의 개념적 렌즈 및 주요 개념에 대한 이해를 개발하고, 조사하기 단계에서 심층적으로 조사할 수 있는 사실적 관련 사례를 소개하는 것이다. 기본적으로 효과적인 개념 형성을 위해서는 다음과 사항들을 고려하는 것이 필요하다.

• 명확한 단어의 정의를 제시하기
• 가장 적합한 예에서 시작하기
• 예시와 예시가 아닌 것을 사용하기
• 관련 속성을 강조하기
• 사실적 예시와 개념적 예시를 사용하여 비교하고 대조하기
• 지속적으로 생각하는 분위기를 만들기

① 형용사 활용 전략

형용사를 활용하는 전략은 경험적 활동을 개념 형성의 기초로 사용한다. 특히 단원을 시작할 때 이루어지는 조사 활동의 내용을 이해하는 데 유용하다.

② 다이아몬드 랭킹

다이아몬드 랭킹은 각 예시가 개념을 어느 정도 반영하는지에 따라 정렬하도록 하는 것으로, 혁신, 진보, 불평등과 같이 토론과 대화를 촉발하는 개념에 가장 적합하다.

그림 3-11 다이아몬드 랭킹 예시

3) 조사하기 전략

조사하기 단계에서는 일반화를 위해 다양한 사례들을 탐색하고 단원의 개념에 연결해야 한다. 사례 연구를 제시하여 단원의 개념 이해를 확장시키고, 탐구에 필요한 기능을 습득하도록 한다. 이와 같은 사례 연구가 이루어지도록 일반화를 지원하는 접근 방식은 다음과 같다.

- **동심원적 집중 사례 연구**: 학급 전체가 각각의 사례 연구를 함께 진행하며, 단원의 주요 개념은 사례 연구를 연결할 프레임을 제공한다.
- **모델링된 사례 연구**: 하나의 사례 연구를 진행하고 이어서 단원 개념과 관련 있는 추가 사례 연구를 진행한다.
- **네트워크로 연결된 사례 연구**: 개인이나 소그룹의 관심에 따라 다른 사례 연구를 진행하고 발견한 내용을 공유하며 내용 간 관련성을 찾는다.
- **실제적 연결**: 새로운 사례 연구에 사전 지식이나 최근 사건들을 연결한다.
- **하이브리드 모델**: 위에 설명된 접근 방식의 2개 또는 그 이상의 접근 방식을 결합하여 개념 탐구에 활용한다.

조사하기 전략은 출판자료, 테크놀로지 활용, 영상 자료, 인적 자원 등을 활용하여 다양한 정보를 수집하고 배경지식을 확장하는 것에 초점이 맞추어진다.

4) 조직 및 정리하기 전략

조직 및 정리하기 단계에서는 2장에서 언급한 그래픽 조직자를 활용하여 인지부하를 줄이면서 보다 쉽게 일반화에 이르게 할 수 있다. 조직 및 정리하기는 관계를 단순화시키기보다 복잡성을 인식하고 이해하도록 돕는 것, 정보들 사이의 규칙성을 깨닫고 서로 연결하도록 돕는 것에 초점을 맞춘다. 인지부하를 줄이고 정보 정리를 돕기 위해 유용한 방법으로 그래픽 조직자를 활용하는 것, 과제 수행과 문제 해결 방법을 보여주는 모델과 예시를 만드는 것, 문장 시작 문구나 문장 구조를 공유하는 것, 학급에 의해 형성된 일반화를 기록해 두는 것 등이 있다.

① 교차 비교 차트

교차 비교 차트는 개념과 탐구한 사례 연구를 연결하는데 도움이 되는 그래픽 조직자이다. 이는 단원의 주도적인 개념을 사용하여 정보 기록에 집중함으로써 인지 부하를 줄이고, 조사하기 단계에서 수집한 정보를 정리할 수 있는 구조를 제공한다.

표 3-12　이야기 교차 비교 차트

등장인물	문제	결과	교훈	독자로서의 의견
아기 돼지 세 마리	돼지 두 마리는 약한 집을 가짐	늑대가 잡아먹음	선택을 잘하기 서로 협력하기	세 번째 돼지는 선택을 잘해서 좋은 집을 가짐
늑대를 외친 소년	소년은 거짓말을 했고, 늑대가 옴	마을 사람들은 그를 믿지 않음 양들은 도망감	진실을 말하자 곤경에 빠진 사람들을 돕자	농담은 할 수 있지만, 사람을 속이진 말자

② 시각적 메모 작성

학생들은 언어뿐 아니라 개념을 표현하는 이미지를 활용하여 아이디어를 정리할 수 있다. 시각적 메모는 시각적·언어적 단서를 제공함으로써 집중과 정보 기억을 돕는다.

그림 3-12　시각적 메모 예시

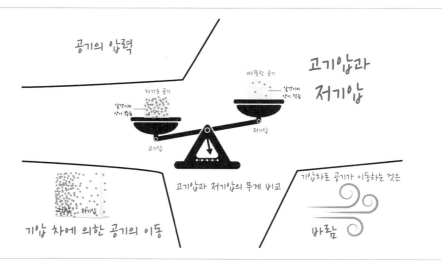

5) 일반화하기 전략

일반화하기 단계에서는 학생들이 학습 내용 간 연결점을 찾고, 생각을 명확하게 하고, 아이디어를 정당화하고 전달하는 것에 초점을 맞추어 전략을 활용한다. 각 학생의 특성은 다르지만, 모든 학생들이 생각을 종합하고 일반화하여 개념적 사고 수준에 도달하도록 도와야 한다.

① 스피드 연결

이 전략은 다양한 사례 연구를 연결하고 관련된 마이크로 개념을 도출하여 일반화를 지원하는 데 도움이 된다.

스피드 연결 실행 방식

1	사례 연구에서 맡고 있는 역할 선정하기
2	파트너 찾기
3	주요 개념에 대한 질문에 답하기
4	토론 질문을 통하여 연결 부분 찾기
5	다른 파트너와 반복하기
6	밀접한 연결점을 찾으면 연결 끊기 또는 유지하기
7	토론 후 더 큰 그룹으로 만들기(예: 과학적 발견-다윈, 마젤란)
8	마이크로 개념을 목록화하기
9	개념적 질문하기

② 연결 4

연결 4는 사실적 사례 연구들 사이에서 규칙을 찾는 전략으로 학생 스스로 정보를 종합하도록 한다. 그래픽 조직자는 5개의 부분으로 구성되어 있으며, 이 중 4부분은 연구와 관련된 정보를 기록하는 것이고, 가운데 있는 부분은 발견한 내용을 바탕으로 일반화하여 적는 것이다.

그림 3-13   연결 4의 그래픽 조직자 예시

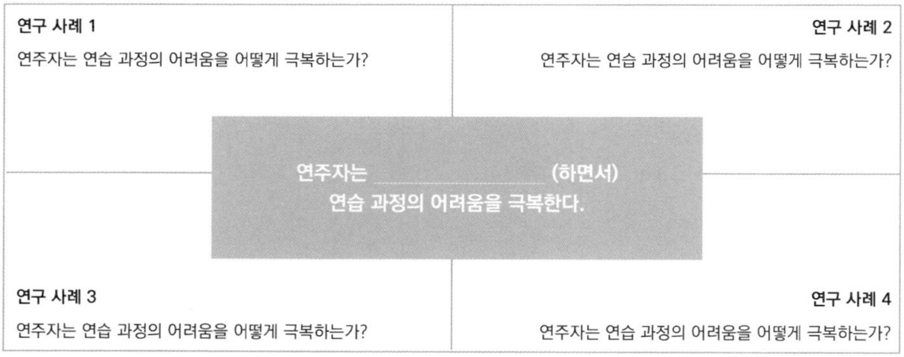

연구 사례 1

연주자는 연습 과정의 어려움을 어떻게 극복하는가?

연구 사례 2

연주자는 연습 과정의 어려움을 어떻게 극복하는가?

연주자는 _____ (하면서)
연습 과정의 어려움을 극복한다.

연구 사례 3

연주자는 연습 과정의 어려움을 어떻게 극복하는가?

연구 사례 4

연주자는 연습 과정의 어려움을 어떻게 극복하는가?

6) 전이하기 전략

전이하기 단계에서는 일반화시킨 것을 새로운 맥락과 상황에 전이시켜 생각을 확장하도록 돕는 것에 초점을 맞춘다. 이를 위해서는 개념적 이해를 사용하여 새로운 현상을 설명할 수 있는 기회를 많이 제공하는 것이 필요하다. 전이 유형은 다음과 같이 구분할 수 있다.

표 3-13   전이 유형과 특징

전이 유형	특징
일반화 테스트 및 정당화	새로운 사례 연구를 사용하거나 논쟁적 질문을 사용하여 현재의 개념 이해를 정당화한다.
새로운 사건 및 상황 이해	개념적 이해를 활용하여 현실 세계에서 일어나는 실질적이고 가끔은 복잡한 상황을 이해한다.
예측 및 가설	세계 현상에 대한 예측과 가설을 세우기 위해 경험과 개념적 이해를 사용한다.
학습 적용 및 실행	개념 이해를 사용하여 제품을 생산하거나 프로젝트를 수행 또는 실행한다.

① 증명해 봐!

이 전략은 개념적 이해와 의사소통 기술을 사용하여 교사가 제공한 진실 또는 거짓 진술을 증명하는 것으로 모든 과목에서 사용할 수 있지만 특히 수학적 증명에 잘 적용될 수 있다.

② '만약에 ~라면, 어떨까?'의 가상적 질문

개념적 이해를 가상적인 상황에 적용하도록 유도하는 질문은 전이를 촉진하는데 유용한 전략이다.

'만약에 ~라면 어떨까?' 실행 방식

1	새로운 사례 연구 소개하기: 가상적 질문 제시 전에 사실적 지식 확인
2	사고를 촉발할 수 있는 질문 게시하기
3	(시각적 자료를 활용하여) 단원의 일반화와 연결하기
4	이유와 원인 또는 가설을 토론할 시간을 갖기
5	질문의 답을 여러 가지 방법(역할극, 토론 등)으로 나타내고 공유하기
6	질문의 답을 정당화 할 기회를 갖기

학생들이 답변에 대해 생각할 때, 생각을 정리할 수 있는 다음과 같은 문장구조를 제시할 수 있다.

표 3-14 생각 정리를 위한 문장구조 예시

~~ 때문에(이유와 원인)	나는 ~~라고 생각한다(가설)

7) 성찰하기 전략

성찰하는 단계는 단원과 탐구의 진행 정도에 따라 다르지만, 탐구 과정에서 다양한 메타인지 기술과 전략을 사용하여 스스로 돌아보고 스스로 성장할 수 있는 힘을 기르는 것으로써, 매우 중요하다. 성찰하기 전략의 궁극적 목적은 독립적인 학습자가 되도록 돕는 것에 있다. 이를 위해서는 신중하게 성찰할 수 있는 기회를 빈번하게 제공하고, 성찰하기의 방법과 이유에 대한 개념적 이해를 형성하여 의도적으로 그 기능과 전략을 사용할 수 있도록 이끌어야 한다.

① 공동으로 기준 만들기

공동으로 구성된 기준은 '나의 학습이 어떤 방향으로 가고 있는가?', '나의 학습은 현재 어떠한가?', '다음은 어디로 가야 하는가?' 등의 질문에 대한 답을 표현하는 데 도움이 된다.

앵커 차트는 주장을 어떻게 정당화하고 있는지를 보여주는 것이며, 탐구 전반에 걸쳐 학생 스스로 수정하거나 확장할 수 있다.

그림 3-14　증거 있는 주장하기를 위한 앵커 차트 예시

주장을 구체화하고 입장을 명확히 한다.	텍스트에서 사례를 제시한다. "예를 들면…"	주장에 대한 이유를 제시한다. "사람들은 ~해야 한다. 왜냐하면~"
증거들을 개인적 지식, 경험과 연결 시킨다. "내 경험에 의하면…"	반박 의견을 재반박한다.	전문가의 말을 인용한다 "~에 의하면"

② 사전·사후 성찰하기

단원의 시작과 끝에서 자신의 생각을 비교해보고, 사고가 어떻게 성장했는지 표현해보도록 한다.

사전·사후 성찰하기는 시간 경과에 따른 학습의 변화를 시각화하는 강력한 방법이다. 학생들의 연령과 수준, 교과의 특성 등을 고려하여 의미 있는 사전·사후 성찰하기 방법을 계획하는 것이 필요하다.

참고문헌

소경희(2007). 학교교육의 맥락에서 본 "역량"의 의미와 교육과정적 함의. 교육과정연구, 25(3), 1−21.

이찬승(2021). 2022 개정 교육과정의 '교육 목표와 수업지도', 이런 면이 중시된다! https://21erick.org/column/7399/

Erickson, H. L. (2001). Stirring the head, heart, and soul: redefining curriculum and instruction. CA: Corwin.

Erickson, H. L., & Lanning, L. A. (2014). Transitioning to Concept−Based Curriculum and Instruction: How to bring content and process together. CA: Corwin.

Erickson, H. L., & Lanning, L. A., & French, R. (2017). Concept−Based Curriculum and Instruction for the Thinking Classroom. SAGE Publications.

Marschall, C., & French, R. (2018). Concept−Based Inquiry in Action: strategies to promote transferable understanding. CA: Corwin.

Murphy, G. L. (2002). The big book of concepts. Cambridge, MA: MIT Press.

Lanning, L. (2009). *4 powerful strategies for struggling readers: Grade 3−8.* CA: Corwin.

Lanning, L. (2013). *Designing a concept−based curriculum for English language arts: Meeting the common core with intellectual integrity.* CA: Corwin.

Paul, R. W., & Elder, L. (2014). *The Miniature guide to critical thinking: concepts & tools (7th ed.).* CA: Foundation for Critical Thinking.

Ritchhart, R. (2015). Creating cultures of thinking: The 8 forces we must master to truly transform our schools. CA: Jossey−Bass.

Stern, J., Ferraro, K., & Mohnkern, J. (2017). *Tools for Teaching Conceptual Understanding, Secondary: Designing Lessons and Assessments for Deep Learning.* CA: Corwin.

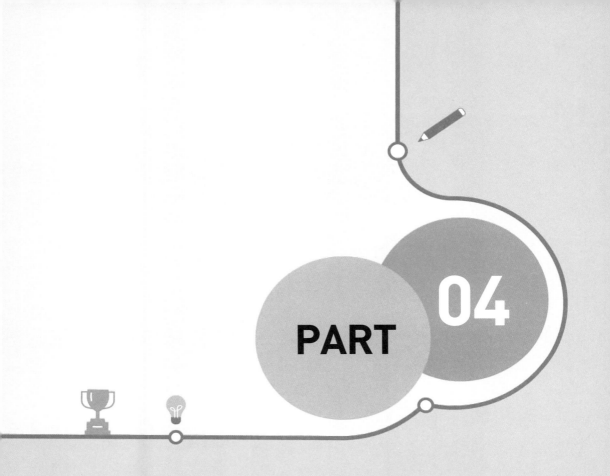

PART **04**

개념 기반
교육과정과 수업 사례

01

국어과

개요

단원	생각과 느낌을 나누어요	학년	3~4학년	전체 차시	11
단원 소개	이 단원에서는 여러 종류의 글을 읽거나 매체에서 찾은 자료에 대한 서로의 생각을 나누는 활동을 한다. 이때 개인이 가진 배경지식에 따라 내용과 자료에 대한 생각과 느낌이 다를 수 있음을 의견 교환을 통해 자연스럽게 알도록 한다. 여러 종류의 글과 자료에 대한 개인의 생각을 나눈 후 다양한 글과 매체에서 찾은 자료, 생각의 나눔을 통해 떠오른 생각과 느낌을 동화, 동시, 매체 등으로 창의적으로 표현할 수 있도록 한다.				
단원 주제	생각과 느낌의 표현				

단원 구조

구분	내용
성취 기준	[4국01-05] 목적과 주제에 알맞게 자료를 정리하여 자신감 있게 발표한다. [4국02-01] 글의 의미를 파악하며 유창하게 글을 읽는다. [4국02-03] 질문을 활용하여 글을 예측하며 읽고 자신의 읽기 과정을 점검한다. [4국03-04] 목적과 주제를 고려하여 독자에게 마음을 전하는 글을 쓴다. [4국05-02] 자신의 경험을 바탕으로 작품 속 세계와 현실 세계를 비교하며 작품을 감상한다. [4국05-04] 감각적 표현에 유의하여 작품을 감상하고, 감각적 표현을 활용하여 자신의 생각이나 감정을 표현한다. [4국06-02] 매체를 활용하여 간단한 발표 자료를 만든다.
개념적 렌즈	배경지식, 경험, 표현
개념망	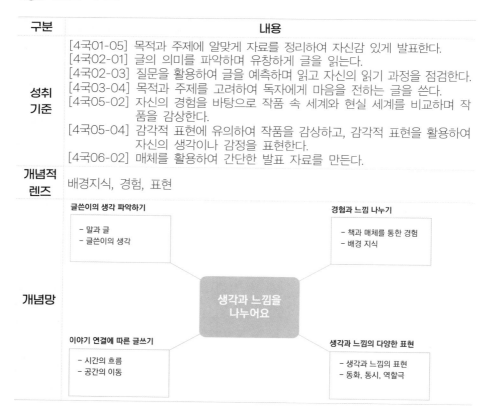

🖥️ 단원의 지도 계획

1. 단원 구조

구분 스트랜드	일반화	안내 질문	내용 지식	핵심 기능	평가방법
글쓴이의 생각 파악하기	• 말과 글은 글쓴이 생각을 파악하는 도구이다.	(개) 말과 글 이면에 생각을 표현하는 방법은 무엇인가?	• 말과 글 • 글쓴이의 의도	• 말과 글을 통해 글쓴이의 의도를 파악하기	관찰평가
경험과 느낌 나누기	• 자신이 가진 배경지식에 따라 작품을 이해한다.	(사) 읽은 책 중 소개하고 싶은 책은 무엇인가? (논) 나의 경험과 느낌은 다른 사람과 무엇이 다른가? (개) 배경지식은 어떻게 만들어지는가? (개) 개념지식을 넓히기 위한 방법은 무엇인가?	• 책을 읽은 경험 • 배경지식 • 용어: 배경지식	• 배경지식을 넓힐 수 있는 방법 찾기	관찰평가
이야기의 연결 생각하고 글쓰기	• 시간의 흐름과 공간의 이동은 글을 자연스럽게 한다.	(개) 이야기를 구성하기 위한 방법에는 무엇이 있는가? (논) 이야기 속의 상상은 현실이 될 수 있는가?	• 연결 • 용어: 시간의 흐름, 공간의 이동	• 시간의 흐름 또는 공간의 이동을 생각하며 글쓰기	서술평가
생각과 느낌을 다양하게 표현하기	• 생각과 느낌은 다양한 형식으로 표현된다.	(개) 생각과 느낌을 어떤 방법으로 표현할 수 있는가?	• 표현 • 용어: 동화, 동시, 동극	• 생각과 느낌을 다양한 방법으로 표현하기	수행평가

2. 단원 총괄평가

'전국 초등학생 작품 공모전'에 공모주제에 맞게 작품을 만들어 응모하려 합니다. 공모전에 출품하려는 작품은 ① 주제에 대한 이해 ② 주제에 대한 구성력 ③ 작품 제작에 대한 태도가 잘 드러나 있어야 합니다. 공모전에 출품할 작품을 만들어 봅시다.

> 공모대상: 전국 초등학생 누구나
> 공모주제: '친구를 배려해요'
> 참가부문: 동화, 동시, 역할극
> 공모형식: 동화 - A4 3~4장 분량의 동화
>   동시와 시화 - 동시와 시화 1편
>   역할극 - 5분 이내의 동영상
> 심사기준: 주제에 대한 이해, 주제에 대한 구성력, 작품 제작에 대한 태도 등

- 루브릭(채점기준표)

척도 평가요소	매우 잘함	보통	노력 필요
주제에 대한 이해 (지식 · 이해)	주제에 대해 구체적으로 파악하고 있다.	주제에 대해 파악하고 있다.	주제에 대한 이해가 필요하다.
주제에 대한 구성력 (과정 · 기능)	독특하고 참신한 아이디어를 기반으로 창의적으로 구성한다.	주제에 맞도록 작품을 구성한다.	구성에 대한 이해가 필요하다.
작품제작에 대한 태도 (가치 · 태도)	작품제작에 관심을 가지고 열심히 참여한다.	작품제작에 관심을 가지고 있다.	작품제작에 대한 관심이 필요하다.

3. 학습 활동

스트랜드	차시	학습활동
글쓴이의 생각 파악하기	1	단원의 학습목표, 글을 읽고 글쓴이의 생각 파악하기
경험과 느낌 나누기	2	책과 매체를 통해 얻은 지식과 경험 알아보기
	3	배경지식을 알고 배경지식을 넓힐 수 있는 방법 찾아보기
이야기의 연결 생각하고 글쓰기	4	시간의 흐름이 잘 드러난 내용의 글 읽기
	5	공간의 이동이 잘 드러난 내용의 글 읽기
	6-7	시간의 흐름과 공간의 이동을 생각하며 글쓰기
생각과 느낌을 다양하게 표현하기	8	동화의 내용을 상상하여 바꿔 쓰기
	9	주제에 대한 동시 쓰기
단원 총괄평가	10-11	역할극 준비하고 발표하기

학습 활동 설계

💡 **1차시: 글쓴이의 생각 파악하기**
- **개념**: 말, 글, 도구
- **일반화**: 말과 글은 글쓴이의 생각을 파악하는 도구이다.
- **학습목표**: 말과 글을 통해 글쓴이의 생각을 파악할 수 있다.
- **내용요소(과정·기능)**: 글쓴이의 생각 파악하기

단계	학습활동	자료/유의점

관계 맺기	• 매체를 활용하여 영화 또는 만화영화 시청하기
	  - 자막과 음성을 제거한 영화 또는 만화영화를 시청하며 어떤 내용인지 추측해보기
	  - 내가 생각한 영화 또는 만화영화의 내용 발표하기
	  - 다른 학생들이 발표한 내용과 비교하기
	  내 생각과 내용이 비슷한 학생, 다르게 생각한 학생/왜 그렇게 생각하였는지/무엇이 같고 무엇이 다른지 알아보기 등
	• 청각장애인, 시각장애인이 등장하는 영화 시청하기
	  - 수화, 점자로 생각을 표현하는 방법 알아보기
	*수화의 의미: 손짓, 몸짓, 표정 등 시각적인 방법으로 의미를 전달하는 의사소통 방식
	*점자의 의미: 시각장애인이 손가락으로 더듬어 읽을 수 있게 한 부호글자
		🎞 영화 또는 만화영화
		
		🏠 자료준비가 어려울 때 교사가 입모양만으로 말을 하거나 동작만으로 의사표현을 하는 것으로 대체할 수 있다.

집중 하기	• 영화의 내용에 대한 서로의 생각이 다른 이유는 무엇인가?
	  - 말과 글이 없는 장면을 보았을 때 생길 수 있는 일 알아보기
	  - 수화, 점자로 의사표현을 할 수 없을 때 생길 수 있는 일 알아보기
	• 영화 다시 보기
	  - 자막과 음성을 삽입한 후 영화 또는 만화영화 시청하기
	  - 수화, 점자의 해석을 넣은 후 영화 시청하기
	  - 음성과 자막이 없었을 때 추측한 내용과 비교하기
	
	    말과 글이 없었을 때 생각한 내용　　**말과 글을 넣었을 때 내용**
		🏠 음성과 자막이 들어간 영화 또는 만화영화를 보면서 자신이 추측한 내용과 비교하며 말과 글에 대해 생각해보게 한다.

조직 및 정리 하기	• 말과 글의 기능에 대해 생각해보기
	  - 말과 글을 통해 글쓴이 또는 제작자의 의도를 파악할 수 있다.
	<개념적 질문> 말과 글 이외에 생각을 표현하는 방법은 무엇인가?
	• 생각을 표현할 수 있는 다른 방법 알아보기
	  - 음악(노래 또는 작곡, 악기 연주), 미술(작품 제작), 무용, 팬터마임 등
	  - 미술작품을 보고 만든 음악 소개하기
	  - 고흐의 별이 빛나는 밤에/빈센트, 다빈치의 모나리자/모나리자 등
		🎞 미술작품과 미술작품을 주제로 만든 곡들

💡 2~3차시: 경험과 느낌 나누기

• 개념: 배경지식, 경험
• 일반화: 독자는 자신이 가진 배경지식과 경험에 따라 작품을 이해한다.
• 학습목표: 배경지식과 경험에 따라 생각과 느낌이 다름을 알 수 있다.
• 내용요소(과정·기능): 배경지식과 경험을 넓힐 수 있는 방법 알기

단계	학습활동	자료/유의점
관계 맺기	• 여러 가지 단어에 관한 생각과 느낌 말하기 - 강아지, 체육, 학교, 설렁탕, 제주도, 공감, 묵비권, 스릴러 등 • 같은 단어에 관한 생각과 느낌이 다른 이유는 무엇인가? - 단어에 대해 겪은 일이 다르기 때문에(좋은 기억, 나쁜 경험 등), 그 단어와 관련된 일을 겪어보지 못했기 때문에 등	🖼 학생들이 알고 있는 단어와 잘 알지 못하는 단어를 섞어서 제시한다.
집중 하기	<사실적 질문> 책이나 매체 자료 중 소개하고 싶은 것은 무엇인가? - 책 또는 매체 자료 중 모둠에게 소개하고 싶은 것 선택하고 발표하기 - 책이나 매체에 대한 모둠원의 생각 쓰기 ( ) 모둠의 책과 매체 소개<table><tr><td>이름</td><td>책 또는 매체</td><td>소개한 이유</td><td>모둠원의 생각</td></tr><tr><td>○○○</td><td>강아지똥</td><td></td><td></td></tr><tr><td>☆☆☆</td><td>인터넷</td><td></td><td></td></tr></table><개념적 질문> 나의 경험과 느낌은 다른 사람과 무엇이 다른가? • 책이나 매체에 대해 다른 생각을 쓴 모둠원과 이야기 나누기 - 같은 책을 읽으면 생각이 같아지는지 이야기 나누기 - 같은 매체에 대해 생각하는 점은 어떠한지 이야기 나누기	🖼 책이나 매체 소개 학습지
조직 및 정리 하기	• 경험에 관한 생각 발표하기 - 하나의 사진에 대해 아래 세 가지 경험은 어떻게 다른가요? 눈으로 본 경험: 가시가 있는 것을 보니 선인장인가 보구나. 냄새를 맡은 경험: 웩, 정말 지독한 화장실 냄새가 난다. 먹어본 경험: 이렇게 맛있는 과일이 있다니! 다음에 또 먹고 싶어요.	🖼 과일 사진
일반화 하기	<개념적 질문> 배경지식은 어떻게 만들어지는가? • 책을 읽거나 직접 경험, 또는 매체에 대한 경험을 통해 생각이 달라진 점에 관해 이야기 나누기 - 잘 몰랐던 사실에 대해 알게 되었다/전기문 등을 읽고 인물에 관한 생각이 바뀌었다/잘못 알고 있었던 사실이 있었음을 알게 되었다 등 - 직접 해보았다/가서 보았다/먹어 보았다 등 - 빠르고 편리하다/이용하기 쉽다/잘못된 정보도 있다 등 • 배경지식에 따라 글에 관한 생각과 느낌이 다름을 생각해보기 <개념적 질문> 배경지식을 넓히기 위한 방법은 무엇인가?	🖼 책과 경험, 매체에 관한 생각을 자유롭게 발표하도록 한다.

💡 4~7차시: 이야기의 연결을 생각하며 글쓰기

• 개념: 시간, 공간

• 일반화: 글 속에는 시간의 흐름과 공간의 이동이 있다.

• 학습목표: 이야기의 연결을 생각하며 글을 쓸 수 있다.

• 내용요소(과정·기능): 시간의 흐름과 공간의 이동을 생각하며 글쓰기

단계	학습활동	자료/유의점
관계 맺기	• 사진의 공통점과 차이점 발표하기 	🖼 사진 자료

집중
하기
	<사실적 질문> 이야기를 구성하기 위한 방법에는 무엇이 있는가?
	• 사람의 일생 영상 시청하기
	  - 사람의 일생에 대한 영상 시청 후 생각한 점 발표하기
	*시간이 흐른다는 것을 알 수 있다, 나이 들어간다, 시간의 흐름
	에 따라 변화하는 모습을 잘 나타냈다 등
	• 미술관 작품을 관람하기 위한 동선 짜기
	  - 관람객의 동선이 겹치지 않고 작품을 다 볼 수 있도록 동선을
	짜고 발표하기
	*동선이 겹치지 않고 모든 작품을 다 보기 위해서는 공간의 이
	동에 대해 알아야 한다, 배치를 잘해야 한다 등
		🖼 사람의 일
		생 영상, 미
		술관 그림 전
		시도
		
		📋 동선을 짜
		보는 활동을
		통해 공간 이
		동에 대해 자
		연스럽게 알 수
		있도록 한다.

조직
및
정리
하기
	• 시간의 흐름에 따른 글이나 자료
	  - 시간의 흐름이 잘 드러난 글이나 자료 찾아보기
	*일기, 전기문, 역사문, 연대표 등: 시간의 흐름에 따른 중요한
	사실 기록
	  - 나의 일대기 만들기
	• 공간의 이동에 따른 글이나 자료
	  - 공간의 이동이 잘 드러난 글이나 자료 찾아보기
	*기행문, 오늘 공간의 이동 등. 공간의 이동에 따른 중요한 사실 기록
	<개념적 질문> 배경지식을 활용하여 어떤 내용을 만들었는가?
	• 시간의 흐름과 공간의 이동이 나타난 글 수정해보기
	  - 어떤 부분을, 어떻게, 자연스러운 연결을 생각해보기
	<논쟁적 질문> 상상은 현실이 될 수 있는가?
	• 미래를 상상한 자료와 상상이 현실로 이루어진 자료 살펴보기
	  - 미래 세계를 상상한 내용이 현실이 된 경우 발표하기
		🖼 시간의 흐
		름과 공간의
		이동이 드러
		난 자료(책 또
		는 영화)
		
		🖼 미래를 상
		상한 자료와
		현실로 이루
		어진 자료

전이 하기	• 글쓰기 - 시간의 흐름과 공간의 이동을 수정한 후 글쓰기	📋 시간의 흐 름과 공간의 이동 중 한 가 지에 중점을 두어 수정할 수 있다.

💡 8~11차시: 생각과 느낌을 다양하게 표현하기

• 개념: 표현, 형식
• 일반화: 생각과 느낌은 다양한 형식으로 표현된다.
• 학습목표: 생각과 느낌을 동화, 동시, 매체 등으로 표현할 수 있다.
• 내용요소(과정·기능): 다양한 방법으로 표현하기

단계	학습활동	자료/유의점
관계 맺기	• 동화, 동시, 매체의 의미 알아보기 　- 동화: 어린이를 위하여 동심(童心)을 바탕으로 지은 이야기 　- 동시: 주로 어린이를 독자로 예상하고 어린이의 정서를 읊은 시 　- 매체: 어떤 사건이나 현상을 전달하는 매개체 • 동화, 동시, 매체 소개하기 　- 내가 알고 있는 동화, 동시, 매체 소개하기 　- 동화: 신데렐라, 강아지똥 / 동시: 콩 너는 죽었다 / 매체: 인터넷	
집중 하기	• '선택'에 대한 영상을 시청하고 생각한 점 발표하기 　- '선택'에 따라 어떤 결과가 될지 예상해 보고 영상 시청하기 　- '선택'에 따라 무엇이 달라졌는지 발표하기 　*유사한 예: 사다리게임	🎞 '선택'에 따라 결과가 바뀌는 내용의 영상
조직 및 정리 하기	<개념적 질문> 생각과 느낌을 어떤 방법으로 표현할 수 있는가? • 브레인스토밍으로 글쓰기(모둠 글쓰기) 　- 동화의 어떤 부분을 바꿀 수 있을지 생각해보기(사건, 등장인물, 배경) 　*사건, 등장인물, 배경을 모두 선택하거나 또는 1~2가지를 선택하여 바꾸어 쓰기 　- 모둠이 함께 의논하여 글을 바꾸어 쓴 후 내용 공유하기 　*어느 부분을 어떻게 바꾸었는지, 연결이 자연스러운지 등을 찾아보기 • 개인 글쓰기 　- 개인이 각자 글을 바꾸어 쓴 후 내용 공유하기 　*어느 부분을 어떻게 바꾸었는지, 연결이 자연스러운지 등을 찾아보기 • 동시 완성하기 　- 동시의 빈 곳에 적절한 단어를 넣거나 알맞은 문장 써보기 • 주제에 대한 동시 쓰기 　- 학생들에게 동시 주제를 받아 그중에서 1~2가지 정도를 제시하여 동시 쓰기 • 주제 정하여 동시 쓰기	🗂 사건, 등장인물, 배경 등을 바꿀 수 있음을 사전에 지도한다. 🗂 처음부터 동시를 쓰기 어려워할 수 있으므로 낱말을 넣거나 문장을 완성해 보도록 한다.
전이 하기	- 주제를 스스로 정하여 동시 쓰고 발표하기 　- 각자 공유한 동시에서 잘된 부분을 찾고 생각과 느낌 발표하기	🗂 학생들이 제시한 여러 가지 주제 중 하

- 동화와 동시 바꾸어 쓰기
  - 동화를 동시로 바꾸어 쓰기(예: 강아지똥→동시)
  - 동시를 동화로 바꾸어 쓰기(예: 천둥소리→동화)
- 동화의 내용을 역할극으로 만든 내용 시청하기
- 역할극 속 인물이 되어서 하고 싶은 말 써보기
- 동화와 동시를 간단한 역할극으로 만들기
  - 동화와 동시 중 한 장면을 역할극으로 만들기
- 매체를 활용하여 역할극 촬영하기
  - 촬영한 역할극을 시청하며 감상하기
  - 작품을 영상으로 촬영해서 보았을 때와 직접 보았을 때의 공통점과 차이점 발표하기
- 평가 문제 제시

나를 선택하여 동시를 써도 된다.

🖊 역할극을 만들 때 등장인물, 배경, 사건 등에 대한 소개를 한다.

🎥 자료촬영 도구

총괄 평가	'전국 초등학생 작품 공모전'에 공모주제에 맞게 작품을 만들어 응모하려 합니다. 공모전의 출품하려는 작품은 ① 주제에 대한 이해 ② 주제에 대한 구성력 ③ 작품 제작에 대한 태도가 잘 드러나 있어야 합니다.
성찰 하기	• 동화, 동시, 매체 등으로 생각과 느낌을 표현할 수 있는가? • 다양한 방법으로 생각과 느낌을 표현하는 것을 통해 무엇을 알게 되었는가?

국어과 개념 기반 수업 설계 (2)

📖 개요

단원	제 생각은 이렇습니다	**학년**	5~6학년	**전체 차시**	12

단원의 소개	이 단원에서는 다양한 글을 통해 글쓴이의 생각을 파악하고 글의 종류에 따라 구성 방식과 표현을 달리하여 생각을 나타낼 수 있음을 알게 한다. 다양한 글의 종류 중 주장하는 글의 특성과 서술방식, 예시문 등을 살펴보고 모둠이 함께 주장하는 글을 완성한 후 각자 개인 주제를 선정하고 주장하는 글을 써본다. 자신의 주장을 글로 쓴 후, 토론을 해본다. 토론을 준비하면서 토론의 절차와 방식에 대해 알고 토론을 할 때에는 상대편의 주장과 근거에 대해 경청하고 반박할 점을 찾아 내 주장에 대해 상대방이 인정할 수 있도록 설득하는 능력을 갖추도록 한다.
단원 주제	주장과 근거, 토론

📖 단원 구조

구분	내용
성취 기준	[6국02-01] 글의 구조를 고려하며 주제나 주장을 파악하고 글 내용을 요약한다. [6국03-02] 적절한 근거를 사용하고 인용의 출처를 밝히며 주장하는 글을 쓴다. [6국01-02] 주장을 파악하고 이유나 근거가 타당한지 평가하며 듣는다. [6국01-07] 절차와 규칙을 지키고 타당한 이유와 근거를 제시하며 토론한다. [6국06-01] 정보 검색 도구를 활용하여 자신의 목적에 맞는 매체 자료를 찾는다.
개념적 렌즈	글의 목적
개념망	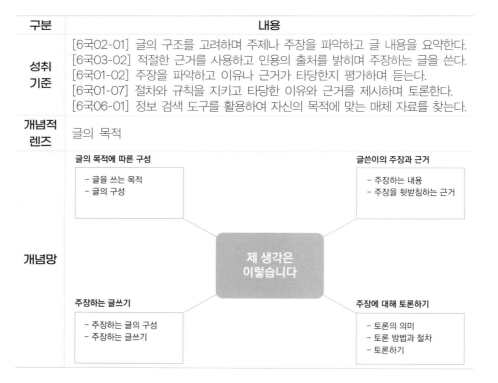

글의 목적에 따른 구성
- 글을 쓰는 목적
- 글의 구성

글쓴이의 주장과 근거
- 주장하는 내용
- 주장을 뒷받침하는 근거

제 생각은
이렇습니다

주장하는 글쓰기
- 주장하는 글의 구성
- 주장하는 글쓰기

주장에 대해 토론하기
- 토론의 의미
- 토론 방법과 절차
- 토론하기

🚂 단원의 지도 계획

1. 단원 구조

구분 / 스트랜드	일반화	안내 질문	내용 지식	핵심 기능	평가방법
글의 목적에 따른 글의 구성	• 글을 쓰는 목적에 따라 글의 구성이 다르다.	(사) 글의 목적에 따른 글의 종류에는 어떤 것이 있는가? (개) 글의 목적에 따라 글의 내용이 어떻게 달라지는가? (논) 읽기 습관은 어떻게 만들어지는가?	• 글의 목적에 따른 글의 종류의 특징 • 용어: 구성	• 글의 목적에 따른 글의 종류 알기	서술형평가
글쓴이의 주장과 근거	• 주장하는 글에는 주장과 주장을 뒷받침하는 근거가 있다.	(사) 설득을 하는 방법에는 무엇이 있는가? (사) 글에서 어떤 주장을 하고 있는가? (개) 주장을 잘 하기 위해 필요한 점은 무엇인가?	• 주장하는 글 • 주장, 근거, 설득 • 용어: 주장, 근거	• 주장과 근거 찾기	서술형평가
주장하는 글쓰기	• 주장하는 글은 서론, 본론, 결론의 구조를 갖추고 있다.	(사) 주장하는 글은 어떻게 구성되어 있는가? (개) 주장에 대한 근거와 메시지가 타당한가?	• 주장하는 글의 구성 • 주장하는 글쓰기 • 용어: 서론, 본론, 결론	• 주장하는 글쓰기	논술형평가
주장에 대해 토론하기	• 주장하는 글의 주장과 근거로 생각이 바뀔 수 있다.	(사) 토론의 의미와 토론의 과정에 대해 무엇을 알고 있는가? (논) 다른 사람을 설득할 수 있는 방법은 무엇이 있는가?	• 토론의 의미와 토론 방법 • 용어: 토론, 반론	• 주장을 들어 토론 하기	관찰평가

2. 단원 총괄평가

우리 고장의 문화시설이 부족하다는 것에 의견을 모은 학생들은 국회위원에게 편지를 보내 관내 문화시설 확충에 대한 건의를 하자고 제안하였습니다. 건의서에는 ① 부족한 문화시설 확충에 관한 주장 ② 문화시설 확충에 대한 근거 ③ 주장하는 글을 쓰는데 관심이 드러나 있어야 합니다. 문화시설 확충에 대해 주장하는 글을 써봅시다.

• 루브릭(채점기준표)

척도 평가요소	매우 잘함	보통	노력 필요
주장하는 글에 대한 이해 (지식 · 이해)	주장하는 글을 쓸 때 주장과 타당한 근거가 필요함을 이해하고 있다.	주장하는 글을 쓸 때 주장과 근거에 대해 이해하고 있다.	주장하는 글에 대해 알고 있다.
주장하는 글쓰기 (과정 · 기능)	주장과 근거를 들어 논리적으로 글을 쓸 수 있다.	주장과 근거를 들어 글을 쓸 수 있다.	주장하는 글을 쓸 수 있다.
글에 관한 관심 (가치 · 태도)	주장하는 글에 관해 관심을 가지고 글을 쓰는 데 적극적으로 참여한다.	주장하는 글에 관심을 가지고 참여한다.	주장하는 글에 관심이 있다.

3. 학습 활동

스트랜드	차시	학습활동
글의 목적에 따른 구성	1	단원의 학습목표, 수행과제, 안내질문 제시
	2~3	글의 목적에 따른 글의 구성, 읽기 습관 알아보기
글쓴이의 주장과 근거	4	주장하는 글 읽기
	5	주장을 잘하는 방법 알아보기
주장하는 글쓰기	6	주장하는 글의 구성(서론, 본론, 결론) 알아보기
	7~8	주장하는 글쓰기
주장에 대해 토론하기	9~10	토론의 의미와 토론 방법 알고 토론 준비하기
	11	주장과 근거를 들어 토론하기
단원 총괄평가	12	주장하는 글쓰기 총괄평가

학습 활동 설계

💡 1~3차시: 글의 목적에 따른 구성

• **개념:** 글의 목적, 구성

• **일반화:** 글의 목적에 따라 글의 구성이 다르다.

• **학습목표:** 글의 목적에 따라 구성이 다름을 알 수 있다.

• **내용요소(과정·기능):** 글의 목적에 따른 글의 구성과 특징 알기

단계	학습활동	자료/유의점
관계 맺기	• 내가 알고 있거나 읽은 글 말하기 - 백범 김구, 신데렐라, 돼지책, 콩 너는 죽었다, 해리포터, why 책, 신문논설, 난중일기 등 - 글의 내용이 기억에 남는 이유 발표하기 *주인공이 불쌍하다, 용감하다, 나와 비슷하다, 주인공을 본받고 싶다, 새로운 사실을 알게 되어서, 감동적이어서 등	🖼 학년 필독 도서 또는 학생 대부분이 알고 있는 글에 대해 발표하도록 한다.
집중 하기	• 글을 읽는 이유 알아보기 - 즐거움을 얻기 위해서, 정보와 지식 습득을 위해서, 다른 사람의 생각을 알 수 있어서, 간접 경험을 쌓기 위해서 등 \<사실적 질문\> 글의 목적에 따른 글의 종류에는 어떤 것이 있는가? • 글을 쓰는 목적과 글의 종류 <table><tr><td>의견을 주장하기 위해</td><td>주장하는 글</td></tr><tr><td>사실이나 정보 전달을 위해</td><td>설명하는 글</td></tr><tr><td>마음을 전하고 싶을 때</td><td>동화, 동시 등</td></tr><tr><td>인물에 대해 알리기 위해</td><td>전기문</td></tr><tr><td>기타</td><td>일기, 기행문, 수필</td></tr></table> • 내가 읽은 글과 글의 종류 연결해보기 - (신데렐라-동화/난중일기-전기문/콩 너는 죽었다-시, 백범 김구 -전기문, why 책-설명하는 글, 신문논설-주장하는 글 등)	🖼 글을 읽는 이유를 알아보 면서 글의 종류와 연관 짓 도록 한다.
조사 하기	• 다양한 종류의 글과 글의 특징 알아보기 <table><tr><td>동시</td><td>어린이다운 심리와 정서로 어린이를 위하여 쓴 시</td></tr><tr><td>동화</td><td>어린이를 위하여 동심(童心)을 바탕으로 지은 이야기</td></tr><tr><td>일기</td><td>그날그날 겪은 일이나 생각, 느낌 등을 적는 개인의 기록</td></tr><tr><td>수필</td><td>일정한 형식을 따르지 않고 일상생활에서의 느낌이나 체험을 생각나는 대로 쓴 산문 형식의 글</td></tr><tr><td>전기문</td><td>어떤 인물의 생애와 업적 등을 기록한 글</td></tr></table>	🖼 글에 종류 에 대해 학생들 의 의견을 들은 후 공통적인 내 용을 정리한다. 📱 태블릿, 학습지

기행문	여행하면서 보고, 듣고, 느끼고, 겪은 것을 자유로운 형식으로 쓴 글
설명하는 글	읽는 이들이 어떠한 사항에 대해 이해할 수 있도록 객관적이고 논리적으로 서술한 글
주장하는 글	어떤 주제에 관하여 자기의 생각이나 주장을 체계적으로 밝혀 쓴 글

조직 및 정리 하기	<개념적 질문> 글의 목적에 따라 글의 구성은 어떻게 달라지는가? • 글의 종류에 따른 글의 구성 - 구성: 몇 가지 부분이나 요소들을 모아서 일정한 전체를 이루는 것

동시	생각을 압축하여 짧은 글로 전달한다. *동시에서 작가의 생각은 무엇인가?
동화	어린이를 위하여 동심을 바탕으로 쓴 글이다. *글쓴이가 말하고자 하는 것은 무엇인가?
일기, 수필	글쓴이의 생각과 느낌을 주로 기술한다. *글쓴이의 생각과 느낌은 어떠한가?
전기문	인물의 생애와 업적 등을 위주로 기술한다. *전기문을 읽고 인물에 대해 알게 된 사실은 무엇인가?
설명하는 글	설명하는 주제에 대해 잘 알 수 있도록 쉬운 용어로 기술한다. *설명문을 읽고 알게 된 사실은 무엇인가?
주장하는 글	주장과 주장에 대한 근거가 타당하게 기술한다. *주장과 근거는 무엇인가?

<논쟁적 질문> 읽기 습관은 어떻게 만들어지는가?
• 나는 어떤 종류의 글을 많이 읽는지 알아보기
 - 그 글의 종류를 왜 많이 읽는가?
 *내용이 재미있어서, 인물에 대해 알고 싶어서, 동시를 좋아해서, 새로운 사실을 알 수 있어서, 논쟁이 흥미로워서 등
• 나의 읽기 습관 생각해보기
 - 내가 읽은 글의 종류를 보고 나의 읽기 습관은 어떠하다고 생각하는가?
 *한 영역에 치중된 것 같다, 다른 종류의 책을 더 많이 읽어야겠다, 읽기 습관에 대해서 생각해 보지 않았다 등

☞ 좋아하는 글의 종류에 대한 조사습관을 통해 나의 읽기 습관과 반 전체의 읽기 경향을 알 수 있다.

💡 4~5차시: 글쓴이의 주장과 근거

• 개념: 주장, 근거
• 일반화: 주장하는 글에는 주장과 주장을 뒷받침하는 근거가 있다.
• 학습목표: 주장과 근거에 대해 알 수 있다.
• 내용요소(과정·기능): 주장과 근거 찾기

단계	학습활동	자료/유의점
관계 맺기	<사실적 질문> 설득하는 방법에는 무엇이 있는가? • 받고 싶은 생일선물 이야기하기 　- 원하는 생일선물을 받기 위해 어떤 방법을 사용할 수 있는가? 　*애원, 설득, 강하게 주장하기, 울기 등 　- 여러 방법 중 적절한 방법과 그 이유 생각해보기 　- 협상을 하기 위해 어떤 방법이 적절한지 생각해보기 • 주장하는 글 읽기(주장하는 글 2편 읽기) 　- ① 보행 중 교통사고를 줄이는 법 ② 인공지능과 미래의 삶 <사실적 질문> 글에서 어떤 주장을 하고 있는가? • 글쓴이가 주장하는 내용 찾기 　- 글쓴이가 주장하는 내용은 무엇인가? 　- 글쓴이가 말하는 내용을 받아들일 수 있는/없는 이유는 무엇인가? 　- 주장하는 글의 내용 요약하기	📖 제시된 글 외에 신문기사 등 현재 논쟁거리가 되는 내용을 제시할 수 있다.
집중 하기	<개념적 질문> 주장을 잘 하기 위해 필요한 점은 무엇인가? • 주장과 주장을 뒷받침하는 근거의 의미 알아보기 　- 주장: 자기의 의견이나 주의를 굳게 내세우거나 그런 의견 　- 근거: 어떤 일이나 의논, 의견에 그 근본이 되거나 또는 그런 까닭 • 주장하는 글에서 근거가 없는 경우 생각해보기 • 주장을 받아들이기 어려운 경우 생각해보기 　- 주장을 하는 이유나 근거가 명확하지 않을 때, 주장에 대한 근거가 없을 때 등	
조사 및 정리 하기	• 주장에 대한 근거가 필요한 이유 알아보기 　- 주장이 합당하다는 것을 입증하기 위해서 근거가 필요 • 근거가 갖춰야 할 점 알아보기 주장과 근거의 관련성　　　　　　　주관적 표현 사용 지양 근거의 적절성과 타당성　　내용 표현　　모호한 표현 사용 지양 근거의 일관성　　　　　　　　　　단정적 표현 사용 지양	
전이 하기	• 주장하는 글을 찾기 　- 신문기사에서 주장하는 글을 찾고 주장과 근거 찾아보기 　- 다른 모둠에게 소개하고 싶은 주장하는 글 1편 찾기 • 주장과 근거에 대해 정리한 후 토론 주제 생각해보기	📱 태블릿, 학습지

💡 6~8차시: 주장을 글로 표현하기

• **개념**: 서론, 본론, 결론
• **일반화**: 주장하는 글은 서론, 본론, 결론의 구조를 갖추고 있다.
• **학습목표**: 주장하는 글의 구조를 갖추어 주장하는 글을 쓸 수 있다.
• **내용요소(과정·기능)**: 주장하는 글쓰기

단계	학습활동	자료/유의점

관계
맺기
	<사실적 질문> 주장하는 글은 어떻게 구성되어 있는가?
	• 주장하는 글의 공통점 알아보기
	 - 주장과 근거가 있다/일정한 절차가 있다 등
	• 주장하는 글의 구조 알아보기
	 - 주장하는 글의 구조: 서론, 본론, 결론
	  * 서론: 말이나 글 따위에서 본격적인 논의를 위한 실마리가
	   되는 부분
	  * 본론: 말이나 글에서 주장이 있는 부분
	  * 결론: 말이나 글의 끝을 맺는 부분
		📋 전차시에 매
		체를 통해 찾
		아본 글을 상
		기시킨다.

집중 하기	• 주장하는 글의 문단 나누기 - 주장하는 글을 서론, 본론, 결론으로 나누기 • 각 부분에서 말하고 있는 내용은 무엇인가? - 서론, 본론, 결론에서 말하고 있는 내용은 무엇인지 알아보기 - 주장에 대한 근거가 적합한지 생각한 후 모둠원과 의견 나누기	📄 주장하는 글 3편 📋 모둠원과 함 께 찾거나 각 자 서론, 본론, 결론을 나눈 후 서로 비교해 볼 수 있다.
조사 하기	• 주장하는 글을 쓰기 위해 고려해야 하는 사항 확인하기 - 서론, 본론, 결론의 구조 - 주장에 대한 근거의 내용과 표현	
조직 및 정리 하기	• 주장하는 글쓰기 1 - 주장하는 글을 읽고 비교하기 *임진왜란 전 왜국을 다녀온 사신의 글 비교하기 **조선통신사의 의견** 황윤길 '일본 침략 준비'에 대비 | 김성일 '조선과 대등하다는 허세' *서로 다른 주장을 하는 근거와 근거에 대한 예시 생각해 보기 *제시된 주제에 대해 자신의 생각을 정리하여 발표하기 <개념적 질문> 주장에 대한 근거와 예시가 타당한가? • 모둠원이 발표한 내용 정리하기 - 모둠원이 쓴 글을 읽고 난 후 알게 된 점은 무엇인가? - 자신이 쓴 글과 모둠원이 쓴 글에서 주장과 근거의 공통점과 차이점 찾기 • 내가 쓴 글 수정하기 - 내가 쓴 글에서 수정·보완해야 할 점 찾아보기	📄 학습지(주 제 제시) 📋 공통 주제 로 글을 써본 후 자신이 주 제를 정하여 주 장하는 글을 쓸 수 있다.

일반화 하기	• 주장하는 글쓰기 2 - 각 모둠이 같은 주제로 주장하는 글 함께 쓰기 * 주제, 근거 등을 함께 생각해보고 주장하는 글쓰기 • 주장하는 글쓰기 3 - 주장하고 싶은 내용을 정하고 주장하는 글쓰기(개인 선택 주제) - 모둠원이 쓴 글을 읽고 평가하기 *서론, 본론, 결론의 구조 *근거의 내용과 표현의 적절성 등 *모둠원의 글에서 이해가 되지 않는 부분에 관해 질문하기	⊞ 어떤 주제로 글을 쓸지 사전에 조사해 오거나 교사가 몇 가지 주제를 제시할 수 있다.
성찰 하기	• 정리하기 - 주장하는 글은 어떤 특성이 있는가? - 주장하는 글의 구조를 알고 글을 쓸 수 있는가?	

💡 9~11차시: 주장에 대해 토론하기

• 개념: 설득, 토론
• 일반화: 토론은 주장과 근거를 들어 설득하는 과정이다.
• 학습목표: 토론의 의미와 방법을 알고 토론에 참여할 수 있다.
• 내용요소(과정·기능): 주장을 들어 토론하기

단계	학습활동	자료 /유의점
관계 맺기	• 토론 영상 보기 - 토론 영상을 보고 토론에 대해 생각한 점은 무엇인가? - 토론자의 역할, 주장하는 방법, 반론하는 것, 사회자의 역할	🖼 토론 영상 🔲 토론의 형식에 주의하며 보도록 한다.
조사 하기	<사실적 질문> 토론의 의미는 무엇인가? • 토론과 토의에 대해 알아보기 - 토론: 특정한 논제에 찬성과 반대로 대립하는 두 편이 각자 주장하고자 하는 바로 상대방과 청중을 설득하고자 하는 말하기 - 토의: 어떤 문제에 대하여 검토하고 협의함 • 토론과 토의의 공통점과 차이점은 무엇인가?	🖼 태블릿, 학습지

토론	토의
- 규칙, 규율과 같은 형식적 제약이 있다. - 주어진 논제에 대해 자신의 견해나 해답을 가지고 타인을 설득하는 것을 목적으로 한다. - 사실, 논거, 근거에 의한 자기 주장을 관철한다. - 논제 외 사항은 다루지 않는다. - 상대방은 존중하나 의견은 반박의 대상이다.	- 규칙, 규율과 같은 형식적 제약이 없다. - 집단적 사고와 의사결정 과정으로 협의를 통해 답을 구하는 것을 목적으로 한다. - 참석자들이 자유롭게 답을 구한다. - 논제 외 사항도 다룰 수 있다. - 상대방을 존중하며 의견은 좋은 안건이다.

단계	학습활동	자료 /유의점
	• 토론의 주제와 토론 시 역할 - 토론의 주제: 찬반양립이 되는 것, 과제는 하나인 것, 입증이 가능한 것 등 - 토의의 주제: 같은 주제에 대해 의견 나누면 더 좋은 해결책이나 방법을 찾는 것 • 토론을 위한 역할 알아보기 - 토론 시 역할: 사회자, 토론자(찬성편, 반대편), 판정단	🔲 토론과 토의에 대해 알아본 후 토론과 토의의 주제로 적절한 것에 대해 알아볼 수 있다.
조사 하기	<사실적 질문> 토론은 어떤 과정을 거치는가? • 토론의 과정 알아보기 - 토론 영상을 보고 어떤 순서로 진행되는지 살펴본 후 토론 과정 정리하기	🔲 토론 영상을 보고 어떤 순서로 토론이 진행되었는지

주장 펼치기	찬성자와 반대자가 서로 논리적인 근거를 제시하면서 자신의 의견이 가진 정당성과 상대 의견에 대한 부당함을 주장하는 것(주장과 근거, 구체적 자료 제시 필요 등)	상기시킨 후 순서를 정리해볼 수 있다.
	↓	
반론하기	상대방의 주장을 요약한 후 상대방의 주장에 대한 근거나 자료가 적절하지 못함을 밝힘	
	↓	
주장 다지기	자기편의 주장을 요약하고 상대방이 제기한 반론이 잘못되었다는 것을 지적	
	↓	
판정하기	판정을 통해 토론의 승패를 가름	

• 토론 참여자의 역할 알아보기
 - 사회자: 토론을 진행하는 역할
 - 토론자(찬성편, 반대편): 각자의 주제에 맞는 근거 제시
 - 판정단: 공정한 태도로 토론의 평가 기준 정하기

정리하기

• 토론을 위한 논제 정하기
• 토론을 위한 역할 정하기
 - 사회자, 토론자, 판정단
• 토론하기

<사실적 질문> 토론을 잘하는 방법은 무엇인가?
 - 주제에 대해 내 질문을 더욱 효과적으로 만드는 방법은 무엇인가?
 - 내가 증거를 사용하지 않는다면 어떻게 될까?
• 토론 평가하기
 - 토론을 통해 어떤 결론을 얻었는가?
 - 토론의 주장과 반론이 적절하였는지 평가하기
 - 토론을 통해 결론을 얻으면 좋은 주제는 어떤 것이 있는가?

☒ 토론 주제로 생각해본 것 중 적절한 내용을 상기시켜 활용할 수 있다.

일반화하기

• 토론의 결론에 대해 의견 나누기
 - 토론의 결과를 받아들일 수 있는가?/받아들일 수 없다면 무엇이 문제인가 등

<개념적 질문> 설득과 거짓은 어떤 차이가 있는가?
• 광고와 거짓으로 인해 피해를 본 경우 생각해보기
 - 제품이 좋은 줄 알았는데 써보니 좋지 않았다, 맛이 있을 것 같아서 샀는데 맛이 없었다 등
• 과장과 거짓의 사용
 - 설득하기 위해 과장을 하거나 거짓으로 말하는 것이 타당한가?
*광고활용, 거짓 뉴스 등

☒ 각종 정보 매체 자료의 신뢰성과 연관지어 생각해 볼 수 있다.

💡 12차시: 총괄평가

- **개념**: 주장, 근거
- **일반화**: 주장하는 글의 주장과 근거로 생각이 바뀔 수 있다.
- **학습목표**: 주장하는 글을 쓰는 방법을 알고 주장하는 글을 쓸 수 있다.
- **내용요소(과정 · 기능)**: 주장하는 글쓰기

단계	학습활동	자료/유의점
전이하기	· 평가 문제 제시 우리 고장의 문화시설이 부족하다는 것에 의견을 모은 학생들은 국회위원에게 편지를 보내 관내 문화시설 확충에 대한 건의를 하자고 제안하였습니다. 여기에는 ① 부족한 문화시설 확충에 관한 주장 ② 문화시설 확충에 대한 근거 ③ 주장하는 글을 쓰는데 관심이 드러나 있어야 합니다. 문화시설 확충에 관해 주장하는 글을 써 봅시다.	
성찰하기	· 주장에 적절한 근거를 들어 내 생각을 표현할 수 있는가?	

개요

단원	대한민국 영토, 독도	**학년**	5~6학년	**전체 차시**	12
단원의 소개	한 나라, 한 민족을 나타내거나 대표하는 여러 상징이 있으며 이 단원에서는 우리나라의 영토인 독도에 대해 알아본다. 여러 가지 매체를 활용하여 독도에 대한 역사적 기록, 지리적 가치 등을 조사한 후 문장 성분에 맞는 문장을 만들어 독도의 의미와 중요성을 설명하는 글을 써본다. 매체를 통해 찾은 독도에 대한 설명을 읽고 독도의 가치를 재인식하며 호응 관계가 올바른 문장으로 독도를 소개하는 글과 여행 정보를 제공하는 등의 다양한 글을 쓸 수 있다.				
단원 주제	문장 성분, 호응, 설명하는 글				

 ## 단원 구조

구분	내용
성취기준	[6국03-01] 알맞은 내용을 선정하여 대상의 특성이 나타나게 설명하는 글을 쓴다. [6국03-05] 쓰기 과정을 점검·조정하며 글을 쓰고, 글 전체를 대상으로 통일성 있게 고쳐 쓴다. [6국04-04] 문장 성분을 이해하고 호응 관계가 올바른 문장을 구성한다. [6국04-05] 글과 담화에 쓰인 시간 표현을 이해하고 상황에 맞게 표현한다. [6국04-06] 글과 담화에 쓰인 단어 및 문장, 띄어쓰기를 민감하게 살펴 바르게 고치는 태도를 지닌다. [6국06-01] 정보 검색 도구를 활용하여 자신의 목적에 맞는 매체 자료를 찾는다. [6사01-02] 독도의 지리적 특성과 독도에 대한 역사 기록을 바탕으로 영토로서 독도의 중요성을 이해한다.
개념적 렌즈	설명, 규칙
개념망	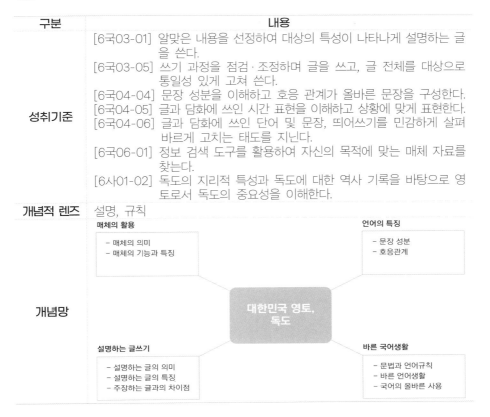

🚂 단원의 지도 계획

1. 단원 구조

구분 스트랜드	일반화	안내 질문	내용 지식	핵심 기능	평가방법
매체의 활용	• 매체는 정보를 찾는 도구이다.	(사) 매체에는 어떤 것이 있는가? (개) 매체의 기능은 무엇인가? (개) 매체에서 필요한 정보를 어떻게 찾는가? (논) 매체의 자료는 믿을 수 있는가?	• 매체 • 성격	• 매체에서 필요한 정보 찾기	관찰평가
언어의 특징	• 문장성분과 호응관계는 언어의 의미를 명확히 한다.	(사) 한글은 어떤 문장성분과 호응관계로 이루어져 있는가?	• 문장성분 • 호응관계	• 호응관계에 맞게 문장 만들기	서술형평가
설명하는 글쓰기	• 설명을 통해 대상에 대해 잘 알 수 있게 된다.	(사) 설명하는 글은 무엇인가? (개) 설명하는 글과 주장하는 글의 차이점은 무엇인가? (논) 설명은 대상에 대해 어느 정도 알 수 있게 해주는가?	• 설명하는 글 • 설명하는 글의 특징	• 설명하는 글쓰기	서술형평가
바른 언어 생활	• 언어를 사용하는 규칙이 있다.	(사) 문법과 언어규칙이란 무엇인가? (개) 바른 언어생활이 의미하는 것은 무엇인가? (논) 국어를 사용하지 않는 것은 바른 언어생활을 하지 않는다고 말할 수 있는가?	• 언어규칙	• 국어를 바르게 사용하는 태도 가지기	관찰평가

2. 단원 총괄평가

우리나라를 대표하는 상징 중 하나인 독도를 조사한 후 독도를 알리는 내용을 다른 나라 교과서에 탑재하려고 합니다. 여기에는 ① 독도에 대한 설명 ② 설명하는 글의 형식 ③ 우리나라 독도에 대한 태도 등이 드러나 있어야 합니다. 다른 나라 학생들이 우리나라를 이해하는데 도움을 줄 수 있도록 우리나라의 대표 상징인 독도에 대해 알아보고 설명하는 글을 써 봅시다.

- 루브릭(채점기준표)

척도 / 평가요소	매우 잘함	보통	노력 필요
독도에 대한 이해 (지식·이해)	우리나라를 대표하는 독도에 대해 잘 알고 있다.	우리나라를 대표하는 독도에 대해 알고 있다.	우리나라를 대표하는 독도에 대해 잘 알지 못한다.
설명하는 글쓰기 (과정·기능)	목적과 대상의 특성을 잘 파악하고 독도에 관해 설명하는 글을 쓴다.	목적과 대상의 특성을 파악하여 독도에 대한 글을 쓴다.	독도에 대한 짧은 문장을 쓴다.
우리나라 상징에 대한 태도 (가치·태도)	우리나라의 상징인 독도에 대해 자부심을 가지고 소중히 여기는 태도를 지닌다.	우리나라의 상징인 독도에 대해 자부심을 가지고 있다.	우리나라의 상징인 독도에 대해 이해하는 태도가 필요하다.

3. 학습 활동

스트랜드	차시	학습활동
매체의 활용	1	매체의 의미, 매체의 기능
	2	매체에서 필요한 정보를 찾기
언어의 특징	3~4	문장 성분, 호응관계 알아보기
설명하는 글쓰기	5~6	설명하는 글과 주장하는 글에 대해 알아보기
	7~8	설명하려는 대상 조사하기
	9~10	설명하는 글쓰기
바른 언어생활	11~12	바른 언어생활 알아보기

학습 활동 설계

💡 **1~2차시: 매체의 활용**

- **개념:** 정보, 도구, 매체
- **일반화:** 매체는 정보를 찾는 도구이다.
- **학습목표:** 매체를 활용하여 필요한 정보를 찾을 수 있다.
- **내용요소(과정·기능):** 매체의 기능과 상징이 의미하는 것 알아보기

단계	학습활동	자료/유의점

관계
맺기
	• 단어의 느낌 알아보기
	  - 비둘기: 평화, 빨간색: 위험, 독수리: 용맹함 등
	  - 왜 그런 느낌이 들었는지 발표하기
	• 나를 대표하는 것 알아보기
	  - 나를 대표할 수 있는 단어나 물건은 무엇인가?
	  - 상냥함, 성실함, 용감함, 친절함, 비누, 태권도, 미술 등
	• 상징의 의미 알아보기
	  - 상징: 추상적인 사물이나 관념 또는 사상을 구체적인 사물로
	   나타내는 일. 또는 그 사물
		🖼 상징에 대해 알아볼 때 발명품도 함께 생각해볼 수 있다.

집중
하기
	• 매체에 대해 알아보기
	  - 매체의 의미: 어떤 작용을 한쪽에서 다른 쪽으로 전달하는 물체. 또는 그런 수단
	<사실적 질문> 매체에는 어떤 것이 있는가?
	• 알고 있는 매체 발표하기: 신문, 인터넷, 잡지, 방송, 책 등
	• 매체의 사용에 대해 알아보기
	
	  1. 내가 사용한 매체의 종류를 말해보기
	  2. 이번 주에 가장 많이 사용한 매체는 무엇인지 발표하기
	  3. 왜 그 매체를 많이 사용하는지 알아보기
	  4. 매체 사용으로 좋은 점과 나쁜 점 알아보기
	  5. 매체의 사용으로 알게 된 점 발표하기
	  6. 기타 질문
	
	<개념적 질문> 매체의 기능은 무엇인가?
	• 매체를 사용하면서 생각한 점 발표하기
	  - 모르는 내용을 찾을 때, 재미를 위해서 사용, 내가 표현하고
	   싶은 내용을 올릴 때 등
	<개념적 질문> 매체에서 필요한 정보를 어떻게 찾는가?
	• 내가 알고 싶은 내용이나 정보 생각해보기
	  - 다양한 정보, 게임, 춤, 유튜버 등
	• 매체를 통해 찾은 정보에 대해 어떻게 생각하는가?
	• 더 찾고 싶은 내용이 있을 때는 어떤 매체를 이용하는가?
		🖼 매체에 대해 학생들이 생각하는 점에 대해 자유롭게 발표할 수 있도록 한다.

조사
하기
	<논쟁적 질문> 매체의 자료는 믿을 수 있는가?
	• 매체에서 찾은 자료에 대해 평가하기
	  - 매체에서 찾은 자료가 유익했던 점, 곤란했던 점 알아보기
	• 매체에서 찾은 자료에 대한 평가가 다른 이유 알아보기
	  - 매체에 내용을 거짓으로 올리는 이유는 무엇일지 생각해
	    보기
	  - 매체의 다양한 내용 중 내가 필요한 자료를 찾는 방법 알아보기
	• 매체에서 찾은 내용 알아보기
	  - 매체에서 찾은 자료에서 알 수 있는 내용 발표하기
	  * 증가추이, 대량 자료, 비교량 등
	• 매체에서 찾고 싶은 내용 알아보기
	  - 매체를 통해 찾고 싶은 내용 알아보기
	  - 매체에서 찾은 내용 발표하기
		硏 매체에서 간
		단한 내용을 찾
		아 발표한다.

조직
및
정리
하기
	• 매체의 기능과 특징 살펴보기
	  - 매체는 정보를 전달하는 기능을 가지고 있다.
	  - 매체는 매체마다 특징을 가지고 있으며 내용을 잘 전달할 수
	    있는 매체를 선택할 수 있다.
	• 매체 사용 시 주의점
	  - 나타내고자 하는 내용에 따라 알맞은 매체를 선택하는 것이
	    필요하다.
	  - 매체의 내용을 확인하는 것이 필요하다 등
		짼 학습지

💡 **3~4차시: 문장 성분, 호응관계 알아보기**

• 개념: 문장 성분, 호응관계

• 일반화: 문장성분간의 호응관계는 언어의 의미를 명확히 한다.

• 학습목표: 호응관계에 알맞은 문장을 만들 수 있다.

• 내용요소(과정·기능): 호응관계에 맞는 문장 만들기

단계	학습활동	자료/유의점
관계 맺기	• 주제가 한글로 된 작품 살펴보기 - 미술작품, 한글 자모음 넥타이, 컵, 옷 등 다양한 작품 - 작품의 주제는 무엇인가? - 작품의 어느 부분에서 주제를 알 수 있는가?	🗄 한글이 들어간 작품 🗒 교사가 제시한 작품 외에 학생들이 알고 있는 작품도 활용한다.
조사 하기	<사실적 질문> 한글은 어떤 문장 성분과 호응관계로 이루어져 있는가? • 문장 성분과 문장의 종류 - 문장 성분의 개념 　주성분: 문장의 골격을 이루는 필수 성분 　부속성분: 주성분을 꾸며 뜻을 더하는 성분 　독립성분: 다른 성분과 직접적인 관련이 없는 성분 - 문장의 종류 　홑문장: 문장에서 주어와 서술어가 각각 한 번만 등장하는 문장 　겹문장: 문장에서 주어와 서술어가 두 번 이상 등장하는 문장 • 호응관계 - 호응관계의 의미 알아보기 - 호응관계의 종류 알아보기 　* 시간을 나타내는 말과 서술어의 호응 　* 높임의 대상을 나타내는 말과 서술어의 호응 　* 동작을 당하는 주어와 서술어의 호응	🗄 태블릿, 학습지
조직 및 정리 하기	• 문장 완성하기 - 잘못된 호응관계 고치기 - 호응관계에 알맞은 문장 만들기(시간, 높임, 동작 관련 호응 관계)	🗒 다양한 조건을 제시하여 호응관계가 알맞은 문장을 만들어 보도록 한다.

💡 5~6차시: **설명하는 글의 특성 알아보기**

- **개념**: 설명, 대상
- **일반화**: 설명은 대상에 대해 잘 알 수 있게 해준다.
- **학습목표**: 설명하는 글의 특성을 알 수 있다.
- **내용요소(과정·기능)**: 설명하는 글의 특성 알기

단계	학습활동	자료/유의점

관계
맺기
	<사실적 질문> 설명하는 글의 특성은 무엇인가?
	• 설명하는 글 4편 읽어보기
	  예) 식탁 조립하는 방법, 우리나라 지형의 특성, 세계의 여러 가지 탑, 박물관 이용 방법 등
	• 설명하는 글의 특성 알아보기
	  - 필요한 정보를 얻을 수 있다.
	  - 어떤 일을 할 때 차례를 알 수 있다.
	  - 일의 방법과 규칙을 알 수 있다.
	  - 대상에 대해 잘 알 수 있도록 쓴 글이다.
	  - 객관적, 사실적, 명료성, 체계성 등이 있다.
		🖥 각기 다른 주제와 영역에 관해 설명하는 글 4편

조사
하기
	• 설명하는 글의 글감 알아보기
	  - 잘 알지 못하는 내용
	  - 순서가 있는 내용
	  - 이용 방법 등을 알릴 때
	• 설명하는 글 찾아 소개하기
	  - 설명하는 내용이 있는 글을 찾아서 발표하기
	  - 설명하는 글을 읽고 알게 된 점 정리하기
	<개념적 질문> 설명하는 글과 주장하는 글의 차이점은 무엇인가?
		🖥 태블릿, 학습지

설명하는 글	주장하는 글
- 무엇을 알 수 있도록 설명하는 글 - 사실에 근거한 정확한 지식 필요 - 개인의 감정이나 추측, 견해, 주장 등이 들어가지 않는다 - 문장이 간결하고 쉬운 말로 쓴다	- 글쓴이의 주장이나 의견이 뚜렷하고 까닭을 이치에 맞게 쓴 글 - 주장과 주장을 뒷받침하는 근거 필요 - 주장을 분명하게 하기 위해 예를 들거나 인용을 할 수 있다. - 주장에 대한 근거를 정확하게 서술

단계	학습활동

조직
및
정리
하기
	<논쟁적 질문> 설명은 대상에 대해 어느 정도 알 수 있게 해주는가?
	• 설명하는 글의 특성 알기
	  - 다른 사람에게 주제에 대해 알리는 내용의 글이다.
	  - 독자의 수준을 고려하여 알기 쉽게 쓴다.
	  - 비교, 대조, 열거 등의 기법을 사용한다.

일반화 하기	• 설명하는 글은 어떤 대상에 대해 잘 알 수 있도록 설명하는 글이다.

💡 7~8차시: 설명하려는 대상 조사하기

- **개념**: 조사, 대상
- **일반화**: 대상에 대해 잘 알기 위해 조사가 필요하다.
- **학습목표**: 매체를 사용하여 필요한 정보를 찾을 수 있다.
- **내용요소(과정·기능)**: 매체 활용하기

단계	학습활동	자료/유의점
관계 맺기	• 교사가 제시한 주제에 대해 자료 찾아보기 - 매체를 통해 확인한 내용 발표하기	🖥 태블릿
조사 하기	• 매체를 이용하여 찾고 싶은 자료 찾기 - 가고 싶은 나라, 게임, 요리 등 관심 분야에 대해 찾아보기 - 매체를 이용하여 찾은 내용 발표하기 • 독도에 대한 자료 찾기 - 매체를 활용하여 독도에 대한 자료 조사하기 - 독도의 위치, 날씨 - 독도의 상징 - 독도에 대한 역사적 기록 - 기타 • 독도에 대해 찾은 내용 공유하기 - 독도에 대해 알게 된 점 발표하기	🖥 태블릿

💡 9~10차시: 설명하는 글쓰기

• 개념: 설명, 대상

• 일반화: 설명하는 글은 대상에 대해 알리는 글이다.

• 학습목표: 대상의 특성을 찾고 설명하는 글을 쓸 수 있다.

• 내용요소(과정·기능): 설명하는 글쓰기

단계	학습활동	자료/유의점

관계 맺기	• 교사가 제시한 주제에 대해 설명한 글 찾아보기
	  - 설명하는 글을 읽고 몰랐던 점에 대해 잘 알 수 있게 되었는지 확인하기
	  - 설명하는 글을 읽고 알게 된 내용 공유하기
		🖥 태블릿

조사 하기	• 설명하는 글을 쓰는 방법 알아보기
	  - 주제 선정하기
	  - 주제를 설명하는데 알맞은 설명 방법 생각하기
	  비교: 둘 이상의 사물을 견주어 서로 간의 유사점, 차이점 등을 고찰하는 일
	  대조: 둘 이상인 대상의 내용을 맞대어 같고 다름을 검토함
	  열거: 여러 가지 예나 사실을 낱낱이 죽 늘어놓음.
		🖥 태블릿

조직 및 정리 하기	• 독도에 관해 설명하는 글쓰기
	  - 전차시에서 매체를 통해 독도에 대해 찾은 내용으로 독도를 설명하는 글쓰기
	• 독도에 관해 쓴 글 공유하기
	  - 독도에 관해 설명하는 글을 태블릿에 올리기
	  - 독도에 관해 쓴 글을 읽고 알게 된 점에 대해 쓰기
	  - 서로의 글에 대해 피드백하기
		🖥 서로의 글에 대해 피드백할 때 비난하지 않도록 주의한다.

💡 11~12차시: 바른 언어생활

- **개념**: 언어, 사용, 규칙
- **일반화**: 언어마다 사용하는 규칙이 있다.
- **학습목표**: 일상생활에서 국어를 바르게 사용하는 태도를 가진다.
- **내용요소(과정·기능)**: 우리말 바르게 사용하기

단계	학습활동	자료/유의점

관계 맺기	• 순우리말의 뜻 알아보기
	  - 10가지 순우리말의 뜻 알아보기
	  - 순우리말에 대해 알아본 후 생각과 느낌 발표하기
	• 학생들이 사용하는 인터넷 용어 알아보기
	  - 10가지 인터넷 용어의 뜻 알아보기
	    교사가 제시하거나 학생이 발표하는 것이 가능
	  - 인터넷 용어에 대해 알아본 후 생각과 느낌 발표하기
		📖 학생들이 인터넷 용어에 너무 치중하지 않도록 한다.

조사 하기	<사실적 질문> 문법과 언어규칙이란 무엇인가?
	• 문법이란 무엇인가?
	  - 언어 현상에 내재해 있는 일정한 질서를 가리킴
	• 언어규칙이란 무엇인가?
	  - 언어를 올바르게 사용하기 위한 규칙
	• 문법은 왜 중요한가?
	<개념적 질문> 바른 언어생활이 의미하는 것은 무엇인가?
	• 바른 언어생활에 대해 생각해보기
	  - 용어를 바르게 선택하기, 문법에 맞게 쓰거나 말하기, 은어나 비어 등을 사용하지 않기, 맞춤법에 맞게 쓰기 등
	• 바람직하지 않은 언어 사용 사례 찾아보기
	  - 간판 등에서 알 수 없는 용어 사용
	  - 말하거나 쓸 때 과도한 외국어 사용
	  - 비어나 속어 등의 과도한 사용
	  - 욕설 등의 사용
		📖 교사가 제시한 자료를 확인한 후 스스로 찾아보도록 한다.
		📄 바람직하지 않은 언어 사용 사례

일반화 하기	<논쟁적 질문> 국어를 사용하지 않는 것은 바른 언어생활을 하지 않는다고 말할 수 있는가? • 국어를 사용하지 못하는 경우, 국어를 사용하지 않는 경우 - 외국 국적을 가진 한국인의 경우는 어떠한지 생각해보기	

전이 하기	• 외국어를 한글로 바꾸기
	  - 제시된 외국어의 의미를 알고 한글로 바꾸어 보기
	  - 바꾼 내용을 공유하기
	• 외국어 사용 실태에 대해 생각해보기
	  - 제시된 내용을 보고 생각한 점 발표하기
		📄 외국어로 된 간판 자료 등

성찰 하기	• 나의 언어생활 생각해보기 - 용어를 바르게 선택하기, 호응관계에 맞게 말하기, 은어나 비어 등을 사용하지 않기, 맞춤법에 맞게 쓰기 등 확인하기	📄 나의 언어생활 확인 학습지

02

수학과

개요

단원	분수	**학년**	3학년	**전체 차시**	9
단원 소개	학생들은 일상생활에서 대상을 똑같은 크기나 양으로 나누어 보았던 경험을 바탕으로 전체가 1인 연속량을 등분할하고, 이를 기초로 전체를 몇으로 나눈 것 중의 몇의 의미로 분수의 개념을 알아본다. 또한 학생들은 분수 개념을 이용하여 이산량 및 연속량에서 전체에 대한 부분의 관계를 분수로 나타낼 수 있음을 이해하고, 이산량과 연속량(길이)으로 나타낸 부분을 분수로 표현하고 전체에 대한 분수만큼을 구해 본다. 이를 통해 학생들은 실생활에서 분수의 쓰임을 알고 활용할 수 있게 된다.				
단원 주제	분수의 개념, 전체에 대한 부분을 분수로 나타내기, 이산량에 대한 분수, 연속량에 대한 분수				

 단원 구조

구분	내용
핵심 아이디어	• 사물의 양은 자연수, 분수, 소수 등으로 표현되며, 수는 자연수에서 정수, 유리수, 실수로 확장된다. • 수와 사칙계산은 수학 학습의 기본이 되며, 실생활 문제를 포함한 다양한 문제를 해결하는 데 유용하게 활용된다.
성취기준	[4수01-09] 양의 등분할을 통하여 분수의 필요성을 인식하고, 분수를 이해하고 읽고 쓸 수 있다.
개념적 렌즈	수의 표현
개념망	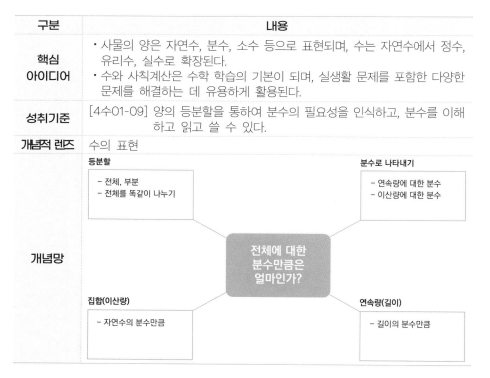

🔖 단원의 지도 계획

1. 단원 구조

구분 스트랜드	핵심 아이디어	일반화	안내 질문	내용 요소 지식·이해	과정·기능	가치·태도	평가방법
등분할	• 사물의 양은 자연수, 분수, 소수 등으로 표현되며, 수는 자연수에서 정수, 유리수, 실수로 확장된다. • 수의 사칙계산은 수학 학습의 기본이 되며, 실생활 문제를 포함한 다양한 문제를 해결하는 데 유용하게 활용된다.	• 전체를 똑같이 나눈 도형의 부분이 모양과 크기는 서로 같다.	(사) 전체를 똑같이 나눈 도형은? (개) 똑같이 몇으로 나눈 도형은 어떤 특징이 있는가?	• 똑같이 몇으로 나눈 도형 찾기 • 똑같이 몇으로 나누기	• 분수의 개념과 원리 탐구하기	• 분수의 필요성 인식	관찰평가 자기평가
분수로 나타내기		• 분수는 전체에 대한 부분의 크기를 나타낸 수이다.	(사) 부분은 전체를 똑같이 몇으로 나눈 것 중의 몇인가? (개) 부분은 전체의 얼마인가?	• 전체에 대한 부분을 분수로 나타내기 • 용어: 분모, 분자	• 분수의 개념과 원리 탐구하기	• 분수 표현의 편리함 인식	관찰평가 자기평가
결합 (이산량)		• 이산량에서 등분할을 통해 자연수의 분수만큼을 구한다.	(사) 부분(a)은 전체(b)를 몇으로 나눈 것 중의 몇인가? (개) 주어진 자연수의 분수만큼은 얼마인지 어떻게 구할 수 있는가?	• 이산량에서 전체에 대한 부분의 관계 • 주어진 수에 대한 분수 만큼을 구하는 방법	• 분수의 개념과 원리 탐구하기	• 수의 연산 관련 문제해결에서 바람직으로 사고하는 태도	지필평가 구술평가
연속량 (길이)		• 길이에서 등분할을 통해 길이의 분수 만큼을 구한다.	(사) 길이에서 나눈 것 중의 몇인가? (개) 길이의 분수만큼은 얼마인지 어떻게 구할 수 있는가?	• 길이에서 전체에 대한 부분의 관계 • 길이의 분수만큼을 구하는 방법	• 분수를 실생활 및 타교과와 연결하여 문제해결하기	• 수의 연산 관련 문제해결에서 바람직으로 사고하는 태도	지필평가 구술평가 자기평가

2. 단원 총괄평가

여러분은 전체를 몇으로 나눈 것 중의 몇의 의미로 분수의 개념을 알아보고, 다양한 상황에서 분수를 활용하여 문제를 해결해 보았습니다. 이제 여러분의 경험을 바탕으로 실생활에서 자연수의 분수만큼 또는 길이의 분수만큼이 얼마인지 구하는 상황을 알아보고, 이를 설명하는 수학포스터를 만들어 보세요.

• 루브릭(채점기준표)

평가요소 \\ 척도	잘함	보통	노력 필요
분수의 이해 (지식·이해)	주어진 양을 등분할 하여 분수로 나타내고, 그 의미를 설명할 수 있다.	등분할 된 양을 분수로 나타내고, 분수를 읽고 쓸 수 있다.	안내에 따라 등분할 된 양을 분수로 나타낼 수 있다.
수학적 용어와 표현을 이해하고 사용하기 (과정·기능)	전체에 대한 분수만큼을 구하는 과정을 이해하고 설명할 수 있다.	전체에 대한 분수만큼을 얼마인지 구할 수 있다.	안내된 절차에 따라 전체에 대한 분수만큼을 구할 수 있다.
분수의 쓰임과 유용성 인식 (가치·태도)	실생활을 포함하여 다양한 문제를 해결하기 위해 분수를 활용함을 이해한다.	실생활에 분수가 쓰임을 알고 수학의 유용성을 인식한다.	실생활에 분수의 쓰임을 일부 알고 있다.

3. 학습 활동

스트랜드	차시	학습활동
등분할	1	· 전체를 똑같이 몇으로 나눈 도형을 찾고 특징 알아보기
	2	· 도형을 똑같이 몇으로 나누기
분수로 나타내기	3	· 분수 알아보기(1) - 전체를 똑같이 나누었을 때 부분이 전체의 몇 분의 몇인지 알아보기 - 전체와 부분의 관계를 분수로 표현하기
	4	· 분수 알아보기(2) - 부분을 알 때 전체 알아보기
	5	· 이산량에서 전체의 양에 대한 부분의 양을 이해하고 분수로 나타내기
집합 (이산량)	6	· 분수만큼이 얼마인지 알아보기(1) - 이산량에서 전체의 분수만큼이 얼마인지 알아보기
연속량 (길이)	7	· 분수만큼이 얼마인지 알아보기(2) - 연속량에서 전체의 분수만큼이 얼마인지 알아보기
정리	8~9	· 총괄평가 및 성찰

학습 활동 설계

💡 **1차시:** 전체를 똑같이 몇으로 나눈 도형을 찾고 특징 알아보기

• **개념:** 등분할

• **일반화:** 전체를 똑같이 나눈 도형의 부분은 모양과 크기는 서로 같다.

• **학습목표:** 전체를 똑같이 나눈 도형을 찾을 수 있다.

• **내용요소(과정·기능):** 분수의 개념과 원리 탐구하기

단계	학습활동	자료/유의점
관계 맺기	• 생활에서 알아보기 - 일상생활에서 물건이나 음식을 똑같이 나누었던 경험 말하기 • 공평하게 나누기 - 피자를 그림과 같이 2명이 나누어 먹었다면 공평한지 말하기	🖼 학생들의 다양한 경험을 활용한다. 📄 피자 조각 그림
집중 하기	<사실적 질문> 똑같이 나눈 도형은 어느 것인가? • 똑같이 나눈 도형 조사 - 주어진 도형 중 똑같이 나눈 도형 찾아보기 - 부분의 모양과 크기가 같은 도형은 똑같이 나눈 도형이다.	🖼 수학적 용어와 표현을 이해하고 사용하기
조사 하기	<개념적 질문> 도형을 똑같이 몇 부분으로 나눌 수 있는가? • 도형을 몇으로 나눌 수 있는지 살펴보기 가 나 다 라 - 가 도형을 나 도형 위에 2개 놓을 수 있다. - 나 도형을 라 도형 위에 3개 놓을 수 있다. - 다 도형을 라 도형 위에 2개 놓을 수 있다. - 라 도형은 가, 나, 다 도형으로 똑같이 6, 3, 2 부분으로 나눌 수 있다.	📄 패턴블록
조직 및 정리하기	• 똑같이 나눈 도형의 성질을 한 문장으로 표현하기 - 전체를 똑같이 나눈 도형의 부분은 모양과 크기가 서로 같다.	
성찰 하기	• 똑같이 나눈 도형을 찾을 수 있는가? • 똑같이 나눈 도형의 특징을 알 수 있는가?	

💡 2차시: 도형을 똑같이 몇으로 나누기
- **개념:** 등분할, 전체와 부분
- **일반화:** 전체를 똑같이 나눈 도형의 부분은 모양과 크기는 서로 같다.
- **학습목표:** 전체를 모양과 크기가 똑같은 도형으로 나눌 수 있다.
- **내용요소(과정 · 기능):** 분수의 개념과 원리 탐구하기

단계	학습활동	자료/유의점
관계 맺기	• 생활에서 알아보기: 종이접기를 해 보았던 경험을 말해 볼까요? - 종이접기를 해 보았던 경험 말하기 - 색종이를 반으로 접었던 펼쳐보고 알 수 있는 점을 살펴보기	🎴 색종이
집중 하기	<사실적 질문> 색종이를 여러 가지 방법으로 똑같이 나눌 수 있는가? • 활동1: 색종이를 똑같이 몇으로 나누기 - 색종이를 똑같이 둘(2), 셋(3), (넷)으로 나누기 - 색종이를 똑같이 나눈 방법 서로 비교하기	🎴 색종이
조사 하기	• 활동2: 도형 나누기 <보기> - <보기>와 같이 도형(직사각형)을 똑같이 여섯 부분으로 나누기 - 도형을 똑같이 여섯으로 나눈 방법을 서로 비교해 보기	🎴 활동지, 자
일반화 하기	<개념적 질문> 똑같이 몇으로 나눈 도형은 어떤 특징이 있는가? • 등분할의 개념 설명하기 - 전체를 똑같이 몇으로 나눈 부분의 크기와 모양은 서로 같다. - 색종이를 반으로 접었다 펼치면 똑같이 두 부분으로 나뉜다.	
성찰 하기	• 오늘 학습을 통해 알게 된 내용 말하기 • 도형을 똑같이 몇으로 나눌 수 있게 되는가? (상, 중, 하)	

💡 3차시: 분수 알아보기(1)
- **개념**: 전체와 부분, 분수
- **일반화**: 분수는 전체에 대한 부분의 크기를 나타낸 수이다.
- **학습목표**: 전체에 대한 부분의 크기를 분수로 나타낼 수 있다.
- **내용요소(과정·기능)**: 분수의 개념과 원리 탐구하기

단계	학습활동	자료/유의점
관계 맺기	• 배운 내용 상기하기 - 전체를 똑같이 나누었는가? - 색칠한 부분과 전체는 각각 몇인가?	
집중 하기	<사실적 질문> 부분은 전체를 똑같이 몇으로 나눈 것 중의 몇인가? • 부분과 전체 알아보기 - 색칠한 부분은 전체를 똑같이 □(으)로 나눈 것 중의 □입니다.	🖽 주어진 자료 대신 학생이 직접 부분을 색칠하고 전체와 비교할 수 있다.
조사 하기	• 부분과 전체의 관계를 분수로 나타내기 전체를 똑같이 3으로 나눈 것 중의 2를 $\frac{2}{3}$라고 쓰고 '3분의 2'라고 읽습니다. $\frac{2}{3}$ ← 분자 / ← 분모 - 전체를 똑같이 나눈 것 중의 몇 분의 몇을 분수로 나타내기	
조직 및 정리 하기	<개념적 질문> 부분은 전체의 얼마인지 분수로 나타낼 수 있는가? • 분수의 개념을 한 문장으로 표현하기 - 전체를 똑같이 □로 나눈 것 중의 △를 $\frac{\triangle}{\square}$라고 쓴다. - 분수는 전체에 대한 부분의 크기를 나타낸 수이다.	
성찰 하기	• 오늘 학습을 통해 알게 된 내용 말하기 • 전체에 대한 부분의 크기를 분수로 나타낼 수 있는가? (상, 중, 하)	

💡 4차시: 분수 알아보기(2)

- **개념:** 전체와 부분, 분수
- **일반화:** 분수는 전체에 대한 부분의 크기를 나타낸 수이다.
- **학습목표:** 부분을 보고 전체를 알 수 있다.
- **내용요소(과정·기능):** 분수의 개념과 원리 탐구하기

단계	학습활동	자료/유의점
관계 맺기	<사실적 질문> 도형에서 색칠한 부분을 분수로 나타낼 수 있는가? • 전체에 대한 부분을 분수로 나타내기 - 색칠한 부분을 분수로 나타내기 - 색칠하지 않은 부분을 분수로 나타내기	재 도형
집중 하기	<개념적 질문> 남은 부분을 보고 전체를 알 수 있는가? • 부분이 $\frac{1}{4}$일 때, 전체 알아보기 - 전체를 똑같이 몇으로 나눌 수 있는지 생각해 보기 - 전체를 똑같이 몇으로 나누고, 남은 부분이 얼마인지 구하기 　　(예) 가능한 도형:	재 도형
조사 하기	• 색칠한 부분과 색칠하지 않은 부분을 분수로 나타내기 　　색칠한 부분 : ⬚ 　　색칠하지 않은 부분 : ⬚ • 주어진 분수만큼 색칠하기 $\frac{2}{5}$ 　　$\frac{1}{4}$	
전이 하기	• 실생활 문제 상황에 활용하기 - 피자를 먹고 남은 부분이 전체의 $\frac{3}{8}$일 때, 먹은 부분은 전체의 얼마인지 구하기	囲 다양한 실생활 문제 상황 제시
성찰 하기	• 오늘 학습을 통해 알게 된 내용 말하기 • 주어진 분수만큼을 도형에 나타낼 수 있는가? (상, 중, 하) • 부분을 보고 전체를 알 수 있는가? (상, 중, 하)	

💡 5차시: 이산량에서 전체에 대한 부분의 양을 이해하고 분수로 나타내기
- 개념: 전체와 부분, 분수
- 일반화: 이산량에서 등분할을 통해 자연수의 분수만큼을 구한다.
- 학습목표: 부분의 양을 전체의 양과 비교하여 분수로 나타낼 수 있다.
- 내용요소(과정·기능): 분수의 개념과 원리 탐구하기

단계	학습활동	자료/유의점
관계 맺기	• 생활에서 알아보기 - 물건의 개수를 세어 똑같이 나누었던 경험 말하기 - 사과 8개를 크기가 같은 묶음으로 똑같이 나누는 방법 생각하기	
집중 하기	<사실적 질문> 바둑돌 6개를 종이컵에 똑같이 나누어 담을 수 있는가? • 똑같이 나누어 담는 방법 알아보기 - 바둑돌을 종이컵에 똑같이 나누어 담아보고 결과 발표하기 - 바둑돌을 나누어 담을 때 종이컵은 몇 개가 필요했는지 말하기	🎴 바둑돌, 종이컵
조사 하기	<개념적 질문> 부분은 전체를 똑같이 몇으로 나눈 것 중의 몇인가? • 부분은 전체의 얼마인지 이해하기 - 바둑돌을 똑같이 몇으로 나누고 부분은 전체의 얼마인지 구하기	🎴 바둑돌의 개수를 달리 하여 다양한 경우를 살펴 본다.
조직 및 정리 하기	• 부분은 전체의 얼마인지 분수로 나타내기 - 부분은 전체를 똑같이 □(으)로 나눈 것 중의 □입니다. ➪ 부분은 □(으)로 나눈 것 중의 □이므로 전체의 $\frac{□}{□}$입니다. • 이산량을 분수로 나타내기 - 색칠한 부분은 분수로 나타내고 어떻게 나타내었는지 말하기 	
일반화 하기	• 이산량을 분수로 나타내기 - 하나, 둘, 셋 … 셀 수 있는 물건을 똑같이 묶음으로 나누었을 때, 전체와 부분의 관계를 이용하여 분수로 나타내는 방법 정리하기 (예) 카드 10장을 2장씩 묶을 때, 카드 6장은 전체의 얼마인가?	
성찰 하기	• 오늘 학습을 통해 알게 된 내용 말하기 • 부분의 양을 전체의 양과 비교하여 분수로 나타낼 수 있는가? (상, 중, 하)	

💡 6차시: 분수만큼이 얼마인지 알아보기(1)

• 개념: 전체와 부분, 분수
• 일반화: 이산량에서 등분할을 통해 자연수의 분수만큼을 구한다.
• 학습목표: 자연수의 분수만큼이 얼마인지 구할 수 있다.
• 내용요소(과정·기능): 분수의 개념과 원리 탐구하기

단계	학습활동	자료/유의점
관계 맺기	<사실적 질문> 분수는 어떻게 나타내는가? • 분수의 개념 상기하기: 학생의 사전 지식 점검 - 분수의 개념과 선수학습 내용을 바탕으로 분수를 나타내는 과정 말하기	⊞ 오개념: 분수가 나타내는 양은 항상 1보다 작다.

조사
하기
	<개념적 질문> 6의 $\frac{1}{2}$과 같이 자연수의 분수만큼을 구할 수 있는가?
	• 바둑돌을 이용하여 분수만큼 알아보기
	  - 6의 $\frac{1}{2}$은 얼마인지 구하고, 그렇게 생각한 이유 말하기
	  - 6의 $\frac{2}{3}$는 얼마인지 구하고, 구한 방법 설명하기	

집중
하기
	• 병아리 수(12마리)의 분수만큼은 얼마인지 알아보기
	  - 여러 가지 방법으로 등분할하여 묶어 보고 자연수의 분수만큼이 얼마인지 구해 본다.
	  - 전체(병아리 12마리)를 4묶음으로 나누고 그중 한 묶음에 있는 병아리 수 알아보기
	  - 12의 $\frac{1}{4}$은 얼마인지 구하고, 그렇게 생각한 이유를 말하기
		🖼 병아리 12마리 그림
		⊞ 필요한 경우 바둑돌 등 반구체물 활용

일반화 하기	• 자연수의 분수만큼 구하기 - 자연수를 똑같이 몇(분모) 묶음으로 나눈 것 중 몇(분자) 묶음을 정하는 방법으로 자연수의 분수만큼을 구해 보자. (예) 10의 $\frac{2}{5}$는 ☐입니다. 8의 $\frac{3}{4}$는 ☐입니다.	
전이 하기	• 실생활 문제 상황에 활용하기 - 카드 10장의 $\frac{2}{5}$는 몇 장인지 구하기	⊞ 5차시 활동과 연계
성찰 하기	• 오늘 학습을 통해 알게 된 내용 말하기 • 부분의 양을 전체의 양과 비교하여 분수로 나타낼 수 있는가? (상, 중, 하)	

💡 7차시: 분수만큼이 얼마인지 알아보기(2)

• 개념: 전체와 부분, 분수
• 일반화: 길이에서 등분할을 통해 길이의 분수만큼을 구한다.
• 학습목표: 전체의 분수만큼이 얼마인지 구할 수 있다.
• 내용요소(과정·기능): 분수의 개념과 원리 탐구하기

단계	학습활동	자료/유의점
관계 맺기	• 생활에서 알아보기 - 색테이프나 긴 끈을 똑같이 몇으로 나누었던 경험 말하기	
집중 하기	<사실적 질문> 길이를 똑같이 몇 부분으로 나눌 수 있는가? • 전체에 대한 부분의 길이 구하기 - 길이(9m)를 3m씩 나누어 보기 - 9m의 $\frac{1}{3}$, 9m의 $\frac{2}{3}$는 몇 m인지 구하기	🔲 활동지
조사 하기	<개념적 질문> 길이의 분수만큼은 얼마인지 어떻게 구할 수 있는가? • 길이의 분수만큼은 얼마인지 알아보기 - 10의 $\frac{2}{5}$는 얼마인지 구하고, 그렇게 생각한 이유 말하기 - 10의 $\frac{3}{5}$은 얼마인지 구하기	
일반화 하기	• 길이의 분수만큼 구하기 - 길이를 똑같이 몇(분모) 부분으로 나눈 것 중 몇(분자) 부분을 정하는 방법으로 길이의 분수만큼을 구해 보자.	🔲 자연수의 분수만큼과 연계
전이 하기	• 실생활 문제 상황에 활용하기 • 리본 10m의 $\frac{4}{5}$를 사용하였다면, 사용한 리본의 길이는 몇 m인가?	
성찰 하기	• 오늘 학습을 통해 알게 된 내용 말하기 • 길이의 분수만큼을 구할 수 있는가? (상, 중, 하)	

💡 8~9차시: 총괄평가 및 성찰
- 개념: 분수
- 일반화: 분수는 다양한 방법으로 실생활에 활용된다.
- 학습목표: 단원 총괄평가 및 성찰
- 내용요소(과정·기능): 분수를 실생활 및 타 교과와 연결하여 문제해결하기

단계	학습활동	자료/유의점
집중하기	• 총괄평가 수행 과제 제시 및 안내 　여러분은 전체를 몇으로 나눈 것 중의 몇의 의미로 분수의 개념을 알아보고, 다양한 상황에서 분수를 활용하여 문제를 해결해 보았습니다. 이제 여러분의 경험을 바탕으로 실생활에서 자연수의 분수만큼 또는 길이의 분수만큼이 얼마인지 구하는 상황을 알아보고, 이를 설명하는 수학포스터를 만들어 보세요. • 루브릭 제시	🖼 생활에서 분수의 쓰임을 찾지 못하는 경우 몇 가지 예를 제시해 준다.

척도 평가요소	잘함	보통	노력 필요
분수의 이해 (지식·이해)	주어진 양을 등분할하여 분수로 나타내고, 그 의미를 설명할 수 있다.	등분할 된 양을 분수로 나타내고, 분수를 읽고 쓸 수 있다.	안내에 따라 등분할 된 양을 분수로 나타낼 수 있다.
수학적 용어와 표현을 이해하고 사용하기 (과정·기능)	전체에 대한 분수만큼을 구하는 과정을 이해하고 설명할 수 있다.	전체에 대한 분수만큼을 얼마인지 구할 수 있다.	안내된 절차에 따라 전체에 대한 분수만큼을 구할 수 있다.
분수의 쓰임과 유용성 인식 (가치·태도)	실생활을 포함하여 다양한 문제를 해결하기 위해 분수를 활용함을 이해한다.	실생활에 분수가 쓰임을 알고 수학의 유용성을 인식한다.	실생활에 분수의 쓰임을 일부 알고 있다.

단계	학습활동	자료/유의점
조사하기	• 과제 수행 - 모둠별로 분수 상황에 맞는 수학포스터를 제작한다.	🖼 도화지, 색연필 등
성찰하기	• 발표 및 평가 • 활동에 열심히 참여하였나요? (상, 중, 하)	

개요

단원	직육면체의 부피와 겉넓이	학년	6학년	전체 차시	9
단원 소개	학생들은 일상생활에서 건물, 상자 등을 통해 직육면체를 다양하게 접한다. 또한 상자 등을 포장하거나 상자의 부피를 어림하는 상황도 발생한다. 이번 단원에서는 직육면체의 부피와 겉넓이를 구하는 방법을 탐구하고, 주변에서 볼 수 있는 물건의 부피와 겉넓이를 구해 본다. 또한 부피가 같은 두 직육면체의 겉넓이를 탐구하는 과정에서 부피와 겉넓이 사이의 관계도 살펴본다.				
단원 주제	• 직육면체와 정육면체의 부피와 겉넓이 • 부피 단위($1cm^3$, $1m^3$)				

단원 구조

구분	내용
핵심 아이디어	측정은 여러 가지 속성의 양을 비교하고 속성에 따른 단위를 이용하여 양을 수치화함으로써 여러 가지 현상을 해석하거나 실생활 문제를 해결하는 데 활용된다.
성취기준	[6수03-17] 직육면체와 정육면체의 겉넓이를 구하는 방법을 이해하고, 이를 구할 수 있다. [6수03-18] 부피 단위 $1cm^3$, $1m^3$를 알며, 그 관계를 이해한다. [6수03-19] 직육면체와 정육면체의 부피를 구하는 방법을 이해하고, 이를 구할 수 있다.
개념적 렌즈	공간과 입체

개념망

부피 비교하기
- 부피 비교
- 직접비교, 간접비교

부피 구하는 방법
- $1cm^3$, 단위부피
- 부피의 표준 단위
- 직육면체의 부피, 정육면체의 부피

직육면체의 부피와 겉넓이는 어떻게 구하는가?

부피 단위 사이의 관계
- 부피의 큰 단위
- $1m^3$

겉넓이 구하는 방법
- 직육면체의 겉넓이
- 정육면체의 겉넓이

🚌 단원의 지도 계획

1. 단원 구조

구분 / 스트랜드	핵심 아이디어	일반화	안내 질문	내용 요소			평가방법
				지식·이해	과정·기능	가치·태도	
부피 비교하기	측정은 여러 가지 속성의 양을 비교하고 속성에 따른 단위를 이용하여 양을 수치화 함으로써 여러 가지 현상을 해석하거나 실생활 문제를 해결하는 데 활용된다.	• 부피는 어떤 물건이 공간을 차지하고 있는 크기를 말한다.	(사) 부피란 무엇인가? (개) 직육면체의 부피는 어떻게 비교하는가? (개) 임의 단위로 두 상자의 부피를 비교할 수 있는가?	• 부피의 개념 • 직육면체의 부피 비교하기 • 용어: 부피	• 도형의 부피를 구하는 방법 탐구하기	• 부피를 구하는 방법의 편리함 인식	관찰평가 구술평가
부피 구하는 방법		• 단위부피의 개수를 세는 방법으로 직육면체의 부피를 구한다.	(사) 1cm³가 □개인 직육면체의 부피는 얼마인가? (개) 정육면체의 부피는 어떻게 구하는가? (개) 직육면체의 부피는 어떻게 구하는가?	• 부피를 구하는 방법 • 용어: 부피, 1cm³	• 도형의 부피를 구하는 방법 탐구하기	• 표준 단위의 필요성 인식	관찰평가 구술평가
부피 단위 사이의 관계		• 1m³는 1cm³가 100만 개인 부피이다.	(사) 큰 물건의 부피를 구할 때 어떤 단위를 사용하면 좋은가? (개) 교실의 부피는 약 몇 m³인가? (개) 부피가 1m³인 정육면체를 만들려면 부피가 1m 얇기나무가 몇 개 필요한가?	• 1cm³, 1m³의 단위 사이의 관계 • 용어: 부피, 1m³	• 측정 단위 사이의 관계 탐구하기	• 도형과 측정 관련 문제해결에서 비판적으로 사고하는 태도	지필평가 구술평가
겉넓이 구하는 방법		• 직육면체의 겉넓이는 직육면체를 둘러싼 여섯 면의 넓이의 합과 같다.	(사) 겉넓이란 무엇인가? (논) 부피가 같은 두 직육면체의 겉넓이는 같은가? (개) 직육면체의 겉넓이는 어떻게 구하는가? (개) 정육면체의 겉넓이는 어떻게 구하는가?	• 겉넓이를 구하는 방법 • 용어: 겉넓이	• 도형의 넓이를 구하는 방법 탐구하기 • 측정을 실생활 및 교과와 연결하여 문제해결하기	• 도형과 측정 관련 문제해결에서 비판적으로 사고하는 태도	지필평가 구술평가 자기평가

2. 단원 총괄평가

지혜네 반에서는 모둠별로 전개도를 이용하여 부피가 216 cm³인 직육면체 모양의 상자를 각각 만들었는데, 모둠마다 직육면체의 겉넓이가 달랐다고 합니다. 그중 민호네 모둠에서 만든 직육면체의 겉넓이가 가장 작았다고 합니다. 민호네 모둠의 만든 직육면체의 겉넓이가 얼마인지 예상하여 구해 보세요.(단, 직육면체의 모서리의 길이는 자연수로 나타냅니다.)

• 루브릭(채점기준표)

척도 평가요소	잘함	보통	노력 필요
부피와 겉넓이의 이해 (지식 · 이해)	직육면체의 부피와 겉넓이를 구하는 방법을 알고 설명할 수 있다.	직육면체의 부피와 겉넓이를 구할 수 있다.	안내된 절차에 따라 직육면체의 부피를 구할 수 있다.
부피와 겉넓이를 구하는 다양한 해결 방법 찾기 (과정 · 기능)	직육면체의 부피와 겉넓이를 구하는 다양한 방법을 알고 설명할 수 있다.	직육면체의 부피와 겉넓이를 여러 가지 방법으로 구할 수 있다.	안내된 절차에 따라 직육면체의 부피와 겉넓이를 2가지 이상의 방법으로 구할 수 있다.
수학의 유용성 인식 (가치 · 태도)	부피와 겉넓이를 실생활에 활용할 수 있음을 알고 말할 수 있다.	실생활에 부피와 겉넓이가 사용되는 예를 안다.	실생활에서 부피와 겉넓이의 쓰임을 알지 못한다.

3. 학습 활동

스트랜드	차시	학습활동
부피 비교하기	1	· 부피는 어떻게 비교할까?
부피 구하는 방법	2	· 직육면체의 부피 구하기
	3	· 직육면체의 부피 구하는 여러 가지 방법 알아보기
부피 단위 사이의 관계	4~5	· 1㎥와 1㎤ 단위 사이의 관계 알아보기
겉넓이 구하는 방법	6	· 여러 가지 방법으로 직육면체의 겉넓이 구하기
	7	· 전개도를 이용하여 직육면체의 겉넓이 구하기
정리	8~9	· 총괄평가 및 성찰

학습 활동 설계

💡 1차시: 부피는 어떻게 비교할까?

• 개념: 부피

• 일반화: 부피는 어떤 물건이 공간을 차지하고 있는 크기를 말한다.

• 학습목표: 부피를 이해하고 직육면체의 부피를 비교하는 방법을 말할 수 있다.

• 내용요소(과정·기능): 도형의 부피를 구하는 방법 탐구하기

단계	학습활동	자료/유의점
관계 맺기	• 생활에서 알아보기: 커다란 물건과 작은 물건 - 주변에서 커다란 물건과 작은 물건 찾아보기 • 풍선의 크기 비교 - 바람이 빠진 풍선과 공기가 가득찬 풍선의 크기를 비교해 본다.	🎈 풍선 2개
집중 하기	<사실적 질문> 부피란 무엇인가? • 수학 용어: 부피 - 부피는 어떤 물건이 공간에서 차지하는 크기를 말한다. • 부피 비교하기 - 크기가 다른 상자의 부피를 비교하고, 어떻게 비교하였는 지 짝에게 설명하기	📦 크기가 다른 상자 여러 개
조사 하기	<개념적 질문> 직접 비교하기 어려운 두 상자의 부피는 어떻 게 비교할까? • 직접 비교가 어려운 상자의 부피 비교하기 - 상자 안에 넣을 수 있는 임의 부피 단위를 사용하여 부피 비교하기 - 상자의 부피를 직접 또는 간접 비교하는 방법으로 비교하기 • 임의 단위(벽돌, 타일 등)의 편리한 점과 불편한 점 - 상자를 직접 맞대어 비교하지 않아도 부피를 비교할 수 있다. - 상자에 꼭 맞는 임의 단위를 찾기 어렵다.	📦 직접 조작 활 동이 어려우므로 그림 자료 등을 활용한다.
조직 및 정리 하기	• 쌓기나무(공통 단위)를 사용하여 직육면체의 부피 비교 - 쌓기나무를 사용하여 부피를 비교할 때 편리한 점, 불편한 점 - 쌓기나무의 수를 세어 직육면체의 부피 비교하기	📦 쌓기나무

일반화
하기
	• 직육면체(상자)의 부피 비교하기
	 - 비교하는 직육면체의 공통으로 넣을 수 있는 임의 단위(벽
	  돌, 쌓기나무 등)를 사용하면 직접 맞대지 않아도 비교할
	  수 있다.	

성찰 하기	• 학습 내용 정리하기: 두 직육면체의 부피를 비교하는 방법 말하기	

💡 **2차시: 직육면체의 부피 구하기**

• **개념**: 단위부피

• **일반화**: 단위부피의 개수를 세는 방법으로 직육면체의 부피를 구한다.

• **학습목표**: 직육면체의 부피를 구하는 방법을 식으로 나타낼 수 있다.

• **내용요소(과정·기능)**: 도형의 부피를 구하는 방법 탐구하기

단계	학습활동	자료/유의점

관계 맺기	• 길이(cm, m 등)와 넓이(cm^2, m^2 등)를 나타내는 단위
	• 학생의 선행지식 파악
	  - 길이와 넓이를 나타낼 때 어떤 단위를 사용하였는가?
	  - 부피를 구하거나 나타낼 때 어떤 단위를 사용할까?	

집중 하기	• 수학 용어: 부피 단위($1cm^3$) - 가로, 세로, 높이가 1cm인 쌓기나무로 $1cm^3$의 부피 경험하기 [부피 단위] 한 모서리가 1cm인 정육면체의 부피를 $1cm^3$라 한다.	재 $1cm^3$ 모형

조사 하기	• 주변에서 부피가 $1cm^3$쯤 되는 물건 찾아보기
	• 작은 물건의 부피 어림해 보기
	  - 지우개, 작은 상자 등의 부피는 몇 cm^3쯤 되는지 어림해 본다.
	<사실적 질문> $1cm^3$가 □개인 직육면체의 부피는 얼마인가?
	• 직육면체의 부피 구하기
	  - 부피가 $1cm^3$ 쌓기나무의 수를 세어 직육면체의 부피를 구한다.	

조직 및 정리하기	<개념적 질문> 직육면체의 부피는 어떻게 구하는가?
	• 직육면체의 부피 구하기
	  - 단위부피($1cm^3$)의 개수를 세는 방법으로 직육면체의 부피를 구한다.
	(예) 쌓기나무 1개의 부피가 $1cm^3$일 때, 쌓기나무의 수를 세어 직육면체의 부피를 구하세요.
	
	                                  □ cm³
	
	출처: 2015 개정 6학년 수학과 교과용도서(교과서) 121쪽
		재 부피가 $1cm^3$인 쌓기나무

성찰 하기	• 학습 내용 정리하기 - 직육면체의 부피를 구할 때 단위부피($1cm^3$)의 개수를 세는 방법으로 구할 수 있음을 이해한다.	

💡 3차시: 부피 구하는 여러 가지 방법 알아보기

- **개념**: 직육면체의 부피
- **일반화**: 단위부피의 개수를 세는 방법으로 직육면체의 부피를 구한다.
- **학습목표**: 직육면체의 부피를 구하는 방법을 식으로 나타낼 수 있다.
- **내용요소(과정·기능)**: 도형의 부피를 구하는 방법 탐구하기

단계	학습활동	자료/유의점
관계 맺기	• 전시학습 상기 - 쌓기나무로 직육면체의 부피 구하는 방법 상기하기	
조사 하기	• 직육면체의 부피 구하는 방법(가로: 6cm, 세로: 4cm, 높이: 5cm) - 쌓기나무의 수를 세는 방법으로 직육면체 부피 구하는 방법 조사하기 출처: 2015 개정 6학년 수학과 교과용도서(교과서) 122쪽	
조직 및 정리 하기	<개념적 질문> 직육면체의 부피는 어떻게 구하는가? • 직육면체의 부피 - 조사 결과를 바탕으로 식 세우기 - (직육면체의 부피)=(가로)×(세로)×(높이) <개념적 질문> 정육면체의 부피는 어떻게 구하는가? • 탐구 결과를 바탕으로 식 세우기 - (정육면체의 부피)=(한 모서리의 길이)×(한 모서리의 길이)×(한 모서리의 길이)	🔲 직육면체의 부피는 단위 부피의 개수와 같다.
일반화 하기	• 직육면체와 정육면체의 부피 구하는 방법 말하기 - 직육면체와 정육면체의 부피는 단위부피의 개수를 세어 구한다. - 부피 구하는 식을 이용하면 좀 더 편리하게 부피를 구할 수 있다.	
성찰 하기	• 학습 내용 정리하기 • 직육면체의 부피를 구하는 방법을 식으로 나타낼 수 있는가? (상, 중, 하)	

💡 4~5차시: 부피 단위 사이의 관계 알아보기
- 개념: 부피 단위
- 일반화: 1 m³는 1 cm³가 100만 개인 부피와 같다.
- 학습목표: 부피의 큰 단위인 1 m³를 알고, 1 cm³와 1 m³ 단위 사이의 관계를 이해한다.
- 내용요소(과정 · 기능): 측정 단위 사이의 관계 탐구하기

단계	학습활동	자료/유의점
관계 맺기	• 학생의 선개념 파악 - 직육면체의 부피를 구할 때 어떤 단위를 사용하였는가?	

집중
하기
	<사실적 질문> 큰 물건의 부피를 구할 때 어떤 단위를 사용하면 좋은가?
	• 부피를 나타내는 큰 단위의 필요성 인식하기
	  - 컨테이너와 같이 커다란 물체의 부피를 cm³로 나타내기
	  - 큰 물체의 부피를 cm³로 나타내었을 때 불편한 점 생각하기
	  - 큰 물체의 부피를 나타내기 위한 큰 단위 생각해 보기
	[부피 단위]
	한 모서리의 길이가 1m인 정육면체의 부피를 1 m³라 한다.
		🖼 컨테이너,
		버스와 같이
		부피가 큰
		물체 제시

조사
하기
	• 1 m³ 경험하기
	  - 부피가 1 m³인 정육면체를 만들어 보고, 1 m³의 부피 경험하기(1 m³ 모형에 직접 들어가 부피의 크기를 체험해 본다.)
	<개념적 질문> 교실의 부피는 약 몇 m³인가?
	• 교실의 부피
	  - 교실의 부피는 몇 m³쯤 되는지 어림해 보고, 직접 측정해 보기
		🖼 1 m³ 모형,
		줄자(10m)
		
		🖼 모둠활동

일반화
하기
	<개념적 질문> 부피가 1 m³인 정육면체를 만들려면 부피가 1 cm³인 쌓기나무가 몇 개 필요한가?
	• 1 cm³와 1 m³의 관계
	  - 1 m³ = 1000000 cm³
	  - 1 m³는 부피가 1 cm³인 쌓기나무를 가로에 100개, 세로에 100줄, 높이에 100층을 쌓아야 만들 수 있다.	

성찰 하기	• 학습 내용 정리하기 • 직육면체의 부피를 1 m³로 나타낼 수 있는가? (상, 중, 하)	

💡 6차시: 여러 가지 방법으로 직육면체의 겉넓이 구하기

• 개념: 겉넓이

• 일반화: 직육면체의 겉넓이는 직육면체를 둘러싼 여섯 면의 넓이의 합과 같다.

• 학습목표: 직육면체의 겉넓이를 알고, 직육면체의 겉넓이를 구하는 방법을 말
　　　　　할 수 있다.

• 내용요소(과정·기능): 도형의 넓이를 구하는 방법 탐구하기

단계	학습활동	자료/유의점
관계 맺기	• 학생의 선행 지식 파악 　- 넓이는 어떻게 구하는가? • 직육면체의 특징 알기 ○, × 퀴즈 　- 직육면체의 면은 모두 6개이다. (○) 　- 직육면체는 합동인 면이 6쌍이다. (×) 　- 직육면체는 사각기둥이다. (○)	📋 직육면체 모형 또는 전개도
집중 하기	<사실적 질문> 겉넓이란 무엇인가? • 수학용어: 겉넓이 　- 겉넓이는 물체 겉으로 드러난 면의 넓이를 말한다. • 직육면체의 겉넓이 　- 직육면체는 면이 6개이므로 여섯 면의 넓이를 모두 더한다.	
조사 하기	<논쟁적 질문> 부피가 같은 두 직육면체의 겉넓이는 같은가? 　- 세 변의 길이가 다르나 부피가 같은 두 직육면체를 만들고, 겉넓이를 어림해 본다. 　- 두 직육면체의 부피를 어떻게 비교할 수 있는지 말해 본다. 가 상자: 가로 8cm, 세로 3cm, 높이 10cm 나 상자: 가로 4cm, 세로 12cm, 높이 5cm	📋 직육면체 전개도, 풀 🔲 실제 부피가 같은 직육면체를 만들어 본다.
조직 및 정리하기	<개념적 질문> 직육면체의 겉넓이는 어떻게 구하는가? • 직육면체의 겉넓이를 구하는 방법 　- 직육면체의 여섯 면의 넓이를 모두 더해서 구한다.	
성찰 하기	• 학습 내용 정리하기 • 직육면체의 겉넓이를 이해하고 직육면체의 겉넓이를 구하는 방법을 말할 수 있는가? (상, 중, 하)	

💡 7차시: 전개도를 이용하여 직육면체의 겉넓이 구하기

- **개념:** 겉넓이
- **일반화:** 직육면체의 겉넓이는 직육면체를 둘러싼 여섯 면의 넓이의 합과 같다.
- **학습목표:** 직육면체의 겉넓이를 구하는 여러 가지 방법을 찾아 식으로 나타내고 말할 수 있다.
- **내용요소(과정·기능):** 도형의 넓이를 구하는 방법 탐구하기

단계	학습활동	자료/유의점
관찰하기	• 배운 내용 확인하기 - 직육면체는 합동인 면이 3쌍이다. - 직육면체의 겉넓이는 여섯 면의 넓이를 더해서 구한다.	
집중하기	<개념적 질문> 직육면체의 겉넓이를 구하는 방법에는 어떤 것이 있는지 알아보자. • 직육면체의 겉넓이 구하는 방법 - 여섯 면의 넓이 각각 구해서 더하기 - 합동인 면이 세 쌍임을 이용하기: (세 면의 넓이의 합)×2 - 전개도를 이용하여 구하기: (옆면의 넓이)+(한 밑면의 넓이)×2 <개념적 질문> 정육면체의 겉넓이는 어떻게 구할 수 있는가? • 정육면체의 넓이 구하는 방법 - 여섯 면의 넓이가 같음을 이용하여 (한 면의 넓이)×6으로 구한다.	🎨 직육면체의 겨냥도와 전개도
조사하기	• 부피가 같은 두 상자의 겉넓이 비교하기 　가 상자: 가로 8cm, 세로 3cm, 높이 10cm 　나 상자: 가로 4cm, 세로 12cm, 높이 5cm - 가 상자와 나 상자의 겉넓이를 각각 구해 보고 겉넓이를 비교하여 본다.	
일반화하기	• 직육면체의 겉넓이는 직육면체의 성질을 이용하여 여러 가지 방법을 구할 수 있다. • 두 상자의 부피가 같더라도 상자의 가로, 세로, 높이가 다른 경우 두 상자의 겉넓이는 다를 수 있다.	
성찰하기	• 학습 내용 정리하기 • 직육면체의 겉넓이를 구하는 여러 가지 방법을 찾아 식으로 나타내고 말할 수 있는가? (상, 중, 하)	

💡 8~9차시: 총괄평가 및 성찰

- **개념:** 직육면체
- **일반화:** 두 직육면체의 부피는 같아도 겉넓이는 다를 수 있다.
- **학습목표:** 단원 총괄평가 및 성찰
- **내용요소(과정 · 기능):** 측정을 실생활 및 타 교과와 연결하여 문제해결하기

단계	학습활동	자료/유의점
	• 총괄평가 수행 과제 제시 및 안내 지혜네 반에서는 모둠별로 전개도를 이용하여 부피가 216 cm³ 인 직육면체 모양의 상자를 각각 만들었는데, 모둠마다 직육면체의 겉넓이가 달랐다고 합니다. 그중 민호네 모둠에서 만든 직육면체의 겉넓이가 가장 작았다고 합니다. 민호네 모둠의 만든 직육면체의 겉넓이가 얼마인지 예상하여 구해 보세요.(단, 직육면체의 모서리의 길이는 자연수로 나타냅니다.)	🖼 부피가216 cm³ 인 직육면체의 전개도 여러 장

단계	학습활동				자료/유의점
집중하기	• 루브릭 제시				

척도 평가요소	잘함	보통	노력 필요
부피와 겉넓이의 이해 **(지식 · 이해)**	직육면체의 부피와 겉넓이를 구하는 방법을 알고 설명할 수 있다.	직육면체의 부피와 겉넓이를 구할 수 있다.	안내된 절차에 따라 직육면체의 부피를 구할 수 있다.
부피와 겉넓이를 구하는 다양한 해결 방법 찾기 **(과정 · 기능)**	직육면체의 부피와 겉넓이를 구하는 다양한 방법을 알고 설명할 수 있다.	직육면체의 부피와 겉넓이를 여러 가지 방법으로 구할 수 있다.	안내된 절차에 따라 직육면체의 부피와 겉넓이를 2가지 이상의 방법으로 구할 수 있다.
수학의 유용성 인식 **(가치 · 태도)**	부피와 겉넓이를 실생활에 활용할 수 있음을 알고 말할 수 있다.	실생활에 부피와 겉넓이가 사용되는 예를 안다.	실생활에서 부피와 겉넓이의 쓰임을 알지 못한다.

단계	학습활동	자료/유의점
조사하기	• 과제 수행	🖼 모눈종이
성찰하기	• 발표 및 평가 • 활동에 열심히 참여하였나요? (상, 중, 하)	

개요

단원	소수의 덧셈과 뺄셈	학년	4학년	전체 차시	9
단원 소개	학생들이 접하는 우리 고장의 모습을 소개하는 여행지도를 만드는 과정에서 두 지점 사이의 거리나 경로를 나타낼 때 소수를 사용하고 소수의 덧셈이나 뺄셈이 필요한 상황이 일어난다. 소수는 자연수보다 양을 보다 정교하게 나타내는 데 유용하다. 이번 단원에서는 소수 두 자리 수, 소수 세 자리 수를 도입하고, 소수의 덧셈과 뺄셈을 익혀 우리 고장의 여행 지도를 만들며 마을의 모습을 살펴보고 수학과 연계지어 우리 고장을 소개하는 데 중점을 두었다.				
단원 주제	소수 두 자리 수, 소수 세 자리 수, 소수 사이의 관계, 소수의 덧셈과 뺄셈				

단원 구조

구분	내용
핵심 아이디어	• 사물의 양은 자연수, 분수, 소수 등으로 표현되며, 수는 자연수에서 정수, 유리수, 실수로 확장된다. • 사칙계산은 자연수에 대해 정의되며 정수, 유리수, 실수의 사칙계산으로 확장되고 이때 연산의 성질이 일관되게 성립한다. • 수와 사칙계산은 수학 학습의 기본이 되며, 실생활 문제를 포함한 다양한 문제를 해결하는 데 유용하게 활용된다.
성취 기준	• 수학 [4수01-13] 자릿값의 원리를 바탕으로 소수 두 자리 수와 소수 세 자리 수를 이해하고 읽고 쓸 수 있다. [4수01-16] 소수 두 자리 수의 범위에서 소수의 덧셈과 뺄셈의 계산 원리를 이해하고 그 계산을 할 수 있다. • 사회 [4사05-01] 우리 지역을 표현한 다양한 종류의 지도를 찾아보고, 지도의 요소를 이해한다. [4사05-02] 지도에서 우리 지역의 위치를 파악하고, 우리 지역의 지리 정보를 탐색한다. • 미술 [4미02-05] 미술과 타 교과를 관련지어 주제를 표현하는데 흥미를 가질 수 있다.

개념적 렌즈	수의 연산과 표현

소수의 이해
- 소수, 자릿값
- 소수 두 자리 수
- 소수 세 자리 수

소수 사이의 관계
- 소수 사이의 관계
- 소수점의 위치
- 소수의 크기

개념망

소수는 어떻게 더하고 뺄 수 있는가?

소수의 덧셈
- 덧셈
- 소수 한 자리 수의 덧셈
- 소수 두 자리 수의 덧셈

소수의 뺄셈
- 뺄셈
- 소수 한 자리 수의 뺄셈
- 소수 두 자리 수의 뺄셈

🎥 단원의 지도 계획

1. 단원 구조

구분 스트랜드	핵심 아이디어	일반화	안내 질문	내용 요소			평가방법
				지식·이해	과정·기능	가치·태도	
소수	• 사물의 양은 자연수, 분수, 소수 등으로 표현되며, 수는 자연수에서 정수, 유리수, 실수로 확장된다. • 사칙계산은 자연수에 대해 정의되며 정수, 유리수, 실수의 사칙계산으로 확장되고 이때 연산의 성질이 일관되게 성립한다.	• 분수 $\frac{1}{100}$ 은 소수 0.01, 분수 $\frac{1}{1000}$ 은 소수 0.001로 나타낸다.	(사) 1cm는 몇 m인가? (사) 1m는 몇 km인가? (개) 분모가 100, 1000인 분수를 소수로 어떻게 나타낼 수 있는가?	• 소수 두 자리 수와 소수 세 자리 수의 이해 • 용어: 소수 두 자리 수, 소수 세 자리 수	• 소수의 개념과 원리 탐구하기	• 소수의 필요성 인식	• 지필평가 • 관찰평가
소수 사이의 관계		• 소수를 10배 또는 $\frac{1}{10}$ 을 하면 소수점의 위치가 변한다.	(사) 어떤 소수의 10배 또는 $\frac{1}{10}$ 을 한 수는 얼마인가? (개) 소수점이 오른쪽으로 한 자리 이동했다면 몇 배 하였는가?	• 소수점의 위치 변화 • 소수를 10배 또는 소수의 $\frac{1}{10}$ 을 한 수	• 소수의 개념과 원리 탐구하기	• 소수의 필요성 인식	• 지필평가 • 관찰평가
소수의 덧셈	• 수와 사칙계산은 수학 학습의 기본이 되며, 실생활 문제를 포함한 다양한 문제를 해결하는 데 유용하게 활용된다.	• 소수는 같은 자리 수끼리 더하는 방법으로 덧셈을 한다.	(사) 소수끼리 더할 수 있는가? (개) 세로로 계산할 때 소수점끼리 맞추어 쓰면 어떤 점이 편리한가?	• 소수 한 자리 수의 덧셈과 소수 두 자리 수의 덧셈 • 용어: 소수의 덧셈	• 소수의 덧셈과 뺄셈을 실생활 및 타 교과와 연결하여 문제해결하기	• 수와 연산 관련 문제해결에서 비판적으로 사고하는 태도	• 지필평가 • 구술평가
소수의 뺄셈		• 소수는 같은 자리의 수끼리 빼는 방법으로 뺄셈을 한다.	(사) 두 소수의 차를 구할 수 있는가? (개) 같은 자리의 수끼리 뺄 수 없을 때 어떻게 해야 하는가?	• 소수 한 자리 수의 뺄셈과 소수 두 자리 수의 뺄셈 • 용어: 소수의 뺄셈		• 수와 연산 관련 문제해결에서 비판적으로 사고하는 태도	• 지필평가 • 구술평가 • 자기평가

2. 단원 총괄평가

지혜네 반에서는 우리 고장의 다양한 중심지(행정, 교통, 사업, 산업, 관광 등)를 조사하여 마을 사람이나 관광객들이 활용할 수 있는 여행지도를 만들려고 합니다. 지도에 주요 시설이나 관광지를 표시하고 여행 경로를 2가지 이상 나타내어 보세요.
(단, 여행지도에는 장소 사이의 거리와 전체 여행 경로는 소수를 사용하여 나타냅니다.)

• 루브릭(채점기준표)

척도 평가요소	잘함	보통	노력 필요
소수의 이해 (지식 · 이해)	소수의 덧셈과 뺄셈의 원리를 이해하고, 그 방법을 설명할 수 있다.	소수의 덧셈과 뺄셈을 할 수 있다.	안내된 절차에 따라 소수의 덧셈과 뺄셈을 할 수 있다.
소수의 덧셈과 뺄셈 방법 설명 (과정 · 기능)	주요시설 사이의 거리나 거리의 합이 소수를 사용하여 효과적으로 잘 표현하였다.	주요시설 사이의 거리나 거리의 합을 소수로 표현하였다.	안내에 따라 시설 사이의 거리를 소수를 사용하여 나타낼 수 있다.
소수의 유용성 인식 (가치 · 태도)	실생활에 수학이 유용하게 쓰임을 알고 수학에 대한 흥미와 관심을 갖고 있다.	수학의 유용성을 인식하고 실생활에 수학의 쓰임을 알고 설명할 수 있다.	실생활에 수학이 쓰이는 사례를 일부 알고 있다.

3. 학습 활동

스트랜드	차시	학습활동
소수의 이해	1	· 소수 두 자리 수 알아보기
	2	· 소수 세 자리 수 알아보기
소수 사이의 관계	3	· 소수 사이의 관계와 소수점의 위치 변화 알아보기
소수의 덧셈	4~5	· 소수 한 자리 수와 소수 두 자리 수의 덧셈하기
소수의 뺄셈	6~7	· 소수 한 자리 수와 소수 두 자리 수의 뺄셈하기
정리	8~9	· 총괄평가 및 성찰

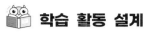 **학습 활동 설계**

💡 1차시: 소수 두 자리 수 알아보기

- 개념: 수의 체계
- 일반화: 분수 $\frac{1}{100}$은 소수 0.01로 나타낸다.
- 학습목표: 소수 두 자리 수를 쓰고 읽을 수 있다.
- 내용요소(과정·기능): 소수의 개념과 원리 탐구하기

단계	학습활동	자료/유의점
관계 맺기	• 학생의 경험 나누기 - 실생활에서 소수를 보았거나 소수를 사용하였던 경험 말하기(예, 수박: 5.3kg, 마라톤 코스: 42.195km 등)	🔲 학생의 사전 경험을 활용한다.

집중
하기
	<사실적 질문> 1cm는 몇 m인가?
	• [약속하기] 소수 0.01
	  - 1cm$=\frac{1}{100}$ m이므로 1cm=0.01m이다.
	  - 분수 $\frac{1}{100}$은 소수로 0.01이라 쓰고, '영 점 영일'이라고 읽는다.	

조사
하기
	• 소수 두 자리 수 알아보기
	  - 사물의 길이를 재어 분모가 100인 분수로 나타내고, 분수를 소수 두 자리 수로 나타내고 읽어보기
	  - 분수 $\frac{27}{100}$은 소수로 0.27이라 쓰고, '영 점 이칠'이라고 읽는다.
	• 우리 마을의 거리를 소수로 나타내기
	  - 지도에서 두 장소 사이의 거리를 알아보고, 이를 소수로 나타내기
		🔲 지도 자료
		(소수 두 자리로 나타낼 수 있는 자료 제시)

일반화
하기
	<개념적 질문> 분수 $2\frac{73}{100}$을 소수로 어떻게 나타낼 수 있는가?
	• 소수의 자릿값 이해하기
	  - $\frac{1}{100}$=0.01임을 이용하여 1보다 큰 소수 두 자리 수를 알아본다.
	  - 2.73은 1이 2개, 0.1이 7개, 0.01이 3개인 수이다.
		🔲 소수를 수직선, 모눈종이 등 여러 가지 방법으로 나타낼 수 있다.

성찰 하기	• 학습 내용 정리 - 수직선에 소수 두 자리 수를 나타내고 읽기 • 실생활에서 소수 두 자리 수를 사용하는 예 찾아보기	

💡 **2차시: 소수 세 자리 수 알아보기**

- 개념: 수의 체계
- 일반화: 분수 $\frac{1}{1000}$은 소수 0.001로 나타낸다.
- 학습목표: 소수 세 자리 수를 쓰고 읽을 수 있다.
- 내용요소(과정·기능): 소수의 개념과 원리 탐구하기

단계	학습활동	자료/유의점
관계 맺기	• 생활에서 알아보기 　- 마을의 두 시설 사이의 거리(예: 529m)는 몇 km인지 알아 　　보려면 어떻게 해야 하는지 생각해 보기	📖 학생의 사전 지식을 활용한다.
집중 하기	<사실적 질문> 1m는 몇 km인가? • [약속하기] 소수 0.001 　- 1m = $\frac{1}{1000}$ km이므로 1m = 0.001km이다. 　- 분수 $\frac{1}{1000}$은 소수로 0.001이라 쓰고, '영 점 영영일'이라고 　　읽는다.	
조사 하기	• 소수 세 자리 수 알아보기 　- 길이(예: 529m)를 분모가 1000인 분수로 나타내고, 분수 　　$\frac{n}{1000}$을 소수 세 자리 수로 나타내기 　- 분수 $\frac{529}{1000}$은 소수로 0.529라 쓰고, '영 점 오이구'라고 읽는다. • 우리 마을의 거리를 소수로 나타내기 　- 지도에서 두 장소 사이의 거리를 알아보고, 이를 소수로 나 　　타내기	💻 인터넷 지도
일반화 하기	<개념적 질문> 분수 $4\frac{195}{1000}$를 소수로 어떻게 나타낼 수 있는가? • 소수의 자릿값 이해하기 　- $\frac{1}{1000}$ = 0.001임을 이용하여 1보다 큰 소수 세 자리 수를 알 　　아본다. 　- 4.195는 1이 4개, 0.1이 1개, 0.01이 9개, 0.001이 5개인 수 　　이다.	📖 소수를 수직 선, 모눈종이 등 여러 가지 방법 으로 나타낼 수 있다.
성찰 하기	• 학습 내용 정리 　- 수직선에 소수 세 자리 수를 나타내고 읽기 • 실생활에서 소수 세 자리 수를 사용하는 예 찾아보기 • 학습 성찰 　- 소수 두 자리 수와 소수 세 자리 수를 쓰고 읽을 수 있는지 점검	💻 학습지

💡 3차시: 소수 사이의 관계와 소수점의 위치 변화 알아보기

• 개념: 수의 체계

• 일반화: 소수를 10배 또는 소수의 $\frac{1}{10}$ 을 하면 소수점의 위치가 변한다.

• 학습목표: 소수 사이의 관계와 소수점의 위치 변화를 알 수 있다.

• 내용요소(과정·기능): 소수의 개념과 원리 탐구하기

단계	학습활동	자료/유의점
관계 맺기	• 생활에서 알아보기 - 마을 주민 1000명이 타일 한 장씩 기증하여 공동 작품을 만들었습니다. 타일 한 장의 크기는 작품 크기의 얼마인지 생각해 보기	🖼 그림 자료 (그림을 1000장의 타일로 나눈 자료)
집중 하기	<사실적 질문> 타일 한 장의 크기는 작품 전체 크기의 얼마인가? • 작품 전체를 1이라고 할 때 부분의 크기 알아보기 - 타일 한 장의 크기는 0.001, 타일 10장의 크기는 0.01, 타일 100장의 크기는 0.1임을 알아본다. • 1, 0.1, 0.01, 0.001 사이의 관계 알아보기 - 0.01을 10배, 100배 한 수 알아보기 - 0.1의 $\frac{1}{10}$, $\frac{1}{100}$ 은 얼마인지 알아보기	
조사 하기	<사실적 질문> 어떤 소수의 10배 또는 $\frac{1}{10}$ 을 한 수는 얼마인가? • 소수 사이의 관계 알아보기 - 소수를 10배 할 때마다 소수점의 위치는 오른쪽으로 한 자리씩 이동한다. - 소수의 $\frac{1}{10}$ 을 할 때마다 소수점의 위치는 왼쪽으로 한 자리씩 이동한다.	🖼 소수 자릿값표(소수점의 위치 표시)
일반화 하기	• 소수 사이의 관계 설명하기 - 소수를 10배씩 하거나 소수의 $\frac{1}{10}$ 을 할 때마다 소수점의 위치는 앞이나 뒤로 한 칸씩 이동한다.	
성찰 하기	• 학습 내용 정리 - 소수 사이의 관계와 소수점의 위치 변화를 말할 수 있는지 점검	

💡 4~5차시: 소수 한 자리 수와 소수 두 자리 수의 덧셈하기
- 개념: 수의 연산
- 일반화: 소수는 같은 자리의 수끼리 더하는 방법으로 덧셈을 한다.
- 학습목표: 소수의 덧셈 원리를 이해하고 계산할 수 있다.
- 내용요소(과정·기능): 소수의 계산 원리 탐구하고 계산하기

단계	학습활동	자료/유의점
관계 맺기	• 생활에서 알아보기 - 실생활에서 소수 한 자리 수의 덧셈이 필요한 상황 알아보기 <사실적 질문> 두 자리 수의 덧셈은 어떻게 하였나요? • 두 자리 수의 덧셈 방법 - 같은 자리의 수끼리 더하고, 받아올림이 있으면 바로 윗자리로 받아올림을 한다.	🖼 두 자리 수의 덧셈 방법을 소수의 덧셈과 연계하여 이해하도록 한다.
집중 하기	• 소수 한 자리 수의 덧셈 알아보기 - (소수 한 자리 수) + (소수 한 자리 수) 어림하기 - 수직선을 이용하여 두 소수의 합 구하기 • (소수 한 자리 수) + (소수 한 자리 수)의 계산 방법 알아보기 - 수직선에서 알아보기 - 소수를 분수로 나타내어 알아보기 - 0.1이 몇 개인지 세어 알아보기	
조사 하기	• 소수 한 자리 수의 덧셈 방법 형식화하기 - 자연수의 덧셈과 비교하여 소수의 덧셈하기 - 소수점의 자리에 맞추어 세로로 쓰고, 소수 첫째 자리 수부터 차례대로 같은 자리의 수끼리 더하기 (받아올림이 있으면 바로 윗자리로 받아올림)	🖼 소수의 덧셈 방법이 자연수의 덧셈 방법의 원리가 같음을 상기시킨다.
전이 하기	• 우리 마을 여행 경로 찾기 - 마을 여행지도를 만들기 위해 주요 시설을 지도에 표시하고 장소와 장소 사이의 거리 나타내기 - 여행 경로 중 가장 빠른 경로 찾아보기	🗺여행지도 🖼 소수 두 자리 수 이하의 범위에서 덧셈을 한다.
일반 화 하기	<개념적 질문> 소수 두 자리 수의 덧셈은 어떻게 할 수 있을까? • (소수 두 자리 수) + (소수 두 자리 수)의 계산 방법 알아보기 - 소수 두 자리 수의 덧셈을 세로 형식의 계산 방법으로 형식화하기 - 자연수의 덧셈과 비교하여 소수의 덧셈하기	
성찰 하기	• 학습 내용 정리 - 소수의 덧셈 방법 말해보기 • 학습 이해도(상, 중, 하), 수업 참여도(상, 중, 하) 점검	

💡 6~7차시: 소수 한 자리 수와 소수 두 자리 수의 뺄셈하기
- 개념: 수의 연산
- 일반화: 소수는 같은 자리의 수끼리 빼는 방법으로 뺄셈을 한다.
- 학습목표: 소수의 뺄셈 원리를 이해하고 계산할 수 있다.
- 내용요소(과정·기능): 소수의 계산 원리 탐구하고 계산하기

단계	학습활동	자료/유의점

관계 맺기	• 생활에서 알아보기
	  - 실생활에서 소수 한 자리 수의 뺄셈이 필요한 상황 알아보기
	<사실적 질문> 두 자리 수의 뺄셈은 어떻게 하였나요?
	• 두 자리 수의 뺄셈 방법
	  - 같은 자리의 수끼리 빼고, 받아내림이 있으면 십의 자리에서 받아내림을 한다.
		🔲 두 자리 수의 뺄셈 방법을 소수의 뺄셈과 연계하여 이해하도록 한다.

집중 하기	• 소수 한 자리 수의 뺄셈 알아보기
	  - (소수 한 자리 수) - (소수 한 자리 수) 어림하기
	  - 수직선을 이용하여 두 소수의 차 구하기
	• (소수 한 자리 수) - (소수 한 자리 수)의 계산 방법 알아보기
	  - 수직선에서 알아보기
	  - 소수를 분수로 나타내어 알아보기
	  - 0.1이 몇 개인지 세어 알아보기	

조사 하기	• 소수 한 자리 수의 뺄셈 방법 형식화하기
	  - 자연수의 뺄셈과 비교하여 소수의 뺄셈하기
	  - 소수점의 자리에 맞추어 세로로 쓰고, 소수 첫째 자리 수부터 차례대로 같은 자리의 수끼리 빼기(같은 자리끼리 뺄 수 없으면 바로 윗자리에서 받아내림하기)
		🔲 소수의 뺄셈 방법과 비교하여 공통점과 차이점을 발견하게 한다.

전이 하기	• 여행 경로 분석하기 - 지도에 나타난 여행 경로를 살펴보고, 가장 빠른 길과 가장 먼 길의 차를 구해 본다.	🗺여행지도 🔲 소수 두 자리 수 이하의 범위에서 뺄셈을 한다.

일반 화 하기	<개념적 질문> 소수 두 자리 수의 뺄셈은 어떻게 할 수 있을까?
	• (소수 두 자리 수) - (소수 두 자리 수)의 계산 방법 알아보기
	  - 소수 두 자리 수의 뺄셈을 세로 형식의 계산 방법으로 형식화하기
	  - 자연수의 뺄셈과 비교하여 소수의 뺄셈하기	

성찰 하기	• 학습 내용 정리 - 소수의 뺄셈 방법 말해 보기 • 학습 이해도(상, 중, 하), 수업 참여도(상, 중, 하) 점검	

💡 8~9차시: 총괄평가 및 성찰
- 개념: 수의 연산
- 일반화: 소수의 덧셈과 뺄셈은 실생활에 활용된다.
- 학습목표: 단원 총괄평가 및 성찰
- 내용요소(과정·기능): 소수의 덧셈과 뺄셈을 실생활 및 타 교과와 연결하여 문제해결하기

단계	학습활동	자료/유의점
집중 하기	• 총괄평가 수행 과제 제시 및 안내 　지혜네 반에서는 우리 고장의 다양한 중심지(행정, 교통, 사업, 산업, 관광 등)를 조사하여 마을 사람이나 관광객들이 활용할 수 있는 여행지도를 만들려고 합니다. 지도에 주요 시설이나 관광지를 표시하고 여행 경로를 2가지 이상 나타내어 보세요. （단, 여행지도에는 장소 사이의 거리와 전체 여행 경로는 소수를 사용하여 나타냅니다.) • 루브릭 제시	🗺 지도는 거리가 잘 드러나도록 하며, 가급적 단순하게 그리도록 안내한다.

척도 평가요소	잘함	보통	노력 필요
소수의 이해 (지식·이해)	소수의 덧셈과 뺄셈의 원리를 이해하고, 그 방법을 설명할 수 있다.	소수의 덧셈과 뺄셈을 할 수 있다.	안내된 절차에 따라 소수의 덧셈과 뺄셈을 할 수 있다.
소수의 덧셈과 뺄셈 방법 설명 (과정·기능)	주요시설 사이의 거리나 거리의 합이 소수를 사용하여 효과적으로 잘 표현하였다.	주요시설 사이의 거리나 거리의 합을 소수로 표현하였다.	안내에 따라 시설 사이의 거리를 소수를 사용하여 나타낼 수 있다.
소수의 유용성 인식 (가치·태도)	수학이 실생활에 유용하게 쓰임을 알고 수학에 대한 흥미와 관심을 갖고 있다.	수학의 유용성을 인식하고 실생활에 수학이 쓰임을 알고 설명할 수 있다.	수학이 실생활에 쓰이는 사례를 일부 알고 있다.

단계	학습활동	자료/유의점
조사 하기	• 과제 수행	🗺 인터넷 지도, 도화지, 색연필
성찰 하기	• 발표 및 평가 • 활동에 열심히 참여하였나요? (상, 중, 하)	

03

사회과

개요

단원	공공기관과 주민참여	학년	3~4학년	전체 차시	10
단원 소개	이 단원은 우리 지역의 공공기관을 알아보고 지역 문제와 해결 방안을 탐구함으로써 지역 문제를 합리적으로 해결해나가는 바람직한 태도를 기르는데 목적이 있다. 먼저 우리 지역의 공공기관의 종류와 각 공공기관이 지역 주민들의 생활에 어떠한 도움을 주는지 이해한다. 다음으로 우리 지역에서 일어나는 크고 작은 문제를 알아보고 공공기관과 함께 문제해결을 위해 노력할 점을 생각해본다. 끝으로 지역문제의 해결 과정에 필요한 주민참여의 바람직한 태도를 학습하고 이를 실천으로 이끌어내는 데 주안점을 둔다.				
단원 주제	공공기관, 공공기관의 역할, 지역 문제, 주민참여				

 **단원 구조**

구분	내 용
핵심 아이디어	• 민주주의의 이념과 원리를 실현하기 위해서는 제도와 의식의 개선이 필요하다. • 다양한 정치 주체가 정치과정에 참여하며, 민주주의는 여러 제도와 시민 참여를 통해 실현된다.
성취기준	[4사08-02] 지역에서 이루어지는 민주주의 사례를 통해 주민 자치와 주민 참여의 중요성을 파악하고, 지역 사회의 문제 해결에 참여하는 태도를 기른다. [4사09-01] 생활 주변에서 찾을 수 있는 여러 가지 문제를 파악하고, 그 문제를 합리적으로 해결하는 능력을 기른다.
개념적 렌즈	영향
개념망	**공공기관의 의미** 　－ 공공기관 **공공기관의 역할** 　－ 공공기관의 종류 　－ 공공기관의 역할 **공공기관은 어떠한 역할을 하는가?** **지역 문제 해결** 　－ 지역 문제 　－ 대화와 타협 　－ 다수결의 원칙 **주민 참여** 　－ 시민단체 　－ 주민 투표

🗂 단원의 지도 계획

1. 단원 구조

구분 스트랜드	핵심 아이디어	일반화	안내 질문	내용 요소			평가방법
				지식·이해	과정·기능	가치·태도	
공공기관의 의미	• 민주주의의 이념과 원리를 실현하기 위해서는 제도와 의식 개선이 필요하다.	• 주민전체의 이익과 편의를 위해 국가가 세운 기관이 공공기관이다.	(사) 우리 지역에는 어떠한 공공기관이 있는가? (개) 주민 전체의 이익과 편의를 위해 국가가 세운 기관은 무엇이라고 하는가? (논) 공공기관은 언제나 주민 전체에게 이익과 편의를 제공해주는가?	• 민주주의의 의미	• 민주주의 사례를 조사하기	• 민주적 기본 가치	구술평가
공공기관의 역할		• 공공기관은 주민의 안전과 편리함을 위해 여러 가지 일을 한다.	(사) 공공기관이 없다면 어떤 일이 발생할 수 있는가? (개) 공공기관은 어떠한 역할을 하는 기관인가? (논) 공공기관이라도 협력할 필요가 있는가?	• 주민 자치 사례	• 사회문제 해결에 참여하기	• 민주적 기본 가치	조사보고서 구술평가
지역 문제 해결	• 다양한 정치 주체가 정치과정에 참여하며, 민주주의는 여러 제도와 시민 참여를 통해 실현된다.	• 지역 문제로 발생하는 주민들 간의 갈등을 해결하기 위해서는 합리적인 의사결정 과정이 필요하다.	(사) 주민을 불편하게 하거나 갈등을 일으키는 우리 지역의 문제는 어떤 것이 있는가? (개) 지역 문제란 어떠한 문제를 말하는가? (논) 내 집에서 나가 하는 일도 지역에 문제가 되지 않는가?	• 민주주의의 실천	• 사회문제 해결에 참여하기	• 민주적 기본 가치	조사보고서
주민참여		• 지역 주민들은 다양한 주민 참여 방법으로 지역 문제를 해결하는 과정에 참여한다.	(사) 지역의 문제를 해결하기 위해 주민들이 이견을 좁힐 수 있는 방법은 무엇인가? (개) 시민단체란 어떠한 일을 하는 단체인가? (논) 다수결로 결정한 내용은 언제나 모든 주민이 만족하는가?	• 주민 참여와 지역사회문제 해결	• 민주주의 사례 조사하기 • 사회문제 해결에 참여하기	• 민주적 기본 가치 • 선거 과정의 참여	서술평가 관찰평가

2. 단원 총괄평가

여러분은 홍보물 제작자입니다. 지역에 있는 공공기관의 종류 및 역할과 이들 공공 기관이 주민들의 생활에 어떤 영향을 주는지 조사하고, 지역에서 발생하는 문제와 그 해결을 위한 주민참여 실태에 대해 자료를 수집합니다. 이를 바탕으로 우리 지역에 있는 공공 기관의 종류와 역할 및 지역 문제 해결에 대한 홍보물을 제작해야 합니다.

• 루브릭(채점기준표)

척도 평가 요소	잘함	보통	노력 필요
우리 지역 공공기관의 종류와 역할 이해 (지식·이해)	우리 지역에 있는 공공 기관의 종류와 역할에 대해 명확하게 이해한다.	우리 지역에 있는 공공 기관의 종류와 역할에 대해 이해한다.	우리 지역에 있는 공공 기관의 종류와 역할에 대해 부분적으로 이해한다.
우리 지역의 문제와 해결방안 찾기 (과정·기능)	우리 지역의 문제를 구체적으로 조사하고 합리적인 해결 방안을 찾을 수 있다.	우리 지역의 문제를 조사하고 해결방안을 찾을 수 있다.	우리 지역의 문제를 알고 이를 해결해야 함을 이해한다.
우리 지역 문제에 대한 주민참여 (가치·태도)	우리 지역에서 발생하는 문제해결에 대해 적극 참여하려는 의지가 담겨 있다.	우리 지역에서 발생하는 문제해결에 대해 참여하려는 의지가 담겨 있다.	우리 지역에서 발생하는 문제와 해결에 대해 이해한다.

3. 학습 활동

스트랜드	차시	학습 활동
공공기관의 의미	1	· 공공기관의 의미
공공기관의 역할	2	· 공공기관의 조사계획 세우기
	3	· 공공기관의 종류와 역할 발표 (1)
	4	· 공공기관의 종류와 역할 발표 (2)
지역 문제 해결	5	· 지역 문제의 의미와 사례
	6	· 지역 문제 해결방안 찾기
	7	· 우리 지역의 문제와 해결방안 찾기
주민참여	8	· 주민 참여의 중요성과 사례
	9	· 주민 참여 방법과 바람직한 태도
정리	10	· 단원 총괄평가 및 성찰

학습 활동 설계

💡 1차시: 공공기관의 의미

- **개념**: 공공기관, 국가
- **일반화**: 주민 전체의 이익과 편의를 위해 국가가 세운 기관이 공공기관이다.
- **학습목표**: 주민 전체의 이익과 편의를 위해 국가가 세운 공공기관을 이해하고,
  공공기관의 의미를 설명할 수 있다.
- **내용요소(과정·기능)**: 민주주의 사례를 조사하기

차시	학습활동	자료/유의점

관계
맺기
	• 우리 지역 지도 살펴보기
	  - 우리 지역에는 어떤 곳들이 있는가?
	  - 사람들이 많이 모이는 곳에는 어떤 건물들이 있는가?
	  - 그 건물은 무엇을 하는 곳인가?
		🖼 우리 지역
		지도 PPT

집중
하기
	• 공공기관의 개념 형성하기
	  - 지도에는 어떤 기관들이 있는가?
	  - 지도에 있는 기관들을 하는 일에 따라 나누어 보자.
	• 다음 그룹 ㉮의 기관들과 그룹 ㉯의 기관들은 어떤 차이가 있는가?
		🖼 우리 지역
		지도 PPT
		학습지

㉮	㉯
경찰서, 시청, 우체국, 주민센터, 교육청,	슈퍼마켓, 백화점, 시장, 아파트

차시	학습활동	자료/유의점
조직 및 정리 하기	• 공공기관의 개념 정리하기 • 다음 기관들이 하는 일의 공통점을 찾아보자.	📋 학생들 스스로 개념을 형성하는 데 주안점을 둔다.

㉮			㉯		
기관	하는일	공통점	기관	하는일	공통점
경찰서			슈퍼마켓		
시청			백화점		
우체국			시장		
주민센터			아파트		

	학습활동	
조직 및 정리 하기	- ㉮ 그룹의 각 기관이 하는 일과 그 공통점은 무엇인가? - ㉯ 그룹의 각 기관이 하는 일과 그 공통점은 무엇인가? - ㉮ 그룹의 기관들이 하는 일과 ㉯ 그룹의 기관들이 하는 일의 공통점과 차이점은 무엇인가? <개념적 질문> ㉮와 ㉯ 그룹 중 주민 전체의 이익과 편의를 위해 국가가 세운 기관은 어느 것인가? • 공공기관이란?: 주민 전체의 이익과 편의를 위해 국가가 세운 기관 <사실적 질문> 우리 지역에는 어떠한 공공기관이 있는가? <논쟁적 질문> 공공기관은 언제나 주민 전체에게 이익과 편의를 제공해주는가?	

일반화
하기
	• 공공기관을 한 문장으로 나타내기
	  - 주민 전체의 이익과 편의를 위해 국가가 세운 기관이
	    ( )이다.	

💡 **2~4차시: 공공기관의 종류와 역할**

• **개념**: 공공기관, 주민, 일
• **일반화**: 공공기관은 주민의 안전함과 편리함을 위해 여러 가지 일을 한다.
• **학습목표**: 공공기관은 주민의 안전함과 편리함을 위해 여러 가지 일을 한다
　　　　　는 것을 이해하기 위해, 공공기관의 종류와 하는 일을 조사·발표할
　　　　　수 있다.
• **내용요소(과정·기능)**: 사회문제 해결에 참여하기

(2차시): 공공기관의 조사 계획 세우기

차시	학습활동	자료/유의점
관계 맺기	• 공공기관 떠올리기 • '시장에 가면' 게임을 '○○시에 가면'으로 바꾸어 게임을 해보자. 　- ○○시에 가면, 시청도 있고~ 　- ○○시에 가면, 시청도 있고, 구청도 있고~ 　- ○○시에 가면, 시청도 있고, 구청도 있고, 우체국도 있고~ 　- ○○시에는 어떠한 공공기관들이 있는가?	
조사 하기	• 공공기관에 대한 조사 방법 알아보기 • 조사를 해 본 경험을 이야기해보자. • 조사했던 경험을 생각하며 조사 방법 한 가지를 포스트잇에 써서 칠판에 붙여보자. • 어떠한 방법들이 있는지 확인해보자.	㉾ 포스트잇, 보드마카
집중 하기	• 각 조사 방법의 장단점을 알아보기<table><tr><td>순</td><td>조사 방법</td><td>장점</td><td>단점</td></tr><tr><td>1</td><td>인터넷 검색</td><td></td><td></td></tr><tr><td>2</td><td>신문, 방송 등 매체</td><td></td><td></td></tr><tr><td>3</td><td>어른들께 여쭤보기</td><td></td><td></td></tr><tr><td>4</td><td>견학하기</td><td></td><td></td></tr></table>	㉾ 학생들 스스로 조사 방법의 장단점을 찾도록 지도한다.
전이 하기	• 모둠별로 공공기관에 대한 조사 방법을 선택하고 조사 계획 세우기 • 조사 방법을 한 가지 선택해보자. • 조사 방법에 맞게 모둠별로 조사계획을 세워보자.<table><tr><td>구 분</td><td>내 용</td></tr><tr><td>조사할 공공기관</td><td></td></tr><tr><td>조사 기간</td><td></td></tr><tr><td>조사할 내용</td><td></td></tr><tr><td>조사 방법</td><td></td></tr><tr><td>역할 분담</td><td></td></tr><tr><td>유의 사항</td><td></td></tr></table>	㉾ 학습지 ㉾ 학생들 스스로 조사 계획을 세우는 데 주안점을 둔다.

(3~4차시): 공공기관의 종류와 역할 조사 발표

차시	학습활동	자료/유의점
관계 맺기	<사실적 질문> 공공기관이 없다면 어떤 일이 발생할 수 있는가? <신문 기사> 2022년 5월 28일 낮 12시 6분쯤 경북 울진군 근남면 행곡리 한 야산에서 산불이 발생했다. • 신문 기사를 읽어보고 어떠한 일이 발생했는지 발표해보자. - 이러한 일이 발생했을 때 누가 어떻게 해결해야 할까? - 공공기관의 도움이 없다면 이 일은 어떻게 될 것으로 예상되는가?	📄 신문 기사 PPT
조사 하기	• 공공기관에서 하는 일 알아보기 • 우리가 조사한 공공기관은 어떠한 기관들인가? - 소방서, 보건소, 경찰서, 교육청, 주민센터, 기상청 • 공공기관 이름을 칠판에 붙여보자. • 각 공공기관 중 하나를 골라서 자신이 알고 있는 공공기관이 하는 일 한 가지를 포스트잇에 써서 공공기관 아래 붙여보자. • 포스트잇의 내용을 보아 공공기관이 하는 일은 무엇인가? • 각 모둠에서 조사한 내용 중 학생들이 발표한 내용 이외의 내용을 보충 발표하고 질문과 답변의 시간을 갖는다.	📄 조사내용 발표 PPT 🔲 사전에 모둠별 과제로 조사 예고
일반화 하기	<개념적 질문> 공공기관은 어떠한 역할을 하는 기관인가? - (　　　　)은 지역 주민들이 안전하고 편리한 생활을 하기 위한 일을 하기 때문에 중요하다. - (　　　　)은 개인이 할 수 없는 여러 가지 어려운 일을 하기 때문에 중요하다.	📄 학습지
전이 하기	<논쟁적 질문> 공공기관끼리도 협력할 필요가 있는가? - 경찰서와 학교가 함께하는 일에는 무엇이 있는가? - 이러한 공공기관은 왜 학교와 함께 이런 일을 하는가? - 우리 학교와 함께 일하는 공공기관으로는 또 어디가 있는가? - 학교 이외에 다른 공공기관들이 서로 힘을 합쳐 일하는 경우도 있는가?	
성찰 하기	• 조사 계획과 조사ㆍ발표 활동에 대한 성찰 - 공공기관의 조사 계획 활동에 적극적으로 참여하였는가? - 조사 계획은 합리적으로 작성되었는가? - 공공기관의 종류와 역할에 대한 조사 활동에서 자신의 역할을 성실하게 실행하였는가? - 조사내용은 정확하고 다양하였는가? - 공공기관의 종류와 역할에 대한 발표에 적극적으로 참여하였는가? - 발표 방법과 제공된 자료가 적절하였는가?	🔲 조사 계획과 실행에 대한 성찰이 깊이 있게 이루어지도록 한다.

💡 5~7차시: 지역 문제의 해결
- 개념: 지역 문제, 갈등
- 일반화: 지역 문제로 발생하는 주민들 간의 갈등을 해결하기 위해서는 합리적인 의사결정 과정이 필요하다.
- 학습목표: 지역 문제로 발생하는 주민들 간의 갈등을 해결하기 위해서는 합리적인 의사결정 과정이 필요함을 알고, 지역 문제를 합리적으로 해결할 수 있다.
- 내용요소(과정·기능): 사회문제 해결에 참여하기
  (5차시): 지역 문제의 의미와 사례

차시	학습활동	자료/유의점
조사 하기	• 그림에서 지역 문제 찾아보기 - 그림을 보고 이 지역 주민들이 겪는 문제에는 무엇이 있는지 찾아보자. - 공사장 주변에서 겪을 수 있는 문제는 어떤 것이 있는가? - 학생들이 학교에 가는 길에 겪는 어려움은 무엇인가? - 구급차는 왜 골목길에 들어가지 못하는가? - 이웃 간에 다툼이 일어난 이유는 무엇인가?	🎨 지역 문제 사례 그림
조직 및 정리 하기	• 지역 문제와 그 결과 • 그림에서 찾은 문제들을 알아보자. - 공사장에서 소음이 발생한다. - 차가 많아 119 응급차가 환자에게 못 간다. - 쓰레기를 함부로 버린다. - 주차장 부족 • 지역 문제로 인한 결과 - 소음공해, 교통혼잡으로 인한 피해, 쓰레기로 인한 환경오염, 주차로 인한 주민 간 갈등	🎨 지역 문제 사례 그림
일반화 하기	<개념적 질문> 지역 문제란 어떠한 문제를 말하는가? • 지역 문제의 의미 - 지역 주민의 삶을 불편하게 하거나 갈등을 일으키는 문제를 ( )라고 한다. • 지역 문제의 사례 - 교통혼잡 문제, 소음 문제, 환경오염 문제, 시설 부족 문제, 주택 노후화 문제, 안전 문제	🎨 학습지
전이 하기	<사실적 질문> 주민을 불편하게 하거나 갈등을 일으키는 우리 지역의 문제는 어떤 것이 있는가? • 그림에서 찾은 문제처럼 우리 지역에서 겪는 문제를 찾아보자. • 우리 지역에서 겪는 문제 한 가지를 포스트잇에 써서 칠판에 붙여보자. • 우리 지역의 문제에는 어떠한 것들이 있는지 확인해보자. - ○○지하도 교통혼잡, ○○건물 공사장 소음 문제, ○○로 자동차 배기가스로 인한 미세먼지 문제, ○○구 주택 부족으로 인한 집값 문제...	📝 경험을 바탕으로 한 구체적인 지역 문제 찾기
성찰 하기	• 우리 지역의 지역 문제 발생에 대한 나의 성찰 <논쟁적 질문> 내 집에서 내가 하는 일은 지역에 문제가 되지 않는가?	

(6~7차시): 지역 문제와 해결 방안 찾기

차시	학습활동	자료/유의점
조사 하기	• 지역 문제 해결 사례 (주차 문제) 분석해보기 - 이 지역의 지역 문제는 무엇이었는가? - 지역 문제를 확인한 뒤 처음 한 일은 무엇인가? - 지역 문제의 원인과 관련된 자료를 수집한 뒤 어떠한 과정이 진행되었는가? - 문제해결 방안을 찾기 위해 지역 주민들은 어떠한 참여 방법을 활용하였는가? - 어떠한 과정을 통해 가장 적절한 방안을 결정하였는가? - 결정된 방안을 구체적으로 어떻게 실천하였는가?	🎞 지역 문제 해결 사례 자료

• 지역 문제의 해결 과정 알아보기

순	절차	방법	
1	(　　　) 확인	지역 문제에 관심 두기, 시·도청 누리집 방문, 지역신문이나 뉴스 살펴보기, 지역 주민과 면담	
2	문제 발생 (　　)파악	실태 조사 자료, 신문이나 뉴스 찾아보기, 지역 주민과 면담하기 • 수집한 자료에서 필요한 정보 찾아 해석하기	
3	문제 (　　　) 탐색	지역 대표자 회의, 주민 회의, 시·도청 누리집에 의견 올리기, 서명운동하기 등	
4	문제 (　　　) 결정	대화와 타협, 다수결의 원칙에 따라 결정	
5	문제 (　　　) 실천	구청, 시·도청의 해결방안 실행, 주민들의 협조, 캠페인 활동 등	

(조직 및 정리하기)

🎞 사례를 통하여 학생들 스스로 해결 과정을 찾는데 주안점을 둔다.

일반화 하기

• 지역 문제의 해결을 위한 합리적인 절차

1. (　　　)　　➡　2. 문제 발생　　➡　3. 문제 (　　　)
　　확인　　　　　　　　(　　) 파악　　　　　　　탐색

➡　4. 문제 (　　　)　　➡　5. 문제 (　　　)
　　　　결정　　　　　　　　　실천

전이 하기

• 학습한 내용을 내가 사는 지역의 지역 문제 해결에 적용해보기

순	절차	내용
1	지역 문제 확인	
2	문제 발생 원인 파악	
3	문제 해결 방안 탐색	
4	문제 해결 방안 결정	
5	문제 해결 방안 실천	

🎞 우리 지역의 문제와 발생 원인에 대한 자료를 과제로 미리 수집해 오도록 한다.
🎞 학습지

💡 8~9차시: 주민 참여방법 이해와 바람직한 태도

- **개념**: 주민 참여, 지역 문제
- **일반화**: 지역 주민들은 다양한 주민 참여의 방법으로 지역 문제를 해결하는 과정에 참여한다.
- **학습목표**: 지역 주민들은 다양한 주민 참여의 방법으로 지역 문제를 해결하는 과정에 참여한다는 것을 이해하기 위해, 주민 참여의 방법을 알고 바람직한 태도로 참여할 수 있다.
- **내용요소(과정·기능)**: 민주주의 사례를 조사하기, 사회문제 해결에 참여하기

차시	학습활동	자료/유의점
관계 맺기	• 지역의 문제해결을 위해 참여해야 하는 사람은 누구인가? 　　　　＜신문 기사＞ oo시는 **지역을 생태 보호지역으로 지정할 계획을 세우고 그 인근 땅을 개발하지 못하도록 제한했다. 이 과정에서 주민들은 그 지역에 건물을 지을 수 없게 되어 반발하고 있다. - 신문에 나온 기사의 지역 문제 내용은 무엇인가? - 지역 문제를 해결하기 위해 참여해야 할 사람은 누구일까? - 지역 문제 해결을 위해 주민들이 참여해야 한다면 그 이유는 무엇인가?	📺 지역 문제 관련 그림
조사 하기	＜사실적 질문＞ 지역의 문제를 해결하기 위해서 주민들이 의견을 낼 수 있는 방법은 무엇인가? • 주민 참여 방법을 한두 가지씩 포스트잇에 써서 칠판에 붙여보자. 주민회의, 공청회, 환경시민단체 활동, 시·도청 누리집 의견 올리기, 경제시민단체 활동, 서명운동하기, 봉사 시민단체 활동, 교육시민단체 활동 등...	📺 학습지
조직 및 정리 하기	• 주민 참여의 개념 이해 ㅤ **㉮**: 주민회의, 공청회, 시·도청 누리집 의견 올리기, 서명운동하기, **㉯**: 환경시민단체 활동, 경제 시민단체 활동, 봉사시민단체 활동, 교육시민단체 활동 - ㉮와 ㉯ 중 지역 주민이 중심이 되어 지역 문제를 해결하는 방법은 어느 것인가? - ㉮와 ㉯ 중 시민들이 스스로 모여 사회 전체의 이익을 위해 활동하는 단체들이 지역 문제 해결에 참여하는 방법은 어느 것인가? ＜개념적 질문＞ 시민단체란 어떠한 일을 하는 단체인가?	📺 주민 참여 방법 PPT

성찰
하기
	• 우리 지역 문제 해결에 참여하는 태도 생각해보기
	  - 나와 우리 가족은 우리 지역 문제와 해결에 얼마나 관심을
	    두었는가?
	  - 우리 지역의 문제해결 과정에 참여하여 의견을 나눌 때
	    말씨와 태도는 어떠해야 할까?
	<논쟁적 질문> 다수결로 결정한 내용은 언제나 모든 주민이
	만족하는가?

전이
하기
	• 내가 사는 지역 문제를 찾고 해결을 위해 참여하기
	  - 내가 사는 지역 문제에 관심을 갖고 지역의 문제를 찾아보자.
	  - 내가 사는 지역 문제 해결을 위해 내가 참여할 수 있는 방법
	    을 찾아 참여해보자.
	  - 주민 참여나 시민단체 참여 시 바람직한 태도를 실천해보자.

💡 10차시: 단원 총괄평가 및 성찰

- 개념: 공공기관의 역할, 지역 문제
- 일반화: 학생들은 공공기관의 역할을 바르게 이해함으로써 지역의 문제를 해결할 수 있다.
- 학습목표: 학생들은 공공기관의 역할을 바르게 이해함으로써 지역의 문제를 해결할 수 있음을 이해하기 위해, 우리 지역에 있는 공공기관의 종류와 역할 및 지역 문제 해결에 대한 홍보물을 제작할 수 있다.
- 내용요소(과정·기능): 민주주의 사례를 조사하기, 사회문제 해결에 참여하기

차시	평가 활동	자료/유의점
전이 하기	• 총괄평가 수행 과제 제시 및 안내 여러분은 홍보물 제작자입니다. 지역에 있는 공공 기관의 종류 및 역할과 이들 공공 기관이 주민들의 생활에 어떤 영향을 주는지 조사하고, 지역에서 발생하는 문제와 그 해결을 위한 주민참여 실태에 대해 자료를 수집합니다. 이를 바탕으로 우리 지역에 있는 공공 기관의 종류와 역할 및 지역문제 해결에 대한 홍보물을 제작해야 합니다. • 루브릭 제시	🖨 홍보용지 🔲 전체 단원의 내용이 종합적으로 포함되도록 작성함

평가 요소 \ 척도	잘함	보통	노력 필요
우리 지역 공공기관의 종류와 역할 이해(지식·이해)	우리 지역에 있는 공공 기관의 종류와 역할에 대해 명확하게 이해한다.	우리 지역에 있는 공공 기관의 종류와 역할에 대해 이해한다.	우리 지역에 있는 공공 기관의 종류와 역할에 대해 부분적으로 이해한다.
우리 지역의 문제와 해결방안 찾기 (과정·기능)	우리 지역의 문제를 구체적으로 조사하고 합리적인 해결방안을 찾을 수 있다.	우리 지역의 문제를 조사하고 해결방안을 찾을 수 있다.	우리 지역의 문제를 알고 이를 해결해야 함을 이해한다.
우리 지역 문제에 대한 주민참여 (가치·태도)	우리 지역에서 발생하는 문제해결에 대해 적극 참여하려는 의지가 담겨 있다.	우리 지역에서 발생하는 문제해결에 대해 참여하려는 의지가 담겨 있다.	우리 지역에서 발생하는 문제와 해결에 대해 이해한다.

차시	평가 활동	자료/유의점
	• 과제 수행 • 발표 및 평가	
성찰 하기	• 단원 성찰	

📖 개요

단원	역사를 품은 우리 문화재	학년	5학년	전체 차시	36

단원 소개	이 단원은 사회과의 '옛사람들의 삶과 문화', 국어과의 '토의'와 '여러 가지 매체 자료', 미술과의 '미술 여행을 떠나자'와 연계하여 재구성하였다. 고조선시대부터 삼국시대를 거쳐 조선시대까지의 사람들이 이룩한 문화유산을 통해 그 시대의 사람들의 모습을 추측하고, 역사적 유물과 유적을 바라보는 관점 및 우수성에 관해 알아보는 단원이다. 이를 위해 문화유산의 우수성을 탐구하고, 그 시대의 종교, 사회 제도를 바탕으로 문화재의 가치를 탐색하는 데 주안점을 둔다. 예술 작품을 그 시대의 문화, 제도, 종교 등과 연관지어 감상하는 경험을 갖고, 예술적 가치를 생각하며 선, 명암, 입체, 조화를 생각해서 다양한 유물과 유적을 만들고, 소개하는 활동을 통해 학생들이 문화재 보존을 위해 노력할 점에 대해 생각해 보는 경험의 기회를 제공한다.
단원 주제	문화유산의 의미, 문화의 우수성, 문화유산 소개, 문화재 보존

📖 단원 구조

구분	내용
핵심 아이디어	• 각 시대의 모습에는 당시 사람들의 생활상과 사고방식이 반영된다. • 역사 정보나 자료의 분석, 해석, 판단을 통해 역사 지식을 형성한다. • 역사 문제를 해결하면서 역사적 주체로서 실천하는 태도를 갖는다.
성취기준	[6국01-06] 토의에 협력적으로 참여하며 서로의 의견을 비교하고 조정한다. [6국03-04] 독자와 매체를 고려하여 내용을 생성하고 표현하며 글을 쓴다. [6사04-01] 선사 시대와 고조선의 유적과 유물을 활용하여 당시 사람들의 생활을 추론한다. [6사04-02] 역사 기록이나 유적·유물에 나타난 고대 사람들의 생각과 생활을 추론한다. [6사04-03] 다양한 역사 자료를 활용하여 고려 시대 사회 모습과 사람들의 생활을 추론한다. [6미03-01] 미술 작품을 작품이 만들어진 시대적, 지역적 배경 등과 연결하여 이해할 수 있다.
개념적 렌즈	관점

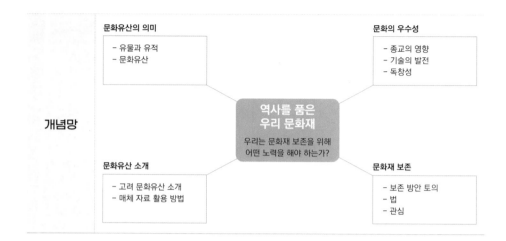

개념망

문화유산의 의미
- 유물과 유적
- 문화유산

문화의 우수성
- 종교의 영향
- 기술의 발전
- 독창성

**역사를 품은
우리 문화재**

우리는 문화재 보존을 위해
어떤 노력을 해야 하는가?

문화유산 소개
- 고려 문화유산 소개
- 매체 자료 활용 방법

문화재 보존
- 보존 방안 토의
- 법
- 관심

🖥️ 단원의 지도 계획

1. 단원 구조

스트랜드	핵심 아이디어	일반화	안내 질문	내용 요소			평가방법
				지식·이해	과정·기능	가치·태도	
문화유산의 의미	• 각 시대별 모습에는 당시 사람들의 생활과 사고방식이 반영된다.	• 문화유산은 다음 세대에게 계승할 만한 가치를 지닌 기술, 관습, 문화재를 의미한다.	(사) 고조선, 삼국시대, 고려시대, 조선시대 등에 문화 유산에는 무엇이 있는가? / (사) 유물과 유적은 어떻게 구분하는가? / (개) 조선시대 문화유산이 우리에게 주는 의미는 무엇인가? / (논) 몽골의 침략으로 황폐화되는 생활에서 대장경을 제작하며 국가의 운명을 종교에 걸었던 고려인들을 어떻게 생각하는가?	• 선사 시대 사람들의 생활 / • 고조선 시대 사람들의 생활 / • 고대 사람들의 생각과 생활 / • 고려 시대 사회 모습과 사람들의 생활	• 시대별 생활 모습에 대한 역사적 질문 생성하기 / • 역사 증거를 토대로 분석, 해석 및 판단하기	• 역사에 대한 관심과 흥미	관찰평가 서술평가
문화의 우수성	• 역사 잔재나 자료 분석, 해석을 통해 역사 지식을 형성한다.	• 문화재에는 그 시대의 종교와 기술을 반영하여 독창적인 특징이 나타난다.	(사) 문화재를 통해 알 수 있는 것은 무엇인가? / (개) 그 시대의 종교와 기술이 문화재에 어떻게 반영되는가? / (논) 고조선에서 발견된 유물은 박물관에 올려야 하는가?		• 역사 증거를 토대로 분석, 해석 및 판단하기 / • 역사적 사실을 구성하여 다양한 방식으로 표현하기	• 역사적 존재로서 자기인식	조사보고서 구술평가
문화유산 소개		• 고려 문화를 대표하는 것은 귀족과 불교 문화이다.	(사) 효과적으로 발표할 수 있는 매체 자료는 무엇이 있는가? / (개) 고려문화의 특징을 어떻게 판단할 수 있는가? / (논) 문화유산을 경매로 거래하는 것은 정당한가?	• 고려 시대 사회 모습과 사람들의 생활		• 타인의 역사적 해석을 존중하는 태도	관찰평가 조사보고서
문화재 보존	• 역사 문제를 해결하면서 역사적 주체로서 실천하는 태도를 갖는다.	• 문화재는 날라 우리들의 관심을 통해 보존된다.	(사) 환수조치 해야 할 해외 문화재는 어떤 것들이 있는가? / (개) 문화재는 어떻게 보호되는가? / (논) 해외 불법 반출 문화재 환수를 위해 어떤 노력을 해야 하는가?		• 사회문제들의 역사적 연원을 파악하는 질문 생성 및 해결 방안 탐색하기	• 역사에 근거를 존중하는 태도 / • 역사적 주체로서 실천하는 삶의 자세	관찰평가 조사보고서

2. 단원 총괄평가

여러분은 미술관 큐레이터입니다. 관심있는 모형 문화재에 대해 전시회를 열고 관람객에게 문화재에 대해 설명을 해야 합니다. 모둠에서 만든 모형 문화재를 전시하고 설명에는 ① 모형 문화재의 이름, 시대, 특징 ② 매체 자료를 활용한 전시 ③ 문화재 보존에 대한 태도가 포함되어야 합니다.

• 루브릭(채점기준표)

수준 \ 요소	① 모형 문화재의 이름, 시대, 특징 (지식·이해)	② 매체 자료를 활용한 전시 (과정·기능)	③ 문화재의 보존 (가치·태도)
잘함	모형 문화재의 이름과 시대 및 특징을 구체적이고 정확하게 설명할 수 있다.	적절한 매체 자료를 활용하여 짜임새 있게 만든 모형 문화재를 전시할 수 있다.	문화재 보존에 관심을 갖고 노력할 점을 구체적으로 제시하며, 실천하기 위해 노력한다.
보통	모형 문화재의 이름과 시대 및 특징을 설명할 수 있다.	적절한 매체 자료를 활용하여 만든 모형 문화재를 전시할 수 있다.	문화재 보존에 관심을 갖고 노력할 점을 제시한다.
노력 필요	모형 문화재의 이름과 시대는 알고 있으나 특징을 설명하는데 어려움이 있다.	매체 자료를 활용하여 만든 모형 문화재를 전시할 수 있다.	문화재 보존의 의미를 제시한다.

3. 학습 활동

스트랜드	차시	학습 활동
문화유산의 의미	1~3	· 고조선 문화유산에는 어떤 특징이 있는가?
	4~10	· 삼국시대 문화유산에는 어떤 특징이 있는가?
	11~13	· 고려시대 문화유산에는 어떤 특징이 있는가?
	14~17	· 조선시대 문화유산에는 어떤 특징이 있는가?
문화의 우수성	18~26	· 톡톡! 문화유산 만들기
문화유산 소개	27~28	· 문화유산해설사
문화재 보존	29~35	· 문화재 보존 방안 토의하기
정리	36	· 총괄평가 및 성찰

학습 활동 설계

💡 **1~3차시: 고조선 문화유산에는 어떤 특징이 있는가?**

• 개념: 8조법, 유물, 국가
• 일반화: 8조법과 유물을 통해 고조선은 최초의 국가이다.
• 학습목표: 고조선의 8조법과 유물을 통해 고조선이 최초의 국가라는 사실을 설명할 수 있다.
• 내용요소(과정·기능): 고조선 문화유산 조사하기, 역사 증거를 토대로 분석, 해석 및 판단하기

차시	학습활동	자료/유의점
관계 맺기	• 선생님 가방 안에 물건 추측하기 - 선생님 가방 안에 물건 꺼내기 - 가방 안에 물건들의 용도는 무엇이었을까요? 물건의 용도를 추측할 때 기준, 고려한 사항은 무엇인가요? 후세대에 의미있는 물건을 찾아보고, 이유에 대해 말하기	📄 가방, 물건, PPT 💡 유물과 유적의 관점에 대해 생각하게 한다.
집중 하기	• 유물과 유적의 의미 <사실적 질문> 유물과 유적은 어떻게 구분하는가? • 미송리식 토기, 탁자식 고인돌, 비파형 동검의 사진을 보고 유물과 유적의 의미에 대해 생각하기 • 유물과 유적의 차이점 정리하기	📄 고조선 유물 사진
조사 하기	<사실적 질문> 고조선의 문화유산에는 무엇이 있는가? • 미송리식 토기, 탁자식 고인돌, 비파형 동검의 특징 찾아보기 • 유물과 유적이 발견된 장소 알아보기 • 8조법 법조항 알아보기	📄 PPT, 태블릿 PC
조직 및 정리 하기	<개념적 질문> 8조법과 유물을 통해서 알 수 있는 고조선 사회의 특징은 무엇인가? • 8조법으로 알 수 있는 사실 - 8조법으로 고조선이 최초의 국가라는 것을 알 수 있다. • 유물을 통해 알 수 있는 사실 - 고조선의 영토 범위와 문화를 알 수 있다.	💡 학생들 스스로 개념을 형성하는데 주안점을 둔다.
일반화 하기	• 고조선의 최초의 국가라는 것은 무엇을 통해 알 수 있을까요? - 고조선의 (　)과 (　), (　), (　),(　)의 문화유산이다. • 고조선의 문화유산의 특징 - 고조선 시대 문화유산의 특징을 문장으로 표현하기 - 고조선의 문화유산은 (　　　　　　　)이다. 왜냐하면 (　) 때문이다.	📄 학습지

전이
하기
	• 8조법의 남은 5개 조항 추측하기
	  - 유물, 유적, 신화, 8조법의 남아 있는 3개 조항을 토대로 추
	    측하기
	  - 각 모둠은 각각 한 가지씩 법 조항 만들기
	  - 법 조항을 만든 이유를 찾고 설명하기
		🗋 학습지

성찰 하기	<논쟁적 질문> 고조선의 중심지(수도)는 어디였을까? • 아직도 궁금한 부분은 무엇인가요? • 고조선만의 문화유산을 찾을 때 어떻게 협력활동을 했나요?	

💡 4~10차시: 삼국시대 문화유산에는 어떤 특징이 있는가?

- 개념: 불교, 문화유산
- 일반화: 불교는 삼국시대의 문화유산에 영향을 끼쳤다.
- 학습목표: 불교는 삼국시대의 문화유산에 영향을 주었다는 것을 이해하기 위해, 삼국시대 문화유산을 통해 불교의 영향에 관해 설명할 수 있다.
- 내용요소(과정·기능): 삼국시대 문화유산 조사하기, 역사 증거를 토대로 분석, 해석 및 판단하기

차시	학습활동	자료/유의점

관계
맺기
	• 그림 읽기
	  - 그림 속의 인물이 입은 옷은 어
	    떠한가요?
	  - 인물의 신분은 무엇일까요?
	    인물은 어떤 생각을 하고 있을까요?
	출처 https://www.bing.com/
		🖼 사진, PPT

집중
하기
	• 고구려, 백제, 신라의 유물과 유적에 대해 조사하기
	  - 지리적 위치, 대외 정세, 종교와 문화 유산의 연관성 찾기
	  - 고구려, 백제, 신라만의 문화를 보여주는 문화 유산 증거 자
	    료 정리	

조사
하기
	<사실적 질문> 삼국시대의 문화 유산에는 무엇이 있는가?
	• 고구려, 백제, 신라의 유물과 유적에 대해 조사하기
	  - 지리적 위치, 대외 정세, 종교와 문화 유산의 연관성 찾기
	  - 고구려, 백제, 신라만의 문화를 보여주는 문화 유산 증거 자
	    료 정리
		🖼 PPT, 태블릿
		PC
		💡 당시 사람들
		의 생활 모습을
		짐작하게 한다.

조직
및
정리
하기
	<개념적 질문> 삼국시대 문화 유산을 통해 알 수 있는 사실은
	무엇인가?
	• 불상, 탑, 절 등으로 알 수 있는 사실
	  - 삼국 시대는 많은 사람들이 불교를 믿었다.
	• 삼국 시대 문화유산을 통해 알 수 있는 사실
	  - 문화유산의 생김새로 보아 서역, 중국, 일본과 교류했음을
	    알 수 있다.
	  - 불교와 관련된 문화유산으로 불교를 믿었음을 알 수 있다.
		💡 학생들 스스
		로 개념을 형성
		하는데 주안점
		을 둔다.

일반화
하기
	• 삼국시대의 문화유산을 통해 무엇을 알 수 있을까요?
	  - 삼국시대 종교는 ( )이다. 왜냐하면 ( )이기 때문이다.
	• 삼국시대 문화유산의 특징
	  - 고구려(백제, 신라) 시대 문화유산의 특징을 문장으로 표현하기
	  - ( ) 문화유산은 ( )이다. 왜냐하면
		🖼 학습지

	( ) 때문이다.	
전이 하기	<논쟁적 질문> 내가 삼국시대 사람들처럼 나의 생각을 남긴다 면 어떻게 하겠는가? • 고구려 벽화: 2022년, 백제: 나만의 금동대향, 신라: 금관 디자인 • 오늘날 나의 물건, 기록물, 작품 중에서 역사적 가치가 있다 고 생각하는 문화유산에는 무엇이 있을까요?	🖼 학습지, 채색 도구
성찰 하기	• 이전 조사활동보다 무엇이 좋아졌나요? 이유는 무엇인가요? • 아직도 궁금한 부분은 무엇인가요?	

💡 11~13차시: 고려시대 문화유산에는 어떤 특징이 있는가?

- **개념**: 통치체제, 기술력
- **일반화**: 고려 문화를 대표하는 것은 귀족문화와 불교문화이다.
- **학습목표**: 고려 문화를 대표하는 것은 귀족문화와 불교문화임을 이해하기 위해 고려청자, 팔만대장경, 금속활자의 문화유산을 통해 고려사회의 모습을 설명할 수 있다.
- **내용요소(과정·기능)**: 고려 문화유산 조사하기, 역사 증거를 토대로 분석, 해석 및 판단하기

차시	학습활동	자료/유의점
관계 맺기	· 그림 읽기 - 다음은 어느 나라의 대표적인 상품 (브랜드)인가요? Google YouTube STARBUCKS COFFEE Coca Cola NIKE Instagram Apple <출처: https://www.google.com>	📄 PPT
집중 하기	· 고려 시대의 대표 상품은 무엇일까요? - 고려 청자, 금속활자, 팔만대장경의 특징 살펴보기	
조사 하기	<사실적 질문> 고려시대의 문화 유산에는 무엇이 있는가? · 고려시대의 문화유산에 대해 조사하기 - 고려 문화 유산의 우수성 정리하기	📄 PPT, 태블릿 PC 💡 당시 사람들의 생활 모습을 짐작하게 한다.
조직 및 정리 하기	<개념적 질문> 고려시대 문화 유산을 통해 알 수 있는 고려 사회의 모습은 무엇인가? · 고려청자, 팔만대장경, 금속활자를 통해 알 수 있는 고려 사회의 모습 - 고려청자는 다양한 용도로 사용했으며 화려한 귀족문화를 알 수 있다. - 고려청자는 귀족이 지배하는 통치체제였다는 것을 증명하는 증거이다. - 팔만대장경은 고려의 목판제조술, 조각술, 인쇄술이 뛰어나다는 증거이다. - 금속활자로 고려시대의 발전된 기술을 알 수 있다.	💡 학생들 스스로 개념을 형성하는데 주안점을 둔다.
일반화 하기	· 고려시대의 문화유산을 통해 무엇을 알 수 있을까요? - 고려청자, 팔만대장경, 금속활자를 통해 고려시대는 강력한	📄 학습지

	( )이 지배하는 정치체제임을 알 수 있다. - 고려청자, 팔만대장경, 금속활자의 문화유산의 특징은 ( ), 　( )이다. • 고려의 문화유산의 특징 - 고려 시대 문화유산의 특징을 문장으로 표현하기 - 고려의 문화유산은 (　　　　　　　)이다. 왜냐하면 　(　　　) 때문이다.	
전이 하기	<논쟁적 질문> 몽골의 침략으로 황폐화되는 상황에서 대장경을 제작하며 국가의 운명을 종교에 걸었던 고려인들을 어떻게 생각하는가? • 고려인들이 국가의 운명을 종교에 걸었던 행동을 현재적 관점에서 어떻게 생각하나요? • 고려인들이 몽골의 침략에 대응할 방법은 무엇이 있었을까요?	㉓ 학습지
성찰 하기	• 문화재의 우수성과 더불어 정치적인 관점에서 판단하는 것에 어려운 점은 없었나요? • 아직도 궁금한 부분은 무엇인가요?	

💡 14~17차시: 조선시대 문화유산에는 어떤 특징이 있는가?

- **개념**: 서민문화, 경제생활, 신분 질서
- **일반화**: 조선시대의 경제생활과 신분 질서의 변화를 알 수 있게 해 주는 것은 서민문화이다. 문화유산은 다음 세대에게 계승할 만한 가치를 지닌 기술, 관습, 문화재를 의미한다.
- **학습목표**: 조선시대의 경제생활과 신분 질서의 변화를 알 수 있게 해 주는 것은 서민문화이고, 문화유산은 다음 세대에게 계승할 만한 가치를 지닌 기술, 관습, 문화재를 의미함을 이해하기 위해, 조선시대 서민문화 발달로 변화된 생활모습과 문화유산의 의미를 설명할 수 있다.
- **내용요소(과정·기능)**: 조선시대 서민문화 조사하기, 역사 증거를 토대로 분석, 해석 및 판단하기

차시	학습활동	자료/유의점
관계 맺기	• 경제와 문화의 관계 알아보기 - 경제가 발달하면 문화가 발달할까요? - 우리나라 1인당 국민소득 변화와 영화관의 수 비교 경제수준과 문화와의 관계 파악하기	🖥 PPT
집중 하기	• 그림은 무슨 장면일까요? • 사람들의 옷차림은 어떤가요? • 공연을 관람할 수 있는 이유는 무엇일까요? - 또 유추할 수 있는 사실은 무엇일까요?	🖥 그림
조사 하기	<사실적 질문> 조선시대 서민문화에는 어떤 것들이 있는가? • 판소리, 한글소설, 풍속화, 탈놀이 등 조사하기 - 한글 소설이 널리 보급된 까닭은 무엇일까요? 홍길동전을 통해 알 수 있는 당시 사회의 모습은 무엇일까요? 탈놀이를 통해 무엇을 알 수 있을까요?	🖥 PPT, 태블릿 PC 📝 당시 사람들의 생활 모습을 짐작하게 한다.
조직 및 정리 하기	<개념적 질문> 조선시대 문화유산이 우리에게 주는 의미는 무엇인가? • 조선시대 서민문화가 등장한 이유 알아보기 - 조선시대는 농업생산력이 높아지고, 상공업이 발달하였다. - 경제적 여유가 생긴 사람들은 문화에 관심이 높아졌다. - 문화를 누리는 대상은 양반부터 일반백성들로 확대되었다. • 조선시대 신분 질서의 변화 알아보기 • 판소리, 한글소설, 풍속화, 탈놀이의 내용으로 사회 모습 알아보기	📝 학생들 스스로 개념을 형성하는데 주안점을 둔다.
일반화 하기	• 조선시대의 문화유산을 통해 무엇을 알 수 있을까요? - 조선시대 ( ), ( ), ( ), ( )는 ( )문화이다. - 조선의 서민문화의 발달로 인해 ( ), ( )을 가져왔다.	🖥 학습지 📝 문화유산의 의미에 대해 총체

	• 조선의 문화유산의 특징을 문장으로 표현하기
	 - 조선의 문화유산은 ( )이다. 왜냐하면
	  ( ) 때문이다.
	• 문화유산의 의미를 문장으로 표현하기
	 - 문화유산은 다음 ( )에게 계승할 만한 ( )를 지닌
	  ( ), ( ), ( )를 의미한다.
		적인 입장에서 일
		반화를 도출하게
		한다.

성찰 하기	• 문화유산을 바라보는 관점과 의미에 대해 공유하기 • 문화유산에 대해 관심 갖기	

💡 18~26차시: 톡톡! 문화유산 만들기

• 개념: 종교, 기술
• 일반화: 문화재에는 그 시대의 종교와 기술이 반영되어 독창적인 특징이 나타난다.
• 학습목표: 문화재는 그 시대의 종교와 기술이 반영되어 독창적인 특징이 나타
      남을 이해하기 위해, 문화재를 제작할 수 있다.
• 내용요소(과정·기능): 문화재 조사하기, 문화재 만들기

차시	학습활동	자료/유의점
관계 맺기	• 바닷속에 묻혀 있던 고려시대 선박 - 고려 시대 선박이 왜 바닷속에 잠겼을까요? - 어떤 물건들과 사람들이 타고 있었을까요? 문화재에 대해 어떤 생각이 드나요? <출처: 긴 잠 깨어난 갯벌 속 고려시대 선박 / YTN - YouTube>	📺 PPT https://www.youtube.com/watch?v=aeCZoHDbANM
집중 하기	• 다양한 문화재의 사진을 살펴보기 • 신라의 종교의 특징이 두드러지게 나타난 문화유산 살펴보기 - 석굴암의 과학적 기술, 불상의 표정, 자세 살펴보기 • 조선의 종교와 기술이 반영된 문화유산 살펴보기	📺 문화재 사진
조사 하기	<사실적 질문> 문화재를 통해 알 수 있는 것은 무엇인가? • 모둠별로 그 시대의 종교와 기술이 반영된 문화재 찾기 • 모둠별로 만들고 싶은 문화재를 구상하기 • 문화재의 생김새, 과학적 기술, 종교 등의 특징 파악하기	📺 PPT, 태블릿 PC 🏛 교과서에 있는 문화재 또는 검색을 통해서 찾은 문화재 정하기
조직 및 정리 하기	<개념적 질문> 그 시대의 종교와 기술은 문화재에 어떻게 반영되었는가? • 모둠별로 작품 제작하기 • 재료의 특징을 살려 제작하기 • 패들렛에 나의 작품 올리기	📺 패들렛 📺 패들렛에서 다른 사람의 작품에 나쁜 댓글을 달지 않도록 사전에 지도한다.
일반화 하기	• 내가 만든 문화재를 통해 알 수 있는 사실은 무엇인가요? - 그 시대의 (　), (　), (　)을 알 수 있는 것은 (　)이다. • 내가 만든 문화재를 한마디로 표현하면 무엇일까요? - 내가 만든 (　)는 (　)이다. 왜냐하면 (　)이기 때문이다. - 내가 만든 시대의 사람들이 이룩한 문화의 독창성은	📺 학습지

	( )이다.

**전이
하기**
	<논쟁적 질문> 고분에서 발견된 유물은 박물관에 옮겨야 하는가?
	・고분의 역사적 가치 소개하기
	  - 고분 유물의 보관 장소는 어떻게 결정해야 할까요?
	  - 박물관과 무덤 보관의 각각의 장단점, 의미 찾기

성찰 하기	・문화재를 만드는 과정에서 흥미가 있었는지, 어떤 과정이 어려웠는지 모둠 친구들과 공유하기

💡 27~28차시: 문화유산해설사

• 개념: 귀족문화, 불교문화

• 일반화: 고려 문화를 대표하는 것은 귀족문화와 불교문화이다.

• 학습목표: 고려 문화를 대표하는 것은 귀족문화와 불교문화임을 이해하기 위해,
　　　　　　매체를 이용하여 고려의 귀족문화와 불교문화를 소개할 수 있다.

• 내용요소(과정·기능): 고려 문화유산 조사 및 소개하기

차시	학습활동	자료/유의점
관계 맺기	<사실적 질문> 효과적으로 발표할 수 있는 매체 자료는 무엇이 있는가? • 매체자료 살펴보기 　- 우리나라 문화재 홍보 동영상 보기 　　문화 홍보 동영상에서 문화유산의 강조하는 점 찾아보기 　　카드 뉴스, 팸플릿, 만화 등 다양한 매체의 효과 알아보기	📹 홍보동영상 - 국립문화재연구원(nrich.go.kr) 📹 다양한 매체 자료 샘플
조직 정리 하기	<개념적 질문> 고려 문화의 특징을 어떻게 판단할 수 있는가? • 고려 문화재에 관한 우수성 사례 찾아보기 　- 팅커벨에 고려 문화재 소개 및 나의 생각 올리기 • 팅커벨에 올린 고려 문화 유산 소개글에서 궁금한 점 질문하기 　- 가장 뛰어난 고려문화재는 무엇이라고 생각하나요? 왜 그런가요? • 고려의 대표적인 문화는 무엇인지 정리하기	📱 팅커벨, 태블릿 PC 📱 팅커벨에서 다른 사람의 의견에 나쁜 댓글을 달지 않도록 사전에 지도한다.
일반화 하기	• 고려 문화유산(한 문장으로 나타내기) 　- 고려 문화유산은 (　　　　　)와 (　　　　　)이다. • 내가 소개한 고려문화재의 가치를 한 문장으로 표현하면 무엇일까요? 　- (　　)는 (　　)이다. 왜냐하면 (　　)이기 때문이다.	📄 학습지
전이 하기	<논쟁적 질문> 문화유산을 경매로 거래하는 것은 정당한가? • 질문을 통해 다양한 역사적인 사례, 뉴스를 예로 제시하기 • 영화의 주제를 예로 들어 학생들이 상상하도록 하기 • 나의 문화유산 소개하기 　- 나의 기록물, 물건, 작품 등에서 가치있는 문화유산 소개하기 　- 미래의 후손이 나의 작품을 보고 어떤 생각이 들지 상상하기	📰 뉴스, 역사적인 사례, 영화 등을 예로 제시하여 학생들의 사고 형성에 도움을 준다.
성찰 하기	• 고려문화재를 소개하는 과정에서 흥미가 있었는지, 어떤 과정이 어려웠는지 모둠 친구들과 공유하기 • 오늘 배운 내용 중 새롭게 알게 된 사실을 1~2문장으로 표현하기	

💡 29~35차시: 문화재 보존 방안 토의하기

- 개념: 법, 문화재
- 일반화: 문화재는 법과 우리들의 관심을 통해 보존된다.
- 학습목표: 문화재는 법과 우리들의 관심을 통해 보존된다는 것을 이해하기 위해, 문화재가 보존되는 데 필요한 것을 설명할 수 있다.
- 내용요소(과정·기능): 문화재 보존 사례 조사 및 반환 방법 토의하기

차시	학습활동	자료/유의점
관계 맺기	<사실적 질문> 환수조치 해야 할 해외의 우리 문화재는 어떤 것들이 있는가? • 금속활자로 책을 만들어 냈다는 것은 무엇을 의미할까요? • 직지심체요절은 어떤 책인가요? - 「직지심체요절」이 프랑스에 있는 까닭은 무엇일까요?	🎞 금속활자 동영상

조사
하기
	<개념적 질문> 문화재는 어떻게 보호되는가?
	• 문화재 보존을 잘못한 역사적 사례 찾아보기
	
	| 시대
		문화재	잘못한 점	현재 상태 |
				
				• 올바르게 문화재를 보존하기 위해 필요한 것 생각하기
				  - 우리나라 문화재와 관련된 법 조항 찾아보기
				  - 해외의 우리 문화재 보존 방안 조사하기
				  - 우리나라에 적용할 문화재 보존 방안 생각하기
					🎞 PPT, 태블릿 PC

조직 정리 하기	<논쟁적 질문> 해외 불법 반출 문화재 환수를 위해 어떤 노력을 해야 하는가? • 해외의 우리 문화재 반환을 위해 개인적, 사회적, 국가적 차원에서 노력할 점 토의하기 • 패들렛에 모둠별로 토의한 결과 올리기	🎞 패들렛 🎞 패들렛에서 다른 사람의 의견에 나쁜 댓글을 달지 않도록 사전에 지도한다.
일반화 하기	• 학습한 내용을 한문장으로 나타내기 - 문화재는 ( )과 우리들의 ( )을 통해 보존된다.	🎞 학습지
전이 하기	• 문화가 사회 변화에 끼친 영향 알아보기 - 스마트폰 등장으로 인한 변화와 영향력 생각해보기 - 사회에 중요한 영향을 끼치는 문화재 보존과의 관계 생각하기	
성찰 하기	• 줌 소회의실에서 모둠별 고려 시대 해외 불법 문화재 반환 방안에 대해 토의하면서 흥미가 있었는지, 어떤 과정이 어려웠는지 모둠 친구들과 공유하기 • 문화재 보존의 실천의지 다지기	

💡 36차시: 총괄평가 및 성찰

- 개념: 문화유산, 보존
- 일반화: 문화유산은 전시회를 통해 널리 알리고 보존된다.
- 학습목표: 문화유산은 전시회를 통해 널리 알리고 보존된다는 것을 이해하기 위해, 모형문화재를 전시하고 설명할 수 있다.
- 내용요소(과정·기능): 모형문화재 전시 및 설명하기

차시	학습활동	자료/유의점
	• 총괄평가 수행 과제 제시 및 안내 여러분은 미술관 큐레이터입니다. 관심있는 모형 문화재에 대해 전시회를 열고 관람객에게 문화재에 대해 설명을 해야 합니다. 모둠에서 만든 모형 문화재를 전시하고 설명에는 ① 모형 문화재의 이름, 시대, 특징 ② 매체 자료를 활용한 전시 ③ 문화재 보존에 대한 태도가 포함되어야 합니다. • 루브릭(채점기준표)	🖼 큐레이터 학습지 📖 전체 단원의 내용이 종합적으로 포함되도록 작성한다.

요소 수준	① 모형 문화재의 이름, 시대, 특징 (지식·이해)	② 매체 자료를 활용한 전시 (과정·기능)	③ 문화재의 보존 (가치·태도)
전이하기 잘함	모형 문화재의 이름과 시대 및 특징을 구체적이고 정확하게 설명할 수 있다.	적절한 매체 자료를 활용하여 짜임새 있게 만든 모형 문화재를 전시할 수 있다.	문화재 보존에 관심을 갖고 노력할 점을 구체적으로 제시하며, 실천하기 위해 노력한다.
보통	모형 문화재의 이름과 시대 및 특징을 설명할 수 있다.	적절한 매체 자료를 활용하여 만든 모형 문화재를 전시할 수 있다.	문화재 보존에 관심을 갖고 노력할 점을 제시한다.
노력 필요	모형 문화재의 이름과 시대는 알고 있으나 특징을 설명하는데 어려움이 있다.	매체 자료를 활용하여 만든 모형 문화재를 전시할 수 있다.	문화재 보존의 의미를 제시한다.

차시	학습활동	자료/유의점
	• 과제 수행 • 발표 및 평가	
성찰하기	• 단원 성찰 큐레이터 과정에서 흥미가 있었는지, 어떤 과정이 어려웠는지 모둠 친구들과 공유하기	

개요

단원	인권과 법	학년	5~6학년	전체 차시	11
단원 소개	이 단원은 학생들이 인권의 의미와 중요성을 탐구하고 인권 보호 측면에서 헌법과 법의 의미와 역할을 탐색한다. 이를 바탕으로 인권이 보장되는 원리를 찾고 인권 보호에 참여하는 태도를 기르는 것을 목적으로 한다. 먼저 인권 보장이 필요한 일상생활을 탐구해 인권의 중요성과 인권 보장의 의미를 이해한다. 이어 인권 보장을 위한 헌법의 의미를 이해하고 헌법이 국민의 권리를 보장하는 역할을 하고 있음을 탐구한다. 끝으로 권리 보호 측면에서 법의 역할을 탐색하고 법을 준수하며 인권을 보호하려는 태도를 기르는데 주안점을 둔다.				
단원 주제	・인권, 헌법, 법, 인권 보장				

단원 구조

구분	내용
핵심 아이디어	・우리 사회에는 일상을 규율하는 다양한 법들이 있으며, 사람들은 재판을 통해 권리를 실현할 수 있다. ・인권 보장을 위해 헌법에 기본권을 규정하고, 국가와 시민은 기본권 보장을 위해 노력한다.
성취기준	[6사03-01] 일상 사례에서 법의 의미와 역할을 이해하고, 헌법에 규정된 인권이 일상생활에서 구현되는 사례를 조사하여 인권 친화적 태도를 기른다. [6사03-02] 일상생활에서 인권이 침해되는 사례를 찾아 그 해결 방안을 탐색하고, 인권을 보호하는 활동에 참여한다.
개념적 렌즈	영향
개념망	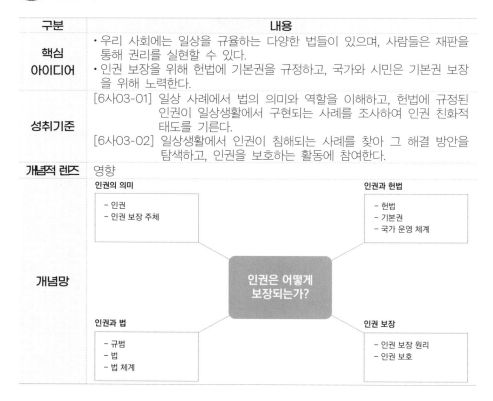

 **단원의 지도 계획**

1. 단원 구조

구분 / 스트랜드	핵심 아이디어	일반화	안내 질문	내용 요소 — 지식·이해	내용 요소 — 과정·기능	내용 요소 — 가치·태도	평가 방법
인권의 의미	• 인권 보장을 위해 헌법에 기본권을 규정하고, 국가와 시민은 기본권 보장을 위해 노력한다.	• 인권은 인간답게 살 권리이며 국가와 사회에 요청할 수 있다.	(초) '모든 사람은 태어나면서부터 인간답게 살 권리가 있다.'에서 인간답게 산다는 것은 어떻게 사는 것인가? (개) '사람이라면 당연히 누려야 할 권리를 무엇이라고 하는가? (사) 인권 보장을 요구할 대상은 누구인가?	• 인권의 의미	• 법적 문제 관련 정보를 수집 및 분석하기	• 인권 친화적 태도	구술평가 지필평가
인권과 헌법		• 헌법에 규정된 내용으로 인권이 보장된다.	(사) 헌법은 국가의 주인을 누구라고 규정하는가? (개) 기본권과 의무의 의미는 무엇인가? (초) 권리와 의무가 충돌할 때 어떻게 해결해야 하는가?	• 헌법상 인권의 내용	• 인권 침해 문제를 합리적으로 해결하기	• 권리와 책임의 조화	조사보고서 구술평가
인권과 법	• 우리 사회에는 일상을 규율하는 다양한 법들이 있으며, 사람들은 재판을 통해 권리를 실현할 수 있다.	• 법의 준수를 통해 인권이 보장된다.	(개) 법과 다른 규범과의 차이는 무엇인가? (사) 법이 하는 역할 두 가지는 무엇인가? (초) 인권을 침해하는 법도 준수해야 하는가?	• 법의 적용 사례 • 법의 의미와 역할	• 법적 문제 관련 정보를 수집 및 분석하기 • 인권 침해 문제를 합리적으로 해결하기	• 시민으로서의 준법 태도 • 권리와 책임의 조화	조사보고서 구술평가
인권 보장	• 인권 보장을 위해 헌법에 기본권을 규정하고, 국가와 시민은 기본권 보장을 위해 노력한다. • 우리 사회에는 일상을 규율하는 다양한 법들이 있으며, 사람들은 재판을 통해 권리를 실현할 수 있다.	• 인권은 법과 우리의 관심을 통해 보호될 수 있다.	(사) '인권 보장'은 무엇을 지침으로 이루어지는가? (개) '인권 보장'이란 어떠한 것들을 보장하는 것인가? (초) 법을 지키지 않는 사람이 인권도 보호해야 하는가?	• 인권 침해 만큼 권리 해결 • 인권 보호 활동 참여	• 인권 침해 문제를 합리적으로 해결하기	• 시민으로서의 준법 태도 • 인권 친화적 태도	관찰평가

2. 단원 총괄평가

여러분은 인권 보호 단체의 회원으로 인권 보호에 대한 홍보 팸플릿을 제작해야 합니다. 팸플릿에는 인권의 의미와 중요성, 인권 보장 측면에서의 헌법과 법의 역할, 인권 보호를 위해 할 수 있는 일과 인권 감수성 체크리스트가 포함되어야 합니다.

• 루브릭(채점기준표)

척도 평가요소	잘함	보통	노력 필요
인권과 헌법, 법의 의미와 역할 이해 (지식 · 이해)	인권과 헌법, 법의 의미와 역할을 명확히 이해한다.	인권과 헌법, 법의 의미와 역할을 이해한다.	인권과 헌법, 법의 의미를 이해한다.
인권 보장의 원리 설명 (과정 · 기능)	헌법과 법의 내용과 인권 보호 측면에서의 역할을 상세히 조사하고 조리 있게 발표한다.	헌법과 법의 내용과 인권 보호 측면에서의 역할을 조사 · 발표한다.	헌법과 법의 내용과 인권 보호 측면에서의 역할을 조사한다.
관심 및 실천 (가치 · 태도)	인권 보호에 관심과 참여 의지가 있다.	인권 보호에 관심을 갖는다.	인권 보호의 의미를 이해한다.

3. 학습 활동

스트랜드	차시	학습 활동
인권의 의미	1	· 인권의 의미 이해
	2	· 인권 보장 주체
인권과 헌법	3	· 헌법의 의미 이해
	4	· 헌법의 역할 이해
	5	· 헌법에 보장된 기본권과 의무
인권과 법	6	· 법의 의미와 성격 이해
	7	· 우리 생활에 적용되는 법 조사 발표
	8	· 법의 역할 이해
인권 보장	9	· 인권의 보장 원리 이해
	10	· 인권 보호를 위해 우리가 할 수 있는 일 찾기
정리	11	· 단원 총괄평가 및 성찰

학습활동 설계

💡 **1차시: 인권의 의미 이해**

• 개념: 인권, 권리

• 일반화: 인권은 인간답게 살 권리이다.

• 학습목표: 인권은 인간답게 살 권리임을 이해하기 위해, 인권의 의미를 설명할 수 있다.

• 내용요소(과정·기능): 법적 문제 관련 정보를 수집 및 분석하기

차시	학습활동	자료/유의점
관계 맺기	<논쟁적 질문> '모든 사람은 태어나면서부터 인간답게 살 권리가 있다.'에서 인간답게 산다는 것은 어떻게 사는 것인가? - 내가 인간답게 대접받지 못한 경우가 있었다면 어떠한 경우였는가? - 그렇게 생각하게 된 이유는 무엇인가? - 인간답게 살기 위해 부족했던 것은 무엇이었는가?	
집중 하기	• '인간답게 살아야 하는 사람'에 대한 생각의 변화 이해하기 ㉮  ㉯  - 그림 ㉮와 ㉯ 중 '모든 사람이 인간답게 살 수 있도록' 보장받는 사회는 어느 것인가? - 그림 ㉮에서 ㉯로 사회가 변화했다면 '인간답게 살아야 하는 사람'에 해당되는 사람이 어떻게 달라졌는가? - '모든 사람은 태어나면서부터 인간답게 살 권리가 있다.'라는 말에 해당되는 것은 ㉮와 ㉯ 중 어느 것인가?	🎞 신분사회와 민주사회의 비교 PTT 📋 그림에 나타난 의미를 학생들 스스로 찾도록 지도함
조사 하기	• 인권의 내용 이해하기 - 사람이 인간답게 살기 위해 필요한 것은 무엇일까? - 사람이 인간답게 살기 위해 필요한 것 두 가지를 포스트 잇에 써서 공유하기 - 인간답게 살기 위해 필요한 것들 중 같은 것끼리 분류해보기 - 사람이 인간답게 살기 위해 필요한 것들의 공통점은 무엇인가?	🎞 포스트잇, 보드마카 📋 학생들 스스로 개념을 도출하도록 지도함

조직 및 정리 하기	• 인권의 개념 나타내기 - '인간답게 살 권리'를 갖는 사람은 어떤 사람인지 말해보자. - 사람이기 때문에 당연히 누려야 할 것들에는 어떠한 것이 있는지 말해보자. - '인권'의 의미를 설명해보자.	🗐 학습지

일반화
하기
	<개념적 질문> '사람이라면 당연히 누려야 할 권리'를 무엇이
	라고 하는가?
	• 일반화
	- 인권이란 '모든 ( )이 태어나면서부터 갖는 ( )답게
	  살 권리'를 말한다.
	- 사람이기 때문에 당연히 누려야 할 것들을 누리는 권리를
	  ( )이라고 한다.
		🗐 학습지

💡 2차시: 인권 보장 주체

• **개념**: 인권 보장, 국가, 사회

• **일반화**: 인권 보장의 주체는 국가와 사회이다.

• **학습목표**: 인권 보장의 주체는 국가와 사회임을 이해하고, 인권 보장의 주체를 설명할 수 있다.

• **내용요소(과정·기능)**: 법적 문제 관련 정보를 수집 및 분석하기

차시	학습활동	자료/유의점
집중 하기	• 인권 보장의 주체 알아보기 • 다음 내용을 읽고 물음에 답해 보자. 　영민이네 집 맞은편에 새로 건물이 지어졌다. 이 건물은 영민이네 집보다 높고 영민이네 집과 매우 가깝다. 이런 이유로 영민이네 집에는 낮에도 햇빛이 들지 않아서 전등을 켜 놓아야만 한다. - 맞은편에 지어진 높은 건물로 인하여 영민이네 가족은 어떠한 피해를 입었는가? - 이러한 피해는 영민이네 가족의 삶에 어떤 영향을 미치는가? - 영민이네에게 피해를 준 것은 누구인가? - 영민이는 누구에게 자신의 권리를 주장할 수 있는가? - 건물 주인도 건축법에 맞게 건물을 지었다면 영민이네는 누구에게 자신의 권리를 요구해야 하는가?	📄 인권이 침해된 사례 💬 건물 주인도 불법으로 건물을 지은 것이 아님을 이해하도록 지도함
조사 하기	<사실적 질문> 인권 보장의 주체는 누구인가? • 다음의 각 상황에서 인권 보장의 주체는 누구인가? | 인권 보장이 필요한 상황	인권 보장의 주체
---	---
공공화장실에 어린이를 위한 낮은 세면대가 없어서 어린이가 손을 씻기 불편하다.	
공공장소에 승강기가 없어서 노약자와 몸이 불편한 사람의 이동이 어렵다.	
장애인 주차 구역이 따로 없어서 장애인들의 주차가 어렵다.	
법적인 보호가 없어서 임신, 출산 등으로 직장 생활을 잠시 쉬어야 할 때 쉬지를 못한다.	| - 인권 보장의 주체는 누구인가? - 인권 보장 주체 간의 공통점은 무엇인가?	📄 인권 보장이 필요한 장면 PPT 📄 학습지 💬 인권을 요구할 대상을 이해하도록 지도함
조직 및 정리 하기	• 인권 보장의 주체 나타내기 - 인권을 보장해 주는 주체는 국가와 사회이다.	
일반화 하기	• 일반화 - 인권을 보장해 주어야 할 주체는 (　　　)와 (　　　)이다.	📄 학습지

💡 3~4차시: 헌법의 의미와 역할

• 개념: 헌법, 인권
• 일반화: 헌법에 규정된 내용으로 인권이 보장된다.
• 학습목표: 헌법에 규정된 내용을 통해 인권이 보장됨을 이해하기 위해, 인권 보장적 측면에서 헌법의 역할을 설명할 수 있다.
• 내용요소(과정·기능): 인권 침해 문제를 합리적으로 해결하기

차시	학습활동	자료/유의점
관계 맺기	• 제헌절을 국경일로 정한 이유는 무엇일까? - 국경일 중 제헌절은 무엇을 경축하기 위한 날인가? - 헌법 제정을 축하하는 이유는 무엇인가? - 헌법은 국민들에게 어떠한 역할을 하는가?	📺 제헌절 기념식 동영상
집중 하기	• 헌법의 의미 이해 • 다음 그림을 보고 헌법에 대한 물음에 답을 해보자. ❶ ↑ 국민의 자유와 권리 ─ 인간다운 생활 ─ 개인 존중 ─ 행복한 삶 ↑ 헌법 - 위의 표로 보아 헌법은 국민들의 무엇을 보장해 주려고 하는가? - 헌법에 담긴 내용은 최종적으로 국민의 무엇을 지키려는 것인지 ❶에 들어갈 내용을 생각해보자. - 국민이 누려야 할 권리를 헌법으로 정한 이유는 무엇인가? - 헌법의 가장 큰 역할은 무엇인가?	📺 헌법이 보장하는 내용 PPT 자료 🔲 도표를 통해 헌법의 보장 내용과 목적을 찾도록 지도함
조사 하기	• 헌법에는 어떠한 내용이 담겨 있는가? • 헌법에 담긴 내용을 읽고 물음에 대한 답을 찾아보자. 	장	조		주요 내용
---	---	---	---
1장	제1조	❷	대한민국의 주권은 국민에게 있고 모든 권력은 국민으로부터 나온다.
2장	제10조	❸	모든 국민은 인간으로서의 존엄과 가치를 가지며 행복을 추구할 권리를 가진다.
3장~9장	제67조	❹	대통령은 국민의 보통, 평등, 직접, 비밀 선거에 의하여 선출된다.
10장	제130조	❺	헌법 개정안은 국회가 의결한 후 30일 이내에 국민투표에 붙여 국회의원 선거권 과반수의 투표와 투표자 과반수의 찬성을 얻어야 한다.		📺 헌법의 주요 내용 PPT 자료

	<사실적 질문> ❷의 내용으로 보아 헌법은 국가의 주인을 누구라고 규정하는가? - ❸의 내용으로 보아 헌법은 국민의 무엇을 보장해 주는가? - ❹의 내용으로 보아 헌법에는 기본권 외에 어떤 내용도 담겨 있는가? - ❺의 내용으로 보아 헌법을 고치기 위해서는 어떻게 해야 하는가?	
조직 및 정리 하기	• 헌법의 내용과 역할을 설명해보기 • ❷, ❸, ❹, ❺로 보아 헌법은 어떤 내용을 담고 있고 어떠한 역할을 하는지 (　　　)안에 알맞은 말을 넣어 설명해보자. - 헌법에는 국민이 누려야 할 (　　)를 담고 있다. - 국민의 권리를 보장하고자 (　　　)을 조직하고 운영하는 기본 원칙을 제시하고 있다. - 헌법의 내용을 새로 정하거나 고칠 때는 (　　　)를 해야 한다. - 국민의 권리를 헌법에 제시한 것은 (　　)가 함부로 국민의 권리를 침해할 수 없도록 하기 위한 것이다.	🖵 헌법의 주요 내용 PPT자료 🖾 조사한 내용을 바탕으로 학습 내용을 스스로 정리하도록 지도함
일반화 하기	• 헌법에 담긴 내용으로 국민들은 무엇을 보장받는가? • 일반화 - 헌법에 규정된 내용을 통해 국민들의 (　　)이 보장된다.	🖾 학습지

💡 5차시: 헌법에 보장된 기본권과 의무
- 개념: 기본권, 의무
- 일반화: 국민은 헌법으로 기본권을 보장받고, 국민으로서 의무를 지켜야 한다.
- 학습목표: 국민은 헌법으로 기본권을 보장받고, 국민으로서 의무를 지켜야 한다는 것을 이해하기 위해, 헌법에 보장된 기본권과 국민의 의무를 설명할 수 있다.
- 내용요소(과정·기능): 인권 침해 문제를 합리적으로 해결하기

차시	학습활동	자료/유의점
관계 맺기	• 권리와 의무의 경험 나누기 • 나의 권리와 의무 생각해보기 - 내가 학생으로서 선생님이나 학교에 요구할 권리는 무엇이 있는가? - 내가 학생으로서 학급이나 선생님, 학교에 지켜야 할 의무는 어떠한 것이 있는가? - 내가 학생으로서 권리를 누려야 한다면 그 이유는 무엇인가? - 내가 학생으로서 의무를 지켜야 한다면 그 이유는 무엇인가?	
집중 하기	• 국민의 권리와 의무의 역할 이해 • ㉮와 ㉯의 내용을 보고 그 차이점을 생각해보자. <table><tr><td>㉮</td><td>㉯</td></tr><tr><td>모든 국민은 직업을 자유롭게 선택할 수 있다.</td><td>모든 국민은 세금을 내야 한다.</td></tr><tr><td>모든 국민은 건강하고 쾌적한 환경에서 생활할 수 있다.</td><td>모든 국민은 모두의 안전을 위해 나라를 지켜야 한다.</td></tr><tr><td>모든 국민은 법을 공평하게 적용받아 차별받지 않을 수 있다.</td><td>모든 국민은 환경을 보전하기 위해 노력해야 한다.</td></tr></table> - 위의 내용 중 국민의 인권을 보호하기 위해 국가에서 보장해 주는 것(기본권)은 ㉮와 ㉯ 중 어느 것인가? - 위의 내용 중 나라를 유지하거나 발전시키기 위해 필요한 것(의무)은 ㉮와 ㉯ 중 어느 것인가? <개념적 질문> 기본권과 의무의 의미는 무엇인가?	🖥 권리와 의무 사례 PPT 📖 권리와 의무의 사례를 통해 스스로 개념을 도출할 수 있도록 지도함
조사 하기	• 기본권과 의무 알아보기 • 다음 내용을 보고 해당되는 국민의 기본권과 의무를 조사하여 써 보자. <table><tr><td>내용</td><td>기본권</td><td>내용</td><td>의무</td></tr><tr><td>법을 공평하게 적용받아</td><td></td><td>자녀가 잘 성장할 수 있도</td><td></td></tr></table>	🖥 학습지

	차별받지 않을 권리 자유롭게 생각하고 행동할 수 있는 권리 국가의 정치 의사 형성과정에 참여할 수 있는 권리 기본권이 침해당했을 때 국가에 해결을 요구할 권리 인간답게 살 수 있도록 국가에 요구할 수 있는 권리	록 교육을 받게 할 의무 세금을 내야 하는 의무 개인과 나라의 발전을 위해 일할 의무 나와 가족, 모두의 안전을 위해 나라를 지킬 의무 국민, 기업, 국가는 환경을 보전하기 위해 노력해야 하는 의무
조직 및 정리 하기	• 기본권과 의무의 의미 - 국민의 인권을 보호하기 위해 국가에서 보장해 주는 것: 국민의 기본권 - 다른 사람의 기본권을 보장해 주기 위해, 나라를 유지하거나 발전시키기 위해 국민이 성실하게 실천해야 하는 것: 국민의 의무 <논쟁적 질문> 권리와 의무가 충돌할 경우에는 어떻게 해결해야 하는가?	☒ 학습지
일반화 하기	• 학습한 내용을 한 줄로 정리하기 - 국민은 헌법으로 (　　　)을 보장받고, 국민으로서 (　　　)를 지켜야 한다.	☒ 학습지

💡 6차시: 법의 의미와 성격 이해

- **개념**: 법, 규범
- **일반화**: 법은 강제성을 가진 규범이다.
- **학습목표**: 법은 강제성을 가진 규범임을 이해하기 위해, 법과 다른 규범과의 차이점을 설명할 수 있다.
- **내용요소(과정·기능)**: 법적 문제 관련 정보를 수집 및 분석하기, 인권 침해 문제를 합리적으로 해결하기

차시	학습활동	자료/유의점
집중 하기	・법과 다른 규범과의 차이점 찾기 ・다음 내용으로 보아 어떤 규범을 지킨 것인가? | 규범	내용	규범	내용 | |---|---|---|---|
도덕	약한 사람 도와주기		식당에서 큰 소리로 말하지 않기
	남의 물건 훔치지 않기	관습	장례식에 갈 때 검은 옷 입기 | ・다음 내용을 보고 서로의 생각을 나누어 보자. ❶ 웃어른을 보고 인사하는 것 ❷ 학교의 물건을 훼손하지 않는 것 ❸ 무단횡단을 하지 않는 것 ❹ 버스 탈 때 새치기 하지 않는 것 ❺ 지하철에서 무임 승차하지 않는 것 ❻ 형제끼리 다투지 않는 것 - 위의 각 내용은 도덕, 예절, 법 중 어떠한 규범을 지킨 것인가? - 위의 내용 중 법으로 제재를 받아야 하는 내용은 어느 것인가? <개념적 질문> 법과 다른 규범과의 차이는 무엇인가?	📺 규범의 사례 PPT 📝 사례를 통해 법과 다른 규범의 차이를 찾도록 지도함
조사 하기	・법의 성격 이해 ・법으로 제재받는 상황을 조사하고 다음 질문에 답해 보자. | 예시	교통 신호를 위반한 것 | |---|---|
❶	
❷	
❸	| - 위의 경우 법을 지키지 않는다면 어떠한 일이 일어날 수 있는가? - 국가에서 위의 내용을 강제적으로 지키게 하는 이유는 무엇인가?	📺 학습지
조직 및 정리 하기	・법의 의미와 성격 나타내기 - 법과 다른 규범의 차이를 설명해보자. - 강제적으로 법을 지키게 하는 이유는 무엇인가? - 법을 바꾸거나 새로 만들 때는 언제인가?	
일반화 하기	・학습한 내용을 한 줄로 정리하기 - 국가가 만든 강제성이 있는 규범을 ( )이라고 한다.	📺 학습지

💡 7~8차시: 생활 속의 법과 법의 역할 이해

• 개념: 법, 인권
• 일반화: 법은 우리의 생활 속에서 인권을 보호하는 역할을 한다.
• 학습목표: 법은 우리의 생활 속에서 인권을 보호하는 역할을 한다는 것을 이해하기 위해, 생활 속의 법과 법의 역할을 설명할 수 있다.
• 내용요소(과정·기능): 법적 문제 관련 정보를 수집 및 분석하기, 인권 침해 문제를 합리적으로 해결하기

차시	학습활동	자료/유의점
관계 맺기	• 법에 대한 경험 나누기 • 다음 내용을 읽고 생각을 나누어 보자. 　지민이는 주말에 가족들과 나들이를 갔습니다. 가족들이 탄 승용차가 떠나기 전에 아버지께서는 뒷자리에 앉은 지민이에게 안전띠를 매야 한다고 말씀하셨습니다. － 아버지께서 뒷자리에 앉은 지민이에게 안전띠를 하라고 하신 이유는 무엇일까? － 지민이가 안전띠를 반드시 해야 한다면 그 이유는 무엇일까? － 위의 이야기처럼 생활 속에서 반드시 지켜야 할 일은 어떠한 것이 있을까?	
집중 하기	• 일상생활에 적용되는 법 알아보기 • 지민이와 엄마의 대화를 읽고 생각을 나누어 보자. • 지민: 우리가 7살이 되면 왜 초등학교에 입학해야 하는 거예요? • 엄마: 아이가 태어나면 출생신고를 해야 하고, 7살이 되면 초등학교에 입학해야 하는 것 등이 모두 법으로 정해져 있기 때문이란다. － 지민이가 엄마의 말을 통해 알게 된 것은 무엇인가? － '출생신고'와 '초등학교 입학'을 법으로 정한 이유는 무엇이라고 생각하는가? • 일상생활에 적용되는 법을 지켜서 얻는 유익은 무엇일까? <논쟁적 질문> 인권을 침해하는 법도 준수해야 하는가?	🖾 일상의 법 사례 예문
조사 하기	• 일상의 법 사례와 법의 역할 알아보기 • 다음 내용에 해당되는 법을 조사해보자. | 내용	법 | |---|---| | 어린이 놀이 시설을 안전하게 관리하는 법이다. | | | 학교와 학교 주변에서 어린이의 건강을 해치는 식품과 불량 식품 등의 판매를 금지하는 법이다. | | | 장애인들이 차별받지 않고 일할 수 있도록 하는 법이다. | | | 음악, 영화, 출판물 등 창작물을 만드는 사람의 저작 | |	🖾 학습지 🖾 일상과 관련된 법을 중심으로 조사함

	권을 보호하는 법이다.		
	• 위의 법들이 지키지 않았을 때 일어날 수 있는 일은 무엇인가?		
조직 및 정리 하기	<사실적 질문> 법이 하는 역할 두 가지는 무엇인가? - 우리 생활 속에서 적용되는 법의 사례 들어보기 - 법이 하는 역할은 개인의 ( ) 보장과 사회 ( ) 유지 이다.	🗎 학습지	
일반화 하기	• 학습한 내용을 한 줄로 정리하기 - ( )은 우리의 생활 속에서 인권을 보호하는 역할을 한다.	🗎 학습지	
전이 하기	• 일상생활에서 필요한 법에는 또 무엇이 있는지 이야기해보자.		

💡 9~10차시: 인권 보장의 원리 이해와 실천

• 개념: 인권, 법
• 일반화: 인권은 법과 우리의 관심을 통해 지켜질 수 있다.
• 학습목표: 인권은 법과 우리의 관심을 통해 지켜질 수 있음을 이해하기 위해, 인권 보장이 이루어지는 원리를 설명할 수 있다.
• 내용요소(과정·기능): 법적 문제 관련 정보를 수집 및 분석하기, 인권 침해 문제를 합리적으로 해결하기

차시	학습활동	자료/유의점
집중 하기	• 인권 보장이 이루어지는 원리 이해 • 다음 내용을 보고 인권 보장이 이루어지는 원리에 대해 생각을 나누어 보자. 인간 존중 ↑ 인권 보장 ↑ 국민의 자유와 권리 — 인간다운 생활 — 개인 존중 — 행복한 삶 ↑ 여러 가지 법 ↑ 헌법 - '인권 보장'은 무엇을 지켜주기 위함인가? - 여러 가지 법들은 어떤 법을 바탕으로 만들어지는가? <개념적 질문> '인권 보장'이란 어떠한 것들을 보장하는 것인가? <사실적 질문> '인권 보장'은 무엇을 지킴으로써 이루어지는가?	🖼 인권 보장과 법과의 관계 도표

PART 04_ 개념 기반 교육과정과 수업 사례 **219**

조사 하기	• 인권 보호를 위한 우리의 노력 • 다음 내용을 읽고 법을 어기는 행동은 어떤 결과를 가져올지 생각을 나누어 보자. | 법을 어기는 행동	예상 결과
자동차 불법 주차	
쓰레기 무단 투기	

최신 영화 불법 유포	|
	
	  - 이러한 행동은 다른 사람에게 어떠한 결과를 가져오는가?
	  - 이러한 결과는 다른 사람의 인권과 어떤 연관이 있는가?
	• 법을 지키는 것 외에 인권 보호를 위해 우리가 할 수 있는 일
	은 무엇일까?
	<논쟁적 질문> 법을 지키지 않는 사람의 인권도 보호해야 하는가?
		▨ 학습지

---	---	---

조직
및
정리
하기
	• 인권 보장이 이루어지는 원리
	  - 인권은 (　　)을 통해 지켜지며, (　　)을 잘 지킴으로써 다른
	    사람의 인권을 보호할 수 있다.
	  - 사회적 약자의 인권이 침해당하지 않도록 (　　)을 갖는 것
	    도 인권 보장을 위해 중요한 일이다.
		▨ 학습 내용 정
		리를 통하여 인
		권 보장의 원리
		를 파악하도록 함

일반화 하기	• 학습한 내용을 한 줄로 정리하기 - 인권은 (　　)과 우리의 (　　)을 통해 지켜질 수 있다.	▨ 학습지

💡 11차시: 단원 총괄평가 및 성찰

- **개념**: 인권, 인권 보호
- **일반화**: 인권에 대한 바른 이해는 인권 보호 실천에 영향을 준다.
- **학습목표**: 인권에 대한 바른 이해는 인권 보호 실천에 영향을 준다는 것을 이해하기 위해, 인권 보호 홍보 팸플릿을 제작할 수 있다.
- **내용요소(과정·기능)**: 법적 문제 관련 정보를 수집 및 분석하기, 인권 침해 문제를 합리적으로 해결하기

차시	평가 활동	자료/유의점
전이 하기	• 총괄평가 수행 과제 제시 및 안내 여러분은 인권 보호 단체의 회원으로 인권 보호에 대한 홍보 팸플릿을 제작해야 합니다. 팸플릿에는 인권의 의미와 중요성, 인권 보장 측면에서의 헌법과 법의 역할, 인권 보호를 위해 할 수 있는 일과 인권 감수성 체크리스트가 포함되어야 합니다. • 루브릭 제시	🗐 팸플릿 용지 🗐 전체 단원의 내용이 종합적으로 포함되도록 작성함

척도 평가 요소	잘함	보통	노력 필요
인권과 헌법, 법의 의미와 역할 이해 (지식·이해)	인권과 헌법, 법의 의미와 역할을 명확히 이해한다.	인권과 헌법, 법의 의미와 역할을 이해한다.	인권과 헌법, 법의 의미를 이해한다.
원리 설명 (과정·기능)	헌법과 법의 내용과 인권 보호 측면에서의 역할을 명확하고 조리 있게 서술한다.	헌법과 법의 내용과 인권 보호 측면에서의 역할을 적절히 서술한다.	헌법과 법의 내용과 인권 보호 측면에서의 역할을 간략히 서술한다.
관심 및 실천 (가치·태도)	인권 보호에 관심과 참여 의지가 있다.	인권 보호에 관심을 갖는다.	인권 보호의 의미를 이해한다.

차시	평가 활동	자료/유의점
	• 과제 수행 • 발표 및 평가	
성찰 하기	• 단원 성찰	

개요

단원	민주주의	**학년**	5~6학년	**전체 차시**	11
단원 소개	* 이 단원은 사회과의 민주주의 탐구와 도덕과의 공동체 문제와 갈등 해결을 연계한 재구성 단원이다. 먼저 민주주의의 탐구를 주제로 민주주의의 의미와 민주주의의 기본 정신, 민주적 의사결정의 원리를 일상생활 차원에서 학습함으로써 우리 생활과 민주주의의 관련성을 탐색한다. 이어 생활 속에서 발생하는 공동체 문제나 갈등 사례에 대해 문제 발생의 요인을 탐구하고, 상호 토의 및 협력을 통해 민주적으로 문제를 해결하는 데 중점을 둔다.				
단원 주제	• 민주주의의 의미, 민주주의의 기본 정신, 민주적 문제해결, 민주주의의 실행				

단원 구조

구분	내용
핵심 아이디어	• 민주주의의 이념과 원리를 실현하기 위해서는 제도와 의식의 개선이 필요하다. • 다양한 정치 주체가 정치과정에 참여하며, 민주주의는 여러 제도와 시민 참여를 통해 실현된다. • 사회 정의는 시민의 인간다운 삶을 보장하는 도덕공동체의 토대가 된다.
성취기준	[6사08-01] 민주주의에서 선거의 의미와 역할을 파악하고, 시민의 주권 행사를 위해 선거에 참여하는 태도를 기른다. [4도03-01] 불공정의 사례를 탐구하고, 일상생활에서 공정의 가치를 추구하는 활동을 통해 실천 의지를 함양한다. [6도03-02] 정의에 관한 관심을 토대로 공동체 규칙의 중요성을 살펴보고 직접 공정한 규칙을 고안하며 기초적인 시민의식을 기른다.
개념적 렌즈	신념/가치
개념망	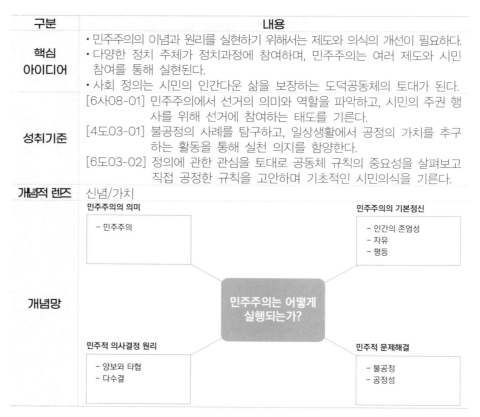

단원의 지도 계획

1. 단원 구조

구분 / 스트랜드	핵심 아이디어	일반화	안내 질문	지식·이해	내용 요소 과정·기능	가치·태도	평가 방법
민주주의의 의미	• 민주주의의 이념과 원리를 실현하기 위해서는 제도와 의식의 개선이 필요하다. • 사회 정의는 시민의 안건다면 삶을 보장하는 도덕공동체의 토대가 된다.	• 국민이 나라의 주인이 되는 것이 민주주의이다.	(사) 주인과 하인 중 나누어 가장 국가의 않을 정하는 사람은 누구인가? (개) '민주(民主)'의 의미는 무엇인가? (는) 하인이 국식을 나누는데 참여할 수 없는 것은 타당한 일인가?	• 선거의 의미와 역할	• 민주주의 사례를 조사하기	• 민주적 기본 가치 • 선거 과정의 참여	서술평가 관찰평가
민주주의의 기본 정신		• 민주주의의 기본 정신은 인간 존중, 자유, 평등을 포함한다.	(사) 민주주의란 누가 국가의 주인이 될 것인가? (개) 민주주의의 기본 정신이란 무엇인가? (는) 낯선자도 인간의 존엄성을 존중해주어야 하는가?	• 정의로운 공동체를 위해 어떻게 행동해야 하는가?	• 민주주의 사례를 조사하기 • 정의로운 공동체를 위한 규칙 고안하기	• 민주적 기본 가치	조사보고서 구술평가
민주적 의사결정 원리	• 다양한 정치 주체가 정치과정에 참여하며, 민주주의는 여러 제도와 시민 참여를 통해 실현된다. • 사회 정의는 시민의 안건다면 삶을 보장하는 도덕공동체의 토대가 된다.	• 일상의 문제와 갈등을 해결 과정에는 민주적 의사결정 원리가 적용된다.	(사) 우리 가족이 함께 결정할 일은 어떤 것이 있는가? (개) 민주적 의사결정 원리란 무엇인가? (는) 다수결로 정하면 가장 바람직한 결정이 내려지는가?	• 정의로운 공동체를 위해 어떻게 행동해야 하는가?	• 사회문제 해결에 참여하기 • 정의로운 공동체를 위한 규칙 고안하기	• 민주적 기본 가치	조사보고서 구술평가
민주적 문제해결	• 민주적 의사결정 원리를 적용하면 일상의 문제를 민주적으로 해결할 수 있다.	• 민주적 의사결정 원리를 적용하면 일상의 문제를 민주적으로 해결할 수 있다.	(사) 일상에서 불공정한 처리는 어떤 것들이 있는가? (개) 불공정과 공정의 차이는 무엇인가? (는) 대상과 관계없이 독같은 조건을 제공하는 것은 공정한 것인가?	• 정의로운 공동체를 위해 어떻게 행동해야 하는가?	• 사회문제 해결에 참여하기 • 정의로운 공동체를 위한 규칙 고안하기	• 민주적 기본 가치	관찰평가

2. 단원 총괄평가

여러분은 학습만화 작가로서 민주주의에 대한 학습 만화책을 만들어야 합니다. 학습 만화의 내용에는 민주주의의 의미, 민주주의의 기본 정신, 민주적 문제해결의 내용과 함께 민주적 의사결정 원리에 맞게 문제를 해결해야 하는 미션이 포함되어야 합니다.

• 루브릭(채점기준표)

척도 평가요소	잘함	보통	노력 필요
민주주의와 민주주의 기본 정신의 이해 (지식·이해)	민주주의와 민주주의 기본 정신을 명확하게 이해한다.	민주주의와 민주주의 기본 정신을 이해한다.	민주주의나 민주주의 기본 정신 중 한 가지를 이해한다.
민주주의적 의사결정 원리의 적용(과정·기능)	민주적 의사결정 원리를 적절히 적용한다.	민주적 의사결정 원리를 적용한다.	민주적 의사결정 원리를 이해한다.
민주주의의 실행 (태도)	민주적 의사결정 원리와 과정을 실천할 의지가 있다.	민주적 의사결정 원리를 이해하고 관심을 갖는다.	민주적 문제해결이 필요함을 이해한다.

3. 학습 활동

스트랜드	차시	학습 활동
민주주의의 의미	1	· 민주주의의 의미 이해 (1)
	2	· 민주주의의 의미 이해 (2)
민주주의의 기본 정신	3	· 민주주의의 기본 정신 - 인간의 존엄성
	4	· 민주주의의 기본 정신 - 자유, 평등
민주적 의사결정 원리	5	· 민주적 의사결정 원리 - 양보와 타협
	6	· 민주적 의사결정 원리 - 다수결
민주적 문제해결	7	· 불공정의 의미와 결과 이해
	8	· 공정의 원리 이해
	9	· 일상 문제의 민주적 해결 (1)
	10	· 일상 문제의 민주적 해결 (2)
정리	11	· 단원 총괄평가 및 성찰

학습 활동 설계

💡 **1~2차시: 민주주의의 의미 이해**

• **개념**: 국민, 민주주의

• **일반화**: 국민이 나라의 주인이 되는 것이 민주주의이다.

• **학습목표**: 국민이 나라의 주인이 되는 것이 민주주의임을 이해하기 위해, 민주주의의 의미를 설명할 수 있다.

• **내용요소(과정·기능)**: 민주주의 사례를 조사하기

차시	학습활동	자료/유의점
관계 맺기	• 그림 읽기 - 그림의 인물들이 하는 일은 어떻게 다르며, 그 이유는 무엇인가? - 수확한 곡식을 누가 더 많이 가져갈까? <사실적 질문> 주인과 하인 중 나누어 가질 곡식의 양을 정하는 사람은 누구인가? <논쟁적 질문> 하인이 곡식을 나누는데 참여할 수 없는 것은 타당한 일인가?	💾 김홍도 '타작' PPT
집중 하기	• 민주주의의 개념 형성하기 - 곡식을 적게 가져가는 하인이 원하는 것은 무엇일까? - 하인들까지 곡식을 나누는데 참여하게 하려면 하인에 대한 생각이 어떻게 바뀌어야 하는가? • 그림 ㉮와 글 ㉯의 내용으로 보아 어떻게 생각이 달라졌는가? ㉮ ㉯ 황제란 무엇이오, 나라의 주인을 말하니, 과거 나라의 주인은 오직 한 사람이었지만, 지금은 그대들 모두가 주인이오. 안창호 1878-1938 대한민국임시정부 신년축하회 연설에서, 「독립신문」(1920. 1. 8.) • ㉯와 같은 사회가 되었다면 이제 나라의 주인은 누구인가? • ㉯와 같은 사회에서 국민이 국가의 정책에 참여하기 위해 가장 중요한 방법은 무엇인가? • 오늘날 선거의 역할은 무엇인가?	💾 자료 PPT, 대통령 선거 및 투표 자료

조직
및
정리
하기
	• 민주주의의 개념 정리하기
	- 곡식 나누는 일에 주인과 하인이 모두 참여할 수 있다면 둘
	  의 권한은 어떠하다고 할 수 있는가?
	- 모든 사람이 동등한 권한을 갖는다면 모두 주인이라고 할
	  수 있는가?
	<개념적 질문> '민주(民主)'의 의미는 무엇인가?
		🔲 학생들 스스
		로 개념을 형성
		하는데 주안점
		을 둔다.

일반화 하기	• 민주주의를 한 문장으로 표현하기 - 민주주의란 모든 ( )이 나라의 주인이 되는 것이다.	🔲 학습지

전이
하기
	• 민주주의의 의미 적용
	• 다음 문장을 읽고 위의 내용을 국가에 적용시켜보자.
	- 나랏일을 결정하는데 권력층만이 아니라 일반 백성들도 주
	  인 역할을 할 수 있게 된 것 - 민주주의
	- 곡식을 나누는 일 (=), 주인 (=),
	  하인 (=)
	- ( )란 국민이 국가나 단체를 대표하는 자를 스스로 의사
	  표시( )를 하여 선출하는 것이다.
		🔲 학습지

💡 3~4차시: 민주주의의 기본 정신

• 개념: 민주주의, 인간존중, 자유, 평등
• 일반화: 민주주의의 기본 정신은 인간 존중, 자유, 평등을 포함한다.
• 학습목표: 민주주의의 기본 정신은 인간 존중, 자유, 평등을 포함함을 이해하기 위해, 민주주의의 기본 정신을 설명할 수 있다.
• 내용요소(과정·기능): 민주주의 사례 조사하기, 정의로운 공동체를 위한 규칙 고안하기

차시	학습활동	자료/유의점
관계 맺기	• 그림 읽기 ㉮ ㉯ - 그림 ㉮에 있는 세 사람은 각각 어떤 계층의 사람들인가? - 그림 ㉮의 계단은 무엇을 의미하는가? - 그림 ㉯에 있는 사람들은 누구를 의미하는가? - 그림 ㉯의 피켓의 내용이 의미하는 것은 무엇인가?	㉑ 그림 자료 PPT
집중 하기	• 민주주의의 기본 정신 이해 - 그림 ㉮에서 국가의 주인으로 존중받은 사람은 누구인가? - 그림 ㉯에서 국가의 주인으로 존중받은 사람은 누구인가? - 그림 ㉮에서 그림 ㉯로 변화되었다면 주인으로 존중받는 사람이 어떻게 달라졌는가? - 그림 ㉯에서 모든 사람이 동등하다고 생각했다면 그 이유는 무엇인가? • 인간의 존엄성이 지켜지려면 어떠한 것들을 보장해주어야 할까? <논쟁적 질문> 범죄자도 인간의 존엄성을 존중해주어야 하는가?	㉑ 그림 자료 PPT
조사 하기	• 다음 그림과 관련 있는 민주주의의 기본 정신은 무엇인가? ❶ ( ) ❷ ( ) ❸ ( ) 	㉑ 그림 자료 PPT 학습지
조직 및 정리 하기	<개념적 질문> 민주주의의 기본 정신이란 무엇인가? <사실적 질문> 민주주의란 누가 국가의 주인이 된 것인가? - 민주주의의 기본 정신은 '인간 존중', '자유', '평등'	㉑ 학습지
일반화 하기	• 민주주의의 기본 정신을 한 문장으로 표현하기 - 민주주의의 기본 정신은 ( )을 존중, ( )와 ( )을 보장해주는 것이다.	

💡 5~6차시: 민주적 의사결정 원리

- **개념**: 갈등, 민주적 의사결정
- **일반화**: 일상의 문제와 갈등 해결 과정에는 민주적 의사결정 원리가 적용된다.
- **학습목표**: 일상의 문제와 갈등 해결 과정에는 민주적 의사결정 원리가 적용됨을 이해하기 위해, 일상의 문제와 갈등을 해결하는 방법을 발표할 수 있다.
- **내용요소(과정·기능)**: 사회문제 해결에 참여하기, 정의로운 공동체를 위한 규칙 고안하기

차시	학습활동	자료/유의점
관계 맺기	• 일상의 문제와 갈등 사례 나누기 <사실적 질문> 우리 가족이 함께 결정할 일은 어떤 것이 있는가? - 우리 가족 간에 겪었던 갈등은 어떤 것들이 있었는가? - 가족끼리 함께 결정해야 할 일과 겪었던 갈등은 어떻게 해결하였는가?	
집중 하기	• 문제와 갈등 해결 과정 파악 - 가족끼리 함께 결정해야 할 일과 겪었던 갈등을 어떠한 방법으로 해결하였는가? - 그 방법으로 해결되지 않았을 때 어떻게 하였는가? - 최종적으로 결정할 때는 어떤 방법으로 해결하였는가?	
조사 하기	• 가족, 학급, 사회의 문제나 갈등을 함께 해결한 사례 조사하기 | 구분	문제·갈등 내용	해결 방법 | |---|---|---| | 가족 | | | | 학급 | | | | 사회 | | | - 문제나 갈등의 원만한 해결을 위해 가져야 할 올바른 태도는 무엇인가? - 양보와 타협으로 해결하기 어려운 경우 어떻게 해결하였는가? - 가족, 학급, 사회의 공동문제를 해결한 방법은 어떠한 것인가?	🗐 학습지
조직 및 정리 하기	<개념적 질문> 민주적 의사결정 원리란 무엇인가? - 민주적으로 의사를 결정하기 위한 태도로는 관용과 비판적 태도, 양보와 타협의 자세가 필요하다. - 양보와 타협이 어려우면 다수결의 원칙으로 문제를 해결한다. - 다수결로 문제를 해결할 때도 소수의 의견을 존중해야 한다.	🗐 학생들 스스로 개념을 형성하는데 주안점을 둔다.
일반화 하기	• 민주적 의사결정 원리와 태도 - 민주적으로 의사를 결정을 위한 태도로는 ( )와 ( )의 자세가 필요하다. - 이러한 태도로 문제를 해결하기 어려운 때는 ( )원칙을 사용한다. • 민주적 문제해결을 위한 방법을 한 문장으로 표현하기 - 일상의 문제와 갈등 해결에 민주적 ( ) 원리를 적용할 수 있다. <논쟁적 질문> 다수결로 정하면 가장 바람직한 결정이 내려지는가?	🗐 학습지

💡 7~8차시: 민주적 문제해결 원리 이해

- 개념: 공정, 민주적 문제해결
- 일반화: 공정의 원리를 적용하여 일상의 문제를 민주적으로 해결할 수 있다.
- 학습목표: 공정의 원리를 적용하여 일상의 문제를 민주적으로 해결할 수 있음을 이해하기 위해, 공정의 원리를 찾고 민주적 문제해결에 적용할 수 있다.
- 내용요소(과정·기능): 사회문제 해결에 참여하기, 정의로운 공동체를 위한 규칙 고안하기

차시	학습활동	자료/유의점
관계 맺기	<사실적 질문> 일상에서 불공정한 사례는 어떤 것이 있는가? - 일상에서 어떠한 불공정을 경험하였는가? - 신문이나 방송에서 본 불공정한 일은 무엇인가? - 이야기 속에 나온 불공정한 일은 어떠한 일인가?	鼊 포스트잇
집중 하기	• 불공정의 의미 이해 - 각각의 불공정한 사례의 공통점을 찾아보자. - 어떠한 조건에 대해 어떤 차별이 이루어졌는가? ( )의 조건으로 ( )한 차별이 이루어졌다. - 불공정의 의미는 무엇인가? <개념적 질문> 공정과 불공정의 차이는 무엇인가? • 불공정의 결과 이해 - 불공정 사례를 분석하면 불공정의 결과는 무엇인가? - 불공정의 결과로 보아 공정의 필요성은 무엇인가?	留 학생들 스스 로 개념을 형성 하는데 주안점을 둔다.
조사 하기	• 공정의 원리 이해하기 - 공정을 주제로 한 일화나 예화 읽기 (예) 두 여종과 황희 정승, 대공무사, 공정한 세금을 걷기 위한 세종대왕의 노력 - 일화나 예화의 줄거리 간추려보기 - 일화나 예화의 내용 중 어떠한 부분이 공정과 관련 있는지 찾기 • 위 활동을 통해 발견한 공정의 원리 정리하기	鼊 예화 학습지
조직 및 정리 하기	• 공정의 원리 - 상대방의 입장에서 생각하기 - 다른 사람 존중하기 - 정당한 몫 받기 - 판단하기 전에 경청하기 - 사회적 약자 보호하기 • 공정의 필요성 - 불공정으로 인하여 많은 피해자, 희생자가 생긴다. - 피해자, 희생자를 막기 위해 공정이 필요하다. • 공정의 원리를 적용하면 문제를 민주적으로 해결할 수 있다.	鼊 학습지
일반화 하기	• 공정의 원리와 민주적 문제해결의 관계를 한 문장으로 표현하기 - ( ) 원리를 적용하면 일상의 문제를 민주적으로 해결할 수 있다.	

💡 9~10차시: 일상 문제의 민주적 해결
• **개념**: 민주적 의사결정, 민주적 문제해결
• **일반화**: 민주적 의사결정 원리를 적용하면 일상의 문제를 민주적으로 해결할
　　　　 수 있다.
• **학습목표**: 민주적 의사결정 원리를 적용하면 일상의 문제를 민주적으로 해결
　　　　　 할 수 있음을 이해하기 위해, 민주적 의사결정 원리를 적용하여 불
　　　　　 공정 문제를 해결할 수 있다.
• **내용요소(과정·기능)**: 사회문제 해결에 참여하기, 정의로운 공동체를 위한 규
　　　　　　　　　 칙 고안하기

차시	학습활동	자료/유의점
집중 하기	• 일상에서의 불공정상황 이해 　- 다음 내용이 불공정이라면 그 이유는 무엇일까? 　　　휠체어를 탄 장애인이 차도와 인도의 턱으로 인하여 　　　　　인도 위로 올라갈 수 없는 상황 　- 위의 상황을 해결할 수 있는 방법은 무엇인가? • 위의 상황을 공정으로 바꿀 수 있는 다음 두 가지를 비교해보자. 	㉮	㉯	 |---|---| | 장애인의 휠체어를 밀어 인도로 올려 준다. | 차도와 인도 사이에 경사로를 설치한다. | • 불공정을 공정으로 바꾸기 위한 ㉮와 ㉯의 방법의 차이는 무엇일까? • 어떠한 방법이 더 효과적으로 공정이 실현되는가?	📄 자료 PPT
조직 및 정리 하기	• 공정이 효과적으로 실행되는 방법 정리 　- 시스템이나 구조를 개선할 때 더 지속적인 공정이 실행됨 　- 불공정 사례를 분석하여 시스템이나 구조적 문제 찾기 　- 시스템이나 구조적 문제를 해결하여 공정이 실행될 수 있는 　　대안 찾기	📄 자료 PPT
전이 하기	• 민주적 의사결정 원리를 적용하여 일상의 문제를 민주적으로 해결하기 　- 일상의 불공정상황을 민주적으로 개선해보자. 　- 다음 네 가지 불공정한 상황을 공정한 상황으로 개선해보자. | ㉮	㉯	㉰	㉱ | |---|---|---|---| | 급식 배식 때 친한 친구에게 맛있는 반찬 더 주기 | 6학년이 4학년이 쓰고 있는 운동장 차지하기 | 한 번의 달리기로 계주 선수 뽑기 | 키가 다른 사람에게 같은 조건으로 야구 관람석 배정 |	📄 자료 PPT 학습지

	- 위의 상황에서 불공정 사례를 분석하여 시스템이나 구조적 문제점을 찾아보자. <논쟁적 질문> 대상과 관계없이 똑같은 조건을 제공하는 것은 공정한 것인가? - 위의 불공정 문제를 개선할 대안을 민주적 의사결정 원리를 적용하여 찾아보자.

성찰
하기
	• 불공정 문제에 대한 관심과 개선 의지 확인
	  - 일상의 불공정 문제에 대해 관심을 갖고 있는가?
	  - 불공정 문제를 개선할 대안을 적극적으로 생각했는가?
	• 민주적 문제해결에 대한 관심과 의지 확인
	  - 일상의 문제해결 시 민주적인 의사결정 원리를 활용하는가?

💡 11차시: 단원 총괄평가 및 성찰

• **개념**: 민주주의, 민주주의 실천

• **일반화**: 민주주의에 대한 바른 이해는 민주주의 실천에 영향을 준다.

• **학습목표**: 민주주의에 대한 바른 이해는 민주주의 실천에 영향을 준다는 것을 이해하기 위해, 민주주의에 대한 학습 만화책을 만들 수 있다.

• **내용요소(과정·기능)**: 사회문제 해결에 참여하기, 정의로운 공동체를 위한 규칙 고안하기

차시	평가 활동	자료/유의점
전이 하기	• 총괄평가 수행 과제 제시 및 안내 　여러분은 학습만화 작가로서 민주주의에 대한 학습 만화책을 만들어야 합니다. 학습만화의 내용에는 민주주의의 의미, 민주정치의 기본원리, 민주적 문제해결의 내용과 함께 민주적 의사결정 원리에 맞게 문제를 해결해야 하는 미션이 포함되어야 합니다. • 루브릭 제시	🔖 만화 원고 용지 🔖 전체 단원의 내용이 종합적으로 포함되도록 작성함

평가요소 ＼ 척도	잘함	보통	노력 필요
민주주의와 민주주의 기본 정신의 이해 (지식·이해)	민주주의 기본 정신을 명확하게 이해한다.	민주주의와 민주주의 기본 정신을 이해한다.	민주주의나 민주주의 기본 정신 중 한 가지를 이해한다.
민주주의적 의사결정 원리의 적용 (과정·기능)	민주적 의사결정 원리를 적절히 적용한다.	민주적 의사결정 원리를 적용한다.	민주적 의사결정 원리를 이해한다.
민주주의의 실행(태도)	민주적 의사결정 원리와 과정을 실천할 의지가 있다.	민주적 의사결정 원리를 이해하고 관심을 갖는다.	민주적 문제해결이 필요함을 이해한다.

차시	평가 활동	자료/유의점
	• 과제 수행 • 발표 및 평가	
성찰 하기	• 단원 성찰	

04

과학과

개요

단원	소리의 성질	**학년**	3~4학년	**전체 차시**	10
단원 소개	이 단원에서는 학생들에게 친숙한 우리 주변의 소리에 대한 호기심과 탐구를 통하여 과학하는 즐거움을 경험하도록 한다. 주위에서 소리를 내는 여러 가지 물체에 관심을 가지고 소리가 물체의 떨림에 의해 만들어지는 것을 관찰하여 발견할 수 있도록 한다. 또한 소리가 멀리 전달되거나 반사되는 현상을 관찰하여 소리의 발생과 전달에 대해 학습하며, 소리의 세기와 높낮이가 다른 소리를 구별할 수 있도록 한다. 이러한 소리의 성질에 대한 이해를 바탕으로 일상생활 속에서 소음을 줄이기 위한 다양한 방법을 탐구할 수 있도록 한다.				
단원 주제	소리의 발생, 소리의 세기, 소리의 높낮이, 소리의 전달				

 단원 구조

구분	내용
핵심 아이디어	빛과 소리는 반사, 굴절, 진동 등 파동의 특성을 가지며, 그 특성은 거울 렌즈, 악기, 색의 구현 등 편리하고 심미적인 삶에 도움이 된다.
성취기준	[4과07-01] 여러 가지 물체를 이용하여 소리를 내보고, 소리가 나는 물체는 떨림이 있음을 설명할 수 있다. [4과07-02] 큰 소리와 작은 소리, 높은 소리와 낮은 소리를 구분하고, 세기와 높낮이가 다른 소리를 낼 수 있다. [4과07-03] 여러 가지 물질을 통하여 소리가 전달되는 것을 관찰하고, 소음을 줄이는 방법을 찾아 일상생활에서 실천할 수 있다.
개념적 렌즈	원인과 결과
개념망	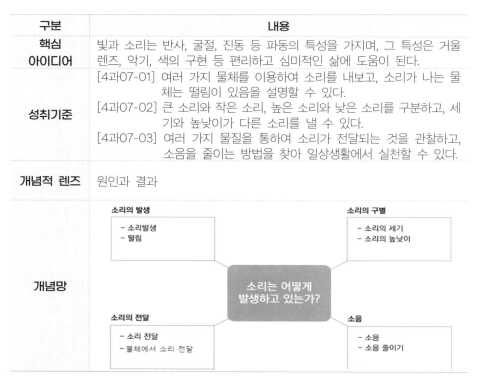

단원의 지도 계획

1. 단원 구조

구분 / 스트랜드	일반화	안내 질문	내용 요소			평가방법
			지식·이해	과정·기능	가치·태도	
소리의 발생	· 물체의 떨림은 소리를 만든다.	(사) 소리가 발생하는 원인은 무엇인가? (개) 소리와 물체의 떨림은 어떤 관계인가?	· 소리, 떨림 · 소리를 만드는 원인	· 관찰을 통한 자료를 수집하고 비교 분석하기	· 자연과 과학에 대한 감수성	보고서평가
소리의 구별	· 소리는 소리의 세기, 소리의 높낮이로 구별할 수 있다.	(사) 소리의 세기, 소리의 높낮이란 무엇인가? (개) 소리의 세기, 높낮이는 어떻게 구별할 수 있는가?	· 소리의 높낮이 · 소리의 세기 · 소리의 구별	· 관찰을 통한 자료를 수집하고 비교 분석하기	· 과학 문제 해결에 대한 개방성	실험평가
소리의 전달	· 소리는 물질을 통하여 전달된다.	(사) 어떤 물질에서 소리가 잘 전달되는가? (개) 실 전화기가 소리를 잘 전달하는 조건은 무엇인가? (논) 공기가 없는 달에서 소리를 전달할 수 있는가?	· 소리의 전달 · 물체에서 소리 전달	· 문제 해결을 위한 답 구성하기	· 과학 창의성	발표평가 구술평가
소음	· 소음은 안전한 생활을 방해한다.	(사) 소음이 무엇인가? (개) 소음을 줄이는 방법은 어떤 것들이 있는가? (논) 어떤 소리가 소음인가?	· 소음 · 소음을 줄이는 방법	· 문제 해결 위한 답 구성하기	· 과학 유용성	발표평가 및 종합평가

2. 단원 총괄평가

여러분은 '아파트 층간 소음 문제 해결'에 대한 아이디어 경진대회에 참가하려고 합니다. 아파트 각 층에서 발생하는 소음에 대해서 ① 소리의 성질(소리의 발생 원인, 소리의 전달)과 관련지어 '층간 소음 문제'를 어떻게 해결할 수 있을지에 대한 ② 아이디어를 제시해 보세요. 여러분의 아이디어는 다음의 기준에 따라서 평가됩니다.

- 루브릭(채점기준표)

척도 평가요소	잘함	보통	노력 필요
소리의 성질 및 용어 (지식·이해)	소리의 성질과 관련된 용어를 실생활에 적용하여 모두 바르게 사용한다.	소리의 성질과 관련한 용어를 올바르게 사용한다.	소리의 성질과 관련한 용어를 바르게 이해하여 사용할 필요가 있다.
소음 해결 아이디어 제시 (과정·기능)	소리의 발생원인과 전달을 소음문제 해결과 관련지어 아이디어를 올바르게 제시한다.	소음의 발생이나 전달 과정에 대한 설명 없이 소음을 줄이는 방법 위주로 아이디어를 제시한다.	소음을 줄이는 아이디어만을 몇 가지 제시한다.
소음에 대한 관심 및 실천 (가치·태도)	소리와 관련된 일상생활의 문제에 관심을 가지고 적극적인 해결을 위해 실천한다.	소리와 관련된 일상생활의 문제에 관심을 가지고 실천한다.	소리와 관련된 일상생활의 문제에 관심을 가진다.

3. 학습 활동

스트랜드	차시	학습활동
소리의 발생	1	· 소리 추리하기
	2	· 소리는 어떻게 만들어지는가?
소리의 구별	3	· 센 소리와 약한 소리는 어떻게 구별되는가?
	4	· 높은 소리와 낮은 소리는 어떻게 구별되는가?
소리의 전달과 반사	5	· 소리는 무엇을 통해서 전달되나요?
	6	· 실을 통해서 소리를 전달할 수 있나요?
	7	· 소리가 나아가다가 부딪히면 어떻게 될까요?
소음	8	· 소음이란 무엇인가?
	9	· 소음을 어떻게 줄일 수 있는가?
정리	10	· 단원 총괄 평가 및 성찰

학습활동 설계

💡 1차시: 소리의 발생 – 소리 추리하기
- 개념: 소리, 떨림
- 일반화: 물체의 떨림은 소리를 만든다.
- 학습 목표: 소리를 듣고 추리할 수 있다.
- 내용 요소(과정 · 기능): 일상생활에서 소리 관련 문제 인식하기

단계	학습활동	자료/유의점
관계 맺기	• 스무고개: 오늘부터 배울 것이 무엇인지 알아봅시다. - 순차적으로 암시 주면서 오늘 배울 주제 알아 맞추기 〈사실적 질문〉 다음은 무슨 소리인가? • 소리 듣고 맞추기 ① 사이렌 소리 ② 심장 박동소리 ③ 스마트폰 알림음 소리 ④ 젓가락 소리(식사) 등 - 소리 제시할 때마다 "우리가 배우고자 하는 것이 무엇인지 말해 보세요" 하면서 관심, 동기를 자극한다.	📹 다양한 소리 녹음 파일 🔲 스무고개는 교사의 생각을 하나하나 힌트를 주면서 학생이 맞추는 활동이다.
집중 하기	〈개념적 질문〉 소리는 어떻게 다른가? • 물체를 두드리거나 칠 때 나는 소리 만들기 활동 - 모둠별로 어떤 소리를 들려줄지 토의하고 한 가지 소리를 결정한다. - 물체를 두드리거나 칠 때 나는 소리를 스마트폰으로 녹음시킨다. • 소리맞추기: 다른 모둠이 들려주는 소리를 듣고 맞춘다. - 각자가 스티커에 어떤 소리인지 적는다. - 어떤 소리인지 소리의 특징과 왜 그렇게 판단했는지를 이야기하도록 한다. (예) 나무 두드리면 굵고 탁한 짧은 소리가 난다. • 소리를 어떻게 만들었는지 질문하면서 모둠별로 소리 만드는 과정에 대해 이야기를 나눈다.	📹 학습지, 스마트폰 녹음기 앱, 스티커 🔲 자유롭게 생각을 나눌 수 있도록 돕는다.
성찰 하기	• 오늘 나의 활동은 이전보다 (나아졌다, 그대로다, 안 좋아졌다) 그 이유는 무엇인지 기록하기	

💡 2차시: 소리의 발생 – 소리는 어떻게 만들어지는가?

- **개념**: 소리 발생
- **일반화**: 물체의 떨림은 소리를 만든다.
- **학습 목표**: 소리가 발생하는 원인을 탐구할 수 있다.
- **내용 요소(과정 · 기능)**: 관찰 · 추리 등을 통해 자료를 수집하고 비교 · 분석하기

단계	학습활동	자료/유의점
관계 맺기	<사실적 질문> 소리가 어떻게 만들어지는가? •생각 드러내기: 학생의 사전 지식 점검 - 사전 경험이나 지식 자유롭게 발표하기	📵 오개념: 소리 발생 원인을 퉁겨지니까, 치니까 등으로 표현함.
조사 하기	•소리가 어떻게 만들어지는지 자세히 관찰하도록 안내함 •종소리 들려주기 - 에밀레 종 칠 때 나는 종소리를 들려준다. - 학생들이 판단에 도움이 되도록 종소리가 날 때, 종을 손으로 잡아 소리가 순간적으로 멈추는 상황을 제시한다. <개념적 질문> 소리가 날 때와 나지 않을 때 차이점은 무엇인가? •소리가 발생하는 물체 관찰하기 - 소리가 날 때와 나지 않을 때 물체의 변화는 무엇인지 관찰하고, 소리가 발생하는 물체의 공통점을 찾아보자. **스피커 소리 날 때 손의 느낌**　　**목소리 내면서 목에 손 대기** 소리가 날 때와 나지 않을 때 어떤 차이가 있나요?　소리가 날 때와 나지 않을 때 손의 느낌은 어떤가요? **소리굽쇠 친 후 물에 대어보기**　**오르골 소리 내는 모습 관찰** 소리가 날 때, 나지 않을 때 물에 대보면 어떤 차이가 있나요?　소리 날 때 오르골 모습은 어떻게 보이나요?	📹 종소리 영상을 활용할 수 있다. 📵 관찰은 보거나 촉감으로 관찰하고, 이것이 어려우면 영상으로 대체 가능하다.
정리 하기	•소리가 만들어지는 물체의 공통점 말하기 - 관찰 결과를 근거로 공통점(물체의 떨림)을 말한다.	
일반화	<개념적 질문> 소리와 물체의 떨림은 어떤 관계인가? •소리 발생, 떨림 등 용어를 제시하고 이를 사용하여 이들의 관계를 일반화된 문장으로 만들도록 안내한다. (예) 물체의 (　) 은 다양한 소리를 발생시킨다.	📵 학생이 스스로 고민하여 만들도록 한다.
성찰 하기	•5분 성찰일지–학생이 학습 주체임을 알도록 한다. •오늘 새롭게 배운 내용을 1~2문장으로 기록하기	

💡 **3차시: 소리의 구별 – 센 소리와 약한 소리는 어떻게 구별되는가?**

• 개념: 소리의 구별

• 일반화: 소리는 소리의 세기, 소리의 높낮이로 구별할 수 있다.

• 학습 목표: 높은 소리와 낮은 소리를 구분할 수 있다.

• 내용요소(과정·기능): 관찰·추리 등을 통해 자료를 수집하고 비교·분석하기

단계	학습활동	자료/유의점
집중 하기	• 예시 중 소리가 다른 특징을 보이는 것 하나 찾기 | 소리 관련 예시	3개 공통점
---	---
① 멀리 있는 친구를 부를 때 ② 수업 시간 친구들 앞에서 발표할 때 ③ 야구장에서 우리 팀을 응원할 때 ④ 도서관에서 친구와 대화할 때	| • 공통점 발표하기 - 센 소리와 약한 소리의 차이임	🖥 학습지, 검색 가능한 스마트기기 💬 학생의 다양한 의견을 수용하도록 한다.
조사 하기	\<사실적 질문\> 센 소리, 약한 소리는 어떻게 다를까? • 탐구활동: 들려주는 두 소리의 차이점 탐구 - 한 물체에서 발생하는 센 소리, 약한 소리 듣기 - 두 소리의 차이점과 공통점 찾기 | 한 물체가 만드는 소리 2개 들려주기	차이점	공통점
살짝 친, 세게 친 자일로폰 소리		
살짝 친, 세게 친 북소리		
살짝 친, 세게 친 소리 굽쇠		| • 탐구활동: 위 소리를 만들 때 차이 관찰하기 - 자일로폰이나 소리굽쇠를 치는 모습의 차이 관찰 - 북 위 좁쌀이 튀는 높이 관찰	🖥 학습지, 자일로폰, 북, 기타, 소리굽쇠, 좁쌀 조금 💬 준비물이 어려울 때는 영상 또는 녹음된 소리파일을 사용할 수 있다.
정리 하기	\<개념적 질문\> 소리의 세기와 물체의 떨리는 정도는 어떤 관계인가? • 개념 도입: 소리의 세기, 센 소리, 약한 소리 • 실험 결과 말하기: 세게 칠수록 떨리는 폭이 커진다 등 • 배운 내용을 소리 세기와 물체의 떨림 간의 관계를 나타내는 문장으로 만들어 보자. (예) 물체를 세게 치면 물체의 떨림 폭이 커지고 센 소리가 난다. 물체를 세게 치는 정도에 따라 물체의 소리가 달라진다.	
성찰 하기	• 5분 성찰일지-피드백, 학생이 학습 주체임을 알도록 한다. • 오늘 학습 이해도 (상, 중, 하), 수업 참여도 (상, 중, 하) 스스로 점검하기	

💡 4차시: 소리의 구별 – 높은 소리와 낮은 소리는 어떻게 구별되는가?

• 개념: 소리의 구별

• 일반화: 소리는 소리의 세기, 소리의 높낮이로 구별할 수 있다.

• 학습목표: 높은 소리와 낮은 소리를 구분할 수 있다.

• 내용요소(과정·기능): 관찰·추리 등을 통해 자료를 수집하고 비교·분석하기

단계	학습활동	자료/유의점
집중하기	• 소리 예시 중 다른 특징을 나타내는 것 찾기 | 소리 관련 예시	3개 공통점 | |---|---| | ① 화재 경보기 소리	| | ② 합창단 남자 베이스 목소리	| | ③ 구급차 싸이렌 소리	| | ④ 수영장 안전요원 호루라기 소리	| • 3개 공통점과 나머지 1개의 차이점 찾아 기록하기 　- 높은 소리와 낮은 소리 차이임	📟 학습지, 검색 가능한 스마트기기 📖 학생 오개념: 학생들은 큰 소리와 높은 소리를 잘 구분하지 못한다.
조사하기	<사실적 질문> 높은 소리와 낮은 소리는 어떻게 구별되는가? • 탐구활동: 들려주는 두 소리의 차이점 탐구 　- 악기에서 나는 높은 음, 낮은 음 들려주기 　- 두 소리의 차이점과 공통점 찾기 | 한 악기의 소리 2개 들려주기	차이점	공통점 | |---|---|---| | 자일로폰 소리 높은 음, 낮은 음		| | 펜플루트 긴 관, 짧은 관 소리		| | 작은 북, 큰 북 소리		| • 탐구활동: 위 소리를 만들 때 차이 관찰하기 　- 자일로폰 긴 음판, 짧은 음판을 칠 때 소리 차이 구별하기 　- 펜 플룻 긴 관, 짧은 관을 불 때, 큰 북, 작은 북 칠 때 소리 차이 구별하기	📟 활동지, 자일로폰, 빨대로 만든 펜 플루트, 기타 📖 준비물이 어려울 때는 소리를 미리 녹음하여 직접 들려줄 수 있다.
정리하기	<개념적 질문> 소리의 높낮이와 물체의 떨리는 정도는 어떤 관련이 있는가? • 개념 도입: 소리 높낮이, 높은 소리, 낮은 소리 • 실험 결과 말하기 　- 물체가 빠르게 진동할수록 높은 음 소리가 난다. 　- 빨대 길이가 길수록 낮은 음의 소리를 만든다.	
일반화	• 배운 내용을 소리 높낮이와 물체의 떨림 간의 관계를 나타내는 문장으로 만들어 보자. 　(예) 물체를 빠르게 떨리면 높은 음의 소리가 난다. 　　　 물체의 떨리는 정도가 소리의 높고 낮음을 결정한다.	📖 두 개념 사이 관계를 표현하도록 한다.
성찰하기	• 성찰일지-피드백, 학생이 학습 주체임을 알도록 한다. • 오늘 학습 이해도 (상, 중, 하), 수업 참여도 (상, 중, 하) 스스로 점검	

💡 5차시: 소리의 전달 – 소리는 무엇을 통해 전달될까요?

- **개념**: 소리의 전달
- **일반화**: 소리는 물질을 통하여 전달된다.
- **학습목표**: 물질마다 소리가 전달되는 정도가 다름을 확인할 수 있다.
- **내용요소(과정·기능)**: 결론을 도출하고 자연과 일상생활에서 소리 관련 상황에 적용·설명하기

단계	학습활동	자료/유의점
관계 맺기	• 소리에 관해 궁금한 것 적어보기	📄 활동지 📖 학생의 선개념 이끌어내기
집중 하기	• 붕괴 사고로 갇힌 사람이 보내는 소리 들려주기 - 소리 신호는 어떻게 전달되어 왔을까? (사고로 갇힌 상황에서 수도관, 또는 벽을 통해 소리가 전달된다.)	📖 답은 알려주지 않는다.
조사 하기	<사실적 질문> 어떤 물질에서 소리가 잘 전달되는가? • 모둠별로 소리가 전달되는 주변 예 조사하기 - 영상, 검색, 다른 사람 이야기 등을 조사한다. | 물질	소리를 전달하는 예 | 딱딱한 물체 통해 소리 전달되는 경우 · · 공기를 통해 소리가 전달되는 경우 · · 물속에서 소리가 전달되는 경우 · · • 모둠별 발표 - 소리가 전달되는 물질 말하기 - 소리가 전달되는 물질 분류하기	📄 학습지, 검색 가능한 스마트 기기
정리 하기	<개념적 질문> 소리 전달과 물질은 어떠한 관계인가? • 분류한 물질 특징 찾기 • 소리 전달과 물질 특징 관계 말하기: 딱딱한 물질일수록 소리가 더 잘 전달된다. • 학습한 내용 문장으로 정리하기 (예) 소리는 기체, 액체, 고체 속에서도 잘 전달되며, 고체일수록 더 잘 전달된다.	
전이	<논쟁적 질문> 공기가 없는 달에서는 소리가 전달될 수 있을까?	📖 이유와 함께 발표하도록 한다.
성찰 하기	• 성찰일지-피드백, 학생이 학습 주체임을 알도록 한다. • 오늘 학습 이해도 (상, 중, 하), 수업 참여도 (상, 중, 하) 스스로 점검	

💡 6차시: 소리의 전달 – 실을 이용해 소리를 전달할 수 있을까?

- **개념**: 소리의 전달
- **일반화**: 소리가 물질을 통하여 전달된다.
- **학습목표**: 물질을 통하여 소리가 전달됨을 설명할 수 있다.
- **내용요소(과정 · 기능)**: 문제를 해결하기 위한 탐구 설계하기

단계	학습활동	자료/유의점
관계 맺기	• 실 전화기 경험 말하기 - 실 전화기를 사용하여 멀리까지 소리를 전달한 경험 - 자신의 의견 자유롭게 말하기	젤 실전화기
조사 하기	• 실 전화기 만들기 - 제작 과정 설명하기　　　　 - 실 전화기 만들기 - 실 전화기 소리 전달 확인하기 <개념적 질문> 실 전화기가 잘 들리는 조건은 무엇인가? • 실 전화기 탐구: 다음의 조건에 따라 실 전화기로 소리를 들어 보자. | 조건	어떻게 해야 더 잘 들리는가? | |---|---| | 실이 팽팽할 때와 느슨할 때 | • | | 실이 짧을 때와 길 때 | • | | 실의 두께 | • | | 실을 손으로 잡을 때 | • | • 실 전화기가 더 잘 들리는 조건 정리하기 - 위 실험 결과를 근거로 팽팽한 정도, 실의 두께, 실의 종류 등으로 정리하여 발표하기	젤 학습지, 종이컵, 실, 클립, 가위 쥬 실험할 때 안전 지도가 필요하다. 쥬 　모둠별로 조건을 다르게 하여 미리 실 전화기를 제작하도록 한다.
일반화	• 단어 제시를 통한 일반화하기 - 어떻게 해야 소리가 잘 전달되는지를 질문을 하면서 일반화 문장을 작성하게 한다.	쥬 학생들이 자유롭게 작성하도록 한다.
전이	• 낯선 상황 제시 - 실 대신 에나멜선이나 고무줄을 사용하면 소리가 더 잘 전달될까?	
성찰 하기	• 성찰일지–피드백, 학생이 학습 주체임을 알도록 한다. • 오늘 학습 이해도 (상, 중, 하), 수업 참여도 (상, 중, 하) 스스로 점검	

💡 7차시: 소리의 반사 – 소리가 나아가다가 물체에 부딪치면 어떻게 될까요?

- **개념**: 소리의 반사
- **일반화**: 소리가 진행하다가 물체에 부딪히면 반사한다.
- **학습목표**: 물질에 따른 소리의 반사를 탐구할 수 있다.
- **내용요소(과정 · 기능)**: 관찰, 예상, 추리 등을 통해 자료를 수집하고 비교 · 분석하기

단계	학습활동	자료/유의점
집중 하기	• 소리 경험 말하기 - 빈 체육관에서 손벽을 치거나 말을 할 때 소리가 어떻게 들리는지 자유롭게 말하기 • 위 예와 비슷한 원리에 해당하는 것과 아닌 것을 구별하기 - 같은 원리들의 공통점 찾기 **예시 / 4개 공통점** ① 산에서 소리를 지르면 메아리가 들린다. ( ) ② 가구 없는 빈 방에서는 소리가 울린다.( ) ③ 실 전화기로 친구와 이야기를 나눈다. ( ) ④ 공연장 천장에 반사판은 소리를 고르게 전달한다. ( ) ⑤ 동굴에서는 소리가 울리게 들린다. ( )	📄 학습지 📌 교사는 소리의 반사를 암시하는 안내가 필요하다.
조사 하기	<사실적 질문> 소리가 되돌아오는 것을 무엇이라 하나? • 소리의 반사 탐구 - 반사판의 방향에 따른 소리의 반사 실험 - 반사판의 종류(없음, 나무판, 스타이로폼판)에 따른 소리의 반사 실험 **반사판 / 소리 들리는 정도를 기록한다.** 없음 나무판 스펀지 <개념적 질문> 소리가 잘 반사할 조건은 무엇인가? • 실험 결과 정리하기 - 위 실험 결과를 근거로 소리가 잘 반사할 조건을 정리하여 발표한다.	📄 학습지, 나무판, 스타이로폼판, 스펀지 📌 실험할 때 안전에 유의하도록 지도한다.
일반화	• 단어 제시를 통한 일반화된 문장 만들기 - 소리는 물질을 만나면 반사하고, (딱딱한, 부드러운) 물질일수록 소리의 반사가 더 잘 일어난다.	📌 일반화가 어려운 경우 중요한 용어에 괄호를 제시할 수 있다.
성찰 하기	• 성찰일지-피드백, 학생이 학습 주체임을 알도록 한다. • 오늘 학습 이해도 (상, 중, 하), 수업 참여도 (상, 중, 하) 스스로 점검	

💡 8차시: 소음 – 소음이란 무엇인가?

- **개념**: 소음
- **일반화**: 소음은 안전한 생활을 방해한다.
- **학습목표**: 소음이란 무엇인지 설명할 수 있다.
- **내용요소(과정·기능)**: 결론을 도출하고 자연과 일상생활에서 소리 관련 상황에 적용·설명하기

단계	학습활동	자료/유의점
관계 맺기	• 락 음악을 크게 틀어 주고 이 음악에 대한 개인 의견을 말하기 - 자유롭게 자신의 의견 말하기	🖾 학습지
집중 하기	<사실적 질문> 소음이란 무엇인가? • 다음 사례들 중 하나는 다른 특징을 나타낸다. 다른 하나를 찾고 그 이유를 말하여라. - 나머지 예들의 공통점은 무엇인지 말해 보자. <table><tr><th>소리 예시</th><th>공통점</th></tr><tr><td>① 책상이나 의자를 끄는 소리가 난다. ② 도로에 자동차 경적 소리가 들린다. ③ 지나가는 비행기 소리가 크게 들린다. ④ 음악 합주회에서 피아노 소리가 들린다. ⑤ 공사장에서 암석을 깨는 굴착기 소리가 들린다.</td><td></td></tr></table> - 공통점이 있는 다른 예들 추가로 찾아보기	🖾 검색 가능한 스마트 기기 🖾 학생들이 다양한 예를 찾도록 안내한다.
정리 하기	<개념적 질문> 소리와 소음은 어떤 관계에 있는가? • 소음 개념 도입 • 자신이 겪은 주변의 소음에 대해 2가지 말하고 다른 친구들의 의견을 들어 보자.	🖾 자유롭게 자신의 경험을 말하도록 돕는다.
성찰 하기	• 성찰일지–피드백, 학생이 학습 주체임을 알도록 한다. • 오늘 학습 이해도 (상, 중, 하), 수업 참여도 (상, 중, 하)를 스스로 점검하도록 한다.	🖾 학습지에 직접 작성하도록 한다.

💡 9차시: 소음 – 주변의 소음을 어떻게 줄일까요?

• 개념: 소음
• 학습목표: 소음을 줄이는 방안을 탐구할 수 있다.
• 내용 요소(과정·기능): 자신의 생각과 주장을 과학적 언어를 사용하여 다양한 방식으로 표현하고 공유하기

단계	학습활동	자료/유의점
관계 맺기	• 소음 방지와 관련한 사진 3개 정도 제시하고 각 질문에 답하기 　- 사진에서 무엇이 보이나요? 　- 사진 속에서 무슨 일이 일어나고 있다고 생각하나요? 　- 사진과 관련하여 어떤 것이 궁금한가요? 　｜도로 방음벽 사진｜음악실 벽 흡음재 사진｜의자 다리에 끼우는 고무 캡｜	📄 학습지 🗣 자유롭게 의견을 발표하도록 돕는다.
조사 하기	<개념적 질문> 소음은 어떻게 줄일 수 있을까? • 탐구 주제 선정 　- 학생들이 자유롭게 탐구 주제를 선택하도록 함 　- 몇 가지 주제를 교사가 제시함: 위층 소음 문제, 아파트 층 높이와 도로 소음, 방음벽, 공사장 등 • 모둠별 탐구 수행: 소음측정기 또는 스마트폰 소음측정기 앱을 이용한 소음 탐구 　- 앱을 켜고 소음측정기 앱을 실행시켜 소음크기 측정 　- 자료의 수집 및 시각화(표, 그래프 등) • 자료 분석 및 해석 　- 수집된 자료 분석 및 결론 도출 • 모둠별 발표 및 토의	📄 소음측정기 또는 스마트폰 앱 🗣 야외 이동 시 안전에 유의하도록 지도한다.
일반 화	<논쟁적 질문> 어떤 소리가 소음이라고 생각하는가? • 토의 후 일반화된 문장 만들기 (예) 사람에 따라 듣기 좋은 소리와 싫은 소리가 다르다.	
성찰 하기	• 발표 평가 및 피드백 • 오늘 학습 이해도 (상, 중, 하), 수업 참여도 (상, 중, 하)를 스스로 점검하도록 한다.	

💡 10차시: 단원 총괄평가 및 성찰

- 개념: 소리
- 일반화: 소음은 안전한 생활을 방해한다.
- 학습 목표: 단원 총괄평가 및 성찰
- 내용 요소(과정·기능): 자신의 생각과 주장을 과학적 언어를 사용하여 다양한 방식으로 표현하고 공유하기

단계	학습활동	자료/유의점
참여 하기	• 총괄평가 수행 과제 제시 및 안내 여러분은 '아파트 층간 소음 문제 해결'에 대한 아이디어 경진대회에 참가하려고 합니다. 아파트 각 층에서 발생하는 소음에 대해서 ① 소리의 성질(소리의 발생 원인, 소리의 전달 2가지)과 관련지어 '층간 소음 문제'를 어떻게 해결할 수 있을지에 대한 ② 아이디어를 제시해 보세요. 여러분의 아이디어는 다음의 기준에 따라서 평가됩니다.	📄 학습지

참여 하기	• 루브릭 제시	🖼 사전에 루브릭을 제시하여 학생 활동에 도움을 주도록 한다.

척도 평가요소	잘함	보통	노력 필요
소리의 성질 및 용어 (지식·이해)	소리의 성질과 관련된 용어를 실생활에 적용하여 모두 바르게 사용한다.	소리의 성질과 관련한 용어를 올바르게 사용한다.	소리의 성질과 관련한 용어를 바르게 이해하여 사용할 필요가 있다.
아이디어 제시 (과정·기능)	소리의 발생 원인과 전달을 소음문제 해결과 관련지어 아이디어를 올바르게 제시한다.	소음의 발생이나 전달 과정에 대한 설명 없이 소음을 줄이는 방법 위주로 아이디어를 제시한다.	소음을 줄이는 아이디어만을 몇 가지 제시한다.
관심 및 실천 (가치·태도)	소리와 관련된 일상생활의 문제에 관심을 가지고 적극적인 해결을 위해 실천한다.	소리와 관련된 일상생활의 문제에 관심을 가지고 실천한다.	소리와 관련된 일상생활의 문제에 관심을 가진다.

조사 하기	• 모둠별 과제 수행 • 발표 및 평가	📄 평가지 🖼 발표에 대해 동료평가를 실시한다.
성찰 하기	• 단원 마무리 및 단원 성찰	

📖 개요

단원	날씨와 우리생활	학년	5~6학년	전체 차시	9차시
단원 소개	이 단원은 다양한 날씨 현상의 원리를 이해하고, 날씨와 우리 생활의 관계를 탐구하려는 태도를 지니는 것을 목적으로 한다. 날씨 현상인 이슬, 안개, 구름, 바람을 이해하고, 이들이 우리 생활에 미치는 영향과, 날씨에 따라 달라지는 우리 생활의 모습을 조사하고 발표하여 날씨와 우리 생활의 관계에 관심을 가질 수 있도록 한다.				
단원 주제	기상요소, 이슬, 안개, 구름, 고기압, 저기압, 바람				

📖 단원 구조

구분	내용
핵심 아이디어	지구의 기후시스템은 태양복사 지구복사, 인간 활동 등의 영향을 받으며, 이러한 요인들이 복합적으로 상호작용하여 나타난 기상현상과 기후변화는 우리 생활과 지속가능성에 영향을 미친다.
성취기준	[6과06-01] 기상요소를 조사하고, 날씨가 우리 생활에 영향을 인식할 수 있다. [6과06-02] 이슬, 안개, 구름을 관찰하고 공통점과 차이점을 찾을 수 있다. [6과06-03] 저기압과 고기압의 분포에 따른 날씨의 특징을 기상요소로 표현할 수 있다.
개념적 렌즈	원인과 결과
개념망	**기상요소** - 기상요소 - 날씨와 우리생활 **구름과 안개** - 안개 - 이슬 - 구름 날씨와 우리 생활은 어떤 관련이 있을까? **기압과 바람** - 고기압 - 저기압 - 바람 **날씨와 바람** - 고기압, 저기압 날씨 - 날씨와 바람

🖥 단원의 지도 계획

1. 단원 구조

구분 스트랜드	일반화	안내 질문	내용 요소			평가방법
			지식·이해	과정·기능	가치·태도	
기상요소	• 날씨는 기상요소들의 상호작용으로 일어난다.	(사) 기상요소에는 어떤 것들이 있는가? (개) 날씨는 우리 생활과 어떤 관련이 있는가?	• 기상요소 • 날씨	• 관찰, 측정 등을 통해 자료를 수집하고 비교 분석하기	• 과학 유용성	보고서평가
구름과 안개	• 공기 중 수증기의 응결 응축은 다양한 날씨 변화를 일으킨다.	(사) 이슬, 안개, 구름은 어떻게 만들어지는가? (개) 구름은 어떻게 만들어지는가? (개) 구름은 어떻게 다양한 날씨 변화를 일으키는가?	• 이슬, 안개, 구름 • 구름의 생성	• 문제 해결을 위한 탐구 설계하기 • 관찰, 측정 등을 통해 자료를 수집하고 비교 분석하기	• 과학 유용성 • 자연과 과학에 대한 감수성	실험평가
기압과 바람	• 기압 차이에 의한 공기의 이동은 바람을 만든다.	(사) 기압이란 무엇인가? (사) 바람은 어떻게 부는가? (개) 기압과 공기 이동은 어떤 관계가 있는가? (개) 바람과 기압은 어떤 관련이 있는가?	• 고기압, 저기압 • 기압과 바람	• 결론을 도출하고 자연과 일상생활에서 적용하고 설명하기	• 과학 문제 해결에 대한 개방성	실험평가
날씨와 생활	• 우리는 계절에 따른 날씨 변화에 적응하며 살아간다.	(사) 계절별 날씨 특징은 무엇인가? (개) 날씨에 따라 우리 생활에는 어떤 변화가 생기는가? (논) 인간의 활동이 날씨 변화에 영향을 주는가?	• 계절별 날씨 • 날씨와 우리 생활	• 자신의 생각과 주장을 과학적 언어를 사용하여 다양한 방식으로 표현하고 공유하기	• 안전, 지속가능성 • 회해 기여	발표평가

2. 단원 총괄평가

여러분은 날씨 정보를 제공하는 기상 코디네이터로서 한 계절을 선택하고 그 계절의 날씨와 관련된 생활 정보를 제공하는 기상 생활 정보 안내문을 작성하려 합니다. ① 선택한 계절 날씨 특징은 구름 발생, 기압과 바람, 기온 습도 등으로 설명하고, ② 야외활동, 건강, 농사 및 어업활동, 여행 등 기상 정보 한 가지를 날씨에 맞추어 제공해야 합니다. 여러분의 기상 생활 정보 안내문은 다음의 기준에 따라서 평가됩니다.

• 루브릭(채점기준표)

척도 평가요소	잘함	보통	노력 필요
날씨와 기상요소 (지식 · 이해)	계절별 날씨의 특징을 구름, 바람, 비 등과 관련지어 바르게 설명한다.	계절별 날씨의 특징을 구름, 바람, 비 등과 관련지어 제시한다.	계절별 날씨 특징을 몇 가지 용어만을 제시한다.
기상 정보 (과정 · 기능)	제공된 기상 정보가 날씨 변화의 특징과 관련되며, 실제 대비가 되도록 구체적 방안을 제시한다.	제공된 기상 정보가 날씨 변화의 특징과 관련된 대비 방안을 제시한다.	날씨 특징이나 기상 정보에 관한 몇 가지 용어만 제시한다.
자연과 과학 감수성 (가치 · 태도)	날씨와 관련된 일상생활의 문제에 관심을 가지고 적극적인 해결을 위해 실천한다.	날씨와 관련된 일상생활의 문제에 관심을 가지고 실천한다.	날씨와 관련된 일상생활의 문제에 관심을 가진다.

3. 학습 활동

스트랜드	차시	학습활동
기상요소	1~2	· 기상요소, 날씨와 우리 생활
구름과 안개	3	· 이슬과 안개
	4	· 구름은 어떻게 만들어질까요?
기압과 바람	5	· 고기압과 저기압
	6	· 지면과 수면의 온도 변화 측정
	7	· 밤과 낮에 부는 바람
날씨와 바람	8	· 우리나라 날씨
	9	· 날씨와 우리 생활
정리	10	· 단원 총괄평가 및 성찰

학습활동 설계

💡 **1~2차시: 기상요소**

- **개념:** 변화, 상호작용
- **일반화:** 날씨는 기상요소들의 상호작용으로 일어난다.
- **학습 목표:** 기상요소를 알고 날씨 변화와 관계를 이해한다.
- **내용요소(과정 · 기능):** 자연과 일상생활에서 습도 관련 문제 인식하기

단계	학습활동	자료/유의점
연결 하기	• 날씨 관련 사진을 보고(see) 생각하고(think) 질문하기(wonder) - 추운 날, 더운 날, 비 또는 눈 내리는 날, 바람 부는 날 등 • 날씨와 관련된 자신의 경험 이야기하기 - 날씨와 생활, 날씨와 놀이, 날씨 변화 등	🎞 날씨 관련 사진 자료
질문 하기	<사실적 질문> 기상요소에는 어떤 것들이 있는가? • 학습할 개념 안내: 날씨, 기상요소 • 조사할 내용: 날씨에 영향을 미치는 요소 - 기상요소 조사하기 - 온도, 습도, 바람 등 의미 이해하기	🎞 기상요소, 검 색가능한 스마 트기기
정리 하기	• 습도 읽기: 실험활동 - 젖은 온도계와 공기 중 온도계 눈금 읽기 - 습도표를 보고 습도 읽는 법 익히기 <개념적 질문> 날씨는 우리 생활과 어떤 관련이 있는가? • 대표 사례 제시: 습도가 높으면 빨래가 잘 안 마른다. • 학생들은 음식, 안전, 건강, 생활 등의 측면에서 습도의 활용 사례를 조사하기 - 사례들 모아서 영역별로 정리하기 - 영역별로 발표하기	🎞 습도계, 온도 계, 헝겊, 습도표 📋 모둠별로 각 영역을 선택하여 조사하도록 한다.
일반화	• 다음 질문을 생각하면서 일반화된 문장으로 적어보기 - 우리는 쾌적한 삶을 위해 습도에 어떻게 대처하고 있는가? - 습도 조절은 왜 중요한가?	📋 사용해야 할 단어 몇 개를 미리 제시할 수 있다.
전이	• 날씨에 기상요소 적용하여 이해 평가하기 • 학습 과정에 대한 피드백하기	

💡 3차시: 구름과 안개

- 개념: 날씨 변화
- 일반화: 공기 중 수증기의 응결, 증발은 다양한 날씨 변화를 일으킨다.
- 학습목표: 이슬, 안개의 발생 과정을 설명할 수 있다.
- 내용요소(과정·기능): 관찰, 추리 등을 통해 자료를 수집하고 비교·분석하기

단계	학습활동	자료/유의점
관계 맺기	• 스무고개 - 오늘 배울 내용: 눈에 보이고, 만지면 흩어지고 등 이슬이나 안개 등을 추측하도록 자료를 순차적으로 제시한다.	🖼 학생들이 추측해서 주제를 맞출 수 있게 용어나 사진을 제시한다.
집중 하기	• 물의 상태 이해도 점검 - 상태 변화로써 수증기 응결 현상을 이해하는가? • 이슬과 안개, 구름 사진 분류하기	🖺 학습지, 이슬, 안개, 구름 사진
조사 하기	<개념적 질문> 이슬, 안개는 어떻게 만들어지는가? • 각 실험 수행하면서 관찰하기 - 집기병 속에 얼음과 물을 넣고 바깥을 관찰하기 - 집기병 위에 얼음 조각 올려놓고 집기병 내부 관찰하기 • 관찰 결과를 바탕으로 다음 내용 추론하기 - 집기병 바깥의 작은 물방울들은 어떻게 생긴 것일까? - 따뜻한 집기병 속이 흐리게 되는 것은 어떻게 만들어진 것일까?	🖺 학습지, 집기병, 얼음, 물, 유리판 🖼 작은 변화도 세심하게 관찰하도록 주의를 환기시킨다.
정리 하기	<개념적 질문> 이슬, 안개의 공통점은 무엇인가? • 실험 결과를 바탕으로 안개가 생기는 과정 • 실험 결과를 바탕으로 이슬 응결 과정 설명하기 • 실험 결과로부터 응결, 증발한 내용을 정리한다. • 대기 중의 수증기가 이슬, 안개로 만들어지는 과정으로 정리한다.	🖼 사용할 단어 몇 개를 미리 제시할 수 있다.
성찰 하기	• 5분 성찰일지-피드백, 학생이 학습 주체임을 알도록 한다. • 오늘 새롭게 배운 내용을 1~2문장으로 기록하기	

💡 **4차시: 구름과 안개**
- **개념**: 날씨 변화
- **일반화**: 공기 중 수증기의 응결, 증발은 다양한 날씨 변화를 일으킨다.
- **학습목표**: 구름의 발생 과정을 설명할 수 있다.
- **내용요소(과정·기능)**: 결론을 도출하고, 자연과 일상생활에서 날씨 변화 관련 상황에 적용·설명하기

단계	학습활동	자료/유의점
관계 맺기	• 높은 하늘에 떠 있는 구름 사진이나 영상 제시 • 학생의 선개념 파악 　- 구름은 액체일까? 기체일까?	🖼 많은 학생들은 구름을 기체로 생각한다.
조사 하기	• 구름 발생 실험 수행 　- 페트병에 향 연기 넣은 후, 공기 넣으면서 압축하기, 온도 변화 관찰하기 　- 페트병 뚜껑을 갑자기 열었을 때, 내부 변화와 온도 변화 관찰하기	🎞 구름발생장치, 향, 성냥, 액정온도계
정리 하기	<개념적 질문> 구름은 어떻게 만들어지는가? • 구름 발생 실험 분석하기 　- 압축할 때와 뚜껑을 갑자기 열 때 페트병 내부의 온도 변화와 수증기 상태변화 추론하기 　- 내부 뿌연 물질은 무엇인지 추론하기 　- 실험 결과 바탕으로 구름의 응결과정 설명하기 <개념적 질문>: 구름은 어떻게 다양한 날씨 변화를 만드는가? • 비와 눈이 만들어지는 과정 설명하기 　- 얼음 알갱이가 점점 자라서 내려오는 것: 눈 또는 비 　- 큰 물방울과 작은 물방울이 만나서 내리는 것: 비	🎞 구름 생성 관련 사진 및 영상 자료 🖼 실험과정을 부분적으로 부여주면서 관찰이나 추론할 수 있도록 안내한다.
일반화	• 날씨 변화에 구름이 어떠한 역할을 하는지 생각하면서 학습한 내용을 정리한다. • 학습한 내용을 바탕으로 증발, 응결, 날씨 변화와 관련되는 일반화된 문장으로 만든다.	🖼 사용할 단어 몇 개를 미리 제시할 수 있다.
성찰 하기	• 5분 성찰일지-피드백, 학생이 학습 주체임을 알도록 한다. • 오늘 새롭게 배운 내용을 1~2문장으로 기록하기	

💡 5차시: 기압과 바람

- **개념**: 기압

- **일반화**: 기압 차이에 의한 공기의 이동은 바람을 만든다.

- **학습목표**: 기압의 개념을 이해하고 고기압과 저기압을 구별할 수 있다.

- **내용요소(과정·기능)**: 관찰, 측정 등을 통해 자료를 수집하고 비교·분석하기

단계	학습활동	자료/유의점
질문 제시	• 학생의 선개념 - 공기는 무게가 있을까? 학생의 개별적 의견 적기 - 개별 의견 발표하고 나누기	🗺 개별적 의견 존중하는 분위기를 만든다.
배경 제시	• 자료 제시를 통해 보고, 생각하고, 질문하기 - 바람 빠진 타이어, 팽팽한 타이어 사진 차이 말하기 - 열기구나 풍등 사진 제시	📺 영상 및 사진 자료
가설 생성	• 위 질문과 사진 자료를 통하여 모둠별로 공기 무게와 관련된 가설 만들기 예) 공기가 많을수록 무거울(가벼울) 것이다.	🗺 가설 중 공기 무게 관련된 것을 선택하고, 이를 검증하도록 안내한다.
가설 검증	<사실적 질문> 기압이 무엇인가? • 탐구실험: 더운 공기, 차가운 공기 무게 측정 - 차가운 공기가 무겁다는 것을 확인하기 - 공기가 무게가 있어 누르는 힘이 작용함을 이해하기 <개념적 질문> 기압과 공기 이동은 어떤 관계가 있는가? • 실험 정리 - 기압 개념 도입: 공기가 만드는 압력, 고기압, 저기압 - 팽팽한 비치볼에서 안쪽과 바깥쪽 중 어디에서 기압이 더 높은가? • 기압과 공기 이동 관계 생각하기 - 기압 차이가 있을 때 공기 움직임 예상해 보기 - 고기압에서 저기압으로 이동함을 사례로 보여주기	📺 페트병, 머리말리개, 전자저울, 비치볼 🗺 머리말리개를 사용할 때 전기 및 화상 주의 등 안전사고에 유의하도록 안내한다.
정리 하기	• 바람이 부는 원인, 저기압과 고기압의 용어 정리하기 • 바람이 부는 방향 정리하기 (예) 공기는 고기압에서 저기압으로 움직인다.	🗺 실험한 내용을 바탕으로 학습 내용을 정리한다.
성찰 하기	• 오늘 학습 이해도 (상, 중, 하), 수업 참여도 (상, 중, 하)를 스스로 점검하도록 한다.	

💡 6~7차시: 기압과 바람 – 지면과 수온 변화와 바람

• 개념: 기압, 바람

• 일반화: 기압 차이에 의한 공기의 이동은 바람을 만든다.

• 학습 목표: 바람이 부는 원리를 추론할 수 있다.

• 내용 요소(과정 · 기능): 관찰, 측정 등을 통해 자료를 수집하고 비교 · 분석하기

단계	학습활동	자료/유의점
관계 맺기	• 학생의 경험 나누기 - 바닷가에서 바람을 경험했거나 불었던 바람 방향에 대해 말하기 <사실적 질문> 바람이란 무엇인가? -공기의 수평 이동	
조사 하기	• 실험활동 1: 모래와 물 온도 변화 - 모래와 물을 동시에 가열할 때 온도 변화 측정 - 밤과 낮에 어느 쪽이 온도 높은지 결과 분석 • 실험활동 2: 밤과 낮에 부는 바람 방향 관찰 - 가열 전과 후 온도변화 측정 - 모래와 물 동시 가열한 후 향 연기 이동 방향 관찰 - 향 연기의 움직임으로 육지와 바다에 적용시켜 바람 방향 추론하기	ᐱ 학습지, 모래, 물, 향, 성냥, 바람부는 원리 장치, 온도계 ᐱ 화재 및 화상에 유의하도록 지도한다.
정리 하기	<개념적 질문> 바람과 기압은 어떤 관련이 있는가? • 실험활동 1과 2를 연결 지어 바람 방향 정리 - 낮과 밤에 부는 바람 방향 알아내기 - 고기압, 저기압 위치와 바람 방향 • 해풍과 육풍 정리	ᐱ 교사 주도로 실험 결과와 관련지어 바람, 고기압과 저기압의 바람에 대해 정리한다.
일반화	• 기압, 바람, 바람 방향과 관련되는 일반적인 문장으로 만들어 보자. - 기압 차이는 공기를 이동시키며 공기는 고기압에서 저기압으로 이동하는 바람을 만든다.	ᐱ 학생들 각자가 일반화된 문장을 만들고 협의하도록 한다.
전이	• 새로운 상황 제시 (예) 기압 높은 곳, 기압 낮은 곳 자료 제시 후 공기 이동 표시하게 하기	
성찰 하기	• 5분 성찰일지: 피드백 및 주도적 학습지원 • 오늘 학습 이해도 (상, 중, 하), 수업 참여도 (상, 중, 하) 스스로 점검	

💡 8~9차시: 우리나라 날씨와 생활

- **개념**: 우리나라 날씨
- **일반화**: 우리는 계절에 따른 날씨 변화에 적응하며 살아간다.
- **학습목표**: 계절별 날씨의 특징을 공기 덩어리와 관련지어 설명할 수 있다.
- **내용요소(과정·기능)**: 자연과 일상생활에서 날씨 관련 문제 인식하기

단계	학습활동	자료/유의점
관계 맺기	• 우리는 왜 계절마다 다른 옷을 입을까? • 우리나라 여름철 날씨의 특징은 무엇인가?	📖 자유롭게 참여하도록 안내한다.
조사 하기	• 계절에 맞는 사례 찾기: - 우리나라 계절별 날씨의 특징을 기록한 사례들을 보고 어느 계절에 맞는 사례인지 찾고 분류하는 활동 - 봄, 여름, 가을, 겨울 사례를 보고 각 계절의 공통적인 날씨 특징 말하기 <개념적 질문> 우리나라 계절별 날씨의 특징은 무엇인가? • 우리나라 계절별 날씨 특징 - 우리나라에 영향을 주는 계절별 공기 덩어리 특징 - 우리나라에 영향을 주는 계절별 공기 덩어리 특징과 날씨 관계 <논쟁적 질문> 인간 활동이 날씨 변화에 영향을 주는가? • 날씨와 우리 생활과의 관계 - 날씨에 따른 나의 행동 말하기 - 날씨가 우리 생활이나 인류 생활에 어떤 영향을 주고 있는지 조사해 보고 말하기	📄 학습지, 검색 가능한 스마트기기 📖 계절별 날씨 특징을 자유롭게 발표한 후에 교사가 정리하도록 한다. 📖 논쟁적 질문은 학생의 다양한 의견을 수용한다.
정리 하기	• 계절별 영향을 주는 공기 덩어리 성질과 날씨 특징 정리 • 날씨와 우리 생활의 건강, 나들이, 농업 어업활동 등 생활 영향 정리	
일반화	• 한 가지 사례를 일반적인 문장으로 만들어 보기 (예) 여름철에는 습하고 기온이 높은 공기 덩어리 때문에 우리는 시원한 곳을 찾거나 팔이 짧은 옷을 입게 되므로 "우리나라에 영향을 주는 공기 덩어리는 계절에 따라 달라진다."	📖 학생들 각자가 만들도록 안내한다.
성찰 하기	• 성찰일지-피드백, 학생이 학습 주체임을 알도록 한다. • 오늘 학습 이해도 (상, 중, 하), 수업 참여도 (상, 중, 하) 스스로 점검하기	

💡 **10차시: 단원 총괄평가**
- **개념:** 계절별 날씨
- **일반화:** 우리는 계절에 따른 날씨 변화에 적응하며 살아간다.
- **학습목표:** 단원 총괄평가 및 성찰
- **내용요소(과정 · 기능):** 자신의 생각과 주장을 과학적 언어를 사용하여 다양한 방식으로 표현하고 공유하기

단계	학습활동	자료/유의점
집중하기	• 총괄평가 수행과제 제시 및 안내 여러분은 날씨 정보를 제공하는 기상 코디네이터로서 한 계절을 택하고 그 계절의 날씨와 관련된 생활 정보를 제공하는 기상 생활 정보 안내문을 작성하려 합니다. ① 선택한 계절 날씨 특징은 구름 발생, 기압과 바람, 기온 습도 등으로 설명하고, 날씨와 관련한 ② 야외활동, 건강, 농사 및 어업활동, 여행 등 기상 정보 한 가지를 날씨에 맞추어 제공해야 합니다. 여러분의 기상 생활 정보 안내문은 다음의 기준에 따라서 평가됩니다. • 루브릭 제시	📄 학습지, 검색 가능한 스마트기기 🔲 미리 루브릭을 제공하여 학생활동을 안내하도록 한다.

척도 평가요소	잘함	보통	노력 필요
계절별 날씨 특징 (지식 · 이해)	계절별 날씨의 특징을 구름, 바람, 비들과 관련지어 바르게 설명한다.	계절별 날씨의 특징을 구름, 바람, 비 등과 관련지어 제시한다.	계절별 날씨 특징을 몇 가지 용어만을 제시한다.
기상 정보 제공 (과정 · 기능)	제공된 기상정보가 날씨 변화의 특징과 관련되며, 실제 대비가 되도록 구체적 방안을 제시한다.	제공된 기상정보가 날씨 변화의 특징과 관련된 대비 방안을 제시한다.	날씨 특징이나 기상정보에 관한 몇 가지 용어만 제시한다.
관심 및 호기심 (가치 · 태도)	날씨와 관련된 일상생활의 문제에 관심을 가지고 적극적인 해결을 위해 실천한다.	날씨와 관련된 일상생활의 문제에 관심을 가지고 실천한다.	날씨와 관련된 일상생활의 문제에 관심을 가진다.

단계	학습활동	자료/유의점
조사하기	• 모둠별 과제 수행하기 • 결과 발표하기	🔲 2~4인 모둠으로 활동하도록 돕는다.
성찰하기	• 교사 관찰 평가 및 동료평가 실시 • 단원 성찰	

개요

단원	기후변화	**학년**	5~6학년	**전체 차시**	8차시
단원 소개	교과 통합주제를 '기후변화'로 정하고 과학, 사회, 미술 교과가 연계하여 이루어지는 주제 통합수업의 예시이다. 과학 교과에서는 기후변화 이해와 영향에 대해서 살펴보며, 사회 교과에서는 기후와 인간의 생활 간의 관계 및 전 지구적 환경문제 해결에 협력하고 대응하는 모습을 살펴본다. 그리고 미술 교과에서는 지구온난화 대응 실천을 위한 홍보 게시물 제작을 위해 아이디어와 관련한 표현을 구체화하는 활동으로 구성하였다.				
단원 주제	• 기후, 기후변화, 온실효과, 지구온난화, 기후변화 영향과 대응				

 단원 구조

구분	내용
핵심 아이디어	과학 기술은 자원과 에너지 등의 효율적 이용 방안을 제공하여 지속 가능한 사회에 기여한다.
성취기준	• 과학 [6과01-01] 기상요소를 조사하고, 날씨가 우리 생활에 주는 영향을 인식할 수 있다. [6과08-02] 재생에너지의 종류를 조사하고, 에너지를 지속가능하게 이용하는 방법에 관심을 갖는다. [6과08-03] 자원과 에너지의 효율적인 이용 방법에 대해 탐색하고, 생활 속에서 실천할 수 있는 다양한 사례를 공유할 수 있다. • 사회 [6사10-02] 세계의 다양한 기후를 알아보고 기후 환경과 인간 생활 간의 관계를 탐구한다. [6사12-02] 지구촌을 위협하는 다양한 문제들을 파악하고, 지속가능한 미래를 위한 해결 방안을 탐색한다. • 미술 [6미02-05] 미술과 타 교과의 내용과 방법을 융합하는 활동을 자유롭게 시도할 수 있다.
개념적 렌즈	• 상호작용

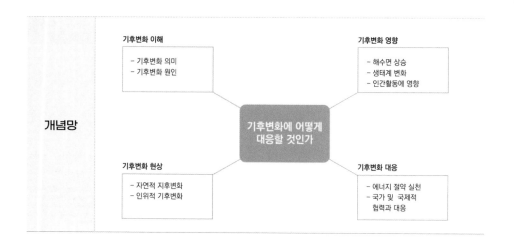

개념망

기후변화 이해
- 기후변화 의미
- 기후변화 원인

기후변화 영향
- 해수면 상승
- 생태계 변화
- 인간활동에 영향

기후변화에 어떻게
대응할 것인가

기후변화 현상
- 자연적 지후변화
- 인위적 기후변화

기후변화 대응
- 에너지 절약 실천
- 국가 및 국제적
  협력과 대응

단원의 지도 계획

1. 단원 구조

구분 스트랜드	일반화	안내 질문	내용 요소			평가방법
			지식·이해	과정·기능	가치·태도	
기후변화 이해	• 사람들은 기후에 적응하면서 생활한다.	(사) 날씨와 기후는 어떻게 다른가? (사) 기후변화란 무엇인가? (개) 기후변화와 우리 생활은 어떤 관련이 있는가?	• 날씨와 기후 • 기후와 생활	• 질문을 도출하고 과학기 순서화의 문제 해결 상황에 적용 설명하기	• 과학의 사회적 가치	관찰평가
기후변화 현상	• 인간의 활동은 기후변화와 지속가능성에 영향을 미친다.	(사) 대기의 이산화탄소는 어떤 역할을 하는가? (사) 온실기체가 많아지면 어떠한 일이 발생하는가? (사) 지구온난화의 증가는 무엇이 있는가? (개) 이산화탄소, 온실가스와 지구온난화는 어떤 관련이 있는가?	• 온실가스 • 지구온난화	• 신뢰성 있는 출처를 활용하여 자료를 수집하고 정리하기	• 과학문제 해결에 대한 개방성	보고서평가
기후변화 영향	• 기후변화는 지구 환경 변화, 생태계 변화에 영향을 미친다.	(개) 생태계 구성요소에서 생물과 비생물은 어떤 관계에 있는가? (개) 기후변화가 지구에 어떤 영향을 주는가?	• 생태계 구성요소 • 상호작용 • 지구의 영향	• 자연과 일상생활에서 과학과 기술 및 사회의 상호 작용과 관련된 문제 인식하기	• 과학의 사회적 가치	보고서평가
기후변화 대응	• 국제적인 협력과 나와 우리의 실천이 기후변화를 막을 수 있다.	(사) 기후변화 대응을 위한 국제적 협력과 대응은 어떤 것이 있는가? (논) 선진국과 개발도상국의 협력은 어떻게 이룰 수 있을까?	• 기후변화 대응 • 기후변화 협력 • 실천	• 결론을 도출하고 과학의 문제 출처의 해결 상황에 적용 설명하기	• 과학의 사회적 가치 • 인간과 지속사회에 기여	발표평가

2. 단원 총괄평가

기후변화 대응을 위한 에너지, 온실가스 10% 줄이기 5대 실천 수칙을 만들어야 합니다. 각 가정에서 실행을 위한 게시 목적의 수칙 포스트를 만들려고 합니다. 여기에는 ① 에너지 또는 온실가스 줄이는 5가지 활동, ② 실천으로 감축되는 이산화탄소, 에너지 등 효과가 제시되어야 합니다. 실천 수칙 포스트는 다음의 기준에 따라서 평가됩니다.

• 루브릭(채점기준표)

척도 평가요소	잘함	보통	노력 필요
기후변화 이해 (지식·이해)	기후변화와 온실가스와의 관계를 이해하고 있고, 일상 속에서 온실가스 감축을 위한 구체적 실천 방안을 제시하고, 그 효과를 숫자로 제시하고 있다.	일상 속에서 온실가스 감축을 위한 구체적 실천 방안을 제시하고, 그 효과를 일반적으로 제시하고 있다.	일상 속에서 온실가스 감축을 위한 실천 방안을 제시하고 있다.
아이디어 제시 (과정·기능)	일상에서 실천 가능한 아이디어를 시각적으로 잘 드러나게 글자와 그림으로 잘 표현하고 있다.	일상에서 실천 가능한 아이디어를 시각적으로 글자와 그림으로 표현하고 있다.	일상에서 실천 가능한 아이디어를 표현하고 있다.
관심 및 실천 (가치·태도)	실천 방안과 실천과정이 현실적으로 점검 가능하고 구체적이며 실천 가능하다.	실천 방안과 실천과정이 점검 가능하고 실천가능하다.	실천 방안과 실천과정이 구체적으로 잘 드러나지 않는다.

3. 학습 활동

스트랜드	차시	학습활동
기후변화 이해	1	· 기후변화란 무엇인가?
기후변화 증거	2	· 온실효과와 지구 온난화
	3	· 지구 온난화의 증거
기후변화 영향	4	· 생태계 구성 요소들의 상호작용
	5	· 기후변화가 지구에 주는 영향
기후변화 대응	6	· 기후변화 대응을 위한 국제적 협력
	7	· 기후변화 대응을 위한 나의 실천
총괄평가	8	· 단원 총괄평가 및 성찰

학습활동 설계

💡 1차시: 기후변화의 이해 – 기후변화란 무엇인가?

- 개념: 날씨와 생활
- 일반화: 사람들은 기후에 적응하면서 생활한다.
- 학습목표: 기후와 우리 생활과의 관계를 사례를 들어 설명할 수 있다.
- 내용요소(과정 · 기능): 자연과 일상생활에서 과학 기술 및 사회의 상호작용과 관련된 문제 인식하기

단계	학습활동	자료/유의점
집중 하기	• 그림은 무엇을 말하고 있을까요 - 얼음 낚시, 얼음조각 축제 사진, 토마토 축제, 시원한 집 사진 제시 - 사진이 무엇을 말하는지 생각하고 말하기 - 그림 자료 이용 가능함: 열대지방(고갱의 전원의 타히티 작품, 뭉크의 겨울풍경 작품) - 기후와 관련된 사진들임 <사실적 질문> 날씨와 기후는 어떻게 다른가? • 날씨와 기후 차이 검색하기 - 날씨와 기후 차이 검색하고 정리하기 - 학생들 설명하기 • 교사: 대표적 예시 들어서 설명하기 - 우리나라는 여름에 매우 덥다와 같이 장기적인 것은 기후, 단기적 기상현상은 날씨의 개념 차이를 이해할 수 있도록 지도하기	📷 사진 또는 영상자료, 검색 가능한 스마트기기 📝 날씨와 기후 차이 검색하여 학생이 정리발표하도록 한다. 📝 대표적인 사례 한두 개를 미리 제시한다.
조사 하기	• 날씨와 기후에 해당하는 사례 구분하기: 제시된 예시에서 날씨, 기후 구분하기 - 내일은 날씨가 맑고 매우 건조하겠습니다. (　　　) - 우리나라는 여름에 무척 덥고 비가 많이 옵니다. (　　　) - 지중해는 겨울에도 기온이 높고 따뜻합니다. (　　　) - 오후에 추워진다고 하니 두꺼운 옷을 준비합니다. (　　　) - 벚꽃 개화 시기가 예년보다 11.2일 빨라집니다. (　　　) - 우리나라는 사계절이 뚜렷한 편입니다. (　　　) <사실적 질문> 기후변화란 무엇인가? • 기후변화 정의하기: 수십년 동안의 평균값의 변화 <개념적 질문> 기후변화와 생활은 어떤 관련이 있는가? • 기후변화로 인해 생활이 어떻게 바뀔지 예상하기 - 위에서 조사한 기후와 생활 관련 사례를 찾는다. - 자료를 설명할 수 있도록 내용을 정리한다.	📷 학습지, 검색 가능한 스마트기기 📝 기후 정의로부터 기후변화란 무엇인지 이끌어낼 수 있다.

	- 모둠 발표를 통하여 여러 가지 기후에서 각각 생활의 모습을 정리한다. (예) 추운 나라 사람들이 짐승 털과 같은 매우 두꺼운 옷을 입고 살아간다. 추운 지방 사람들은 과일, 물이 귀해서 동물을 키우거나 먹으면서 살아간다.	
일반화	• 일반화 문장 만들기 - 기후, 기후변화, 우리 생활 등의 단어를 사용하여 문장 만들기 - 기후와 생활과의 관계를 개념적 렌즈인 '상호작용' 관점에서 상세하게 진술하기 - "우리는 기후에 따라 ~이해한다."의 일반화한 문장 만들기	🔲 구체적 사례를 통해 더 일반적인 문장을 만들도록 안내한다.
성찰 하기	• 5분 성찰일지 - 이전 활동보다 나아졌는가? 그 이유는 무엇인가? 기록하기	

💡 2차시: 기후변화의 증거 – 온실효과와 지구온난화

• 개념: 기후변화

• 일반화: 인간의 활동은 기후변화와 지속가능성에 영향을 미친다.

• 학습목표: 온실효과와 지구온난화의 관계를 설명할 수 있다.

• 내용요소(과정·기능): 문제를 해결하기 위한 탐구 설계하기

단계	학습활동 (탐구학습 모형)	자료/유의점
연결하기	• 다음의 사진 또는 영상 제시 - 대기 중 이산화탄소 농도를 350ppm으로 줄이는 350 캠페인 - 화석연료 공장 굴뚝 연기 사진 또는 이상기후 사진 - 유리 온실 사진 • 사진을 보고-생각하기-질문하기 실시	🎞 사진 또는 영상자료 📖 보고, 생각하고, 질문하기 순서대로 활동을 진행한다.
질문하기	• 지구가 다른 행성과 달리 평균 기온이 따뜻한 이유는 무엇인가? - 검색 통해서 단어 찾기: 온실효과 - 온실효과 원리 설명하기 - 온실 기체의 종류 찾기 • 온실기체는 어떤 성질이 있는지 조사할 방법 토의하기 - 어떤 방법으로 조사할 수 있을까? - 조사를 통해 무엇을 알아낼 수 있을까?	🎞 학습지, 검색가능한 스마트기기 📖 어려운 용어는 다시 조사하여 이해한 수준의 내용으로 조사 정리하도록 안내한다.
조사하기	<사실적 질문> 대기의 이산화탄소는 어떤 역할을 할까? • 탐구 활동 - 식초와 베이킹소다를 섞어 이산화탄소를 수조에 모은다. - 다른 수조는 공기만 넣는다. - 전등으로 두 수조를 가열하면서 시간에 따른 온도변화 측정한다. - 수집한 자료를 기반으로 이산화탄소의 효과를 해석한다. - 추가적인 질문하기 <개념적 질문> 온실효과와 지구온난화는 어떤 관계인가? • 실험 결과를 근거로 하여 온실효과와 지구온난화의 관계 파악하기 - 온실효과란 무엇인가? - 온실기체가 증가하면 어떠한 일이 예상되는가? - 온실기체와 지구온난화는 어떠한 관계인가? 파악하고 지구온난화 개념 도입	🎞 식초, 베이킹소다, 플라스크, 고무관, 사각수조 📖 식초가 피부에 닿지 않도록 조심하고, 전등을 사용할 때는 전기 안전에 유의하도록 주의를 환기시킨다. 📖 학생들이 온실효과가 나쁘다는 생각을 많이 하는데 온실효과는 지구를 따뜻하게 보호해주는 효과임을 알고, 이것이 강화되는 것이 지구온난화임을 알 수 있도록 지도한다.
정리하기	• 온실효과와 이산화탄소 관계, 이산화탄소와 지구온난화 관계를 정리한다.	
성찰하기	• 5분 성찰일지-실험 결과가 어떻게 나의 이해를 깊게 하였는가?	

💡 3차시: 기후변화의 증거 – 지구온난화의 증거

- 개념: 지구온난화
- 일반화: 인간의 활동은 기후변화와 지속가능성에 영향을 미친다.
- 학습목표: 인위적 이산화탄소 배출이 지구온난화의 원인임을 자료로 제시할 수 있다.
- 내용요소(과정·기능): 자신의 생각과 주장을 과학적 언어를 사용하여 다양한 방식으로 표현하고 공유하기

단계	학습활동	자료/유의점
집중 하기	• 지구의 평균기온이 올라간다는 것을 확인하려면 어떤 자료가 필요한지 토론하기 (예) 연도별 지구의 평균기온 변화 제시 　　　연도별 대기 중 이산화탄소 농도 제시 　　　연도별 대기 중 메탄 증가량 제시 등	🖥 모둠별로 자유롭게 토론하고 전체 공유하도록 한다.
조사 하기	<사실적 질문> 지구 온난화의 증거는 무엇이 있는가? • 토의한 결과를 바탕으로 지구온난화 증거 자료 조사하기 　- 연도별 지구의 평균기온 상승 그래프 제시 　- 연도별 대기 중 이산화탄소 농도 그래프 그래프 제시 　- 빙하 분포나 해수면 상승과 관련 자료 제시 등 <개념적 질문> 이산화탄소와 지구 온난화는 어떤 관계인가? • 사실적 근거를 예시로 말하기 　- 이산화탄소 발생 사례 조사(화산폭발, 화석연료, 숨을 쉴 때, 숲 개발 등) 　- 인위적인 발생과 자연적인 발생 원인 구분하기 　- 에너지 과도한 소비로 인한 이산화탄소 배출 사례	📱 검색가능한 스마트기기, 학습지 🖥 온난화 증거를 찾을 때는 모둠별로 생태계, 이상기후, 생명과 안전, 인간생활, 우리나라 모습 등 영역을 미리 제시하고 선택하도록 할 수 있다.
일반화	• 사실적 조사한 자료를 근거로 이산화탄소 농도, 온실효과, 지구 연평균 기온 등의 용어를 사용하여 지구온난화와 관련되는 일반화된 문장 만들기 • 문장을 제시하고 주요 단어를 괄호를 만들어 활용가능함	🖥 일반화가 어려울 때는 몇 개의 단어를 미리 제시할 수 있다.
성찰 하기	• 오늘 새롭게 배운 내용, 중요하다고 생각되는 내용을 1~2문장으로 정리하면서 마무리 한다.	

💡 4차시: 기후변화의 영향 – 생태계 구성요소들의 상호작용

- **개념**: 생태계, 상호작용
- **일반화**: 기후변화는 지구 환경 변화, 생태계 변화에 영향을 미친다.
- **학습목표**: 생태계에서 생물과 비생물의 상호작용 예시를 조사할 수 있다.
- **내용요소(과정·기능)**: 자연과 일상생활에서 과학 기술 및 사회의 상호작용과 관련된 문제 인식하기

단계	학습활동	자료/유의점

집중
하기
	• 생태계를 구성하는 요소
	  - 생물적 요소: 생산자, 소비자, 분해자
	    예) 식물은 광합성으로 영양분을 만든다.
	  - 비생물적 요소: 빛, 온도, 공기, 물, 토양 등
	    예) 식물은 광합성에 이산화탄소를 이용한다.
		🗂 학습지, 사진 및 영상자료

조사
하기
	• 생물적 요소와 비생물적 요소 사례 구분하기
	
	  - 토양은 육상식물, 지렁이, 미생물 등의 서식지이다.( )
	  - 식물은 광합성으로 영양분을 만든다.( )
	  - 가을이면 기온이 낮아져 은행나무 잎이 노랗게 변한다.( )
	  - 늑대는 다른 생물을 먹이로 영양분을 얻으며 살아간다.( )
	  - 공기 중의 산소는 생물의 호흡에 이용된다. ( )
	  - 버섯, 곰팡이는 죽은 생물을 분해하여 다른 생물이 이용할 수 있게 한다.
	    ( )
	  - 추운 곳에 사는 동물은 열 손실을 줄이기 위해 몸 말단부가 작다.
	    ( )
	
	<개념적 질문> 생태계 구성요소에서 생물과 비생물은 어떤 관계에 있는가?
	• 생태계에서 생물적 환경 요인과 비생물적 환경요인이 상호작용하는 사례조사하기
	
	  - 가을에 기온이 낮아지면 은행나무 잎이 노랗게 변한다. ( )
	  - 식물의 낙엽이 썩어 토양이 비옥해졌다.( )
	  - 여우의 수가 증가하자 토끼의 수가 감소하였다.( )
	  - 개구리나 곰 같은 변온동물은 추운 겨울이 오면 겨울 잠을 잔다. ( )
		🗂 학습지, 검색 가능한 스마트기기
		📖 상호작용하는 대표적인 사례 하나를 보여 준 후에 찾도록 활동을 도와줄 수 있다.

정리
하기
	• 생물과 비생물 환경요인은 상호작용한다.
	  - 생물은 오랜 시간이 지남에 따라 환경에 맞추어 살아간다.
	• 학생들이 조사한 사실적 예시들 속에서 공통되는 속성을 조사하여 개념을 이끌어내도록 하는 활동을 한다.
	  - 생태계, 생물, 비생물, 상호작용 등의 개념 추출하기
		📖 개념을 추출할 때는 용어 사전을 활용할 수 있다.

성찰 하기	• 5분 성찰일지-피드백, 학생이 학습 주체임을 알도록 한다. • 오늘 새롭게 배운 내용을 1~2문장으로 기록하기	

💡 5차시: 기후변화의 영향 – 기후변화가 지구에 주는 영향
- 개념: 기후변화, 지구온난화
- 일반화: 기후변화는 지구 환경 변화, 생태계 변화에 영향을 미친다.
- 학습목표: 기후변화로 인해 나타나는 현상을 조사할 수 있다.
- 내용요소(과정·기능): 자신의 생각과 주장을 과학적 언어를 사용하여 다양한 방식으로 표현하고 공유하기

단계	학습활동	자료/유의점

집중
하기
	• 기후 변화: 지구온난화 발생 과정 이해
	  - 온실효과에서 온실기체 증가, 지구 온도 상승, 지구온난화 과정 설명하기
	• 지구온난화로 인해서 나타나는 현상 사례 하나 제시하기
	  - 투발루 섬과 같이 기후 위기를 겪는 사례 사전에 제시하기
		🔲 학습지, 사진이나 영상자료

조사
하기
	<개념적 질문> 기후변화가 지구에 어떤 영향을 미치고 있는가?
	• 기후변화가 지구에 미치는 영향 조사하기
	  - 해빙, 해수면 상승, 해저 탄소의 배출 등
	  - 날씨나 계절 등 이상 기상 현상: 가뭄 증가, 강해진 태풍, 홍수피해 증가
	  - 생태계 파괴, 재배 가능 식물 변화 등
	  - 건강 등 안전과 생명의 위협
	• 기후변화 관련 우리나라 영향 조사 및 발표
	  - 과일 재배 지역 변화
	  - 해양 생태계 변화
	  - 우리나라 기후 변화 등
		🔲 학습지. 검색이 가능한 스마트기기
		🔲 기후변화의 원인보다는 이로 인해서 나타는 현상이나 영향을 중심으로, 몇 가지 영역으로 구분하여 조사할 수 있도록 한다.

일반화	• 지구온난화 예시들을 통해 온실효과, 지구온난화, 기후변화 과정을 자연 환경변화, 생태계 변화, 기후의 변화 등으로 분류하기 • 개념적 질문에 대한 답을 생각하면서 기후변화 영향과 관련되는 일반화된 문장을 만들어 보자.	🔲 학습한 내용을 근거로 하고, 이를 확장시켜 일반화의 문장을 만들도록 안내한다.
성찰 하기	• 5분 성찰일지–피드백, 학생이 학습 주체임을 알도록 한다. • 오늘 새롭게 배운 내용을 1~2문장으로 기록하기	

💡 6차시: 기후변화 대응 – 기후변화 대응을 위한 국제적 협력

- **개념**: 국제적 협력과 실천
- **일반화**: 국제적 협력과 대응, 나로부터 실천이 기후변화를 막을 수 있다.
- **학습목표**: 기후변화 대응을 위한 국제적, 국가적 노력 사례를 조사한다.
- **내용요소(과정·기능)**: 자신의 생각과 주장을 과학적 언어를 사용하여 다양한 방식으로 표현하고 공유하기

단계	학습활동	자료/유의점

관계 맺기	• 기후변화 대응을 위한 국제적, 국가적 노력에 대해 알고 있는 사례 소개
	• 궁금한 점 질문하기
	  - 왜 국제적 협력을 해야 하나요?
	  - 참여하는데 어떤 어려움이 있나요?
		📄 학습지

집중 하기	<사실적 질문> 기후변화 대응을 위한 국제적 협력과 대응은 어떤 것이 있는가? • 실제 국제적, 국가적 노력이나 실천사례 조사 방법 안내	📖 자료 조사 방법을 안내한다.

조사 하기	• 모둠별로 조사할 주제 선택하기
	  - 우리나라 산업별 온실가스 배출량, 국가별 온실가스 배출량, 350 캠페인, 탄소발자국, 국제적 대응 조치 등
	• 우리나라 산업별 온실가스 배출량 조사: 그래프와 설명하는 내용 작성
	• 국가별 온실가스 배출량 조사
	  - 환경부 환경통계 포털, 국제 통계 접속
	  - 국가별 온실가스 1인당 배출량, 대기환경 비교하기
	  - 최대 배출국가 순위, 우리나라 순위와 배출량 알아보기
	• 350 캠페인의 내용과 목적, 탄소 발자국의 의미와 내용 알아보기
	  - 우리나라 이산화탄소 농도, 나의 생활과 관련지어 생각해 보기
	  - 한국기후환경 네트워크 탄소 발자국 계산기 접속 후 활동 소개
	• 탄소거래제 등 국제적 대응 조사하기
	
	<논쟁적 질문> 선진국과 개발도상국의 협력은 어떻게 이끌 수 있을까?
	• 탄소 중립을 위한 노력
	  - 국제적 협약 조사, 탄소배출 감소 및 탄소 배출권과 탄소 국경세 도입
	  - 지구 온난화 방지 캠페인: 이산화탄소 농도 350ppm 낮추기 활동 소개
		📄 학습지, 검색이 가능한 스마트 기기
		📖 모둠별로 주제에 대해 자료와 그림, 글 등으로 발표자료를 2~3장 준비하도록 안내한다.
		
		📖 개발도상국, 선진국 등으로 역할을 나누어 논쟁을 활성화할 수도 있다.

정리 하기	• 국제적, 국가적 노력 발표하기 • 나의 탄소 발자국 발표하기	▣ 학생이 발표 한 내용을 중심으 로 교사가 국제적 대응이나 캠페인 활동에 대해 정리 한다.
성찰 하기	• 5분 성찰일지-피드백, 학생이 학습 주체임을 알도록 한다. • 오늘 새롭게 배운 내용을 1~2문장으로 기록하기	

💡 **7차시: 기후변화 대응 – 기후변화 대응을 위한 나의 실천**

• **개념:** 기후변화 실천
• **일반화:** 국제적인 협력과 나로부터의 실천이 기후변화를 막을 수 있다.
• **학습목표:** 기후변화 대응을 위한 실천 방안을 제시할 수 있다.
• **내용요소(과정·기능):** 결론을 도출하고 과학기술 사회의 문제해결 상황에 적용·설명하기

단계	학습활동	자료/유의점
관계 맺기	• 지적 정서적으로 학생 참여시키기 　- 청소년기후변화 대응 캠페인 소개 　- 온실가스 감축을 위한 기후대응 실천 사례 　- 지속가능한 삶을 위한 실천모습	🎞 사진 및 영상자료
조사 하기	• 온실가스 감축을 위한 일상에서 친환경 생활 실천하기 방안 토론하기 　(예) 줍깅(Plogging) 운동 소개하기 　　　플라스틱 제품 사용 줄이기 　　　일회용 제품 대신 텀블러, 개인 컵 사용하기 　　　냉방 온도 2도 높이기 　　　사용하지 않는 가전제품 플러그 뽑기 　　　대기전력 절전 프로그램 사용 　　　고효율 전등 교체, 한 등 끄기 등 • 가정 또는 밖에서 실천 가능한 5가지 수칙 선정하기 　- 가정, 학교 밖(등굣길, 여행지, 운동할 때 등) 등을 모둠별 선정하기 　- 실천 가능한 것을 모둠별로 합의하여 5가지 수칙 정하기 　- 수칙 또는 실천을 위한 홍보물 또는 게시물 구체적으로 구상하기	🎞 학습지, 홍보물 제작 가능한 스마트 기기 📋 모둠별로 실천가능한 선정 수칙을 효과적으로 홍보하기 위한 게시물을 스케치 등으로 자유롭게 구상하도록 한다.
일반 화	• 학습을 통해 기후변화 대응 방안을 고려하면서 학습한 내용의 일반화에 해당하는 문장을 만드는 활동을 한다. • 개별적-짝 토론-전체 공유로 일반화를 협의한다.	
전이 하기	• 아이디어 공유하기 　- 각 모둠별 수칙 발표하기 　- 각 모둠별 피드백 및 아이디어 나누기	📋 자유롭게 의견 조정이 되도록 지도한다.
성찰 하기	• 5분 성찰일지-피드백, 학생이 학습 주체임을 알도록 한다. • 오늘 새롭게 배운 내용을 1~2문장으로 기록하기	

💡 8차시: 단원 총괄평가

• 개념: 기후변화
• 일반화: 국제적인 협력과 나로부터의 실천이 기후변화를 막을 수 있다.
• 학습목표: 5대 실천 수칙을 게시물로 표현하여 완성할 수 있다.
• 내용요소(과정·기능): 자신의 생각과 주장을 과학적 언어를 사용하여 다양한
　　　　　　　　　　 방식으로 표현하고 공유하기

단계	학습활동				자료/유의점

관계 맺기	• 지적 정서적으로 학생 참여시키기
	  - 청소년 미래세대의 기후변화 대응 사례 소개
	  - 기후 행동 챌린지 및 실천 앱 소개
					📖 기후 변화에 대해 왜곡된 관점을 가지지 않도록 하며, 올바른 인식을 가지도록 안내한다.

집중 하기	• 루브릭 제시				📖 총괄평가에서 제시된 루브릭을 미리 제시하여 활동 방향에 도움을 준다.
	척도 평가요소	잘함	보통	노력 필요	
	기후변화 이해 (지식·이해)	기후변화와 온실가스와의 관계를 이해하고 있고, 일상 속에서 온실가스 감축을 위한 구체적 실천 방안을 제시하고, 그 효과를 숫자로 제시하고 있다.	일상 속에서 온실가스 감축을 위한 구체적 실천 방안을 제시하고, 그 효과를 일반적으로 제시하고 있다.	일상 속에서 온실가스 감축을 위한 실천 방안을 제시하고 있다.	
	아이디어 제시 (과정·기능)	일상에서 실천 가능한 아이디어를 시각적으로 잘 드러나게 글자와 그림으로 잘 표현하고 있다.	일상에서 실천 가능한 아이디어를 시각적으로 글자와 그림으로 표현하고 있다.	일상에서 실천 가능한 아이디어를 표현하고 있다.	
	관심 및 실천 (가치·태도)	실천 방안과 실천과정이 현실적으로 점검가능하고 구체적이며 실천 가능하다.	실천 방안과 실천과정이 점검 가능하고 실천 가능하다.	실천 방안과 실천과정이 구체적으로 잘 드러나지 않는다.	

전이 하기	• 온실가스 방지 5가지 실천 수칙 확인하기
	  - 실천의 효과를 구체적 수치로 설명하기
	  - 설명서나 그림, 삽화로 추가하기
					📖 모둠에서 결정한 것을 포스터 편집기 등의 앱을 사용하도

| | ・앱을 활용하여 게시 및 홍보용 실천 수칙 디자인하기
 - 디자인 선택 및 글자 그림 넣기
 - 내용 정리 및 완성 제출
(예시)

제목: 나의 실천 수칙

　　　　　　　　　　　　　　　　　　　ㅇㅇㅇ

1. 방안 1 제시
- 설명하는 글자, 간단한 그림 제시
2. 방안 2 제시
- 설명하는 글자, 간단한 그림 제시

(중략)

5. 방안 5 제시
- 설명하는 글자, 간단한 그림 제시

・전시 및 발표 | 록 스마트기기를 사용하여 작성할 수 있다.

☒ 제작한 게시물의 실천 효과를 온실가스 감축과 관련한 구체적 수치를 제시하고 이를 전시 발표할 수 있다. |
| 성찰
하기 | ・10분 성찰일지-지금까지 활동 되돌아 보기 | ☒ 기후변화에 대한 학습 활동 전 과정을 되돌아보고 자신과 관련한 의견, 생각의 변화, 구체적 다짐을 기록하는 시간을 가진다. |

05

영어과

영어과 개념 기반 수업 설계 (1)

 개요

단원	World Stories	학년	3~4학년	전체 차시	8
단원의 소개	이 단원에서는 이야기나 서사를 토대로 주요 표현을 익히고 연극적 요소와 연결하여 대사와 행동을 통해 이야기를 표현하고 시나리오로 책을 만들어봄으로써 영어에 흥미와 자신감을 가지고 읽으며 즐기는 태도를 갖도록 한다. 영어과의 이해와 표현 영역에서 사용자간 상호작용을 내재화하고 언어 사용 전략 및 매체 활동을 활용하도록 단원을 구성하였다.				
단원 주제	자기 주변 주제, 다양한 문화권에 속한 사람들의 생활				

단원 구조

구분	내용
핵심 아이디어	• 의사소통 목적과 상황에 맞게 배경지식을 활용하고 관점, 목적과 맥락을 파악함으로써 담화나 글을 이해하는 능력을 함양한다. • 적절한 사고 과정 및 전략을 활용하여 담화나 글의 의미를 파악하고 분석한다. • 담화나 글로 표현하는 활동은 다양한 문화와 관점에 대한 이해를 바탕으로 협력적이고 포용적으로 상호 소통하며 의미를 표현하거나 교환하는 태도를 길러준다.
성취기준	[4영01-04] 소리와 철자의 관계를 이해하며, 쉽고 간단한 단어, 어구, 문장을 소리내어 읽는다. [4영01-08] 다양한 매체로 표현된 담화나 문장을 흥미를 가지고 듣거나 읽는다. [4영01-10] 자기 주변 주제나 문화에 관한 담화나 문장을 존중의 태도로 듣거나 읽는다. [4영02-04] 실물, 그림, 동작 등을 보고 쉽고 간단한 문장으로 말하거나 단어나 어구를 쓴다. [4영02-09] 적절한 매체나 전략을 활용하여 창의적으로 의미를 표현한다.
개념적 렌즈	대화의 의미, 협력적 상호작용, 글쓰기
개념망	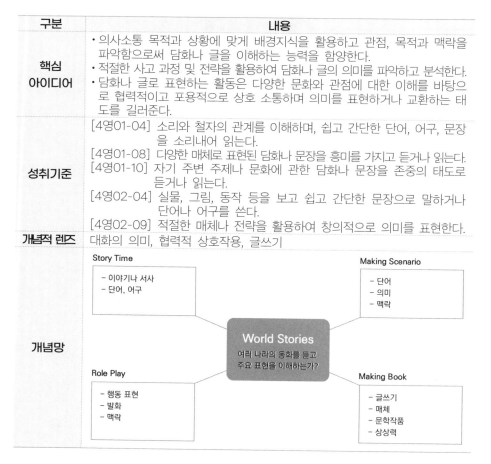

Story Time
- 이야기나 서사
- 단어, 어구

Making Scenario
- 단어
- 의미
- 맥락

World Stories
여러 나라의 동화를 듣고 주요 표현을 이해하는가?

Role Play
- 행동 표현
- 발화
- 맥락

Making Book
- 글쓰기
- 매체
- 문학작품
- 상상력

1. 단원 구조

구분 / 스트랜드	핵심 아이디어	일반화	안내 질문	내용 요소			평가방법
				지식·이해	과정·기능	가치·태도	
Story Time	적절한 사고 과정 및 전략을 활용하여 담화나 글의 의미를 파악하고 분석한다.	어구, 단어 등을 활용해 이야기나 서사를 이해하고 분석할 수 있다.	(사) What is story about? (사) What happened in the story?	이야기나 서사(동화, 그림책, 만화, 노래, 시 등)	소리 식별하기 / 의미 이해하기 / 시각 단서를 활용하여 의미 추측하기	흥미와 자신감을 가지고 듣거나 읽으며 즐기는 태도	동료평가 / 관찰평가
Making Play Script	담화나 글로 표현하는 활동은 다양한 문화와 관점에 대한 이해를 바탕으로 협력적이고 포용적으로 상호 소통하며 의미를 표현하거나 교환하는 태도를 길러 준다.	단어는 맥락 속에서 새로운 의미를 나타낼 수 있다.	(사) Who are the main characters? (든) What is your favorite part of story?	쉽고 간단한 어구, 문장의 소리, 철자, 강세, 리듬, 억양	식물, 그림, 동작 등을 보고 말하거나 쓰기 / 주요 정보 묻거나 답하기	말하기와 쓰기에 대한 흥미와 자신감	관찰평가 / 동료평가
Role Play	의사소통 목적과 상황에 맞게 배경지식을 활용하고 관점, 목적이나 맥락을 파악함으로써 담화나 글을 이해하는 능력을 함양한다.	행동표현을 통한 발화는 맥락을 이해하는 데 도움이 된다.	(사) Who said it clearly? (사) What are they doing? (든) What part did you like best?	간단한 의사소통 상황 및 목적	표정, 몸짓, 동작을 수반하여 창의적으로 표현하기	말하기와 쓰기에 대한 흥미와 자신감	관찰평가 / 실기평가
Making Book	의사소통 목적과 상황에 맞게 적절한 매체를 활용하여 자신의 감정이나 의견을 담화나 글로 표현하는 능력을 함양한다.	문학작품을 글쓴이의 상상력을 활용하여 볼 수 있게 된다.	(사) What kind of tools are you going to use? (사) Did you check the spelling? (든) How does the story end?	정보 전달·교환 목적의 담화와 글	적절한 매체를 활용하여 창의적으로 표현하기 / 철자 점검하여 다시 쓰기	대화 예절을 지키고 협력하며 의사소통 활동에 참여하는 태도	동료평가 / 발표

2. 단원 총합 평가

여러분은 '우리나라의 전래 동화'를 외국 동화 전시 박람회에서 소개하려고 합니다. 여러분은 작가로서 이야기의 내용을 영어로 소개하는 것입니다. ① 주요 표현에 대한 어휘와 철자를 정확하게 사용할 수 있는지 ② 매체를 활용하여 쓰기를 하는지 ③ 다른 사람들과 개방된 태도로 동화에 대하여 묻고 답하는지 평가하시오. 여러분은 작가로서 어휘와 철자를 정확하게 사용하는지, 자신이 쓴 책을 잘 소개하는지에 따라 평가됩니다.

• 루브릭(채점기준표)

척도 평가요소	매우 잘함	보통	노력 필요
어휘의 강세, 리듬, 억양 (지식 · 이해)	동화에 나오는 주요 어휘와 철자를 문장을 정확하게 표현한다.	동화에 나오는 주요 어휘와 철자를 문장을 표현한다.	동화에 나오는 어휘 중 표현할 수 있는 것이 있다.
매체 활용하여 쓰기 (과정 · 기능)	Book Making 사이트를 활용하여 글과 그림으로 창의적으로 표현한다.	Book Making 사이트를 활용하여 글과 그림으로 표현한다.	Book Making 사이트를 활용하여 글을 쓰는데 교사의 도움이 필요하다.
관심 및 실천 (가치 · 태도)	자신의 책을 자신감 있게 소개한다.	자신의 책을 소개한다.	자신의 책을 소개할 때 다른 사람의 도움이 필요하다.

3. 학습 활동

스트랜드	차시	학습 활동
Story Time	1	· Listening to a Fairy Tale
	2	· Reading and Asking the Contents of a Fairy Tale
Making Play Script	3	· Creating Ideas for Scenes from a Fairy Tale
	4	· Making a Play Script with a Fairy Tale
Role Play	5	· Practicing Dialogues and Actions with a Role Play Script
	6	· Acting out a Role-Play
Making Book	7	· Writing Using Media
	8	· Making and Presenting a Book

학습 활동 설계

💡 **1차시: Listening to a Fairy Tale**

- **개념:** 이야기나 서사, 단어, 어구
- **일반화:** 어구와 단어는 이야기나 서사를 이해하는데 밑바탕이 된다.
- **학습목표:** 전래 동화를 듣고 주요 표현을 이해할 수 있다.
- **내용요소(과정·기능):** 소리 식별하기, 의미 이해하기

단계	학습활동	자료/유의점
관계 맺기	• 전래 동화 이야기 - Do you know these characters? - Have you heard about this story '흥부와 놀부'? • 흥미 유발 확인하기 - Do you like this story? - Why do you like this?	🗂 동화책, PPT 📖 학생들이 익숙한 이야기일지라도 질문으로 통해 호기심을 가질 수 있도록 한다.
집중 하기	• '흥부와 놀부' 동화 듣기 <사실적 질문> What is the story about? Long, long ago, there lived two brothers, Hungbu and Bolbu. Hungbu was kind and Bolbu is greedy. Hungbu was poor and Bolbu is rich. Hungbu: Please help me, Nolbu. I am so hungry. Nolbu: No way, Hungbu! I don't have enough food. Hungbu: Please give me some food. My kids are so hungry, too. Nolbu: I told you. I don't have enough food. Hungbu: Nolbu, please. ...... - What kind of words did you hear? • 비교되는 낱말 찾아 카드 집기 게임 - poor/rich, hungry/full, kind/greedy • 철자, 어구 익히기 - 비슷한 소리를 내는 부분을 식별하기: food, full | f	*	*	d | | f | * | l | l | - 카드 속에 알파벳 채워 넣기	🗂 https://youtube.com/watch?v=usl_6BsXv08&feature=share 📖 듣기 자료를 활용하는 것도 좋지만 교사나 학생이 함께 읽어도 효과적이다. 🗂 카드
조직 및 정리 하기	• 반대되는 말, 비교되는 말 찾기 - poor/rich, hungry/full, kind/greedy • 청원할 때 쓰는 표현 말하기: please, ...	🗂 색깔공 📖 모둠별로 공을 돌려가며 단어를 말한다.
성찰 하기	• 짝을 이루는 단어 이야기하기: poor/rich, hungry/full • 오늘 새롭게 알게 된 단어나 어구를 두 개 이상 릴레이 발표하기	

💡 **2차시: Reading and Asking the Contents of a Fairy Tale**

• **개념:** 이야기나 서사, 단어, 어구

• **일반화:** 어구와 단어는 이야기나 서사를 이해하는데 밑바탕이 된다.

• **학습목표:** 전래 동화를 읽고 문장의 의미를 이해할 수 있다.

• **내용요소(과정·기능):** 시각 단서를 활용하여 의미 추측하기

단계	학습활동	자료/유의점
관계 맺기	• '흥부와 놀부' 동화에서 익힌 단어 상기하기 - 지난 시간에 배웠던 단어 중에서 기억나는 단어, 반대되는 단어 말하기	🖥 PPT, 스피드게임 📄
집중 하기	• '흥부와 놀부' 동화 읽기 <사실적 질문> What happened in the story? …… Nolbu wife: What are you doing here, Hungbu? Go away. Hungbu: Oh, some rice is stuck on my cheek. 　　　　　 Slap me with the rice paddle again, please. 　　　　　 Here. Here. Hungbu hurried home to give his kids the rice on his cheek. Then he found a swallow with a broken leg in his yard. Hungbu: What happened to you, Swallow? 　　　　　 You are hurt. Don't worry. You will be fine. 　　　　　 I'll take care of you. Hungbu card for the swallow tenderly. Hungbu: Your leg is okay. You can fly, Swallow. Swallow: Thank you so much, I'll give you a gourd seed. Hungbu: Thank you, Swallow. Good bye and be careful. …… • '흥부와 놀부'를 읽고 그림카드를 보면서 낱말카드와 짝지어 보기 |	Swallow		Gourd seed | • 상황에 맞는 대사 말하기 - 제비의 다리가 부러졌을 때 흥부가 한 말: Don't worry. - 놀부 마누라가 흥부에게 저리 가라고 한 말: Go away.	📄 전래 동화 대본, 📄 그림카드, 낱말카드 🖥 학생들이 대본 속에서 단어의 의미를 추측해보 도록 한다.
조직 및 정리 하기	• '흥부와 놀부'의 한 장면을 보고 대사 말하기 - 모둠별로 돌아가면서 한 장면씩 보면서 흥부, 놀부, 또는 놀부 마누라가 말할 수 있는 대사 이야기하기	📄 PPT 🖥 인상적인 대사를 말할 수 있도록 한다
성찰 하기	• 카드를 보고 상황에서 익힌 단어나 어구 말하기 • 오늘 새롭게 알게 된 단어나 어구를 두 개 이상 릴레이 발표하기	

💡 3~4차시: Creating and Making a Play Script

• 개념: 단어, 의미, 맥락

• 일반화: 단어는 맥락 속에서 다른 의미로 사용될 수 있다.

• 학습목표: 협력적 상호작용을 통해 대화를 구성할 수 있다.

• 내용요소(과정·기능): 실물, 그림, 동작 등을 보고 말하거나 쓰기, 주요 정보 묻거나 답하기

단계	학습활동	자료/유의점
관계 맺기	• 그림이나 상황으로 익힌 단어나, 어구 말하기 게임 - Don't worry, Go away, hungry, swallow, gourd, etc.	재 그림카드, PPT
집중 하기	• 역할극 대본(play script) 아이디어 생성하기 <논쟁적 질문> What is your favorite part of story? - 장면별 대사가 들어있는 바구니에서 여러 개의 문장을 꺼내기 - 모둠 친구들과 의논하면서 문장을 배열하기 - 예시 대본에 필요한 문장 첨가하기 예) 놀부가 흥부를 맞이하는 장면, 제비가 박씨를 물어다 주는 장면 [장면 1] Hungbu: Good morning. How are you? Nolbu: Not so good. What's up? Hungbu: I am so hungry. Please give me some food. Nolbu: Well, I don't have enough food. [장면 2] Hungbu: Your leg is okay. You can fly, Swallow. Swallow: Thank you so much, I'll give you a gourd seed. Hungbu: Thank you, Swallow. Good bye and be careful. Swallow: (구름 속으로 사라진다.) [장면 3]	재 흥부와 놀 부 장면별 사 진과 대본, 낱 말카드, 어구 카드, 바구니 유 학생들이 참고할 만한 대 사나 낱말을 칠판에 미리 붙여놓는다. 유 학생들이 참고할 만한 예시 대본을 제시한다.
전이 하기	• play script 작성하기 <사실적 질문> Do you create play script for each group? - 모둠별로 역할극 대본 작성하기 - Good morning, How are you?, I am so hungry, Thank you so much - 맥락에 필요한 말을 넣어서 대본 완성하기 - 예시 대본을 놓고 첨가한 문장과 합쳐서 태블릿에 다시 쓰기 • play script 읽어보기 - 패들렛에 대본 올리기 - 모둠원들이 돌려가며 읽고 문장 수정하기 - 맥락이 어색한 부분이 있는지 확인하기	재 예시 대본 태블릿 유 예시 대본 에서 필요한 문 장을 첨가해 서 대본을 완 성하도록 한다. 유 학생들의 영어 수준에 따라 해설은 한글로 작성 할 수 있도록 한다.

조직 및 정리 하기	• play script를 쓸 때 필요한 구성 요소 확인하기 　- main characters, situation, dialogue, action, commentary • 적절한 어휘가 사용되었는지 확인하기	⊠ 그룹 인원 에 맞게 대사 를 적정하게 배분했는지 확인한다. ⊠ 동료 학습지
성찰 하기	• play script를 쓸 때 협력 활동으로 진행했는지 확인하기 • play script를 쓸 때 필요한 요소가 무엇인지 말하기 　- 인물, 대사, 행동, 해설 등	

💡 5~6차시: Practicing and Acting out a Role-Play
• 개념: 행동 표현, 발화, 맥락
• 일반화: 행동 표현을 통한 발화는 맥락과 상황을 이해하는데 도움이 된다.
• 학습목표: 시나리오를 바탕으로 상황에 맞게 역할극을 할 수 있다.
• 내용요소(과정·기능): 표정, 몸짓, 동작 수반하여 창의적으로 표현하기

단계	학습활동	자료/유의점
관계 맺기	• 자신들의 모둠에서 만든 역할극 대본에서 인물의 대사와 행동 구분하기 - Can you tell the difference between dialogue and action? 대사와 행동을 구분할 수 있는가?	📄역할극대본
집중 하기	• 역할극 대본 함께 수정하기 - 모둠별 연극 대본에서 함께 수정할 것은 없는지 함께 확인하기 - 역할극 대본 수정 후 프린트하여 배부하기 (예시 대본) 제비: Good afternoon. How are you? 흥부: Not bad. 제비: (박씨를 흥부에게 주며) Thank you so much. This is for you. 흥부: Thank you, Swallow. Good bye and be careful. 제비: (구름 속으로 사라진다.) 흥부 아들: Dad, let's plant it. 흥부: All right. Let's do it. <사실적 질문> Who said it clearly? • 역할극 연습하기 - 등장인물을 배역에 맞게 정하기 - 등장 인물의 대사를 적절한 목소리로 읽어보기 - 대사와 행동을 맞춰 함께 연습하기	📄 play script 패들렛 📝 대사가 너무 길거나 어려우면 학생들의 수준에 맞게 학생들과 함께 수정하도록 한다.
전이 하기	• 간단한 무대 장치 꾸미기 - 간단한 소품 준비와 상황을 설정한다. • 장면의 상황에 맞게 모둠별로 역할극으로 표현하기 - play script를 참고하되 가능하면 역할의 행동과 대사가 일치하도록 하기 <사실적 질문> What are they doing? • 경청하는 모둠은 관객으로서의 태도 지키기 - 다른 모둠이 발표할 때 진지한 태도로 참여하기 • 학생들이 역할극을 하는 동안 카메라로 촬영하기	📝 무대를 마련하지 않고 간단한 소품을 준비할 수도 있다. 📄 소품, 대본, 카메라
조직 및 정리 하기	<논쟁적 질문> Which one is the most impressive play script? • 카메라 동영상을 확인하며 역할극의 대사가 적절한지 확인하기 - 상황에 맞는 영어를 사용하는지 확인하기	📄 동영상 📝 pause 기능을 사용하여 적절한 언어를 사용했는지 확인한다.
성찰 하기	• 역할극을 하면서 가장 좋았던 점과 어려웠던 점 나누기	

💡 **7차시: Writing Using Media**

- **개념**: 글쓰기, 매체
- **일반화**: 적절한 매체를 활용하여 글의 의미를 표현하거나 교환한다.
- **학습목표**: 매체를 이용하여 이야기나 서사와 관련된 글쓰기를 할 수 있다.
- **내용요소(과정·기능)**: 다양한 매체 활용하여 창의적으로 표현하기

단계	학습활동	자료/유의점

관계 맺기	• 다른 나라의 동화 읽어주기
	  - Three Little Pigs 들려주기
	• '흥부 놀부'와 'Three Little Pigs'를 듣고 이야기를 쓸 때 공통적으로 나오는 표현 알아보기
	  - Once upon a time, Long ago, There lived …., brothers, etc.
		📺 https://www.youtube.com/watch?v=WowQolrTDOQ

집중 하기	• 동화를 통해 익힌 표현을 중심으로 글쓰기
	  - 이야기의 소재를 정하기
	  - 마인드맵으로 쓰고 싶은 글의 이야기의 내용이나 순서 정하기
	  - (예시)
	
		📺 마인드 맵 네이버 영어 사전
		📖 어려운 단어는 네이버사전이나 구글 번역기를 이용하도록 한다.

전이 하기	<사실적 질문> What media will you use? (예시) Story Jumper 웹사이트를 활용하여 글 쓰기 교사가 회원 가입하기 클래스 구성을 해서 학생들이 배경(scene), 인물이나 물건(props)을 선택하고, 문장쓰기(text)를 한다. 필요한 단어는 웹 사전을 이용하기 (예시) 	📖 학생의 어휘 수준에 따라 단어나 문장의 수를 확장시키거나 축소할 수 있도록 여유를 둔다. 📺 https://www.storyjumper.com/school
조직 및 정리 하기	• 알고 있는 단어를 적절히 사용하여 문장 만들었는지 확인하기 • 필요한 단어를 찾는 방법 말해 보기	
성찰 하기	• 매체를 활용할 때 즐거움과 어려움은 무엇이었는지 생각해보기	

💡 8차시: Making and Presenting a Book

• 개념: 문학작품, 상상력

• 일반화: 담화나 글로 표현하는 활동은 상호 소통하는 태도를 길러준다.

• 학습목표: 책을 만들고 다른 사람에게 소개할 수 있다.

• 내용요소(과정·기능): 철자 점검하며 다시 쓰기

단계	학습활동	자료/유의점
집중 하기	• Story Jumper 웹사이트를 활용하여 한 장면씩 만들어가기 - 마인드 맵을 보고 필요한 내용을 한 페이지씩 배경(scene), 인물이나 물건(props), 텍스트(text)를 활용하여 글을 쓴다. - 사진(photos)이나 목소리(voice) 기능을 활용한다. - 웹 사전을 이용하여 철자가 정확한지 확인한다.	🔖 https:// www.storyju mper.com/ school 🔖 다양한 웹 사이트를 소개 할 수도 있다.
전이 하기	• Story umper 웹 사이트에서 만든 책을 소개하기 Two Brothers By Joo Lee • 패들렛에 나의 작품 올리기 - 친구의 작품에 댓글을 달도록 한다. - 댓글 달 때 주의사항은 미리 이야기한다. • 나의 작품을 다른 사람에게 소개하기 - 책을 만든 동기, 주인공, 이야기의 전개 과정 등이 포함되도록 소개할 수 있도록 한다. - 가장 자신있게 사용한 표현은 무엇이었는가? <논쟁적 질문> How does the story end? - 질문을 통해 이야기의 결말을 학생들이 상상하도록 이야기에 대한 관심을 이끌어낸다.	🔖 패들렛 🔖 한 친구가 이야기할 때마 다 마지막 학생 은 앞의 친구 들이 말한 내 용을 반복해서 말한다. 🔖 패들렛에서 다른 사람의 작 품에 나쁜 댓글 을 달지 않도 록 사전에 지 도한다. 🔖 이야기의 결말은 미리 말하지 않도록 사전에 지도 한다.
조직 및 정리 하기	• 자신이 만든 이야기의 결말에 이르게 된 이유 • 가장 자신있게 사용하게 된 단어나 어구 표현 말하기	🔖 학습한 단 어를 상기하 도록 한다.
성찰 하기	• 책을 만드는 과정에서 흥미가 있었는지, 어떤 과정이 어려웠는지 모둠 친구들과 공유하기	

개요

단원	Go on a trip!	**학년**	5~6학년	**전체 차시**	8
단원의 소개	이 단원에서는 일상생활 속에서 서로의 여행 계획에 대하여 묻고 답하거나 다른 사람의 의견에 호응하는 표현을 사용하도록 설계하였다. 가상세계 속에서 새로운 세계의 문화를 경험하고 다양한 방법으로 소통하는 것을 즐길 수 있도록 다양한 매체를 활용함으로써 문화적 다양성과 영어과 의사소통능력 역량의 향상에 초점을 두었다.				
단원 주제	여행, 경험, 계획, 문답, 문장				

단원 구조

구분	내용
핵심 아이디어	• 의사소통 목적과 상황에 맞게 적절한 매체를 활용하여 자신의 감정이나 의견을 담화나 글로 표현하는 능력을 함양한다. • 적절한 사고 과정 및 전략을 활용하여 담화나 글의 의미를 파악하고 분석한다. • 담화나 글로 표현하는 활동은 다양한 문화와 관점에 대한 이해를 바탕으로 협력적이고 포용적으로 상호 소통하며 의미를 표현하거나 교환하는 태도를 길러 준다.
성취기준	[6영01-07] 적절한 전략을 활용하여 일상생활 주제에 관한 담화나 글을 듣거나 읽는다. [6영02-07] 일상생활 주제에 관한 담화나 글의 세부 정보를 간단한 문장으로 묻거나 답한다. [6영02-09] 적절한 매체와 전략을 활용하여 창의적으로 의미를 생성하고 표현한다. [6영02-10] 의사소통 활동에 흥미와 자신감을 가지고 참여하여 협력적으로 수행한다.
개념적 렌즈	경험, 문답
개념망	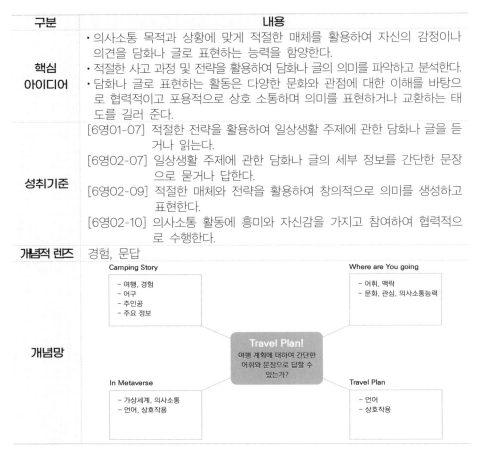

단원의 지도 계획

1. 단원 구조

구분 스트랜드	핵심 아이디어	일반화	안내 질문	지식·이해	과정·기능	가치·태도	평가방법
Camping Story	• 적절한 사고 과정 및 전략을 활용하여 담화나 글의 의미를 파악하고 분석한다.	• 여행 이야기는 주요 정보를 파악하는데 도움이 된다.	(시) What are they doing on a camp? (시) What kinds of camping gear do they have?	• 간단한 단어, 어구 문장의 강세, 리듬, 억양	• 세부 정보 파악하기 • 특정 정보를 찾아 듣거나 읽기	• 흥미와 자신감을 가지고 듣거나 읽으며 즐기는 태도	동료평가 관찰평가
Where are You Going	• 담화나 글로 표현하는 활동은 다양한 문화와 관점에 대한 이해를 바탕으로 협력적이고 포용적으로 상호 소통하며 의미를 표현하거나 교환하는 태도를 길러 준다.	• 어휘는 특정 맥락을 이해하는데 중요한 역할을 한다. • 문화에 대한 관심은 의사소통을 원활하게 만든다.	(시) Where are you going to do for a trip? (시) Where are you going?	• 정보 전달·교환이나 주장 목적의 담화나 글	• 세부 정보 묻거나 답하기 • 실물, 그림, 동작 등을 보고 묻거나 말하거나 쓰기	• 말하기와 쓰기에 대한 흥미와 자신감	관찰평가 동료평가
In Metaverse	• 의사소통 목적과 상황에 맞게 적절한 매체를 활용하여 자신의 경험이나 의견을 담화나 글로 표현하는 능력을 함양한다.	• 가상세계 속의 여행 경험은 의사소통 능력에 도움을 준다.	(시) Where does the my Avatar in metaverse? (시) Which places do they arrive in metaverse?	• 일상적인 의사소통 상황 및 목적	• 주변 사람이나 사물 묘사하기 • 다양한 매체를 활용하여 참의적으로 표현하기	• 말하기와 쓰기에 대한 흥미와 자신감	관찰평가 실기평가
Travel Plan		• 언어는 상호작용을 통해 사용 역량이 강화된다.	(개) Can you make a plan for a trip? (토) Are their trip plans interesting enough?	• 정보 전달·교환이나 주장 목적의 담화나 글	• 적절한 매체 활용하여 참의적으로 표현하기 • 절차 점검하며 다시 쓰기	• 대화 예절을 지키고 협력하며 의사소통 활동에 참여하는 태도	발표 동료평가

2. 단원 총합 평가

여러분은 '낯선 곳으로의 여행' 계획을 세우려고 합니다. 여러분은 여행계획서를 제작하고 여행지와 가고 싶은 사람, 가고 싶은 이유에 대하여 소개하는 것입니다. ① 여행에 대한 어휘와 문장을 정확하게 사용할 수 있는지 ② 여행계획서를 만들고 그것에 대한 문답을 할 수 있는지 ③ 다른 문화생활 모습에 대하여 개방된 태도로 묻고 답하는지 평가하시오. 여러분은 여행에 대한 어휘를 유창하게 사용하는지, 다른 나라 사람들의 생활모습을 잘 표현하는지에 따라 평가됩니다.

• 루브릭(채점기준표)

척도 평가요소	매우 잘함	보통	노력 필요
어휘의 강세, 리듬, 억양 (지식 · 이해)	여행에 대한 어휘 및 문장을 명확히 이해한다.	여행에 대한 어휘 및 문장을 이해한다.	여행에 대한 어휘를 안다.
어휘의 정확성과 유창성 (과정 · 기능)	여행 계획서에 대하여 묻고 답하는 것을 정확하고 유창하게 한다.	여행 계획서에 대하여 문답을 정확하게 하려고 한다.	여행 계획서에 대하여 도움을 받아 문답을 한다.
관심 및 실천 (가치 · 태도)	다른 문화 사람들의 생활 모습에 대하여 개방된 태도로 묻고 대답한다.	다른 문화 사람들의 생활 모습에 대하여 묻고 대답한다.	다른 문화 사람들의 생활 모습의 장점을 찾아 묻고 대답한다.

3. 학습 활동

스트랜드	차시	학습 활동
Travel Story	1	· Listening to Camping Story
	2	· Asking about Camping Story
Where are You Going	3	· Where are You Going
	4	· Question & Answer about Travel Destination
In Metaverse	5	· Making the Character in Metaverse
	6	· Making the Site in Metaverse
Travel Plan	7	· Making Travel Plan
	8	· Uploading Video about Travel Plan

학습 활동 설계

💡 1차시: Listening to Camping Story
- 개념: 여행, 어구, 자기 주변 주제
- 일반화: 자기 주변 주제를 활용하여 글의 의미를 이해하고 파악한다.
- 학습목표: 여행 이야기를 통해 주인공의 여행 동기를 알 수 있다.
- 내용요소(과정·기능): 세부 정보 파악하기, 특정 정보를 찾아 읽거나 듣기

단계	학습활동	자료/유의점
관계 맺기	• 배경지식 활성화하기: 경험 묻고 답하기 - Do you like trip? - Have you ever gone camping?	
집중 하기	<사실적 질문> What are they doing on a camp? • Carter Family's Camping Trip 스토리 듣기 "Yay" said, Harry "We're going camping" Mom put the tent and food in the car. Dad put the sleeping bags in the car. The kids play in the yard. Harry threw a stick. Rover ran after it. "Everybody in the car." Dad said. Rover looked for the stick. "It's time to go camping. Rover." said, Harry. -- Suddenly the bushes moved. A sound came from bushes. "It must be a bear." said Harry. • 스토리의 주요 내용 파악하기 - What kind of camping gear do they have? (tent, sleeping bags) - 스토리에 나왔던 단어가 무엇인지 기억하기 게임 - fire, stick, tent, car, dog, bushes, move, bear - 여행과 관련된 단어에는 무엇이 있었는지 확인하기	📼 https://www.youtube.com/watch?v=OdNv-J31Kk8 📼 그림 카드 🔖 스토리에 나오는 단어를 주의깊게 듣도록 사전에 지도한다.
전이 하기	• 문장 읽기 말판 놀이 게임 - What are they doing? - They are camping. They are making a fire. They are talking. They are laughing.	📼 말판, 주사위, 바둑돌
조직 및 정리 하기	• 챈트 부르기 - Let's Chant!: We're going camping. Mom put the food in the car. Dad put the sleeping bags. In the car, in the car. We're going camping.	🔖 너무 느리거나 빠르게 부르지 않도록 한다.
성찰 하기	• 알게 된 문장: What are they doing? • 오늘 새롭게 배운 내용을 1~2문장으로 릴레이 발표하기	

💡 2차시: Asking about Camping Story

• 개념: 여행, 어구, 자기 주변 주제
• 일반화: 자기 주변 주제를 활용하여 글의 의미를 이해하고 파악한다.
• 학습목표: 캠핑 이야기 속에서 주인공이 한 행동을 말할 수 있다.
• 내용요소(과정·기능): 실물, 그림 동작 등을 보고 말하거나 쓰기

단계	학습활동	자료/유의점
관계 맺기	• 챈트 부르기 - Let's Chant together. 　What are they doing? OK, we're going to play a guessing game. 　Running, jumping, laughing, talking 　Smiling, eating, playing, walking 　Thing's you're doing thing's you're saying. 　Guess what they are playing.	쟤 https://www.youtube.com/watch?v=8Q2sGr1ZsJg
집중 하기	<사실적 질문> What are you doing? • 카드를 집어 나와 같은 것, 또는 다른 것을 좋아하는 친구와 자리 바꾸어 앉기 놀이 - I am walking. I am making a fire. I am laughing • 스노우볼 게임 - 모둠 친구들이 돌아가면서 한 문장씩 더하기 - What are you doing ? - He is laughing. - He is laughing, she is making a fire. - He is laughing, she is making a fire, ... I am eating. - 한 사람씩 지나갈 때 마다 다른 친구가 말한 것을 기억해야 한다.	쟤 그림카드, 낱말카드 囲 같은 카드를 집은 친구들끼리 자리를 바꾸어 앉도록 한다. 囲 한 친구가 이야기할 때마다 다음 학생은 앞의 친구들이 말한 내용을 반복해서 말하도록 한다.
전이 하기	• 문장 만들기 게임 - 단어나 어구, 또는 문장부호가 있는 카드를 시간 내에 알맞게 배열하는 놀이 - I am making, ., a fire. <사실적 질문> What am I doing? • 자기 사진이나 그림을 친구에게 보여주고 묻고 답하기 - You are making food. You are playing with a dog. You are finding a bear.	쟤 사진
조직 및 정리 하기	• 캠핑 상황에서 친구들이 하는 행동을 보고 묻고 답하기 - What are they doing? - They are making a fire, eating, and laughing.	쟤 사진 囲 사진을 보면서 유창하게 말하도록 한다.
성찰 하기	• 오늘 새롭게 배운 내용을 1~2문장으로 릴레이 발표하기	

💡 3차시: Where Are You Going

• 개념: 어휘, 맥락

• 일반화: 어휘와 맥락을 파악함으로써 글의 의미를 이해한다.

• 학습목표: 여행에 대한 글을 읽고 목적을 파악할 수 있다.

• 내용요소(과정·기능): 세부 정보 묻거나 답하기

단계	학습활동	자료/유의점
관계 맺기	• 배경지식 활성화하기 　- What are you going to do? 　- I am going to go camping. I am going to plant flowers. • 여행 계획을 위해 무엇을 하려고 하니? 　- What are you going to do for a trip? 　- packing clothes, making a reservation. ……	⑬ 학생이 영어 로 대답하지 않 더라도 교사가 영 어로 바꾸어 말 해준다.
집중 하기	<사실적 질문> What are you going to do on a trip ? • 여행 사진이나 그림을 보고 질문하기 　- We are going to make a plan for a trip. 　What are we going to do for a trip? 　We are going to find a place. 　We are going to make a reservation. 　We are going to make a schedule. • 이심전심 놀이 　- 가위바위보로 두 팀으로 나누어 이긴 팀과 진 팀에서 각각 　　카드를 한 장을 선정한다. 　- 이긴 팀에서 'What are you going to do?'라고 물으면, 각 　　팀은 문장 카드를 들어서 일치하면 이긴 팀이 점수를 얻는다. 　　예) What are you going to do? I am going to go on a trip. • 문장 카드 바구니에 넣기 　- 모둠원 모두가 가까운 미래 여행 계획을 한 문장씩 써서 뒤 　　집어 놓는다. 　- 모둠원 전체가 'What are you going to do this summer?' 　　라고 묻는다. 　- 한 사람씩 돌아가면서 문장을 뒤집어 읽고, 정확히 읽으면 　　문장 카드 바구니에 넣는다. 　예) What are you going to do this summer?	㉣ 문장카드 ⑬ 지나친 경쟁 이 되지 않도록 사전에 지도한다.
전이 하기	• 다음 문장을 읽고 무엇을 하려는 것인지 생각해 봅시다. 　We are going to find a place. 　We are going to make a reservation. 　We are going to make a schedule. 　- 여행을 계획하는 과정이다.	⑬ 문장 박스에 서 주제를 찾아 보도록 한다. ㉣ 문장카드, 바 구니

조직 및 정리 하기	• 챈트 부르기 　Let's Chant!: What are you going to do this summer?	짼 챈트를 통해 주요 문장을 익 히도록 한다.
성찰 하기	• 오늘 익힌 문장 중에서 기억에 남는 문장은?	

💡 4차시: Question & Answer about Travel Destination

- **개념**: 문화, 관심, 의사소통능력
- **일반화**: 문화에 대한 관심은 의사소통 능력향상과 밀접한 관련이 있다.
- **학습목표**: 여행지에 대하여 글과 그림을 이용하여 묻고 답할 수 있다.
- **내용요소(과정·기능)**: 세부 정보 묻거나 답하기, 실물, 그림, 동작 등을 보고 말하거나 쓰기

단계	학습활동	자료/유의점
관계 맺기	• 여행하고 싶은 동기 - 다음 영상을 보고 내가 여행하고 싶은 장소를 생각해보자. - Which place do you like? - Why do you like it?	🎞 유튜브 https://www.youtube.com/watch?v=h_xjfqrFl7o
집중 하기	<사실적 질문> Where are you going? • 주요 어휘 익히기 - 각 나라의 이름을 학습지에 적어보자. - China, Japan, England, US, Spain, etc. • 문장 완성하기 - 그림 카드를 보고 여행하고 싶은 장소를 가로 안에 넣어보자. - 국가 또는 대륙의 사진을 보면서 대답해 보자. (예) I am going to go (Antarctica).	🎞 학습지, 각 나라의 국기 사진

조사
하기
	• 다른 나라의 여행 축제 찾아보기(브라질, 스페인, 중국)
	 - 여러 나라의 축제를 조사해보자.
	 - 브라질의 Rio Carnival, 중국의 Dragon Boat Festival, 스페인의 La Tomatina Festival.
	• 짝과 함께 묻고 답하기: 자신이 검색한 장소와 가고 싶은 이유
	 - Where are you going?
	  (예) I am going to Edinburgh International Festival.
	 - Why are you going there?
	  (예) I would like to see big fireworks.
		🎞 태블릿
		🔍 검색은 한글 또는 영어로 할 수 있게 하되 대답은 영어로 하게 한다.

조직 및 정리 하기	• 가장 가고 싶은 곳은 어디인가? - Where are you going? - (예) I am going to go La Tomatina Festival.	🔍 실제적 맥락과 연결 지어 답하도록 한다.
성찰 하기	• 학습한 문장: Where are you going? • 오늘 새롭게 배운 내용을 릴레이 발표하기	

💡 5~6차시: Making the Character and Sites in Metaverse
- **개념**: 가상세계, 의사소통
- **일반화**: 가상세계 속의 여행 경험은 의사소통 능력에 도움을 준다.
- **학습목표**: 가상세계 속의 인물을 통해 의사소통을 할 수 있다.
- **내용요소(과정·기능)**: 주변 사람이나 사물 묘사하기, 다양한 매체 활용하여 창의적으로 표현하기

단계	학습활동	자료/유의점
관계 맺기	• 배경지식 활성화하기 - What is metaverse? - Have you ever heard of the metaverse?	📺 https:// zep.us/
집중 하기	<사실적 질문> Where does my Avatar go in metaverse? • 교사 초대 링크로 참여한다. • Zep 소개하기 - 학생들을 Zep으로 초대한다. - 학생들은 자신의 아바타를 만든다. - 자신의 아바타를 간단하게 꾸민다. - 아바타를 이동하여 꾸며져 있는 공간을 둘러본다.	📺 https:// zep.us/ 🎮 메타버스 안 꾸미기에 집중하기보다 언어를 학습하는데 중점을 둔다.
전이 하기	• 친구 아바타와 함께 Zep 속의 해변, 공원 등에서 이야기를 나눈다. - Where is this place? This is beach. - What are you going to do? I am going to go swimming. (park) (beach) <사실적 질문> Which places do they arrive in Zep? • 자신의 아바타가 지나갔던 장소에 대하여 이야기 나누기 - beach, park, school • 아바타 친구와 대화하기 - Where are you going? What are you going to do?	🎮 한 친구가 이야기할 때마다 마지막 학생은 앞의 친구들이 말한 내용을 반복해서 말한다. 📺 Zep https://zep.us/play/yO4o1m
조직 및 정리 하기	• 노래 부르기 Let's Sing!: Where are you going? What are you going to do?	📺 https:// www.youtube.com/watch?v =FxRGkjkVTGA
성찰 하기	• 학습한 문장: What are you going to do? • Zep에서 친구와 이야기를 나눈 느낌이 어떠했는지 릴레이 발표하기	

💡 7~8차시: Making Travel Plan & Uploading Video

- **개념**: 언어, 상호작용
- **일반화**: 언어는 상호작용을 통해 사용 역량이 강화된다.
- **학습목표**: 알맞은 표현을 이용해 여행 계획서를 작성하고 발표할 수 있다.
- **내용요소(과정·기능)**: 다양한 매체 활용하여 창의적으로 표현하기, 세부 정보 묻거나 답하기

단계	학습활동	자료/유의점
관계 맺기	• 노래 부르기 Let's Sing!: Where are you going? What are you going to do? • 여행광고 살펴보기 - Let's look at some travel advertisements. - Where do you want to go?	📷 광고사진
집중 하기	• 계획 알아맞히기 놀이 - 학생들은 4개의 그림 중에서 하나를 고른다. - 학생들은 교사에게 질문을 한다. - 'What are you going to do on a trip?' - 교사는 그림을 보고 무슨 일을 할 것인지 대답을 한다. (예) I am going to the beach.	📷 태블릿 💡 교과서의 그림을 활용하거나 학생들이 그린 그림을 활용해도 좋다.
전이 하기	<사실적 질문> Can you make a plan for a trip? • 1박 2일 여행 짜기 - We're going to make a plan for a trip. - What are you going to do on a trip? - I am going to the beach in Pusan. <논쟁적 질문> Are their trip plans interesting enough? • 여행 계획 패들렛에 올리고 발표하기 - What are you going to do on a trip? - (예) I am going to the concert. I am looking around the other cities. - 친구들이 여행 계획을 발표하면 댓글이나 좋아요를 누른다.	💡 모둠 친구들끼리 상의하는 과정에서 여러 단어를 배울 수 있도록 한다. 📷 태블릿, 패들렛
조직 및 정리 하기	• 여행에 관한 질문과 대답하기 - What are you going to do on a trip? - (예) I am going to the water park.	📷 태블릿, 패들렛
성찰 하기	• 학습한 문장: What are you going to do on a trip? • 여행 계획을 세울 때 가장 많이 사용한 어구는?	

📖 개요

단원	Save Water	**학년**	3~4학년	**전체 차시**	8
단원의 소개	이 단원에서는 지구촌과 우리 모두의 지속가능한 미래를 위하여 물의 이용을 알고 물을 절약하는 방법을 실천하기 위해 영어과의 이해와 표현 영역과 연계하여 구성하고자 한다. 초등학교 영어의 의사소통 기능과 과학과 물의 이동과 생태전환교육과 연계하여 기후 위기 속에서 미래를 살아가는 학생들에게 생태시민으로 살아갈 수 있도록 공동체 역량과 영어과 의사소통 능력 향상에 초점을 두었다.				
단원 주제	물의 순환, 생태전환교육				

📖 단원 구조

구분	내용
핵심 아이디어	• 물은 땅과 바다, 대기 등으로 끊임없이 순환하면서 지표의 특징을 변화시키고 지하구조를 만든다 • 적절한 사고 과정 및 전략을 활용하여 의미를 표현하거나 교환한다.
성취기준	[4과10-01] 물이 세 가지 상태로 변할 수 있음을 알고, 우리 주변에서 예를 찾을 수 있다. [4과16-03] 기후 변화 대응 방법을 조사하고, 생활 속에서 기후 변화 대응 방법을 실천할 수 있다. [4영02-04] 실물, 그림, 동작 등을 쉽게 간단한 문장으로 말하거나 단어나 어구를 쓴다. [4영02-05] 자신, 주변이나 사람의 소개나 묘사를 쉽고 간단한 문장으로 말하거나 보고 쓴다. [4영02-08] 자기 주변 주제에 관한 담화의 주요 정보를 묻거나 답한다.
개념적 렌즈	순환, 생태전환, 담화, 문장
개념망	**Water Story** – 물 – 이야기 – 어휘, 강세 **Water Cycle** – 물의 순환 – 실물, 그림 – 단어 – 세부정보 파악 **Save Water!** 물 절약과 관련된 간단한 어휘와 문장으로 답할 수 있는가? **Using and Wasting Water** – 물 – 낭비, 사용량, 부족 – 아이디어 – 비교 – 어휘, 문장 **The Day of Water** – 물의 날 – 선택 – 실천 – 문장, 담화

🐾 단원의 지도 계획

1. 단원 구조

구분 / 스트랜드	핵심 아이디어	일반화	안내 질문	내용 요소			평가방법
				지식·이해	과정·기능	가치·태도	
Water Story	• 물은 땅과 바다, 대기 등으로 끊임없이 순환하면서 지표의 특징을 변화시키고 지하구조를 만든다.	• 물에 대한 이야기는 우리 표현에 대한 이해 듣기 능력을 향상시켜 준다.	(사) Have you heard about water from water story?	• 물, 이야기, 어휘, 강, 새, 이야기의 서사	• 시각 단서 활용하여 의미 추측하기 • 단어, 어구, 문장의 의미 이해하기	• 흥미와 자신감을 가지고 듣거나 읽으며 즐기는 태도	• 동료평가 • 관찰평가
Water Cycle		• 물의 여행은 물의 순환을 이해하는데 도움을 준다.	(사) Can you explain water cycle? (개) Do you convey information about water through text and pictures?	• 물의 순환, 실물, 그림, 문장부호, 세부 정보 파악	• 주요 정보 파악하기 • 시각 단서 활용하여 의미 추측하기	• 자연과 과학에 대한 감수성	• 관찰평가 • 자평평가
Using and Wasting Water	• 적절한 사고 과정 및 전략을 활용하여 의미를 표현하거나 교환한다. • 물은 땅과 바다, 대기 등으로 끊임없이 순환하면서 지표의 특징을 변화시키고 지하구조를 만든다.	• 물의 사용량 비교와 물 수 사용에 대한 아이디 아는 물 부족을 이해하는데 도움을 준다.	(사) How much water do we need a day? (개) Do you know water footprint?	• 물, 빗물, 냄비, 사용량, 부족, 비교, 어휘, 문장	• 시각 단서 활용하여 의미 추측하기 • 특정 정보를 찾아 읽거나 듣기	• 과학 활동의 윤리성 • 과학 문제 해결에 대한 개방성	• 관찰평가 • 자평평가
The Day of Water		• 물의 날에 대한 발표 산출물은 실천에 도움이 된다.	(사) Do you know the world water day? Why do we need water?	• 물의 날, 실천, 다짐, 문장, 담화	• 예시문을 참고하여 목적에 맞는 글쓰기	• 안전·지속가능 사회에의 기여	• 발표 • 동료평가

2. 단원 총합 평가

세계 물의 날 행사에 참여하려고 합니다. 물의 사용량과 물의 낭비를 소재로 물 부족을 호소할 예정입니다. ① 물과 관련된 글에서 적절한 낱말이나 어구를 사용하는지 ② 물의 사용량을 비교하여 물 절약을 위한 아이디어를 간단한 글과 그림으로 나타낼 수 있는지 ③ 세계 물의 날을 소개하기 위한 글에서 적절한 문장과 문장부호를 사용하는지 평가하시오. 여러분은 물과 관련된 어휘를 유창하게 사용하는지, 물의 사용량을 알고 물 절약을 실천하기 위한 글을 소개하고 실천을 다짐하는지의 기준에 따라 평가됩니다.

• 루브릭(채점기준표)

척도 평가요소	매우 잘함	보통	노력 필요
어휘의 강세, 리듬, 억양 (지식 · 이해)	물과 관련된 이야기를 듣고 맥락에 맞는 낱말이나 어구를 사용한다.	물과 관련된 이야기를 듣고 낱말이나 어구를 사용한다.	물이라는 단어를 사용한다.
어휘의 정확성과 유창성 (과정 · 기능)	물 절약을 위한 창의적 아이디어를 글과 그림으로 나타낸다.	물 절약을 위한 아이디어를 글과 그림으로 나타낸다.	물 절약을 위한 아이디어를 간단한 글로 나타낸다.
관심 및 실천 (가치 · 태도)	세계 물의 날을 소개하는 글에서 적절한 문장과 부호로 사용한다.	세계 물의 날을 소개하는 글에서 문장과 부호를 사용한다.	세계 물의 날을 소개하는 글에서 문장을 쓰려고 노력한다.

3. 학습 활동

스트랜드	차시	학습 활동
Water Story	1	· The words of water
	2	· The strange story about water
Water Cycle	3	· The play of water cycle
	4	· Learn about the water cycle
Using and Wasting Water	5	· Compare water usage and water footprint
	6	· Is Korea also a water scarce country?
	7	· Thinking of ideas to increase rainwater use
The Day of Water	8	· About World Water Day

학습 활동 설계

💡 1~2차시: Water Story
• 개념: 물, 이야기, 어휘, 강세
• 일반화: 물에 대한 이야기는 우리 생활에 대한 이해와 듣기 능력을 향상시켜 준다.
• 학습목표: 물과 관련된 이야기를 통해 어휘를 익힐 수 있다.
• 내용요소(과정ㆍ기능): 시각 단서 활용하여 의미 추측하기

단계	학습활동	자료/유의점
관계 맺기	• 물에 대하여 관심 갖기 - 'Water, Water, Everywhere' 노래 듣기 • 물과 관련된 어휘 알아보기 - water, river, rain, sea, cloud	🎬 https://www.youtube.com/watch?v=jS1xbmvcb00 📖 물의 순환 그림, 네이버 영어사전 🎯 어려운 단어는 네이버사전이나 구글 번역기를 이용하도록 한다.
집중 하기	- 그림을 통해 단어와 그림의 관계를 이해한다. • 짝과 함께 한글을 영어로, 영어를 한글로 바꾸기 게임 (예) 비 – rain, 바다 – sea, 구름 – cloud, 강 – river, 물 - water • 물은 어떻게 생겨났을까? - Water is from ( ). <사실적 질문> Have you heard about water from water story?	
조사 하기	• 물과 관련된 이야기 조사하기 - 신화 속 상상력에 담긴 물의 이야기 - 그리스로마 신화의 물을 관장하는 포세이돈 - '비너스의 탄생'은 비너스가 서 있는 조개 밑의 흰 물결과 같은 거품은 생명의 근원이 물에 있음을 상징	🎬 태블릿
조직 및 정리 하기 성찰 하기	• 물에 대한 어휘를 기억할 수 있는가? 비 – rain, 바다 – sea, 구름 – cloud, 강 – river, 물 - water • 물과 관련된 이야기를 듣고 물에 대하여 어떤 생각을 가지게 되었는가?	

💡 3~4차시: Water Cycle

- **개념**: 물의 순환, 세부 정보 파악
- **일반화**: 물의 여행은 물의 순환을 이해하는데 주요한 정보이다.
- **학습목표**: 물의 여행을 보고 물의 순환을 이해할 수 있다.
- **내용요소(과정·기능)**: 주요 정보 파악하기

단계	학습활동	자료/유의점
관계 맺기	• water cycle song 듣기 - 아는 단어를 찾아보기 - 다시 한 번 듣고 아는 단어 따라 말하기	🖾 https:// www.youtube. com/watch?v =Oq8iCsV4woE
집중 하기	<사실적 질문> Can you explain water cycle? • I am water. Where am I going? 나는 장소에 따라 어떻게 바뀔까요? <개념적 질문> Can you convey information about water in the text and pictures? - 교과서의 그림을 보고 모둠 친구들과 물의 여행을 이야기해 보자. - 첫 번째 친구가 한 문장을 만들고, 또 다른 친구가 이야기를 이어간다. (예) I am in the cloud. I go down on the land. • Where does the water from? <출처: 4학년 2학기 디지털 교과서, 동아출판사> 바다 / 만년설 / 구름 / 생명체 sea / snow / cloud / plant	🖾 물의 순환 4학년 2학기 디지털 과학 교과서, 네이버 영어사전 🔲 어려운 단어는 네이버사전이나 구글 번역기를 이용하도록 한다.
전이 하기	• 물의 순환 설명하기 - 물과 관련된 단어나 어구가 쓰인 문장 카드를 배열하여 물의 순환을 설명한다.	🖾 문장카드
조직 및 정리 하기	• 물의 순환을 물과 관련되 단어로 이어 써 보자. (예) cloud – rain or snow – water – river – sea – cloud	🖾 오선 보드
성찰 하기	• 물의 순환을 통해 알게 된 것은 무엇인가?	

💡 5~6차시: Using and Wasting Water

- **개념**: 물, 사용, 비교, 문장
- **일반화**: 물의 사용량 비교는 물 부족을 이해하는데 도움을 준다.
- **학습목표**: 물의 사용량 비교를 통하여 물 부족을 이해할 수 있다.
- **내용요소(과정·기능)**: 특정 정보를 찾아 읽거나 훑어 읽기

단계	학습활동	자료/유의점
관계 맺기	• WATER USE by Country 　- 한 해에 물이 얼마만큼 사용되는지 각 나라별 수치 알아보기 　- 미국, 영국, 일본 등 학생들에게 익숙한 나라 3~4개를 영어로 　　표현할 수 있는지 확인하기 　(예) US, UK, Japan	🎬 https:// www.youtube. com/watch?v =j7SUrOqOc9Y
조사 하기	<사실적 질문> How much water do we need a day? • 오늘 내가 사용한 물은 얼마나 될까? 　- 커피를 만들기까지 얼마 만큼의 물이 필요한가 　- 청바지를 만들기 위해 얼마 만큼의 물이 필요한가 　- 일상적으로 쓰는 단어를 익히기: coffee, Jeans, T-shirts <사실적 질문> Do you know about water footprint? • 물 발자국(Water footprint)이란? 　- 단위 제품 및 단위 서비스 생산 전 과정(Life cycle) 동안 직·간 　　접적으로 사용되는 물의 총량을 뜻하는 것으로 우리가 일상 　　생활에서 사용하는 제품을 생산, 소비하는데 얼마나 많은 양 　　의 물이 필요한지 나타내 주는 지표 　- 내가 먹는 음식, 입는 옷을 만들기 위해 사용되는 물의 양 알 　　아보기 • 우리 일상생활의 물 발자국 알아보기 　- 변기 1회 사용하는데 12L의 물이 사용됨 　- 빨래 1회에 100L의 물이 사용됨 • 우리나라는 물 부족 국가인가? Figure 3 Level of physical water stress*	🎬 태블릿 🎬 https:// www.youtube. com/watch?v= 6JhlEg7G4MY 🎬 네이버 영어사전 ⚠ 어려운 단어 나 문장은 네이 버사전이나 구 글 번역기를 이 용하도록 한다. 🎬 학습지 ⚠ 검색하고 난 뒤 용어가 어려 운 부분은 보충 설명을 한다.

	- 지도를 보고 물 부족 국가로 분류되는 이유를 알아보자. - 자료를 검색해보고 필요한 부분을 찾아서 읽도록 한다. - 한국은 심각한 수준은 아니지만 인구밀도가 높아서 물 부족 국가로 분류됨	

집중
하기
	• 자신이 알고 싶은 어휘 검색하여 알아보기
	  (예) 물 발자국, 사용, 물 부족 등 물과 관련된 단어 찾아보기
	• 문장에서 단어 익히기
	- How much (water) do I need a (day)?
	- How much (water) do we (use) a (year)?
	- What is (water footprint)?
	- Is (Korea) also a water scarce country?
	
	　　water, day, water footprint, use, year, water, Korea
	
	- 괄호 안에 단어 넣기를 통해 학생들이 익숙한 단어를 중심으
	  로 문장을 완성하기
		웹 네이버
		사전 또는
		구글 번역기
		
		웹 학습지
		꿀 한글로 익힌
		개념을 영어로
		표현해보도록
		한다.

조직 및 정리 하기	• 괄호 안에 넣은 단어를 넣었던 문장을 다시 쓰기 - How much (water) do I need per (day)? - How much (water) do we (use) per (year)? - What is (water footprint)? - Is (Korea) also a water scarce country? • 물음에 단어 또는 어구나 숫자로 답하기 - How much water do I need per day? coffee: 200L, Jeans: 500L - Is Korea also a water scarce country? Yes • 질문을 통해 학습한 내용 정리하기 - 물 발자국이 무엇인지 말할 수 있는가? - 오늘 내가 청바지를 입었다면 몇 L의 물을 사용한 것인가? - 우리나라가 물 부족 국가라는 것을 어떻게 알 수 있는가? - 검색이나 학습을 통해 알게 된 어휘가 있는가?	꿀 학생들의 언 어 수준에 맞 게 답을 할 수 있도록 한다.
성찰 하기	• 물의 사용량 비교를 통해 느낀 점이 있는가?	

💡 7차시: Thinking of ideas to increase rainwater use

• 개념: 빗물, 아이디어, 문장

• 일반화: 빗물 사용에 대한 아이디어는 물 부족을 이해하는데 도움을 준다.

• 학습목표: 빗물 사용에 대한 아이디어로 물 부족 해결에 도움이 될 수 있다.

• 내용요소(과정·기능): 시각 단서 활용하여 의미 추측하기

단계	학습활동	자료/유의점
관계 맺기	• 물의 재활용에 대한 동영상 보기 　- 빗물을 어떻게 사용하고 있는지 살펴보자. • 빗물은 영어로 어떻게 표현할까? 아는 단어를 합성해보자. 　rain+water=rainwater	🖥 https://www.youtube.com/watch?v=XDkR2cs6oWE
집중 하기	<개념적 질문> 빗물을 재활용하는 방법이 무엇인지 알고 있는가? • 짝과 함께 빗물에 대한 영상 보기 　- 모두를 위한 빗물 영상 보기 • 빗물에 대한 영상을 보고 질문을 해보자. 　- 빗물을 이용하면 어떠한 점이 좋은가? 　- 매년 바다로 흘러가는 빗물의 양은? 　- 빗물을 지혜롭게 사용하는 다른 나라의 사례와 우리나라 사례를 생각해보자. 　　(예) 가나, 멕시코 등 여러 나라에서 빗물을 생활 용수로 사용함. • 빗물과 관련된 단어나 어구 문장을 말해보자. 　- 동영상을 보면서 알게 된 단어도 포함시킨다. 　- How do we use rainwater? 　- When it rains, put the bowl, and use it as water.	🖥 태블릿, 학습지 https://www.youtube.com/watch?v=PID1e2WdU0k 🔲 내용 지식과 관련된 단어의 수를 지나치게 제한하지 않는다.
조직 및 정리 하기	• 빗물을 사용하는 영상을 보면서 우리에게 필요한 정보가 무엇인지 파악하기 　- 빗물이 어떻게 사용되는지 말하기 　- 빗물을 사용하면 좋은 점도 말하기 • 빗물은 어디에 사용할 수 있을지 그림으로 그려보자. 　(예) 화분에 물을 줄 때 사용한다. 　- 빗물을 받는 물탱크를 설치한다. 　- 변기 물로 사용할 수 있다.	🖥 태블릿 🔲 예술적인 특징보다 시각적인 그림이나 도표에서 단서를 잘 찾는지 확인한다.
성찰 하기	• 빗물을 사용하면 물 절약하는데 어떻게 도움이 될 수 있는가?	

💡 8차시: About World Water Day

• 개념: 물의 날, 실천, 담화, 문장
• 일반화: 물의 날에 대한 조사와 발표는 물 절약 실천에 도움이 된다.
• 학습목표: 물의 날에 대한 조사와 발표를 통해 물 절약 다짐을 할 수 있다.
• 내용요소(과정·기능): 예시문을 참고하여 목적에 맞는 글쓰기

단계	학습활동	자료/유의점

관계
맺기
	• '세계 물의 날'은 언제인가요?
	  - 매년 3월 22일입니다. On March 22nd Every year
	• 물의 날은 왜 만들어졌을까요?
	  - 수질 오염으로 인한 물 부족과 물의 소중함을 되새기기 위해
		📺 PPT

조사
하기
	<사실적 질문> How much water do we use a day?
	• 국가별 1인당 하루 물의 사용량 알아보기
	
	  - 우리나라는 물을 많이 사용하는 국가이다.
	  - 우리나라는 물 스트레스 국가이다.
	  - 부족한 물의 양으로 인한 피해를 줄이려면 어떻게 해야 할까?
		📺 태블릿,
		학습지

집중
하기
	• 물 절약을 위한 방법을 알아보자.
	• 물의 날을 알리기 위해 포스터를 만들어 보자.
	  - 포스터를 만들 때 한 코너를 영어 단어나 문장, 그림을 사용
	    한다.
	  - (예) 'The day of Water', Why do we need water?
	• 물의 날에 대하여 발표해 보자.
		📺 태블릿,
		패들렛, PPT

전이
하기
	• 물의 날에 대하여 발표하면서 낭비하지 않기 위한 실천 다짐
	  하기
	  - I will not (waste) water when I (brush) my teeth.
	  - I will not waste (water) when I pour water into a (cup).
	  - I will not waste (water) when I (wash) my (hands).
	
	   waste, water, brush, cup, hands
	
	• 물의 날을 알리기 위해 만든 포스터를 발표해보자.
		📧 문장 속에서
		단어를 익히도
		록 한다.

성찰 하기	• 물을 낭비하지 않기 위해 물 절약을 꾸준히 실천할 수 있는가?	

참고문헌

gourdseed. https://www.jungseed.com/product/J02326/531

swallow. https://illustoon.com/?id=2958

storyjumper. https://www.storyjumper.com/school

Three little pigs. https://www.youtube.com/watch?v=WowQolrTDOQ

What are they doing. https://www.youtube.com/watch?v=8Q2sGr1ZsJg

Drawing. https://pixabay.com/ko/photos/%eb%af%b8%ec%88%a0−%ed%8e%
98%ec%9d%b8%ed%8a%b8−%eb%ac%bc−%ec%83%89%ec%83%81−%e
c%b1%85%ec%83%81−1209519/

Where are you going. https://www.youtube.com/watch?v=OkfROvtrDl8

Top 10 Places To Visit In 2021 (If We Can Travel).
https://www.youtube.com/watch?v=h_xjfqrFl7o

에딘버러 국제 페스티벌. https://terms.naver.com/entry.naver?docId
=1380874&cid=40942&categoryId=32180

Zep. https://zep.us/play/yW3zpE

오늘 내가 사용한 물. https://www.youtube.com/watch?v=j7SUrOq0c9Y

빗물. https://www.youtube.com/watch?v=XDkR2cs6oWE

모두를 위한 빗물. https://www.youtube.com/watch?v=PlD1e2WdU0k

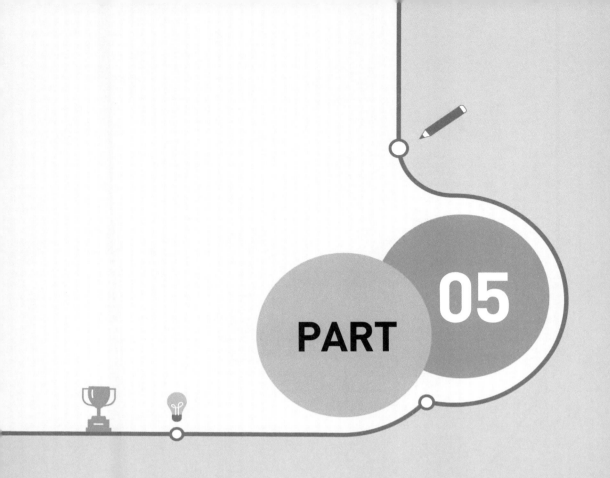

PART **05**

개념 기반의
교육과정 유형

CHAPTER 01 역행 설계 모형

1. 역행 설계 모형의 개념

가. 역행 설계의 의미

Wiggins와 McTighe(2005)는 이해중심 수업의 설계(Understanding by Design: UbD) 방안으로써, 역행 설계 모형(backward design)을 제시하였다. 역행이라는 것은 보통의 방향에서 반대 방향으로 간다는 의미이다. 영어로 앞으로 나아간다는 단어는 포워드(forward)이며 반대 방향, 즉 역행은 백워드(backward)이다. 이러한 번역상의 이유로 역행 설계는 백워드 설계(backward design)라는 용어로도 불리고 있다. 본 교재에서는 백워드(backward)를 한국어로 번역한 역행이라는 용어를 사용한다.

역행 설계 모형의 개념을 이해하기 위해서는 우선 무엇으로부터의 역행인지 살펴볼 필요가 있다. Tyler(1949)는 교육과정 개발을 4단계, 즉 '학습목표 설정 – 학습경험 선정 – 학습경험 조직 – 평가'의 단계로 제안하였다. 우리나라도 Tyler의 교육과정 개발 모형의 영향을 많이 받았다. Tyler의 교육과정 개발 모형은 역행 설계 모형 개발의 근간이 되었다. Wiggins와 McTighe는 학생들의 이해력 향상과 평가와 수업의 일관성을 구현하기 위해 Tyler의 교육과정 개발 모형을 전통적 교육과정으로 보고, 역행 설계 모형을 제시하였다.

Tyler의 교육과정 개발 모형은 합리적 모형이라고 불릴 정도로 Wiggins와 McTighe 이전에는 이 모형에 대한 이견이 없었다. Tyler 모형에서는 학습 목표의 설정뿐만 아니라 학습경험의 선정과 조직도 중요하게 여겨졌다. 교사들도 명확한 학습 목표를 설정한 후 목표 도달에 적합한 수업 활동을 계획하여 수업을 진행할 수 있도록 노력하였다. 그러나 이 모형에서 평가는 모든 교육활동이 종료된 후 마지막에 이뤄지기 때문에 평가가 교육과정과 괴리되어 별도의 기준에 의해 행해질 수 있는 위험성을 내포하고 있다는 비판이 있었다. 실제로 Tyler 모형에 의한 전통적 교육과정 설계 방식은 수업이 교과의 내용을 다루는데 치중한 나머지 평가가 소홀히 다루어지는 결과를 가져 왔으며, 이는 교육과정과 평가가 서로 일관되지 않은 원인이 되었다(성정민, 2019).

역행 설계 모형에서 역행(backward)의 의미는 기존 Tyler 모형에서 제일 마지막에 있던 평가 단계를 뒤에서 앞으로, 즉 학습 목표 설정 다음 단계로 역행시켰다는 의미이다. 역행 설계 모형은 교육목표 이후에 바로 교육평가를 제시함으로써 전통적인 교육과정 설계 절차와 순서가 뒤바뀌어 있기에 붙여진 이름이다(박일수, 2014). 간단히 말하면 '목표-수업-평가'의 순서로 개발하던 교육과정을 '목표-평가-수업'으로 바꾼 것이다(염은혜, 2016). 역행 설계는 Tyler의 교육과정 개발 모형 4단계에서 단순히 평가의 위치만 바꾸거나 평가만을 우선 고려한다는 것은 아니다. 역행 설계 모형은 평가의 역행(backward)과 함께 3단계의 설계 방식을 제안하였다. 전통적인 포워드 설계 접근 방법과 역행 설계 접근 방법을 비교한 내용은 <표 5-1>과 같다.

표 5-1 역행 설계 모형에서 역행의 의미

구분 단계	포워드(forward) 설계 접근 방법	역행(backward) 설계 접근 방법
1단계	학습목표 설정	(학습 목표 설정) 바라는 결과의 확인
2단계	학습경험 선정	(평가) 수용 가능한 증거 결정
3단계	학습 경험 조직	(수업 계획) 학습 경험과 수업
4단계	평가	

나. 역행 설계 모형의 개념

역행 설계 모형은 시대적 변화와 요구, 학생들이 보다 심층적으로 학습하도록 하고자 하는 여러 이론적 배경과 함께 등장하였다. 역행 설계 모형은 교육학의 다양한 이론들이 종합적으로 구성된 패키지 자료라고 할 수 있다(박일수, 2016). Tyler의 교육과정 개발 모형 이외에 역행 설계 모형의 근간이 된 적용 원리는 Bruner의 학문 중심 교육과정이며, 지식의 구조에 바탕을 두고 있다. Wiggins와 McTighe가 이해중심 수업의 설계(Understanding by Design) 방안으로써, 역행 설계 모형(backward design)을 제시한 이유도 지식의 구조와 연관이 있다. 역행 설계 모형은 학습자의 진정한 이해를 강조한다. 이러한 이유로 이해중심 수업의 설계 (UbD)는 '역행 설계 모형'과 '백워드 설계 모형' 등으로 혼용되어 사용되기도 한다. 역행설계 모형이 수업의 절차적 측면을 강조한 것이라면 이해중심교육과정 (Understanding by Design: UbD)은 이 모형이 갖는 특징을 나타내는 것이다. 즉, 이해는 핵심개념과 관련된 지식을 다층적으로 이해하여 전이력을 높이며 수행하는 능력을 기르는 것을 강조하는 것이라고 할 수 있다.

다. 이해중심 교육과정(UbD)과 역행 설계 모형

역행 설계 모형은 학생들의 영속한 이해를 추구하는 이해중심 교육과정 UbD (Understanding by Design)의 개발 모형으로 제안된 단원 설계 방식이다. UbD란 '이해에 기반한 설계'(Understanding by Design)로 국내에서는 학자에 따라 이해중심 수업 설계, UbD이론, UbD설계, 이해중심 교육과정(UbD) 등으로 지칭되고 있다. 역행 설계 모형이 다양한 용어로 지칭되는 이유는 2005년 Wiggins와 McTighe가 발표한 『Understanding by Design』의 번역에서 시작되었다. 직역을 하였을 경우 '설계에 의한 이해'라고 할 수 있으나 여러 학자들의 견해에 따라 좀 더 자연스런 표현으로 '이해에 기반한 설계' 또는 '이해중심 수업 설계' 등으로 번역되었다. 2005년에 상게서의 개정판인 2판 발행 이후 국내에 활발히 소개된 역행 설계 모형은 평가에 대한 인식 전환을 토대로 학습자의 진정한 이해에 중심을 두고 교육과정을 구성한다는 점에서 타당성을 인정받고 있다(염은혜, 2016).

UbD(Understanding by Design)는 미국의 기준 운동(standard movement)의 영향을 받아 성취기준 중심의 교육과정이 대두되면서 성취기준을 어떻게 교육과정에서 구현하고 평가할 것인지에 대한 고민에서 기인했다고 볼 수 있다. 미국의 이런 분위기 속에서 Wiggins와 McTighe는 성취기준을 통해 인간의 이해(understanding)

역량을 계발하고 평가가 교육과정과 통합되도록 하기 위한 교육과정 개발 모형으로 UbD를 만들었다. UbD는 2015 개정 교육과정의 개발에 많은 아이디어를 제공하였다(성정민, 2019). UbD가 우리나라 제7차 교육과정에서 성취기준 도입에 영향을 준 점, 2022 개정교육과정에 이르기까지 그 이론과 설계 원리가 이어져 오고 있는 점, 평가와 수업의 일관성을 구현하기 위한 모형으로 현재는 이를 뛰어 넘는 개발 모형이 없는 점 등만 보더라도 우리나라 교육에 주는 시사점과 의미가 크다. 2015 개정 교육과정에서 핵심 개념, 일반화된 지식, 교수과정과 수업, 평가의 일체화를 시도한 것도 UbD의 영향에서 비롯되었다. 이러한 배경에서 이해중심 수업 설계 UbD(Understanding by Design)는 이해중심교육과정으로 일컬어지고 역행 설계 모형과 동일하게 사용되는 경우도 있다. 역행 설계 모형에 대한 이해를 위해서는 이해중심 교육과정에서의 '이해'의 의미와 학습자의 진정한 이해를 촉진하고자 설계된 역행 설계 모형의 절차를 살펴보고 적용하는 노력이 필요하다.

2. 역행 설계 모형의 이해

가. 이해중심 교육과정(UbD)의 등장 배경

이해중심 교육과정 UbD(Understanding by Design)는 1980년대부터 2000년대 초반까지의 미국의 교육개혁 운동과 밀접한 관련이 있다(조재식, 2005). 1985년에 발표된 IEA(International Association for Evaluation of Education Achievement) 결과에 의하면, 미국 학생들의 수학 및 과학 성취도가 다른 나라의 학생들에 비하여 현저하게 낮았다. 또한 시간이 지남에 따라, 백인과 유색 인종의 학력 격차가 심화되었다. 이에 따라 미국 정부는 학생들의 학력 향상을 위한 다양한 방안을 마련하였다. 2000년대 초반 미국 부시 정부가 발표한 낙오학생방지법(NCLB: No Child Left Behind)과 연간 진보 계획(AYP: Adequate Yearly Progress)이 대표적이다. 학생의 학업성취도에 대한 학교와 교사의 책무성을 강조하였다. 이후에 미국의 학교와 교사는 학생들의 학업성취도 향상을 위한 다양한 노력을 시도하였다. Wiggins와 McTighe는 평가 전문가로서, 성취기준을 기반으로 한 교육과정과 수업의 설계에 관심을 갖고, 학생들이 영속한 이해를 달성할 수 있는 이해중심 교육과정 개발 모형을 개발하였다. 이해중심 교육과정은 학력 격차를 줄이려는 교육개혁 운동에서 시작되었다. 단원 전체에서 추구하는 큰 개념(big idea)에 기초하여, 학생들의 영속한 이해를 추구하고, 궁극적으로 학생의 학력 향상을 강조한다.

나. 이해중심 교육과정의 특징

1) 다층적 '이해'를 도모한다. 이해중심교육과정이 주목받게 된 이유는 단원 설계의 목적이 학생들의 영속한 이해, 즉 핵심 개념과 원리 중심의 심층적인 학습을 통한 '이해로서의 수행'에 있기 때문이다. 무엇을 이해했다는 것은 무엇을 의미하는가? 이해했다면 아는 것인가? 이해했다는 것을 어떻게 알 수 있는가? 등의 질문은 교사로 하여금 학습자의 온전한 배움과 이해에 대해 고민하게 하고 무엇을 어떻게 가르쳐야 하는지에 대해 방향성을 제시한다. 이해중심 교육과정은 '이해'에 대한 이해로 '영속한 이해'에 도달하도록 다층적 '이해'를 도모한다. 2022 개정교육과정이 지향하는 핵심어라 할 수 있는 '이해'는 '개념적 이해'로 '깊이 있는 학습'을 하도록 교과 간 개념의 전이나 학생의 삶과 연계되어 전이될 수 있는 '이해'를 의미한다. 이해중심 교육과정은 분절적인 지식 전달과 기능 습득 중심의 교육과정을 개선하려는 시도로 배움의 이유와 목표에 대한 교사의 성찰을 가능하게 한다.

2) 목표-평가-학습의 일관성을 확보한다. 앞서 역행 설계 모형의 개념에서 살펴보았듯이 전통적 수업 모형에서 학습 목표와 학습 경험, 평가의 분절적인 점을 보완한 역행 설계 모형 절차를 통해 이해중심 교육과정은 학습 목표와 평가, 학습 경험이 일관성을 가지도록 체계성을 가진다. 이는 기존 우리나라 수업의 특징이 '주입식'으로 표현된다면 단편적 지식의 전달이나 설명식으로 수업하던 방식이 아니라 수업을 계획할 때 학습 목표와 평가, 학생들의 학습 경험을 체계적으로 바라보아야 함을 제시한다.

3) 교육과정 개발자로서의 교사의 역할을 기대한다. 이해중심 교육과정에서 교육과정은 일반적으로 사용되는 교육과정이 아니라 교수·학습 설계에 해당되며, 차시 차원이 아닌 '단원 수준'에서의 교수·학습 계획을 의미한다. Wiggins와 McTighe는 교사를 설계자로 정의하고, 구체적인 목적과 의도를 충족시키는 교육과정과 학습 경험을 정교하게 하는 일이 교사가 수행해야 할 본질적 행위라고 주

장했다(염은혜, 2016). 역행 설계 모형의 첫째 단계는 '바라는 결과의 확인'이다. 이는 교사의 전문성을 바탕으로 한 '의도된 학습 성과(ILO: Intended Learning Outcome)'를 뜻하며 교사가 학생들의 학습 결과 무엇을 배우기를 바라는가를 고민하고 확인해야 한다는 뜻이다. 학습자가 심층적 이해를 통해 유의미한 맥락 속에서 이해하고 활용할 수 있는 전이를 강조하는 이해중심 교육과정은 교사로 하여금 교육 내용의 숙지와 수업과 연계된 평가, 학습의 전개에 대해 일련의 과정을 통찰하고 성찰하는 교육과정 개발자, 설계자로서의 교사상을 기대한다.

4) 평가의 기능과 타당도를 중시한다. 평가를 강조한 수업 설계 모형이 다수 존재하지만, 이해중심 교육과정과 같이 핵심 개념과 원리 중심의 심층적인 학습에 기초한 영속한 이해를 강조하지는 않았다. 이해중심 교육과정은 6차 교육과정 이후 강조되어 온 교육 목표−교육 내용−교수·학습 및 평가의 비일관성으로 인한 수업의 효율성 약화를 지양하며, 교사의 평가의 전문성을 향상시킨다. Wiggins와 McTighe(2005)는 '이해로서의 수행'의 평가방법으로써, 수행 과제 또는 프로젝트 과제를 제안하였다. 영속한 이해가 학교 상황이 아닌 일상생활에 관한 지식을 활용하는 것이라면, 평가 장면 역시 그것을 확인할 수 있는 실제 상황에서 이루어져야 한다. 이들은 이러한 형태의 평가방법을 참평가(authentic assessment)라고 지칭한다. 학생들은 자신이 이해한 내용을 바탕으로 수행과제 또는 프로젝트 과제를 해결하고, 이 과정에서 자신이 획득한 지식과 기능을 활용하도록 설계되어 있다.

5) 역행 설계 모형으로 수업을 설계한다. 교육이론이 발달함에 따라 최근의 수업 설계 모형은 특정 이론, 지식, 기법, 전략을 개별적으로 적용하기보다는 종합적으로 구성하여 개발하는 경향이 있다. 이해중심 교육과정에서는 단원 설계의 목적을 학생들의 영속한 이해로 설정하고, 이러한 단원 목표를 실현하기 위하여, 단원 설계의 절차를 제시하였다.

다음 [그림 5−1]은 이해중심 교육과정(UbD)의 특징을 그림으로 제시한 것이다.

그림 5-1　이해중심 교육과정(UbD)의 특징

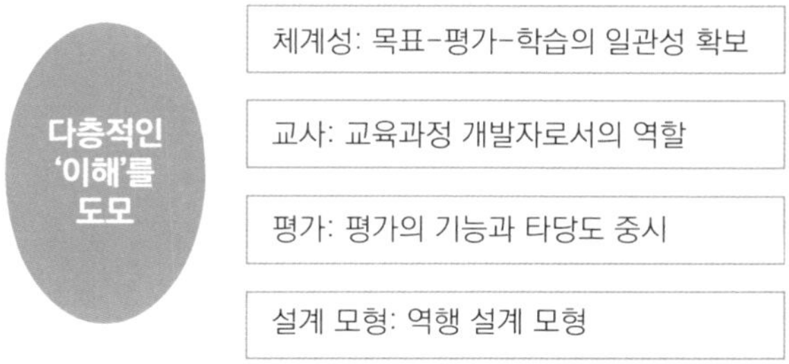

다층적인
'이해'를
도모

체계성: 목표-평가-학습의 일관성 확보

교사: 교육과정 개발자로서의 역할

평가: 평가의 기능과 타당도 중시

설계 모형: 역행 설계 모형

다. 이해중심 교육과정에서의 '이해'

우리가 '무엇을 이해했다'는 것은 '알게 되었다' 또는 '궁금하거나 의문이 더 이상 없다' 등의 의미로 사용하는 경우가 많다. 역행 설계 모형을 알고, 절차를 안다고 하더라도 이해중심 교육과정에서 말하는 '이해'가 무엇을 의미하는지에 대한 이해가 우선 되어야 한다. 그럴 때 역행 설계 모형의 절차만 따라하는 형태가 아니라 우리나라 상황에 적합한 교육과정을 설계하고 실천할 수 있을 것이다. 이는 교사의 전문성 신장 및 역량과도 직결된다.

'이해'란 국어사전의 사전적 의미로는 사리를 분별하여 해석할 수 있거나 무엇인가를 깨달아서 알았다는 것을 말한다. 옥스퍼드 영어사전에 나타난 '이해'의 의미를 번역하면 단지 무엇을 아는 것이 아니라 종합적·추상적 사고력, 상황에 대한 인식과 판단력 등 인지적 측면에서의 능력을 말한다. 이는 Bloom 등(1956)의 교육목표분류학 범주(지식, 이해, 적용, 분석, 종합, 평가)와 밀접하게 연계된다(임유나 외, 2018). Wiggins와 McTighe는 이해의 개념에 대해 '우리가 알고 있는 것을 맥락 안에서 사용할 수 있는 것, 즉 전환할 수 있는 것 그리고 현실적인 과제나 상황에 직면했을 때 지식과 기술을 효과적으로 적용할 수 있는 것'이라고 논의했다(이보림, 2019).

영속적 이해

Wiggins와 McTighe(2005)가 제안하는 '이해'는 크게 두 가지로 나눌 수 있다. 첫째는 영속적 이해이다. 낱개 또는 낱낱의 지식들을 분절적으로 가르치거나 특정 주제를 중심으로 강의식으로 전달하는 방식을 넘어 '지식'과 '이해'를 구분하여 제시한다. 즉 이해했다는 것은 일반화된 형태의 지식(big idea)을 이해하는 것이라고 보았다. 이러한 형태의 이해는 개념적 아이디어의 연결이나 추론과 같이 도전적 경험과 사고 활동을 통해 '의미'를 생성해내는 것을 말한다.

'이해'했다는 것은 학습자가 새로운 상황에서 배운 것을 적용하여 문제를 해결할 수 있거나 삶에 적용하여 활용할 수 있는 것으로 본다. 그런 이유로 학생들이 지식을 강의식, 설명식으로 배우던 기존의 방식이 아니라 직접적 수행 및 활동을 통해 빅 아이디어를 영속적으로 획득했을 때 이해했다고 본 것이다. Wiggins와 McTighe(2005)는 교사가 학습 내용을 명확하게 모두 다루어 주면 학생들이 그것을 이해할 것으로 생각하는 실태를 지적하며, 이해를 위해서는 학생들에게 수행해 볼 수 있는 시간을 주어야 함을 강조한다.

전이

이해중심 교육과정(UbD)에서 '이해'의 두 번째 의미는 전이 능력이다. 전이가 가능한 '이해'여야 제대로 이해했다고 볼 수 있다는 것이다. Wiggins와 McTighe (2005)는 전이 능력이 UbD가 강조하는 이해이자 모든 교육의 궁극적 목적으로써 가장 중요한 요소로 보았다. 학교교육에서는 수업과 배움을 통한 지식이나 주제의 일부만을 다루는 것이 아니라 전이 능력으로서의 이해를 획득하는 것을 궁극적 목표로 설정해야 한다고 주장한다. 전이는 단순한 인식이나 기억이 아닌 '적용'을 필요로 한다. 학생들이 특정 맥락이나 특정 방법을 통해 학습한 지식과 기능, 이해를 새로운 상황에서 다른 방법으로 유연하게 적용할 수 있을 때 그것을 진정한 이해로 본다(Wiggins & McTighe, 2011).

전이는 지식의 전이와 학습의 전이로 구분할 수 있다. 지식의 전이란 학습자가 특정 맥락과 상황에서 습득한 사실과 개념 혹은 일반화를 다른 상황에 유연하게 적용하는 것을 말한다. 학습의 전이는 학습의 결과로써 자신이 이해한 것을 실생활이나 다른 종류의 탐구 영역에 활용함으로써 새로운 산출물을 만들어 낼 수 있을 때 이루어졌다고 할 수 있다.

이해중심 교육과정(UbD)에서 '이해'는 교사로 하여금 교사 중심의 단편적인 사실과 정보를 전달하는 강의식, 설명식 교수 방법보다는 학생 중심의 문제중심학습, 프로젝트학습, 자기주도학습모형, 상황학습모형 등을 적용하게 할 가능성이 높다. 왜냐하면, 학생들이 획득한 지식을 맥락화 할 수 있는 수업 환경을 조성할 때, '이해로서의 수행'이 가능하기 때문이다.

라. 역행 설계 모형의 특징[1]

이상과 같은 이해중심 교육과정의 특징과 이해중심 교육과정에서의 '이해'의 의미를 살펴본 결과 역행 설계 모형의 특징은 다음과 같이 정리할 수 있다.

1) Tyler 모형의 절차를 변화시켜 목표 달성을 위해 평가를 강조한 모형이다. 학습 목표 설정 다음 단계에 평가도구를 개발하는 유사한 모형(Dick & Carey의 모형)이 있으나 학습자의 이해를 위한 교육과정 설계 내용에 초점을 두고 있다는 점에서 그 강조점이 다르다.

2) 전이 가능성이 높은 주요 아이디어에 초점을 둔다. Bruner는 '지식의 구조'를 '학문의 기저를 이루고 있는 일반적인 아이디어'로 보았다. 모든 지식을 학교에서 가르칠 수 없기 때문에 다른 상황에 적용하여 활용할 수 있는, 즉 '전이' 가능성이 높은 주요 아이디어를 학습해야 한다고 주장하였다. Wiggins와 McTighe도 학습의 효율성을 높이기 위해 교과내용의 우선 순위를 명료화하여 주요 아이디어를 선별하기를 제안하였다.

3) 학습자의 진정한 이해를 교육목표로 본다. 이해를 위한 6가지 측면과 본질적 질문을 제안한다.

---

[1] 교육과정학 용어 대사전(2017)에서 발췌한 내용을 요약함.

마. 역행 설계 모형의 설계 절차

Wiggins와 McTighe가 이해중심 수업의 설계(Understanding by Design: UbD) 방안으로써 제시한 역행 설계 모형(backward design)은 단원 설계의 목적을 학생들의 영속한 이해로 설정하였다. 단원의 목표를 실현하기 위하여, 단원 설계의 절차를 '바라는 결과의 확인(학습 목표 설정)', '수용 가능한 증거 결정(평가)', '학습경험과 수업 계획(수업 계획)'으로 제시하였다. 영속한 이해란 단편적이고 분절적인 지식과 기능의 습득이 아닌, 교과에서 다루는 빅 아이디어, 즉 핵심 개념과 원리를 학습함으로써 이것을 교과 이외의 장면에서 수행할 수 있는 능력, 즉 수행으로서의 이해를 의미한다. 따라서 영속한 이해의 달성 여부는 실제 수행 장면에서 판단되도록 설계하였으며, 역행 설계 모형의 3단계 절차는 [그림 5-2]와 같다.

그림 5-2 역행 설계 모형 절차

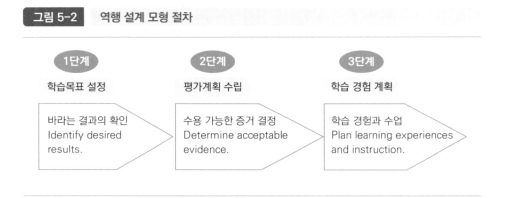

바. 역행 설계 모형 3단계 템플릿(2.0 버전)[2]

Wiggins와 McTighe는 영속한 이해를 달성하는 데 적합한 교수방법은 어떠해야 하는지를 초기의 역행 설계 모형 1.0 버전을 보완하여 2011년 역행 설계 모형 2.0 버전을 제시하였다. 교사들이 단원 설계를 체계적으로 접근하고 실행할 수 있도록 역행 설계 모형의 각 단계에 따라 활용 가능한 템플릿을 세 가지 유형으로

---

2) Wiggins · McTighe(2011)의 [Figure1,2,3]의 용어 및 내용을 재구성함.

제시하였다. 1.0 버전과 비교하여 2.0 버전은 '전이'(Transfer) 카테고리를 추가하였고, 지식과 기능을 '습득'(Acquisition) 카테고리로, 이해와 본질적 질문을 '의미'(Meaning) 카테고리로 제시하였다. 역행 설계 모형은 이해중심 교육과정에서 중요하게 여겨지는 영속적 이해 및 학습의 최종 목표를 전이(Transfer)에 두고 1,2,3단계의 지속적이고도 체계적인 단원 설계가 되도록 템플릿을 제시한다. 단순한 3단계가 아니라 학습목표의 설정부터 평가 계획, 학생의 학습경험을 치밀하게 예상하고 준비가 가능하도록 설계 템플릿을 제안하였다.

가) 1단계: 바라는 결과의 확인

1단계: 바라는 결과 확인		
목표 설정 (Established Goals) - 2022 개정 교육과정 성취기준 중 단원의 주제와 관련있는 성취기준 기술	**전이(Transfer)**	
	단원 학습 결과 다른 교과로의 전이나 학생의 삶과 연계되어 전이되기를 바라는 내용 기술	
	의미(Meaning)	
	이해(Understanding)	본질적 질문(Essential Questions)
	설명, 해석, 적용, 관점, 공감, 자기지식	탐구 및 사고를 촉진할 수 있는 질문
	습득(Acquisition)	
	지식(Knowledge)	기능(Skills)
	학생들이 알아야 할 사실이나 개념	학생들이 할 수 있어야 하는 행동

단원의 목표와 학생들이 알아야 할 지식과 기능, 이해, 본질적 질문, 전이를 바라는 최종 목표 등을 계획하는 단계이다. 1단계 템플릿에서는 단순히 학습 목표를 설정하는 것이 아니라 학생이 진정 무엇을 배우고 이해하여 삶이나 타 교과에 어떤 전이를 가져 올 수 있는지 단원 전체에 걸쳐 계획하는 점이 기존의 학습 설계와 차별화된다. 2단계의 평가 계획 및 3단계의 학습경험을 계획하는 청사진이 된다(임유나 외, 2018). UbD의 '이해'를 제대로 녹여 내어 설계하는 단계이다.

1) 목표 설정(Established Goals)

목표 설정 단계는 '설정된 목표'로 번역되거나 단원의 목표로 간주하여 '영속된 이해'라고 지칭하기도 한다. 이 단계에서는 교육과정을 분석하여 국가수준의 성취 기준에서 단원을 설계하는 아이디어를 찾는 것부터 시작한다. 교사용 지도서와 교과서에 제시된 교과 목표, 내용, 성취기준을 확인한다. 단원 관련 성취기준을 선정할 때는 전이 가능한 개념인지를 확인하는 것이 필요하다. Wiggins와 McTighe(2011)는 다음과 같은 경우 성취기준은 한계를 가지며, 성취기준 자체가 궁극적 목표가 되기엔 불충분하다고 본다. ① 성취기준에 단편적 지식과 기능이 너무 많이 포함된 경우, ② 기준 자체가 너무 지엽적이거나 또는 광범위한 경우, ③ 서술이 모호하여 다르게 해석될 수 있는 경우이다. 성취기준은 그 자체가 빅 아이디어가 아니며, 습득해야 할 지식과 기능, 이해, 전이 등 여러 층의 서로 다른 학습 목표를 포함하고 있을 수 있기 때문에 교사는 성취기준을 푸는 과정을 거쳐 정리할 필요가 있다. 다음은 Wiggins와 McTighe가 제시한 성취기준 풀기의 방법 이다. 성취기준 풀기는 목표 설정과 습득(Acquisition)의 지식과 기능 선정을 위해 서만 필요한 것은 아니며 1단계 바라는 결과 확인의 전체 과정을 염두에 두고 이 루어져야 한다.

성취기준 풀기(Unpacking Curriculum)

① 성취기준의 핵심 동사를 확인하여 학생에게 기대하는 수행을 파악한다.
② 반복되는 명사들을 통해 빅 아이디어를 찾아본다.
③ 핵심 형용사를 통해 타당한 채점 기준과 루브릭 개발에 참고한다.
④ 가장 높은 수준으로 제시된 성취기준과 지표들(indicators)을 검토하여 장기 적 전이 목표를 파악한다.
⑤ 성취기준을 학생 자발적 수행을 가능하게 하는 장기 목표 설정 측면에서 고 려해 본다. 이렇게 설정된 목표는 단원 개발을 위한 근거가 된다.

성취기준 [6국04−04]는 다음 [그림 5−3]과 같이 파악하여 이해할 수 있다.

그림 5-3 성취기준의 이해 예시

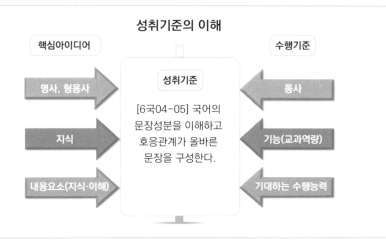

2) 습득(Acquisition): 지식(Knowledge) & 기능(Skills)

성취기준 분석을 통해 선정된 성취기준에서 개념이나 사실을 나타내는 주요 명사와 형용사를 통해 지식을 확인하고, 동사를 통해 요구되는 수행, 즉 기능을 기술할 수 있다. 이때 지식을 보통 명제적 지식이라고 하며, 기능을 절차적 지식이라고 일컫기도 한다.

3) 의미(Meaning): 이해(Understanding) & 본질적 질문(Essential Questions)

단원을 통하여 학생들이 이해하기를 기대하는 빅 아이디어는 무엇인지, 빅 아이디어에 대해 어떤 구체적 이해가 기대되는지와 예상되는 오개념 등을 생각한다. 또한 어떤 질문들이 학생들의 탐구, 이해, 학습의 전이를 촉진시킬 수 있을 것인가를 고려한다. 학생들의 영속한 이해를 달성하기 위해 성취 기준과 관련 있는 이해의 6가지 측면을 고려할 수 있다. 이해의 6가지 측면을 한 단원에 모두 제시해야 하는 것은 아니며, 이해를 명료화하기에 가능한 것만 연계하여 제시한다. Wiggins와 McTighe(2005)는 학생들이 이해했다는 것을 드러내주는 지표로서 수행의 모습을 '여섯 가지 이해의 측면(The six facets of understanding)'으로 구체화하였다. 이는 학생들이 전이 능력을 가지고 있다는 것을 암시하는 것으로, 개략적으로 말하면 '설명할 수 있다, 해석할 수 있다, 적용할 수 있다, 관점을 가진다, 공감할 수 있다, 자기 지식을 가진다.'가 해당한다. 교사는 여섯 가지 이해들 가운데 단원의 목적과 관련되는 몇 개를 구체적 학습 목표와 내용에 반영시켜야 한다. 이 작업과 병행하여, 교사는 영속한 이해를 포섭할 수 있는 '본질적 질문'(essential questions)과 그 하위의 구체적인 '단원 질문'(unit questions)을 설정해야 한다(임유나, 2018).

이해(Understanding)를 확인할 수 있는 6가지 이해의 측면

표 5-2 이해의 6가지 측면

이해의 확인	구체화된 수행의 모습 ● 예시
설명(explanation)	단순 사실에 대한 지식이 아니라 이유나 방법에 관한 지식을 설명할 수 있다. ● 용수철 저울이 어떻게 작동하는지 설명할 수 있다.
해석 (interpretation)	의미를 설명해 내는 능력으로 해석은 개인, 사회, 문화의 맥락에 영향을 받는다. 배운 아이디어와 사건에 대하여 역사 또는 개인적 차원으로 관련지어 말할 수 있다. ● 저울이 작동하는 원리를 자신이 파악한 이미지, 일화, 은유 등을 활용하여 말할 수 있다.
적용 (adaption)	지식을 다양한 상황에서 효과적으로 활용하고 사용할 수 있다. ● 자신이 제작한 저울로 무게를 측정하고 가격을 정한다.
관점 (perspective)	비판적이고 통찰력 있는 시각으로 바라보는 능력으로 다양한 시각에서 조망하고 비판적이고 큰 그림을 볼 수 있다. ● 물체에 따라 저울의 형태나 기능이 달라질 수 있음을 고려할 수 있다.
공감 (empathy)	타인의 감정과 세계관을 수용할 수 있는 능력으로 다른 사람의 생각과 행동에서 의미 있는 것을 찾으려고 노력한다. 가치를 발견하고 감성적으로 인식하려는 신중한 행동과 따뜻함을 가진다. ● 물체에 따라 저울에 작용하는 힘이 다름을 파악한다.
자기 지식 (self-knowledge)	자신이 아는 것과 모르는 것을 인식하고, 자신의 사고 패턴과 행동 패턴을 이해하거나 성찰하는 능력으로 메타인지 능력을 가진다. ● 물체의 무게와 저울의 원리를 이해했는지 학습 과정을 돌아보며 알게 된 점, 나의 학습 태도 등을 반성한다.

본질적 질문(Essential Questions)

본질적 질문은 교과 내용의 탐구 및 진정한 이해를 위해 어떤 질문을 하여 학생들의 사고력을 유발하고 탐구를 가능하게 할 것인지 단원 설계 시 고려해야 하는 질문이다. 단원 제목 및 단원의 목표를 고려하여 교사가 진술하나 학생 스스로 의미를 구성할 수 있는 방향으로 진술되어야 한다. 본질적 질문은 학생으로 하여금 교과 내용의 탐구와 진정한 이해를 하도록 하는 데 기여할 뿐만 아니라 단원 전체를 구조화하는 역할을 한다(Wiggins & McTighe, 2005).

다음은 본질적 질문 작성 시 고려할 점을 보여 준다.

그림 5-4 본질적 질문 작성 시 고려할 점

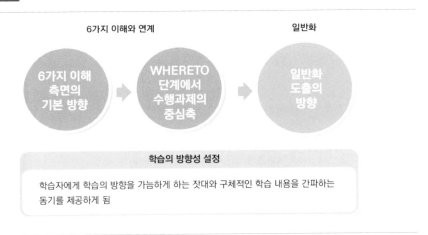

본질적 질문은 학습자의 흥미를 유발하는 방법이 되며 학생에게 깊이 있는 이해를 위한 빅 아이디어를 안내하는 역할을 한다. 학습 내용에 존재하는 중요 개념과 주제, 이론, 이슈, 문제 등을 탐구하는 길을 안내한다. 본질적 질문은 '포괄적 핵심 질문'(overarching essential questions) 또는 '본질적 질문'으로, '소재적 핵심 질문'(course/topical essential questions)은 '소재적', '주제적', '제한적', '단원 질문' 등 다양한 용어로 사용된다. 이는 '이해'가 일반화의 정도에 따라 '포괄적 이해'(overarching enduring understandings)와 '소재적 이해'(course/topical understandings)로 구별되는 것과도 관련이 있다. '소재적 이해'가 특정 주제와 관련하여 개발하고자 하는 이해 수준이라면, '포괄적 이해'는 보다 일반적인 것으로 특정 단원이나 주제를 넘어 궁극적으로 추구해야 할 전이 가능한 이해로 빅 아이디어와 연결된다(Wiggins & McTighe, 2005).

다음은 본질적 질문을 포괄적 질문과 주제적 질문(topical essential questions)으로 구분하는 경우이다. 포괄적 질문은 단원을 가로지르는 큰 개념과 관련된 질문으로 특정 단원이나 주제를 넘어 전이 가능한 관점을 제시하며, 여러 학년이나 교과에 반복될 수 있는 질문이다. 주제적 질문은 단원의 내용 이해를 증진시키며 궁극적으로 포괄적 질문과 관련된 질문으로 수업의 일반화와 연계된다. 주제적 질문은 단순한 정답을 유도하는 질문보다 질문과 토의를 유발할 수 있고, 다양한 답변이 나올 수 있는 형태로 제시되는 것이 바람직하다(임유나 외, 2018). 본 교재에서는 역행 설계 모형 1단계 본질적 질문(Essential Questions)의 작성 및 사례 제시에 있어 포괄적 질문을 '본질적 질문'으로, 주제적 질문은 '단원 질문'으로 구분하여 용어를 사용한다. 다음은 본질적 질문과 단원 질문의 작성 예시이다.

표 5-3 본질적 질문 작성 예시

본질적 질문	단원 질문
(예술) 예술은 어떤 방식으로 문화를 형성할 뿐만 아니라 그것을 반영하는가?	(탈에 대한 단원) 탈은 다양한 문화에서 어떠한 역할을 하는가?
(문학) 무엇이 위대한 이야기를 만드는가?	(문학 장르에 대한 단원) 미스터리 장르에서 특이한 점은 무엇인가?
(과학) 유기체의 구조는 변화무쌍한 환경에서의 생존과 어떤 관련이 있는가?	(곤충에 관한 단원) 곤충의 구조와 행위는 곤충의 생존을 어떻게 가능하게 하는가?

4) 전이(Transfer)

전이(Transfer)는 학생들이 학습한 것을 독립적으로 스스로 활용할 수 있게 될 것을 바라고 설정하는 단원의 최종 목표에 해당하는 진술이다. 전이는 장기적인 목표를 염두에 두고 학생들이 스스로 어떤 문제를 풀 수 있도록 하는 것, 외국어 교과에서 학습자들이 해당 언어를 사용하여 다양한 상황에서 효과적으로 소통할 수 있도록 하는 것 등이 될 수 있다. 교사는 단원을 설계할 때 학생 측면에서 교과 간에서의 전이 또는 학생 삶으로의 전이를 염두에 두고 단원의 최종 목표를 진술할 수 있다.

나) 2단계: 수용 가능한 증거 결정

전이와 의미, 습득이 어떻게 성취되었는지를 확인할 수 있는 증거를 개발하는 단계이다. 학생들의 이해를 가장 잘 확인할 수 있는 방법이 배운 지식과 개념, 내용들을 실제와 유사한 상황에서 적용하여 문제를 해결해 보도록 상황을 제안함으로써 '수행으로서의 이해'(박일수, 2016)를 확인하도록 한다. 이해의 6가지 측면, 평가 유형의 연속성, 학교교육과정, 교사의 관심 등을 고려할 수 있다. 설계 준거로는 타당성과 신뢰성 그리고 학생 친화성이 있는 수행과제가 되도록 해야 한다. 학생들의 궁극적 이해를 평가하기 위해서는 학교 내에서 국한되지 않고 학교 밖 세계에서 부딪힐 수 있는 것이어야 한다. 평가과제는 배운 것을 그대로 측정하는 것이 아니라 배운 것을 새로운 상황에 적용해야 한다.

2단계: 수용 가능한 증거 결정

코드(Code)	평가 준거 (Evaluative Criteria)	수행 과제(Performance Task)
		GRASPS 수행과제
수행과제가 단원의 목표, 즉 바라는 결과와 연관되어 있는 코드지 점검하며 코드	수행의 정도를 판단하는 준거를 제시	다른 증거(Other Evidence) 수행과제 외 학생의 수행 정도를 평가할 수 있는 방법(관찰, 선다형평가, 에세이 작성, 개별 맞춤형 과제, 상호, 구술, 자기평가 등 다양한 평가 방법 활용 가능)

1) 코드(Code)

2단계에서 학습자가 이해한 것을 수행으로 확인할 수 있도록 수행과제를 개발하는 것이 중요한 일이지만 1단계에서 설정한 단원의 목표(Established Goals)와 습득(Acquisition): 지식(Knowledge) & 기능(Skills), 의미(Meaning): 이해(Understanding)

& 본질적 질문(Essential Questions), 그리고 전이(Transfer)의 각 첫 글자인 대문자를 코드로 하여 수행과제와 연관이 있는 코드를 기록해 보는 과정이다. 이는 바꾸어 말하면 수행과제를 통해 학습자가 이해했는지, 전이 목표에 도달했는지를 판단할 수 있는 근거가 되기도 한다. 이러한 작업을 통하여 교사는 수용 가능한 증거로서 결정하고자 하는 평가 계획이 바라는 바의 설정과 일관성을 유지할 수 있다.

2) 수행 과제(Performance Task)

Wiggins는 다음과 같이 수행과제를 제시할 경우 고려해야 할 기준들을 수행과제의 특징으로 제시하였다. 이는 Wiggins와 McTighe가 개발한 GRASPS 기법 외에 모든 수행과제 선정 시 고려할 수 있다. 수행과제 선정 시 실제 상황과 비슷하게, 비 구조화된 문제로 제시, 구체적인 청중을 고려하기, 탐구 기술과 지식을 통합할 수 있는 과제가 되도록 해야 한다.

그림 5-5 **수행과제 선정 시 고려할 점**

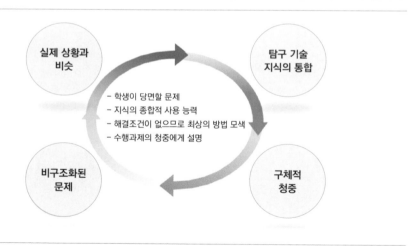

수용 가능한 증거 결정단계에서 평가 내용의 우선순위는 학생들이 도달해야 할 영속적 이해와 알고 있어야 하는 중요한 것을 놓치지 않도록 해야 한다. 또한 학생들과 친숙한 재료나 방법을 고려해야 한다. 1단계에서 영속적 이해를 위해 고려하였던 이해의 6가지 측면, 즉 설명, 해석, 적용, 관점, 공감, 자기 지식과 수행 과제가 연관되도록 해야 한다. 6가지 이해의 측면에서 사용하였던 설명할 수 있다, ~와 관련지어 말할 수 있다. 등의 내용이 수행과제로 연계될 수 있도록 한다.

GRASPS 기법

Wiggins와 McTighe가 개발한 GRASPS 기법을 활용하여 수행과제를 개발할 수 있다. 다음 <표 5-4>는 GRASPS가 무엇을 의미하는지 나타낸 것이다.

표 5-4   GRASPS의 의미

약자	요소의 의미	수행과제 제시 방법
Goal	수행과제의 목표	과제는 ~이다. 목표는 하는 것이다.
Role	수행자의 역할	~를 요구받았다. ~역할을 해야 한다.
Audience	수행과제의 실시 대상/청중	고객/대상은 ~ 이다.
Situation	수행과제가 이루어지는 상황	과제를 수행해야 하는 상황은 ~하다.
Performance	수행 결과물	~을 하기 위해 ~을 할 것이다./만들 것이다.
Standard	수행과제에 포함되어야 할 기준	~한 기준에 따라 평가될 것이다.

GRASPS 개발 예시

수행과제를 위한 GRASPS는 학습 내용을 실제 상황이나 이와 유사한 상황을 설정하여 학생이 이해한 정도를 확인하기 위해 학생에게 제시된다. 학생은 수행과제를 파악하여 무엇을 왜 해야 하는지, 어떻게 해야 하는지, 어떻게 평가될 것인지를 미리 확인할 수 있다. GRASPS 수행과제는 시나리오 형식으로 '~이다. 또는 ~입니다.'로 기술하거나 '~하기' 형태로 간단히 제시할 수 있다. 학생들은 수행과제를 학습 활동의 하나로 해 나가면서 문제해결, 협력과제 해결, 배운 것의 적용 등을 할 수 있다. 다음은 시나리오 형식으로 제시한 GRASPS 예시이다.

<예시>(시나리오 형태) 수행 과제명: 미래 먹거리 메뉴 개발하기

- Goal(목표): 당신은 미래 음식 박람회에 참가하여 개발한 음식을 소개합니다.
- Role(역할): 당신은 미래 먹거리를 개발하여 박람회에 참가한 참가자입니다.
- Audience(청중): 대상은 미래 먹거리 박람회에 참가한 세계 각국의 사람들입니다.
- Situation(상황): 미래 먹거리 개발을 위한 사람들이 노력하고 있습니다. 미래 음식 개발을 위해 사용될 수 있는 식재료를 가지고 음식을 개발하여 홍보자료를 만들고 박람회에서 소개합니다. 음식 소개 후 그 사람들이 여러분의 음식에 투표를 합니다.
- Performance(산출물과 수행): 음식을 소개할 홍보자료를 만들고 소개합니다.
- Standard(기준): ① 개발한 음식의 이름을 정합니다.
  ② 개발 메뉴의 식재료를 소개합니다. ③ 개발한 음식의 좋은 점을 설명합니다.

3) 평가 준거(Evaluative Criteria)

수행과제 개발 시에는 평가의 타당도와 신뢰도를 확보하기 위해 수행과제에 대한 평가 준거인 루브릭(rubric)을 개발하도록 한다. 루브릭은 평가 점수와 평가 기준에 대한 내용을 서술한 것으로 평가 준거를 포괄적으로 서술하는 총체적 루브릭과 분석적 루브릭 두 가지가 활용된다. 총체적 루브릭은 평가 항목의 구분 없이 평가 내용을 한 칸에 기술하며, 분석적 루브릭은 평가 항목에 따라 나뉘어 기술한다. 루브릭은 수행과제의 질을 판단하는 기능을 한다(박일수, 2016). 다음은 위에 제시한 수행과제의 분석적 루브릭 예시이다.

수행과제 '미래 먹거리 메뉴 개발하기'의 분석적 루브릭

표 5-5 분석적 루브릭 제시

점수 \ 항목	개발 음식 이름	식재료	좋은 점 설명
3	개발 메뉴의 특성을 나타내는 음식 이름이다.	미래 먹거리의 재료로 적합하고 좋은 점과 관련 있는 재료이다.	개발한 음식의 좋은 점을 적극적으로 알아듣기 쉽게 설명한다.

| 2 | 개발 메뉴와 관련은 있으나 특성이 드러나지 않는 이름이다. | 음식의 좋은 점과는 관련이 있으나 미래 먹거리 재료와 관련이 많지 않다. | 개발한 음식의 좋은 점을 열심히 설명하나 설득력이 약하다. |
| 1 | 개발 메뉴를 나타내기에 부족한 음식이름이다. | 미래 먹거리 식재료 및 좋은 점과 관련이 없는 재료이다. | 개발한 음식의 좋은 점을 알고 있으나 설명하는데 자신이 없다. |

4) 다른 증거(Other Evidence)

다른 증거는 단원의 목표 도달을 평가하기 위해 수행과제로 평가되지 않는 부분들을 평가하기 위한 대안들을 제시하는 것이다. 학생의 활동을 관찰하거나 때로는 지필 형태의 선다형 평가나 에세이 작성 같은 논술형 수행과제 제시 등이 가능하다. 상호 평가, 자기 평가, 구술 평가 등 다양한 평가 방법 활용이 가능하나 의미 없는 나열이 되지 않도록 실현 가능하고, 단원의 목표 도달을 확인하기에 유의미한 활동으로 기술하도록 한다.

다) 3단계: 학습 경험 계획

1, 2단계와의 일관성과 체계성을 갖추어 학습자의 학습 경험과 수업을 계획하는 단계이다. 단원은 많은 활동들의 총체라고도 볼 수 있으나 1, 2단계를 통해 의미 있는 활동인지 그저 재미만 추구하는 활동인지 분별할 수 있다. 이해중심 교육과정이 학습의 목표를 영속적 이해로 추구한 점과 무의도적으로 행해지는 학습활동의 문제를 개선하고자 하였던 의의와도 연관된다. 교사가 학습 내용과 방법에 너무 많은 고민을 하게 되면 활동이 많아진다. 학습 목적과 부합되지 않은 활동, 일회성으로 그치는 활동, 학생들에게는 인기 있으나 단순 재미로 그치는 활동으로 수업이 이루어질 수 있다. 역행 설계 모형의 마지막 단계는 학습자의 학습 경험과 수업을 조직하는 단계로 2단계에서와 동일한 의미로 코드(Code)를 써 보는 것부터 시작한다. 이는 계획한 학습 활동에 해당되는 목표의 유형을 알파벳 약자로 표시하는 곳이다(강현석 외, 2013). 사전 평가(Pre-assessment)는 학습 경험을 조직하기 이전 학생들의 사전 지식이나 기능의 수준, 단원 목표 도달과 관련되는 예상되는 오개념을 미리 확인하는 과정이다. 과정 모니터링(Progress Monitoring)

은 단원의 활동을 전개해 가는 전 과정에서 교사가 즉각적으로 줄 수 있는 피드백에 관한 내용이다. 이는 단원 학습의 결과나 평가에만 교사가 치중하는 것이 아니라 학습의 전 과정에 학습자의 학습 경험에 대한 모니터링을 해 주어 학생이 성장하도록 돕는다.

> **학습 경험(Learning Events)**

3단계: 학습 경험 계획		
코드(Code)	선수 학습 정도, 학습 수준, 예상되는 오개념 등 / 사전 평가(Pre-assessment)	
학습 경험과 1단계의 목표와 연관되는 코드	학습 경험(Learning Events)	피드백 또는 과정 모니터링 (Progress Monitoring)
	바라는 결과를 성취하도록 계획한 적절한 학습 활동	학습 활동 전개 중 학생의 성장, 습득, 의미, 전이에 관한 모니터링/ 학생 피드백 전략

단원 내의 모든 활동은 1단계의 전이(T), 습득(A), 의미(M)와 연계되는 활동으로 선정해야 한다. 단원 전체에 WHERETO 요소가 발견될 수 있도록 검토하여 학습 경험의 적정성을 판단한다. 학습 경험 계획 후 WHERETO 기법으로 학습 경험의 순서를 조정하거나 한눈에 볼 수 있어 단원 전체의 학습 경험을 파악하는 데 용이하다. 다음은 Wiggins와 McTighe(2005)가 수업 계획의 판단 준거로 제시한 7가지 요소와 그 의미이다.

표 5-6　WHERETO 요소와 의미

약자	단어	의미
W	Where, Why	단원의 목표와 단원 학습의 의미 확인
H	Hold, Hook	동기 유발 및 관심을 집중, 유지
E1	Explore, Equip	탐구할 수 있도록 경험, 도구, 지식 제공
R	Rethink, Reflect, Revise	주요 아이디어 재사고 및 활동 수정의 기회 제공
E2	Evaluate	자기평가 및 과정평가의 기회 제공
T	Tailored	개별적 재능, 흥미, 학습 양식, 요구 반영
O	Organize	지속적, 주도적 참여, 영속적 이해를 위한 조직

*같은 두문자 E는 E1, E2로 구분하여 사용함.

3. 역행 설계 모형 수업 설계 사례[3]

> 역행 설계 모형을 활용한 초등학교 '이야기 속으로' 문학 단원 설계

1단계: 바라는 결과의 확인 - '이야기 속으로' 단원 목표 개발

가. '이야기 속으로' 단원의 핵심 아이디어 및 영속한 이해 확인

'이야기 속으로' 단원의 빅 아이디어와 영속한 이해는 교육과정 문서를 검토하여 설정할 수 있다. '이야기 속으로' 단원의 영속한 이해를 설정하기 위하여, 이 단원에 해당되는 초등학교 국어과 교육과정의 목표, 내용체계, 성취 기준, 교사용 지도서의 단원 개관을 살펴본다.

'이야기 속으로' 단원은 국어과 6대 영역 중에서 문학 영역[6국05]에 해당된다. 국어과 교육과정의 목표를 살펴보고, 이 중에서 문학 영역에 해당되는 영속적인 이해를 확인한다. 2022 개정 교육과정 국어과 교육과정에서 초등학교 국어과의 성격 및 목표를 확인할 수 있다.

1) 국어과 성격 확인

초등학교 및 중학교 '국어'는 국어를 정확하고 효과적으로 사용하는 능력을 기르고, 가치 있는 국어 활동을 통해 바람직한 인성과 공동체 의식을 함양하며, 비판적이고 창의적인 사고와 활동을 바탕으로 **국어문화를 향유하도록** 하는 교과이다. 학습자는 '국어'의 학습을 통해 국어 교과에서 추구하는 다양한 역량을 기를 수 있다. '국어' 학습자는 다양한 매체를 효과적으로 사용함으로써 일상생활은 물론 학교생활을 포함한 사회생활에서 요구되는 지식과 정보를 수용하고 생산할 수 있다. 다양한 담화와 글, 국어 자료, 작품, 매체로 표현된 텍스트를 분석하면서 비판적 사고력을 함양하고, 자신의 생각을 창의적으로 표현할 수 있다. 의사소통 참여자를 존

---

[3] 박일수(2016)의 백워드 설계 모형을 활용한 초등학교 문학 단원 설계를 2022 개정교육과정 성취기준에 따라 재구성함. 2015 개정교육과정에서는 4학년 1학기 단원임.

중하면서 개방적이고도 포용적인 자세로 협력적인 의사소통을 하는 것 또한 국어를 통하여 기를 수 있는 중요한 역량이다. 학습자는 자신이 속한 공동체의 언어문화에 관심을 가지고 이를 탐구하면서 자신의 언어생활을 성찰하고 개선하는 태도를 갖출 수 있다. 이와 함께 **다양한 사상과 정서가 반영되어 있는 국어문화를 감상하고 향유**할 수 있을 것이다.

2) 국어과 목표 확인

국어 의사소통의 맥락과 요소를 이해하고 다양한 의사소통의 과정에 협력적으로 참여하면서 언어생활을 성찰하고 **국어문화를 향유함으로써 미래 사회에서 요구되는 높은 수준의 국어 능력을 기른다.**

(1) 다양한 유형의 담화, 글, 국어 자료, 작품, 복합 매체 자료를 비판적으로 이해하고 자신의 생각을 창의적으로 표현한다.
(2) 다양성에 대한 이해를 바탕으로 타인의 의견과 감정, 가치관을 존중하면서 협력적으로 의사소통한다.
(3) 민주시민으로서 의사소통에 적극적으로 참여하여 개인과 공동체의 문제를 해결한다.
(4) 공동체의 언어문화를 탐구하고 자신의 언어생활을 성찰하고 개선한다.
(5) 다양한 사상과 정서가 반영되어 있는 국어문화를 감상하고 향유한다.

3) 국어과 문학 영역 핵심 아이디어 확인

2022 개정교육과정은 내용 체계에서 문학 영역에 해당하는 핵심 아이디어를 명시하고 있다. 바라는 결과 및 1단계의 전이(Transfer)의 목표를 설정할 때 참고할 수 있다. 2022 개정 국어과 교육과정 문학 영역의 핵심 아이디어는 다음과 같다.

핵심 아이디어	• <u>문학은 인간의 삶을 언어로 형상화한 작품을 통해 즐거움과 깨달음을 얻고 타자와 소통하는 행위이다.</u> • <u>문학 작품을 통한 소통</u>은 작품의 갈래, 작가와 독자, 사회와 문화, 문학사의 영향 등을 고려하며 이루어진다. • 문학 수용 · 생산 능력은 문학의 해석, 감상, 비평, 창작 활동을 통해 향상된다. • 인간은 문학을 향유하면서 <u>자아를 성찰하고 타자를 이해</u>하며 공동체의 일원으로 성장한다.

4) 국어과 문학 영역 학년군별 내용 요소 확인

범주		내용 요소			
		초등학교			중학교
		1~2학년	3~4학년	5~6학년	1~3학년
지식 · 이해	갈래	• 시, 노래 • 이야기, 그림책	• <u>시</u> • <u>이야기</u> • 극	• 시 • 소설 • 극 • 수필	• 서정 • 서사 • 극 • 교술
	맥락		• <u>독자 맥락</u>	• 작가 맥락 • 독자 맥락	• 작가 맥락 • 독자 맥락 • 사회 · 문화적 맥락
과정 · 기능	작품 읽기와 이해	• 낭송하기, 말놀이하기 • 말의 재미 느끼기	• <u>자신의 경험을 바탕으로 읽기</u> • <u>사실과 허구의 차이 이해하기</u>	• 작가의 의도를 생각하며 읽기 • 갈래의 기본 특성 이해하기	• 사회 · 문화적 상황을 생각하며 읽기 • 연관된 작품들과의 관계 이해하기
	해석과 감상	• 작품 속 인물 상상하기 • <u>작품 읽고 느낀 점 말하기</u>	• <u>인물의 성격과 역할 파악하기</u> • <u>이야기의 흐름 생각하며 감상하기</u>	• 인물, 사건, 배경 파악하기 • 비유적 표현에 유의하여 감상하기	• 근거를 바탕으로 작품 해석하기 • 갈등의 진행과 해결 과정 파악하기 • 보는 이, 말하는 이의 효과 파악하기 (하략)
	비평		• <u>마음에 드는 작품 소개하기</u>	• 인상적인 부분을 중심으로 작품에 대해 의견 나누기	• 다양한 해석 비교 · 평가하기
	창작	• 시, 노래,	• <u>감각적 표현 활</u>	• 갈래 특성에	• 개성적 발상과 표

	이야기, 그림 등 다양한 형식으로 표현하기	용하여 표현하기	따라 표현하기	현으로 형상화하기
가치 · 태도	·문학에 대한 흥미	·작품 감상의 즐거움	·문학을 통한 자아 성찰 ·문학 소통의 즐거움	·문학을 통한 타자 이해 ·문학을 통한 공동체 문제에의 참여 ·문학의 가치 내면화

5) '이야기 속으로' 단원에 해당되는 3~4학년 문학 성취기준 파악

표 5-7　'이야기 속으로' 단원에 해당되는 학년군별 세부 내용

구분	성취 기준
학년군 성취 기준 (3-4학년군)	인물과 이야기의 흐름을 중심으로 작품을 감상한다. 자신의 경험을 바탕으로 작품 속 세계와 현실 세계를 비교하여 작품을 감상한다. 작품을 듣거나 읽고 마음에 드는 작품을 소개한다. 감각적 표현에 유의하여 작품을 감상하고, 감각적 표현을 활용하여 자신의 생각이나 감정을 표현한다. 재미나 감동을 느끼며 작품을 즐겨 감상하는 태도를 지닌다.

주. 영속한 이해 및 6가지 이해의 측면과 관련이 있는 항목을 밑줄로 표시함.

1단계 바라는 결과의 확인 설계: '이야기 속으로' 단원 개관

구분	개관
단원개관	이 단원은 작품을 이루는 구성 요소에 주목하여 작품의 전체적인 구조를 파악하고 작품에 대한 전반적인 이해를 높여 문학 작품의 수용 및 감상 능력을 향상하는 데 목적이 있다. 문학 작품을 제대로 수용하고 감상하기 위해서는 문학 작품의 장르적 특성을 나타내는 문학적 장치, 즉 문학적 지식에 대한 이해가 필요하다. 이야기에 대한 기초적인 문학적 지식은 인물, 사건, 배경이다. 따라서 이 단원에서는 이야기의 구성 요소인 인물, 사건, 배경 등을 통하여 작품을 이해하는 데 지도의 중점을 둔다. 특히, 이들 요소 중에서 인물을 중심으로 사건과 배경을 알아보고, 인물의 성격을 파악하는 방법을 통하여 이야기 속의 인물의 성격을 생각하며 이야기의 내용을 정리하도록 한다. 　이 단원의 활동을 통하여 학생들은 이야기의 구성 요소를 중심으로 작품에

대한 전반적인 이해를 높여 문학 작품의 수용 및 감상 능력을 향상시킬 수 있다.

1단계 설계에서는 '이야기 속으로' 단원의 목표 도달을 위하여 국어과 타 영역과 연계된 성취기준을 확인하고, 함께 설계한다. 본 단원에서는 읽기 영역의 성취기준과 함께 단원을 설계하였다.

교육과정 성취 기준	[영역 성취 기준] 문학[4국05-04] 감각적 표현에 유의하여 작품을 감상하고, 감각적 표현을 활용하여 자신의 생각이나 감정을 표현한다. 읽기[4국02-04] 글에 나타난 사실과 의견을 구분하고 필자와 자신의 의견을 비교한다. 읽기[4국02-06] 바람직한 읽기 습관을 형성하고 읽기에 대한 자신감을 기른다. [국어 자료의 예] - 일상의 고민이나 문제를 다룬 동시나 동화 - 환상의 세계를 배경으로 한 (옛) 이야기

단원 개관 결과, 교과서에 제시되어 있는 차시별 교육활동은 '이야기 속으로' 단원의 영속한 이해 도달에 필요한 하위 지식과 기능 습득을 중시하고 있다. 이러한 점을 고려하여 단원을 포괄하는 빅 아이디어와 영속한 이해를 추출하고, 이에 기초하여 단원을 설계하였다.

학습 목표와 학습 요소 제제	[단원 학습 목표] 이야기를 읽고 이야기의 인물, 사건, 배경에 대해 설명한다. [차시 학습 목표] (1 - 2) 인물, 사건, 배경에 대하여 안다. (3 - 4) 인물의 성격을 파악하는 방법에 대하여 안다. (5 - 6) 인물의 성격을 생각하며, 이야기를 읽고 느낀 점을 다른 사람과 나눌 수 있다. (7 - 8) 인물의 성격을 생각하며, 이야기의 내용을 정리할 수 있다. (9 - 10) 인물, 사건, 배경을 생각하며 이야기책을 만들 수 있다. [창의 및 인성 활동] - 이야기의 구성 요소 바꾸어 보기 (독창성) 이야기의 구성 요소를 창의적으로 바꾸어 쓰기 (상상력) 인물의 성격에 따른 이어질 이야기 상상하여 쓰기 - 이야기 책 만들기 (유창성) 다양한 시각에서 이어질 내용을 상상하여 아이디어를 생성하기 (상상력) 이야기책 만들기를 통하여 시각적 상상력 기르기

1단계 '이야기 속으로' 단원 6가지 이해의 측면 개발

이해의 측면	학생들이 이해해야 할 것
설명	이야기의 배경, 사건, 인물이 상호 어떻게 영향을 주고 받는지 사례를 들어 설명한다.
해석	이야기의 주제와 인물의 성격을 파악한다.
적용	이야기의 구성요소를 고려하여 이야기를 꾸며 쓴다.
관점	이야기 속의 세계와 현실 세계의 공통점과 차이점을 파악한다.
공감	등장인물에 공감하고, 타인을 배려하는 마음을 형성한다.
자기지식	이야기의 구성요소를 고려하여 이야기를 완성했는지 반성한다.

1단계 '이야기 속으로' 단원 본질적 질문 개발

본질적 질문	단원 질문
· 문학 작품의 수용 및 감상 능력을 향상시키기 위해서는 어떻게 해야 하는가?	· 이야기의 내용을 이해하려면 어떻게 해야 하는가?
· 문학 작품을 읽는 목적은 무엇인가?	· 이야기는 언제, 왜 읽게 되는가?
· 글을 비판적이고 창의적으로 표현하려면 어떻게 해야 하는가?	· 이야기를 창의적으로 쓰려면 어떻게 해야 하는가?
· 문학 작품을 읽고 쓸 때 고려할 것들에는 어떠한 것들이 있는가?	· 이야기를 읽거나 쓸 때에는 무엇에 유의해야 하는가?
· 작가가 글을 쓰는 이유는 무엇인가?	· 작가가 이야기를 통해서 말하려는 것은 무엇인가?

1단계 '이야기 속으로' 단원 습득(A)의 지식(K)과 기능(S) 개발

그림 5-6 '이야기 속으로' 단원의 핵심 지식과 핵심 기능

단원목표
· 인물, 사건, 배경을 안다.
· 인물의 성격을 파악하는 방법을 안다.
· 인물의 성격을 생각하며, 이야기를 읽고 느낀 점을 다른 사람과 나눌 수 있다.
· 인물의 성격을 생각하며, 이야기의 내용을 정리할 수 있다.
· 인물, 사건, 배경을 생각하며 이야기책을 만들 수 있다.

기준을 충족시키기 위한 이해들
· 문학 작품의 수용 및 감상 능력을 향상시킨다.
· 문학 작품을 자신의 말로 해석하고, 해석한 내용을 다양한
  방식으로 표현한다.
· 문학 작품을 수용하거나 생산하면서 인간의 다양한 삶을 총체적
  으로 이해하는 능력을 기른다.

이해를 하기 위해 필요한 질문들
· 문학 작품의 수용 및 감상 능력을 향상시키기 위해서는 어떻게
  해야 하는가?
· 문학 작품을 읽는 목적은 무엇인가?
· 글을 비판적이고 창의적으로 표현하려면 어떻게 해야 하는가?
· 문학 작품을 읽고 쓸 때 고려할 것들에는 어떠한 것들이 있는가?

핵심 지식(K)
· 문학의 구성요소(인물, 사건, 배경)
· 문학 작품에 등장하는 인물의 성격
· 문학 작품의 시대적 및 공간적 배경
· 문학 작품의 주요 사건

핵심 기능(S)
· 인물, 사건, 배경을 암시하는 단어 및 구절 찾기
· 객관적이고 분석적으로 비판하기
· 조직도 활용하기　　· 관계도 만들기
· 책 만들기　　　　　· 아이디어 생성하기
· 인물망 그리기　　　· 역할 놀이하기
· 토의/토론하기　　　· 경청 및 대화

2단계: 수용 가능한 증거 결정: '이야기 속으로' 단원 평가 계획

2단계 GRASPS 활용 수행과제 및 루브릭, 기타 증거 자료 개발

| 그림 5-7 | GRASPS기법을 활용한 '이야기 속으로' 단원의 수행 과제 개발 1 |

<수행과제1: 작품을 읽고 역할극 만들기(역할 놀이)>

- 목표(G: goal): 과제는 이야기에 등장하는 인물의 성격을 고려하여 역할극을 한다.
- 역할(R: role): 여러분들은 역할극을 연기하는 배우이다.
- 관객(A: audience): 대상은 역할극을 관람하는 관객이다.
- 상황(S: situation): 여러분은 이야기를 역할극으로 표현하는 배우들이다. 관객들에게 보여주고 싶은 이야기를 역할극으로 표현해야 한다.
- 수행(P: performance): 여러분들은 관객들이 관람하고자 하는 이야기를 조사하고, 5분 분량으로 역할극 대본을 완성하고, 이에 기초하여 역할극을 발표한다.
- 기준(S: standard): 여러분들이 역할극을 할 때에는 다음이 포함되어야 한다.
  - 역할극은 필독도서의 책이어야 한다.
  - 역할극은 이야기의 주제, 인물의 성격, 사건 등을 표현해야 한다.
  - 역할극을 할 때에는 인물의 성격에 유의하고, 인물의 성격이 드러나게 역할극을 발표해야 한다.

| 그림 5-8 | GRASPS기법을 활용한 '이야기 속으로' 단원의 수행 과제 개발 2 |

<수행과제2: 이야기 그림책 쓰기(책 만들기)>

- 목표(G: goal): 과제는 이야기 그림책을 쓰는 것이다.
- 역할(R: role): 여러분들은 이야기 그림책을 쓰는 작가이다.
- 관객(A: audience): 대상은 이야기 그림책을 읽는 독자이다.
- 상황(S: situation): 한 달 후에 학습 결과 전시 결과 발표회가 있다. 여러분들은 학습 결과 전시물로 이야기 그림책을 써야 한다.
- 수행(P: performance): 여러분들은 독자들이 공감하거나 교훈을 줄 수 있는 주제 및 내용을 선정하여 4쪽 내외로 이야기 그림책을 쓴다.
- 기준(S: standard): 여러분들이 이야기 그림책을 쓸 때에는 다음이 포함되어야 한다.
  - 이야기 그림책에는 등장인물이 3명 이상 등장해야 한다.
  - 이야기 그림책에는 등장인물의 성격이 드러나게 써야 한다.
  - 여러분들이 알고 있는 이야기의 내용을 그림책으로 완성해도 된다. 그러나 이럴 경우에는 이야기 그림책의 내용을 바꾸거나, 이어질 내용을 상상해서 써야 한다.
  - 이야기 그림책은 상상력과 창의력을 발휘하여 쓴다.

표 5-8 '수행과제1'에 대한 총체적 루브릭

점수	기술
3	이야기의 주제 및 인물의 성격을 명확하게 이해하였으며, 이야기의 주제와 등장 인물의 성격이 드러나게 역할극 대본을 작성하고 이를 실감나게 역할극으로 표현하였음.
2	이야기의 주제 및 인물의 성격을 제대로 이해하고, 이야기의 주제와 등장인물의 성격을 고려하여 역할극 대본을 작성하였으며, 재미있게 역할극으로 표현함.
1	이야기의 주제 및 인물의 성격을 이해하고, 역할극 대본을 작성하였으며, 역할극으로 표현함.

표 5-9 '수행과제2'에 대한 분석적 루브릭

점수	구성요소	감동 및 교훈	이야기 형식	창의성
3	이야기 그림책에 글과 그림이 적절하게 배치되어 있다.	이야기 그림책에 감동 또는 교훈이 명확하게 드러나 있다.	3명 이상의 인물이 등장하고, 등장인물들의 관계와 성격이 드러나게 글을 썼다.	상상력을 충분히 발휘하여 완전히 새로운 내용으로 글을 썼다.
2	이야기 그림책에 글과 그림이 상호 관련 있다.	이야기 그림책에 감동 또는 교훈이 드러나는 부분이 있다	3명 이상의 인물이 등장하고, 등장인물들의 성격이 드러나게 글을 썼다.	상상력을 발휘하여 기존의 이야기를 바꾸어 이야기 그림책으로 구성했다.
1	이야기 그림책에 글과 그림의 관련성이 없다.	이야기 그림책에 감동 또는 교훈이 거의 드러나지 않는다.	3명 이상의 인물이 등장하고, 등장인물에 대한 글을 썼다.	이야기의 내용을 그대로 그림 이야기책으로 구성하였다.

표 5-10 '이야기 속으로' 단원의 기타 증거 자료

평가방법	평가내용
퀴즈와 시험 (지필고사)	· 이야기의 구성 요소(인물, 사건, 배경) 파악하기 · 단원 평가
서술형 평가	· 이야기를 읽고, 쓰는 목적 · 이야기의 구성요소와의 관계 파악하기
논술형 평가	· 등장인물에게 편지쓰기 · 이야기 바꾸어 쓰기 · 이야기의 뒷부분을 상상하여 글쓰기
상호 평가	· 이야기를 읽고 난 느낌을 친구들과 함께 이야기하기
구술 평가	· 이야기를 읽는 목적 발표하기
자기 평가	· 이야기의 구성 요소, 인물의 성격을 찾는 방법에 대해 평가하기

3단계 학습 경험과 수업 계획: '이야기 속으로' 단원 수업 계획

3단계 '이야기 속으로' 단원 WHERETO요소 활용 학습 경험 및 수업 계획

'이야기 속으로' 단원의 영속한 이해, 본질적 질문, 핵심 지식과 기능을 달성하기 위하여, 총 47개의 교수-학습 활동을 <표 5-11>과 같이 개발하였다.

표 5-11 '이야기 속으로' 단원의 학습경험과 수업 계획

학습경험 및 수업계획	W	H	E1	R	E2	T	O
1. 최근에 읽은 이야기에 대하여 말하기		O					
2. 이야기를 읽는 이유는 무엇인가? [본질적 질문]	O						
3. 이야기를 읽는 목적에 대하여 말하기				O			
4. 자신이 읽었던 이야기에 대하여 친구와 말하기 <상호평가>				O	O	O	
5. 이야기를 읽는 목적에 대하여 발표하기 <구술평가>						O	
6. 역할극 '수행 과제 1' 제시 [수행과제 안내]	O						O
7. 작가가 이야기를 쓴 이유는 무엇인가? [본질적 질문]	O						
8. 작가가 이야기를 쓴 이유에 대하여 말하기				O			
9. 여러분들이 작가라면, 그 이야기를 쓴 이유에 대하여 친구와 말하기				O			
10. 글을 쓴 작가의 의도를 파악하여 글을 읽었는지 반성하기					O		
11. 이야기를 읽고, 쓰는 목적 이해하기 <서술형 평가>						O	O
12. 이야기를 이해하기 위해 필요한 것은? [본질적 질문]	O	O					
13. 이야기의 구성요소 알기				O			
14. 이야기의 구성요소 찾는 전략 학습하기				O			
15. 이야기의 구성요소에 기초하여 내용 간추리기				O	O		
16. 이야기의 구성요소와의 관계 파악하기 <자기평가, 지필평가>						O	O
17. 이야기의 구성요소는 이야기에 어떻게 영향을 주는가? [본질적 질문]	O						
18. 놀부와 흥부에서 놀부가 착한 형이라면 이야기가 어떻게 되었을까?	O						
19. 인물의 성격을 파악하는 방법에 대하여 토의하기				O			
20. 인물의 성격 파악하기: 인물의 말과 행동				O			
21. 인물망을 활용하여 등장인물의 성격 정리하기				O			

학습경험 및 수업계획	W	H	E1	R	E2	T	O
22. 이야기의 구성요소에 고려하여, 등장인물에게 편지쓰기 <논술형 평가>					O		O
23. 역할극을 할 때 고려해야 할 요소는 무엇인가?	O						
24. 인물의 성격 분석하기				O		O	
25. 인물의 성격에 따라 인물망 작성하기				O		O	
26. 인물의 성격에 유의하여 사건 정리하기				O		O	
27. 인물의 성격, 사건에 유의하여 역할 놀이 대본 쓰기				O		O	O
28. 역할극 발표하기 <수행과제 평가>	O	O	O	O	O	O	O
29. 새로운 이야기가 등장하는 이유는 무엇인가?	O						
30. 우리 주변에서 찾아볼 수 있는 비슷한 이야기에는 어떠한 것들이 있는가?	O	O					
31. 이야기를 바꾸어 쓰거나 새로운 이야기를 쓸 때 고려할 것은 무엇인가? [본질적 질문]	O						
32. 이야기를 바꾸어 쓰거나 새로운 이야기 쓸 때 고려할 점 토의하기				O			
33. '독 안에 든 빵 작전' 이야기의 인물, 사건, 배경 파악하기 <지필평가>				O	O		
34. '독 안에 든 빵 작전' 이야기에서 바꾸고 싶은 부분 찾기				O	O	O	
35. '독 안에 든 빵 작전' 이야기 바꾸어 쓰기 <논술형 평가>			O	O	O	O	O
36. 그림 이야기 그림책 '수행 과제' 제시 [수행과제 제시]	O						
37. '행복한 비밀 하나' 이야기의 인물, 사건, 배경 파악하기				O			
38. '행복한 비밀 하나' 이야기에서 바꾸는 싶은 부분 찾기				O	O	O	
39. '행복한 비밀 하나' 이야기 바꾸어 쓰기				O	O	O	
40. '요술 항아리' 이야기의 인물, 사건, 배경 파악하기				O			
41. '요술 항아리' 이야기의 뒷부분 상상하여 글쓰기 <논술형 평가>				O	O	O	O
42. 인물망을 이용하여 등장인물의 성격 파악하기				O			
43. 이야기의 배경 결정하기				O	O	O	
44. 이야기의 배경, 인물의 성격을 고려하여 이야기 줄거리 만들기				O	O	O	O
45. 이야기 그림책에 들어갈 그림 및 글 작성하기				O	O	O	
46. 이야기 그림책 완성 및 전시회 열기 <수행과제 평가>	O	O	O	O	O	O	O
47. 단원평가 <지필 평가>					O		O

역행 설계 모형 템플릿 활용 '이야기 속으로' 단원 설계

그림 5-9 '이야기 속으로' 단원에 대한 백워드 설계 템플릿(역행 설계 모형 템플릿 1.0 버전)

1단계: 바라는 결과의 확인

설정된 목표(G)

- 이야기의 구성 요소를 중심으로 작품에 대한 전반적인 이해력을 높여 문학 작품의 수용 및 감상능력을 향상시킬 수 있다.
- 작품 속 인물, 사건, 배경에 대해 설명한다.
- 글에 대한 경험과 반응을 다른 사람과 나눈다.

이해(U)

- 이야기의 배경, 사건, 인물이 상호 어떻게 영향을 주고 받는지 사례를 들어 설명한다.
- 이야기의 주제와 인물의 성격을 파악한다.
- 이야기의 구성요소를 고려하여 이야기를 꾸며 쓴다.
- 이야기 속의 세계와 현실 세계의 공통점과 차이점을 파악한다.
- 등장인물에 공감하고, 타인을 배려하는 마음을 형성한다.
- 이야기의 구성요소를 고려하여 이야기를 완성했는지 반성한다.

본질적 질문(Q)

- 이야기의 내용을 이해하려면 어떻게 해야 하는가?
- 이야기는 언제, 왜 읽게 되는가?
- 이야기를 창의적으로 쓰려면 어떻게 해야 하는가?
- 이야기를 읽거나 쓸 때에는 무엇에 유의해야 하는가?
- 작가가 이야기를 통해서 말하려는 것은 무엇인가?

핵심 지식(K)

- 문학의 구성요소(인물, 사건, 배경)
- 문학 작품에 등장하는 인물의 성격
- 문학 작품의 시대적 및 공간적 배경
- 문학 작품의 주요 사건

핵심 기능(S)

- 인물, 사건, 배경을 암시하는 단어 및 구절 찾기
- 객관적이고 분석적으로 비판하기
- 조직도 활용하기   · 관계도 만들기
- 책 만들기   · 아이디어 생성하기
- 인물망 그리기   · 역할 놀이하기
- 토의/토론하기   · 경청 및 대화

2단계: 수용 가능한 증거 결정

수행과제(T)

- 필독도서의 책을 선정하여 역할놀이를 한다. 역할놀이는 인물의 성격을 분석하고, 그 결과에 기초하여 역할극 대본을 작성하여 역할극을 발표해야 한다.
- 평가준거: 성격 이해, 대본 작성, 극 표현
- '이야기 그림책'을 창의적으로 4쪽 이상 제작한다. 등장인물은 3명 이상이어야 하며, 인물의 성격을 고려하여 이야기 그림책을 완성해야 한다. 책에 있는 이야기는 이야기의 구성요소를 바꾸거나, 이어질 내용을 상상해서 써야 한다. 단, 다른 사람이 공감하거나 교훈을 줄 수 있어야 한다.
- 평가준거: 구성요소, 감동 및 교훈, 형식, 창의성

기타 다른 증거(OE)

- 이야기의 구성 요소(인물, 사건, 배경) 파악하기(지필평가)
- 단원 평가(지필평가)
- 이야기를 읽고, 쓰는 목적(서술형 평가)
- 이야기의 구성요소와의 관계 파악하기 (서술형 평가)
- 등장 인물에게 편지쓰기(논술형 평가)
- 이야기 바꾸어 쓰기(논술형 평가)
- 상상하여 쓰기(논술형 평가)
- 이야기를 읽고 난 느낌을 친구들과 이야기하기(상호 평가)
- 이야기를 읽는 목적 말하기(구술평가)
- 이야기의 구성 요소, 인물의 성격을 찾는 방법(자기평가)

3단계: 학습경험과 수업 계획

- 이야기 읽는 목적 및 역할극 수행 과제 제시
- 이야기 쓰는 목적
- 이야기 구성요소, 이야기 구성요소 파악하기
- 이야기에 등장하는 인물의 성격 파악하는 방법, 등장인물에게 편지쓰기
- 이야기 성격을 고려하여 역할극 대본 작성
- 역할극 수행과제 발표
- 이야기 쓸 때의 고려할 점 및 이야기 그림책 수행 과제 제시
- 이야기의 뒷부분을 상상하여 글쓰기
- 이야기 그림책 계획 및 구성하기
- 이야기 그림책 만들기 및 전시하기
- '이야기 속으로' 단원 평가

참고문헌

강현석, 이지은(2013). 백워드 교육과정 설계 2.0 버전의 적용 가능성 탐색. **교육
　　과정연구, 31(3)**, 153~172.

김진환(2017). 교육과정학 용어 대사전. 한국교육과정학회. 서울: 학지사.

박일수(2014). 이해중심 교육과정 통합의 가능성 모색: 백워드 설계 모형
　　(backward design)을 중심으로. **통합교육과정연구, 8(2)**, 1~23.

박일수(2016). 백워드 설계 모형을 활용한 초등학교 문학 단원 설계. **초등교육연
　　구, 29(2)**, 1~25.

성정민(2019). UbD(Understanding by Design) 설계론에 기반한 교과 단원 설계
　　실습모형 개발. **학습자중심교과교육연구, 19(19)**, 269~289.

염은혜(2016). 백워드 설계 모형을 적용한 초등학교 6학년 음악과 융합수업 연구
　　-정조, 8일간의 화성행차를 중심으로-. 연세대학교 석사학위논문.

이보림(2019), 맥타이와 위긴스(McTighe & Wiggins)의 이론을 기초로 한 음악
　　비전공 대학생 이해기반(Understanding-based) 감상수업 설계 방안, **한독
　　교육학회**, 121~131.

임유나(2018). 국내 이해중심 교육과정 관련 연구 동향 분석과 문제점 논의. **학습
　　자중심교과교육연구, 18(8)**, 367~391.

임유나, 황혜진(2018). 이해중심 교육과정의 개발 양상 분석: 백워드 설계의 목표
　　설정 단계를 중심으로. **학습자중심교과교육연구, 18(20)**, 243~268.

조재식(2005). 백워드(backword) 교육과정 설계 모형의 고찰. **교육과정연구, 23(1)**,
　　63~94.

Wiggins, G. P., & McTighe, J. (1998). Understanding by design handbook.
　　Alexandria, VA: Association for Supervision and Curriculum
　　Development.

Wiggins. G. & McTighe, J. (2005). Understanding by Design (2nd ed.). Alexandria, VA: Association for Supervision and Curriculum Development.

Wiggins, G. & McTighe, J.(2011). The Understanding by Design Guide to Creating High-quality Units [electronic Resource]. Alexandria, VA: Association for Supervision and Curriculum Development. Web.

CHAPTER 02   **IB PYP**

1. IB PYP 교육과정의 의미와 특징

가. IB(International Baccalaureate) 개관

(1) IB 교육과정의 목적 및 학습자상

IB 교육과정은 스위스 제네바에 기반을 두고 있는 비영리 교육 재단 IBO (International Baccalaureate Organization)에서 1968년부터 개발하여 운영하고 있는 국제공인 교육과정이다. 본래 IBO는 국제 이주 학생의 수학 능력과 문화 이해력 함양을 위하여 국제학교 교육과정의 편성을 돕고 관리하는 것에 목적을 두고 설립되었으나, 전 세계의 국제학교에서 운영될 수 있는 표준화된 교육과정 제공이 필요해짐에 따라 IB 교육과정을 개발하게 되었다.

우선 IBO는 IB 강령(mission statement)을 통해 추구하는 목적과 지향점을 다음과 같이 명시하고 있다.

| 표 5-12 | IB 강령(mission statement) |

- 다양한 문화에 대한 이해와 존중을 통해 보다 평화롭고 좋은 세상을 만드는 데 기여할 탐구적이고 지식이 풍부하며 배려하는 인재를 양성한다.
- IBO는 이러한 목적을 위하여, 학교, 정부, 국제 조직과 함께 국제 교육과 평가를 위한 프로그램을 개발한다.
- IBO는 그들과 다른 사람들 또한 옳다는 것을 이해하는, 능동적이고, 공감력 있고, 평생 배우려고 하는 전 세계 학생들을 격려한다.

IBO는 학교의 위치나 규모 등과 상관없이 국제적인 정신을 갖춘 인재 양성에 강조점을 두고 있는데, 이러한 인재의 속성은 10가지 학습자상(Learner Profile)에 나타나 있다.

그림 5-10 IB의 학습자상(Learner Profile)

IB 교육과정은 이와 같은 학습자상을 추구하면서, 학생들이 학업 및 개인적 성공에 필요한 태도와 기술을 개발할 수 있도록 돕는 한편, 세계적 맥락 안에서 인간과 세상과 관련된 중요한 생각과 논점을 탐구할 수 있도록 광범위하면서 균형 잡힌 개념 기반 교육과정을 제공하고 있다. IB는 사실과 기능뿐 아니라 개념에 중점을 두고 일반화와 원리를 이해하게 하는 3차원적 교육과정으로, IB 교육과정에서 개념은 교과의 심층적 이해 및 초학문적 주제를 중심으로 학습한 것을 새로운 맥락에 연결하고 전이하는 것을 가능하게 한다.

현재 IB 교육과정은 국제학교나 외국인 학교뿐 아니라 세계 각국의 공립학교 및 사립학교에 도입되어 운영되고 있으며, 최근 우리나라 공교육과정에서도 IB 교육과정을 적극적으로 도입하여 운영하고 있다. 세계화가 빠르게 진행되면서 국내에서도 국제적으로 공인된 교육과정의 필요성이 점점 확산되고 있으며, 국제학교가 아닌 공립학교에서도 이를 실제적으로 적용함으로써 일반 학교 교육의 질을 향상시키려는 시도가 이루어지고 있는 것이다.

(2) 연속체적(Continuum) 교육과정

IB 전체 교육과정은 [그림 5-11]과 같이, PYP(Primary Years Program, 유·초등
학교 교육과정), MYP(Middle Years Program, 중학교 교육과정), DP(Diploma Program,
진학계 고등학교 교육과정), CP(Career-related Program, 직업계 고등학교 교육과정)의
네 개 프로그램을 제공하고 있다. 각 과정이 유기적으로 연계된 연속체적 교육과
정으로, 학생들은 3세부터 19세까지 각 교육과정을 이수할 수 있다.

그림 5-11 IB의 연속체적 교육과정

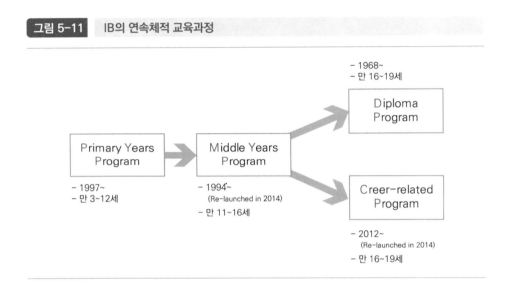

IB의 각 프로그램은 기본적으로 학문 및 학문 간 관계 탐구, 인간과 세상에 대
한 탐구 학습의 중요성을 강조한다. 이를 위해 학교에서 배운 것을 실제적인 삶의
맥락, 주변 세상과 연관시킬 수 있는 기회 제공에 초점을 맞추고 있고, 개별 과목
들의 범위를 넘어서는 방식으로 연결되어 있다. 이와 같은 공통의 지향점을 향해
나아가면서 각 프로그램에서 강조하는 점은 다음과 같이 구분된다.

첫째, PYP에서는 학생들의 학문적·사회적·정서적 복리와 성숙에 초점을 두
고, 6개의 교과 간 경계를 넘어 6가지 초학문적 주제 탐구를 목표로 한다.

- 6개의 교과: 언어, 사회, 인성·사회성·체육, 과학·기술, 수학, 예술
- 6가지 초학문적 주제: 우리는 누구인가, 우리가 속한 시간과 공간, 우리 자신을 표현하는 방법, 세계가 돌아가는 방식, 우리 자신을 조직하는 방법, 우리 모두의 지구

둘째, MYP에서는 지역, 국가 및 전 세계적으로 다양한 문제와 개념에 집중하여 PYP에서 발전·확대된 6개의 세계적 맥락을 탐구하도록 한다.

- 6개 세계적 맥락: 정체성과 관계성, 시공간 속의 위치 결정, 개인적 표현과 문화적 표현, 과학적 혁신과 기술적 혁신, 글로벌화와 지속가능성, 공정성과 발전

셋째, DP는 6개 교과와 3개의 핵심 요소들로 구성되며, 프로그램 고유의 지식론(Theory of Knowledge) 과정을 통해 지식의 본질을 탐구하도록 한다. 무엇보다 근본적 질문에 대해 탐구하면서 자신의 관점과 가정을 인식해 가도록 하는 것에 강조점을 둔다.

- 3개의 핵심적 요소: 지식론(Theory of Knowledge), 소논문(Extended Essay), 창의·체험·봉사활동(Creativity, Action and Service)

넷째, CP는 졸업장 프로그램 과정과 진로 관련 연구 및 진로 관련 프로그램들의 요소를 결합하여 학생들이 직장에서 직면할 수 있는 다양한 개인 및 전문적 상황을 효과적으로 탐색할 수 있도록 준비하는 것에 초점을 맞추고 있다.

(3) IB 교육과정의 교수-학습

IB는 IB 프로그램에서 적용되거나 고려해야 할 교수에 대한 접근법(Approaches to Teaching)과 학습에 대한 접근법(Approaches to Learning)을 다음과 같이 안내하고 있다.

표 5-13	IB의 교수-학습에 대한 접근법

교수에 대한 접근법 (Approaches to Teaching)	학습에 대한 접근법 (Approaches to Learning)
• 탐구 기반 • 개념적 이해에 초점 • 지역적 · 세계적 맥락 고려 • 효과적 팀워크와 협력 강조 • 개별화에 중점 • 형성평가와 총괄평가의 활용	• 사고 기능 • 조사 기능 • 의사소통 기능 • 자기관리 기능 • 대인관계 기능

① 교수에 대한 접근법

교수에 대한 접근법은 기본적으로 교사들이 특정 맥락과 학생들의 요구를 고려하여 특정 전략을 선택할 수 있도록 유연성을 제공하고 있는데, 이들의 공통된 특징은 다음과 같다(IBO, 2019).

첫째, 탐구(inquiry)에 기반한다. 탐구란 학생이나 교사의 배움이 시작되는 지점이자 현재 수준의 이해에서 새롭고 깊이 있는 수준으로 나아가는 과정이다. 탐구에 기반한다는 것은 학생 스스로 의문을 제기하고, 탐구 문제를 설계하고, 다양한 정보를 활용하여 문제를 해결해간다는 것을 뜻한다. 이와 같은 탐구의 과정에서 교사는 촉진자의 역할을 하고, 학생들 스스로 각자 필요로 하는 지식과 정보를 찾고 자신의 이해를 구성해나가는 것에 초점을 맞추는 것이다.

둘째, 개념적 이해(conceptual understanding)에 중점을 둔다. 기존의 교육과정이 사실과 기능을 중요하게 여기는 2차원적 교육과정이라면, IB는 사실과 기능 뿐 아니라 개념에 중점을 두고 일반화와 원리를 이해하게 하는 3차원적 교육과정이다. 특히 IB 교육과정에서 개념은 교과의 심층적 이해 및 초학문적 주제를 중심으로 교과의 연계가 이루어지도록 하는 것으로, 학생들이 학습한 것을 새로운 맥락에 연결하고 전이하는 것을 가능하게 한다.

셋째, 지역적 · 세계적 맥락(local and global contexts)을 고려한다. IB는 실생활의 맥락과 예시를 사용하여, 학생들이 새로운 정보를 자신의 경험 및 주변 세계와 연결함으로써 정보를 처리하도록 한다. 지역적 · 세계적으로 다양한 이슈와 관심사에 대한 탐구는 학생들의 '국제적인 소양'을 함양하는 데 기여할 뿐 아니라 학습자가 배움의 의미와 이유를 깨우치는 데 도움이 된다.

넷째, 효과적인 팀워크와 협력(effective teamwork and collaboration)을 강조한다. IB는 학습자 개인의 능동적 학습뿐 아니라 다른 사람과의 협업과 이를 통한 배움을 장려하며, 여기에는 학생과 학생뿐 아니라 교사와 학생의 협력 관계도 포함한다.

다섯째, 모든 학습자의 요구를 충족시키기 위한 개별화에 중점을 둔다. IB는 포괄성과 다양성을 중요하게 여기며, 학생들의 정체성을 확고히 하고, 모든 학생이 자신의 수준과 특성, 재능과 흥미 등에 맞추어 개인적 목표를 개발하고 추구할 수 있는 학습 기회를 만들어주는 것을 목표로 한다.

여섯째, 형성평가와 총괄평가를 활용하여 정보를 제공한다. IB는 평가의 역할이 학습 수준의 확인뿐만 아니라 학습의 지원, 즉 효과적인 피드백을 제공하는 것에 있음을 강조한다. 총괄평가와 함께 형성평가를 통한 피드백에 중점을 두어, 평가를 활용한 교수학습지원을 강조하는 것이다.

② 학습에 대한 접근법

학습 방식 또한 교수 방식과 마찬가지로 네 개의 모든 IB 프로그램에 걸쳐 적용되는 사항이다. 학습 방식에서는 IB 교육과정에서 제시하는 기능을 통해 IB 교육을 받는 모든 학생들이 좋은 질문을 할 수 있고, 효과적인 목표를 세우며, 자기주도적이면서도 소속감을 갖고, 비전을 추구해가는 능동적인 학습자가 될 수 있도록 하는 것에 주안점을 둔다(IBO, 2017).

IB에서 추구하는 기능은 인지적 기능뿐 아니라 정서적·메타인지적 기능을 포함한다. 즉 사고 기능(thinking skills), 조사 기능(research skills)과 함께 의사소통 기능(communication skills), 메타인지가 필요한 자기관리 기능(self-management skills), 사회적으로 필요한 대인관계 기능(social skills) 등 다양한 기능이 포함된다. 각 기능은 구분하여 제시되었지만 서로 긴밀하게 연결되거나 중첩되면서 상호관련되어 있다.

나. IB PYP(International Baccalaureate Primary Years Programme)

(1) IB PYP의 세 가지 교육과정 유형

IB PYP는 3세에서 12세 사이의 학생들을 위한 프로그램으로, 학생들이 교실과 교실 밖 세계에서 탐구자로서, 전인적으로 발달하는 것에 중점을 둔다. IB PYP는 교육과정 틀(Curriculum framework)의 성격이 강한 프로그램으로, 교육 내용 그 자체보다는 내용을 구조화하는 원리를 제공하고 있으며, 다음과 같이 세 가지 유형의 교육과정으로 구분된다.

표 5-14 IB PYP의 세 가지 교육과정 유형

유형	중점 질문	특징
Written Curriculum	무엇을 배우고자 하는가? (What do we want to learn?)	• 알아야 할 가치가 있는 내용 확인하기 • 5가지 필수 요소에 기반하기
Taught Curriculum	가장 잘 배울 수 있는 방법은 무엇인가? (How best will we learn?)	• 좋은 수업 실행을 위한 이론과 적용방안 활용하기 • 차별화된 교육을 통해 모든 학생의 학습 요구를 충족하기
Assessed Curriculum	배운 것을 어떻게 알 수 있는가? (How will we know what we have learned?)	• 효과적인 평가를 위한 이론과 적용방안 활용하기 • 각 연령 수준에서 모든 표준과 목표가 충족되고 있는지 확인하기 위하여 학습 단계 활용하기

PYP 문서에서 이 세 가지 질문은 각각 동일한 가치를 지니면서 복합적인 교육과정 모델을 구성한다. [그림 5-12]에서 양방향 화살표는 개발(Written), 실행(Taught), 평가(Assessed)의 각 구성 요소가 하나의 방향을 향해가는 선형구조가 아니라 전 과정에 걸쳐 상호 연결된 구조로 이루어져 있음을 나타낸다.

그림 5-12　세 가지 교육과정과 학습자 의미 구성

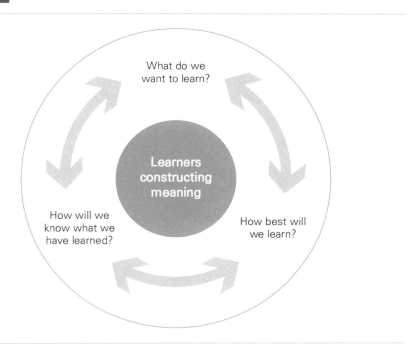

(2) IB PYP의 필수 요소

Ib PYP의 핵심은 학습을 위해 구조화된 탐구를 수행한다는 것이다. '탐구'는 IB가 추구하는 학습자상의 하나이면서 다른 것들의 기초가 된다. PYP에서는 이를 위해 [그림 5-13]과 같이 6개의 초학문적 주제(transdisciplinary themes), 6개의 교과 영역(subject areas), 5개의 필수 요소(essential elements)를 제시하고 있다.

그림 5-13   IB PYP 모형(IBO, 2009)

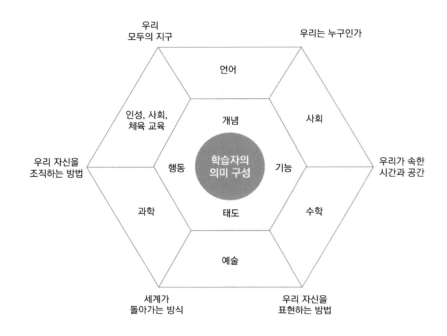

위의 교육과정 모델에서도 드러나듯이, PYP는 중요 지식과 기능 습득, 개념적 이해 형성, 바람직한 태도와 책임감 있는 행동 능력이 균형적으로 이루어질 수 있는 교육을 지향한다. PYP는 이를 구현하기 위해 필수적인 요소(essential elements)를 <표 5-15>와 같이 설정하고, 학습을 구성하는 틀(framework)로 제공하고 있다.

표 5-15   IB PYP의 필수 요소

구분	의미
지식 (Knowledge)	선행 경험과 이해 정도를 고려하여 학생들이 탐구하고 알기를 바라는 유의미하고 적절한 내용
개념 (Concepts)	교과 영역과 관련되면서도 이를 초월하여 학생들의 이해를 일관성 있고 심화시켜 발전시킬 수 있도록 탐구 및 재탐구해야 하는 핵심 아이디어

기능 (Skills)	학생들이 도전적인 세상에서 성공하기 위해 함양해야 할 필요가 있는 능력들로 특정 교과를 넘는 간학문적 또는 초학문적 기능
태도 (Attitudes)	학습 환경과 사람에 대한 근본적 가치, 신념, 감정, 성향
행동 (Action)	책임 있는 행위로서의 심층적인 학습의 시연이자 습득된 다른 필수 요소들의 표현

① 지식(Knowledge)

IB PYP에서 지식은 전통적인 교과의 학문적 지식과 초학문적 지식으로 구분되며, 초학문적 지식은 초학문적 주제들을 중심으로 구성된다. 6개 교과 영역과 6개 초학문적 주제가 실제적 맥락에서 통합된 방식으로 구성되어 있으며, 각 교과와 초학문적 주제에 대한 학생들의 능동적 탐구에 초점을 맞추고 있는 것은 IB PYP의 뚜렷한 특징이다. PYP의 초학문적 주제와 주제에 따른 탐구내용은 <표 5−16>과 같다.

표 5-16 IB PYP의 초학문적 주제 및 이에 따른 탐구 내용

초학문적 주제	탐구 내용
우리는 누구인가 (Who we are)	자아, 가치, 신념, 신체, 정신, 건강, 사회, 다양한 인간관계, 권리와 책임 등에 대한 탐구
우리가 속한 시간과 공간 (Where we are in place and time)	개인사, 가정사, 인류의 탐색과 발견, 탐험 및 이주, 지역적·세계적 관점에서의 개인과 문명의 관계 등에 대한 탐구
우리 자신을 표현하는 방법 (How we express ourselves)	아이디어, 감정, 자연, 문화, 신념과 가치 등을 발견하고 표현하는 방식에 대한 탐구를 통해 창의성 및 심미성을 형성하고 향유
세계가 돌아가는 방식 (How the world works)	자연계의 원리, 자연계와 인간계의 상호작용, 사회와 환경에 대한 과학기술의 영향 등에 대한 탐구
우리 자신을 조직하는 방법 (How we organize ourselves)	조직의 구조 및 기능, 사회적 의사결정, 경제활동과 그것이 인류와 환경에 미치는 영향 등과 같이 인간이 만든 시스템과 공동체의 상호 연관성에 대한 탐구
우리 모두의 지구 (Sharing the planet)	한정된 자원을 다른 사람 및 다른 생명체와 나누는 데 따르는 권리와 의무 등에 대한 탐구

② 개념(Concepts)

앞서 언급한 바와 같이, IB PYP는 사실 기능과 더불어 개념에 중점을 두어 일반화와 원리를 가능하게 하는 Erickson의 3차원적(three-dimensional) 모델과 맥을 같이 한다. Erickson은 지식의 구조에서 가장 낮은 수준에 있는 사실을 넘어 사고의 종합적인 수준이 일반화에 도달하게끔 교수-학습을 설계해야 함을 강조하였으며, 사실에서 일반화로 가는 가교의 역할을 하는 것이 개념이라고 보았다. 이러한 맥락에서 IB는 모든 개념이 아래와 같은 특징을 지니고 있어야 한다고 하였다(IBO, 2014).

표 5-17   **개념의 특징**

- 시간과 장소, 공간을 초월하여 의미와 가치를 가질 것
- 추상적이면서 한 단어, 두 단어 또는 짧은 구로 표현할 수 있을 만큼 축약적인 특징을 포함할 것
- 특정 예시들의 공통적인 속성을 표현할 것

PYP는 이에 기초하여 <표 5-18>과 같이 '형태, 기능, 인과관계, 변화, 연결, 관점, 책임'의 7가지 개념과 관련한 핵심 질문을 제시함으로써 중심 아이디어에 대한 교사의 이해와 교육과정 계획을 지원하고 있다.

표 5-18   **IB PYP의 명시적 개념(IBO, 2018a)**

핵심 개념	핵심 질문	내용	관련 개념 예시
형태 (Form)	어떻게 생겼는가?	모든 것은 관찰, 식별, 묘사 및 분류할 수 있는 인식 가능한 특징을 가진 형태를 가지고 있음	특성, 구조, 유사성, 차이, 패턴
기능 (Function)	어떻게 작동하는가?	모든 것은 목적, 역할 또는 조사할 수 있는 행동 방식이 있음	행동, 의사소통, 패턴, 역할, 체계
인과관계 (Causation)	왜 그런 것인가?	어떤 일은 그냥 일어나는 것이 아니고, 인과관계가 있으며, 행동에는 결과가 따름	결과, 계열, 패턴, 영향

변화 (Change)	어떻게 변하는가?	변화는 한 상태에서 다른 상태로의 이동과 정이며, 변화는 보편적이고 필연적임	적응, 성장, 주기, 계열, 변환
연결성 (Connection)	다른 것과 어떻게 연결 되었는가?	우리는 개별 요소의 행동들이 다른 요소들 에 영향을 미치는 상호작용 체계에서 살고 있음	체계, 관계, 항상성, 상호의존성
관점 (Perspective)	여러 관점들은 무엇인가?	지식은 관점에 따라 구성되며, 서로 다른 관 점은 다른 해석, 이해, 발견으로 이어지고, 관점은 개인, 집단, 문화, 또는 과목의 특징 에 따라 달라질 수 있음	주관성, 진실, 신념, 의견, 편견
책임 (Responsibility)	우리의 의무는 무엇인가?	사람들은 각자의 이해, 신념, 가치관을 바탕 으로 선택하고, 그 결과로서의 행동은 차이 를 만듦	권리, 시민권, 가치, 정의, 자주성

③ 기능(Skills)

기능은 탐구 단원(Units of Inquiry)에서 뿐만 아니라, 교실 내, 학교 밖의 삶에서
일어나는 학습에서도 유용하게 적용될 수 있는 것으로, '알고 있는 것'을 '할 수
있는 것'에 초점을 맞추고 있다. <표 5-19>는 IB PYP에서 제시하는 기능과 기
능별 하위 기능의 예시이다.

표 5-19   IB PYP의 기능(skills)과 하위 기능(sub-skills)의 예시(IBO, 2018a)

기능(Skills)	하위 기능(Sub-Skills)
사고 기능 (Thinking Skills)	• 비판적 사고 기능(이슈와 아이디어를 분석·평가) • 창의적 사고 기능(새로운 아이디어 창출 및 새로운 관점 고려) • 전이 기능(다양한 맥락에서 기능과 지식 사용) • 성찰/초인지 기능(학습 과정 성찰/재성찰)
조사 기능 (Research Skills)	• 정보 해득 기능(구성과 기획, 자료 수집 및 기록, 통합 및 해석, 평가 및 전달) • 미디어 해득 기능(아이디어와 정보를 사용하고 생성하기 위한 미디어와 상호작용) • 미디어/정보의 윤리적 사용(사회적이고 윤리적인 기능의 이해와 적용)
의사소통 기능 (Communication Skills)	• 교환 정보 기능(듣기, 해석, 말하기) • 문해 기능(정보 수집과 전달을 위한 읽기, 쓰기, 그리고 언어 사용) • ICT 기능(정보 수집, 조사, 전달을 위한 기술의 사용)
대인관계 기능	• 긍정적인 대인관계와 협업 기능 개발(자기통제, 차질 관리, 동료

(Social Skills)	지원) • 사회적-정서적 지능 개발
자기관리 기능 (Self-management Skills)	• 조직 기능(시간과 과업의 효과적 관리) • 마음 상태(관심, 인내, 정서적 관리, 자기 동기 부여, 회복력)

④ 태도(Attitudes)

위의 지식, 개념, 기능이 중요하긴 하지만 이러한 요소만으로 국제적으로 열린 소양을 가진 사람이 되는 것은 아니다. 개인과 사회의 복리에 기여하는 태도, 인간 및 환경에 대해 학습하려는 태도 개발에도 초점을 맞추면서 PYP는 다음과 같은 8가지 태도 요소를 강조하고 있다. 이러한 태도 요소는 모델링할 필요가 있는데, 모델링은 학생들로 하여금 흉내내도록 하는 것이 아니라 메타인지적 틀을 제공하여 학생들이 입증된 맥락 속에서 자신의 가치관을 성찰하고 발전시키도록 돕는 것을 의미한다(IBO, 2009).

표 5-20 IB PYP의 태도

구분	내용
감사(Appreciation)	세상과 사람들의 경이로움과 아름다움에 감사하는 것
헌신(Commitment)	학습에 전념하고 이해하며 자기 수양과 책임감을 보여주는 것
자신감(Confidence)	학습자로서 자신의 능력에 대한 자신감과 위험을 무릅쓸 용기를 가지며, 배운 것을 적용하고, 적절한 결정과 선택을 하는 것
협동(Cooperation)	협조, 협력, 주도 또는 상황의 요구에 따르는 것
창의성(Creativity)	문제와 딜레마 상황에 대한 사고와 접근에 있어 창의적이고 상상력이 풍부한 것
호기심(Curiosity)	학습의 본질, 세계, 사람들과 문화에 대해 궁금해 하는 것
공감(Empathy)	타인의 근거와 감정을 이해하기 위해 또 다른 상황에서의 자신을 상상하는 것. 즉 다른 사람의 관점에 대해 열린 마음으로 성찰하는 것
열정(Enthusiasm)	배우는 것을 즐기고 기꺼이 그 과정에 노력을 기울이는 것
자립(Independence)	독립적으로 생각하며, 행동하고, 근거를 바탕으로 그들 자신의

	판단에 따르는 것
청렴(Integrity)	정직하게 행동하고 깊이 생각한 공평의 개념을 보여주는 것
존중(Respect)	자신과 타인, 그리고 그들을 둘러싼 세계를 존중하는 것
관용(Tolerance)	세계의 차이와 다양성, 타인의 요구에 세심한 관심을 보이는 것

⑤ 행동(Action)

PYP는 교육이 학생들이 지식인이 되도록 지원하는 것을 넘어서서 사회에 대해 책임감 있는 태도를 갖추고 사려 깊은 행동을 하도록 돕는 과정까지 이어져야 한다고 여긴다. 즉 PYP는 성공적인 탐구가 학습 과정의 결과로 연결되고, 나아가 학생에 의해 주도되는 책임감 있는 행동으로 이어지는 것을 기대한다. 행동을 통해 학생들은 학습을 확장시키거나, 사회적 영향력을 발휘할 수 있는 능력을 갖추게 된다는 것이다(IBO, 2009).

PYP 단계에서 행동은 자신과 타인에 대한 책임 있는 성향과 적절한 선택을 하는 것을 포함할 수 있는 작은 행동으로부터 시작할 수 있다(IBO, 2018). 학생의 개인적 행동(personal action)은 작은 규모이거나 사적(私的)인 것일 수 있지만, 이는 잠재적으로 학생 자신의 삶과 타인의 삶에서의 차이를 만들게 되고 학생의 소속감과 자기 만족감과도 연결될 수 있다. 또한 이러한 행동은 개인의 동기, 관심, 그리고 헌신을 보여주는 이해의 증거이기도 하다.

한편, 공유된 이해와 공동의 목표를 가지고 함께 참여하게 되는 집단적 행동(collective action)은 집단적 요구로 이익을 얻을 수 있는 이슈와 기회에 대한 대응으로, 개인적 행동과 마찬가지로 학생, 학습공동체 그리고 잠재적으로 그 너머의 삶에서 차이를 만들 수 있다. 이와 같은 행동은 협력, 상호주의, 헌신적 태도를 요구하며 참여, 옹호, 사회 정의, 사회적 기업가정신 또는 어떠한 삶을 선택하는 형태로 나타날 수 있다(IBO, 2018c).

무엇보다 PYP 단계에서의 행동들은 MYP의 지역사회 봉사, DP의 창의체험봉사활동(Creativity Activity Service)의 기반을 마련하게 된다. PYP에서의 행동은 학생들이 학습을 실생활의 이슈와 기회에 연결하게 하며, 사회적 신체적 환경과 학교 내외의 공동체에 대한 책임 의식과 행동을 개발하고 있음을 보여주는 방법이라고 할 수 있다(IBO, 2018c).

이상으로 살펴본 바와 같이 IB PYP는 지식, 기능, 개념, 태도, 행동의 다섯 가지 필수 요소를 통해 IB에서 궁극적으로 추구하는 학습자의 속성을 갖도록 교육하는 프레임워크를 제시하고 있다. 무엇보다 IB PYP의 중요한 특징은 6개의 교과 지식을 탐구하는 한편 교과 통합을 통해 6개의 초학문적 지식을 탐구하도록 한다는 것이며, 각 교과의 지식과 초학문적 지식을 연결하는 것이 핵심 개념이라는 것이다.

2. IB PYP 교육과정의 단원 설계 방법

가. 탐구 단원 구성 원리

IB PYP를 도입하는 학교는 IB의 교육 철학과 방향, 다섯 가지 필수 요소들을 반영하여 학교의 상황에 따라 교육과정을 탄력성 있게 편성해야 한다. 학교 교육과정을 개발하는 데 있어서 IB PYP는 교과 영역에 따른 학습 범위와 계열(IB scope and sequence)을 제공하되, 그에 따라 국가나 지역(주) 수준의 기준을 차용하여 적용할 수 있도록 하고 있다(임유나 외, 2018). 즉 IB의 프레임과 우리나라 교육과정 성취기준과의 접목 등 국내 학교에서의 IB 적용 방안을 마련할 필요가 있는 것이다.

IB PYP에서 제시한 탐구 단원 구성 원리를 간단히 정리하면 다음과 같다.4)

---

4) developing a transdisciplinary programme of inquiry, p. 4.

표 5-21 탐구 단원 구성원리

- 해당 초학문적 주제에 대한 학생들의 이해를 돕고 학생들의 사전 지식에 도전하고 확장하는 내용이어야 한다.
- 개념 개발을 촉진하도록 설계되어야 한다.
- 중심 아이디어에는 개념(주요 개념 및 관련 개념)을 제시하여 탐구 학습을 수행하는 데 도움이 될 수 있도록 한다. 그러나 3개 이상의 핵심 개념을 제시하는 것은 피하는 것이 좋으며, 전체 탐구 단원에서 핵심 개념들이 균형 있게 배열되는 것이 좋다.
- 핵심 개념들은 개방형의 질문으로 추가 제시함으로써 탐구 수업의 방향을 확실하게 하는 것이 도움이 된다.
- 다음으로 탐구 목록(lines of inquiry)을 제시하는데, 각 탐구 내용당 3~4개의 탐구 목록들이 포함되며 질문, 주제 또는 과제가 아닌 문장이나 문구로 작성하는 것이 좋다. 각 내용들은 하나의 세트로서 탐구의 범위를 정의하고 학생 연구에 집중하는 데 도움이 되어야 한다.

나. 탐구 단원 설계 과정

앞서 언급한 바와 같이, PYP의 핵심은 학습을 위한 수단으로 활용되는 구조화된 탐구(structured Inquiry)이다. 탐구는 교사 혹은 동료 학생이 학생을 한 단계 깊은 수준의 이해로 이끄는데 필수적인 과정이다. PYP에서는 학교가 매해 모든 교과가 Program of Inquiry에서 초학문적으로 다루어지도록 하고 있는데, 이는 일종의 학교 교육과정의 수직으로 위치하는 6가지 초학문적 주제와 수평으로 위치하는 동일 연령 또는 동일 학년으로 구성된 매트릭스이다(IBO, 2012).

PYP는 이를 위하여 다음과 같은 Planner를 제시하고 있다.

표 5-22 IB PYP Planner

1. 목적이 무엇인가?

- 초학문적 주제
- 핵심 아이디어
- 총괄 평가 과제
  - 핵심 아이디어에 대한 학생의 이해를 평가하기 위한 방법은 무엇인가?
  - 어떤 증거를 찾을 수 있는가?

2. 무엇을 배우기를 원하는가?

- 이 탐구에서 강조되는 핵심 개념은 무엇인가?
- 핵심 아이디어에서 탐구의 범위를 규정하기 위한 탐구목록은 무엇인가?
- 교사는 이 탐구를 이끌기 위해 어떤 질문을 할 것인가?

3. 우리가 배운 것을 어떻게 알 수 있는가?(이것은 4번과 연결되어 있음)

- 학생의 선행지식과 기능을 평가하기 위한 방법은 무엇인가?
- 이를 위해 어떤 증거를 찾을 수 있는가?
- 탐구 목록의 맥락에서 학생의 배움을 평가하기 위한 방법은 무엇인가?
- 이를 위해 어떠한 증거를 찾을 수 있는가?

4. 우리는 얼마나 잘 배울 수 있을까?

- 학생들이 탐구에 참여하고, 문제를 해결하도록 격려하기 위해 교사 또는 학생들이 제안하는 경험은 무엇인가?
- 초학문적 기능과 학습자상의 자질 함양을 위해 어떤 기회가 제공될 수 있는가?

5. 어떠한 자료를 수집해야 하는가?

- 어떠한 사람, 장소, 시청각 자료, 관련 문헌, 음악, 예술, 컴퓨터, 소프트웨어 등이 가능한가?
- 탐구를 촉진하기 위해 교실 환경, 지역 환경, 공동체 등이 어떻게 활용될 수 있는가?

이와 같이 탐구 단원은 초학문적 주제, 핵심 아이디어, 탐구 목록, 핵심 개념과 관련 개념, 기능, 관련 교과 등을 포함하고 있으며, 학교마다 다소간의 차이는 있으나, 유사한 형식을 취하고 있다. <표 5-23>은 1~6학년에 걸쳐 초학문 주제 단원이 편성된 예시이다. 이를 통해 초학문주제는 학년 단위 또는 학년군 단위로 편성되며, 학년이 올라감에 따라 같은 주제에 대한 내용이 심화될 수 있는 나선형 구조로 되어 있음을 알 수 있다.

표 5-23 초학문적 주제 단원 예시(ISR,2019)

학년	1-2	3-4	5-6
초학문적 주제	우리 자신을 표현하는 방법 아이디어, 느낌, 자연, 문화, 신념과 가치를 발견하고 표현하는 방법에 대한 탐구; 창의성, 미학적 감상 등을 성찰, 확장하고 즐기는 방법에 대한 탐구		
중심 아이디어	예술은 우리가 창조적으로 표현하도록 한다.	세계의 사람들은 자신을 표현하기 위해 창의성을 활용한다.	사람들의 외모는 인식과 오해를 불러일으킬 수 있다.
탐구 목록	• 예술형식 • 서로 다른 예술형식의 연계 • 서로 다른 예술형식을 통해 창의성 표현하기	• 세계의 사람들이 그들을 표현하는 방법 • 창의적 과정 • 다양한 방법으로 창의적 표현에 반응하기	• 외모와 정체성 • 사람의 외모에 대한 가정 • 외모에 대한 오해를 극복하는 방법
명시된 개념	형식, 연결	관점, 기능, 연결	연결, 관점, 책임감
추가 개념	양식, 표현	성, 문화, 과정, 해석	정체성, 자기표현, 다양성, 편견
기능	사고, 자기관리	자기관리, 의사소통	대인관계, 의사소통, 사고
관련 교과	예술, 사회	예술, 언어	예술, 사회

다. IB PYP 평가

IB PYP의 첫 번째 목표는 학습 과정에 대해 피드백을 제공하는 것이다. 각 학교는 여기에 초점을 맞추어 PYP의 철학과 목표들을 반영하는 평가 절차와 방법들을 개발해야 한다. IB PYP 평가의 특징은 다음과 같다.

<table>
<tr><td>표 5-24</td><td>IB PYP 평가의 특징</td></tr>
</table>

- 일회적 평가나 등급화가 아닌 5개 필수 요소(지식, 개념, 기능, 태도, 행동 능력)에 대한 정보 수집을 위한 광범위한 평가 전략 계획과 적용
- 공동 프로젝트 성격의 전시를 통하여 실생활 이슈와 문제를 확인 조사하고 해결책 제시
- 학교 전체 커뮤니티와 공유하여 학생에 대해 다면적·심층적 평가 실시
- 고학년에서는 학예활동(exhibition)을 수행하는데 필요한 5가지 기본 요소인 개념, 기능, 태도, 행동, 지식의 모든 영역이 친구들과 협동작업으로 드러나도록 구성 → 교과 교육과정과 교과외 교육과정의 유기적인 결합
- 학생들의 학습 활동에서 나타나는 탐구활동의 과정과 결과를 포트폴리오 방식으로 평가
- 개인적 도달을 확인하는 절차로서 학습 중간 과정에 형성평가를 실시하고 단원 마지막 단계에서 개념, 기술, 태도 등에 대한 총괄평가 실시
- 총괄평가는 지필평가가 아닌 실행평가 중심이며 산출물의 형태도 교사가 요구하기보다는 학생 자신이 결과물의 내용과 방식 결정

3. IB PYP 교육과정 교수학습 설계의 실제

IB PYP에 따른 교육과정 교수학습설계는 IB에서 제시한 학습자상, 초학문적 주제, 중심 아이디어, 탐구 목록, 명시된 개념, 추가 개념, 기능, 태도, 관련 교과 등 기본적인 프레임워크를 따르는 한편 2022 개정 교육과정의 성취기준과 연계하여 수행하였다. IB PYP 교육과정 기반 교수학습 설계의 실제에서 중심아이디어는 2022 개정교육과정의 용어를 사용하여 핵심 아이디어로, 명시된 개념은 핵심 개념, 추가 개념은 단원 개념으로 표기하였다. 무엇보다 교수학습 설계에서 고려한 점은 수직적으로 학년 수준이 높아짐에 따라 학습 경험들이 깊이 있고 폭넓게 이루어지는 한편 수평적으로 동일 학년의 학습 경험들이 밀접하게 연관되도록 하는 것이다.

IB PYP에 기반한 프로그램의 개요(3~6학년), 탐구학습 과정, 수업의 개요(6학년)를 제시하면 다음과 같다.

가. 프로그램 개요

표 5-25 IB PYP에 기반한 프로그램 개요

학습자상	소통하는 사람·열린 마음을 가진 사람·성찰하는 사람			
초학문적 주제	우리 자신을 표현하는 방법 발견하는 방법, 사고·감정·특징·문화·신념·평가를 표현하는 방법; 성찰하는 방법; 자신의 창조성을 넓히고 즐기는 방법 • 우리가 예술을 통해 스스로를 표현하는 다양한 방법 • 우리의 정서가 어떻게 예술을 통해서 표현되는가 • 개인의 활동에 대한 존중을 어떻게 보여줄 수 있는가			
학년	3학년	4학년	5학년	6학년
핵심 아이디어	사람들은 자신을 표현하기 위해 창의성을 활용한다.	사람들은 자신의 느낌과 생각을 다양한 예술의 방식으로 전달한다.	사람들의 외모는 오해로 이끌 수 있다.	예술은 문화적 정체성을 표현하기 위해 사용된다.
	사람들은 다양한 방법으로 자신을 표현한다.			
탐구 목록	• 사람들이 자신을 표현하는 과정 • 창의적인 표현 방법 • 창의적인 표현에 반응하기	• 예술의 다양한 형식 • 예술가들이 예술로 자신의 생각, 느낌, 사고를 표현하는 방법 • 예술로 표현하기/예술에 반응하기	• 사람의 외모와 정체성 • 사람의 외모에 대한 일반적인 가정 • 외모에 대한 오해와 착각을 극복하는 방법	• 문화적 정체성과 예술 • 세계 여러 지역의 예술작품에 나타난 문화적 특징 • 세계 여러 나라 음악/우리나라 음악
핵심 개념	형식, 기능, 관점	형식, 성찰, 관점	기능, 연결, 관점	관점, 형식, 인과관계
단원 개념	연결, 변화	해석, 의견, 표현	의사소통, 패턴, 역할	변화, 성찰
기능	사고, 자기관리	자기관리, 조사 사고	사고, 대인관계, 의사소통	조사, 사고, 의사소통
태도	자신감, 창의성, 호기심, 공감	자신감, 자립, 감사	창의성, 공감, 협력, 열정	공감, 열정, 존중, 협동

관련 교과	음악, 국어, 미술	음악, 미술, 국어, 체육	음악, 국어, 미술	음악, 사회, 미술, 체육, 국어
2022 개정교육 과정 성취기준	[4국03-02] [4국05-02] [4음03-04] [4음02-03] [4미02-03]	[4국03-03] [4국03-04] [4음02-02] [4음03-03] [4체03-04] [4미02-01]	[6음02-03] [6음03-04] [6국03-02] [6미02-03] [6미02-04]	[6음01-01] [6음01-03] [6음02-05] [6국03-04] [6국05-04] [6사05-02] [6미03-01] [6체03-07]

나. 탐구 학습 과정

IB PYP에서 구체적인 탐구의 과정과 방법은 '질문하기, 탐색하기, 구성하기, 설명하기, 행동하기'의 유목적적 탐구 사이클(inquiry cycle) 속에서 운영된다(WIS, 2017c). 우선 학생들은 일상생활과 연결지어 질문을 형성하고 가설을 설정하며, 형성된 질문에 대해 인터넷 검색, 문헌 탐구, 실험, 인터뷰 등을 통해 탐색하고 자료를 수집한다. 이와 같이 자료를 수집한 후에는 연극 대본 작성, 시각적 이미지 개발, 연주 내용 조직, 프리젠테이션 작성 등 다양한 방법으로 탐구한 내용을 구조화하는 작업을 수행한다. 이어 학생들은 수행한 탐구 과정과 내용, 생각 등을 타인과 공유함으로써 자신의 이해를 강화하며, 지역사회 봉사 프로젝트, 학교 재활용 캠페인, 발표회 등을 통해 실천적으로 행동한다.

이와 같은 5개의 탐구 단계는 순환 구조를 형성하고 있으며, 순환 사이클의 각 단계에서는 자기 성찰과 동료 평가, 교사의 피드백을 통해 반성이 이루어지도록 한다.

그림 5-14 탐구 학습 과정

다. 수업 계획

이하 제시하는 수업 계획은 위의 프로그램 개요에 기초하여 4학년을 대상으로 12차시의 수업을 구성한 것이다.

표 5-26 수업의 초점

- 초학문적 주제: 우리 자신을 표현하는 방법
- 핵심 아이디어: 사람들은 자신의 느낌과 생각을 다양한 예술의 방식으로 전달한다.
- 탐구 목록: 감정의 종류와 감정의 발생 원인/ 감정과 음악/ 감정을 표현한 음악/ 감정의 예술적 표현 방법
- 핵심 개념: 관점, 형식, 인과관계, 연결
- 관련 개념: 자기표현, 다양성, 성찰
- 기능: 사고, 의사소통
- 태도: 공감, 열정, 창의성, 자신감, 협동
- 관련 교과: 음악, 미술, 체육, 국어

표 5-27 수업 계획

차시	단계	핵심 개념 및 탐구 질문	학습 주제	관련 교과
1	질문 하기	• 형식: 마음이나 감정은 어떤 특성을 갖고 있나요? • 연결: 예술과 감정은 어떻게 연결될까요?	* '눈에 보이지 않는 마음이나 감정을 어떻게 표현할 수 있을까?'를 주제로 자유롭게 질문하기 • 탐구 질문 목록 작성하기	국어 미술 음악
2	탐색 하기	• 인과관계: 상황과 감정은 어떤 관계가 있나요? • 연결: 감정들은 어떻게 연결되나요?	* 여러 상황에 대한 나의 감정 파악하기 • 감정의 발생 원인 이해하기 • 감정의 종류 알기	음악 미술 체육 도덕
3		• 인과관계: 감정은 예술작품에 어떤 영향을 주나요? • 연결: 예술과 감정은 어떠한 관계가 있나요?	• 예술작품에서 감정 찾기(명곡이나 명화, 시 등의 문학 작품이나 발레 등의 무용작품 등)	

			• 다양한 예술적 표현요소 탐색하기	
4~6	구상하기	• 형식: 예술로 감정의 어떤 특징을 표현할 수 있나요? • 관점: 예술로 감정을 어떻게 표현하고 싶나요?	* 표현 방법 선택하기 * 표현방법에 알맞은 작품 설계과정 기획하기	음악 미술 체육
7	설명하기	• 형식: 어떤 특징이 음악/미술/춤으로 감정을 표현하게 하나요? • 관점: 당신은 감정을 표현하기 위해 어떤 예술 매체를 선택하려고 합니까? 왜 그렇습니까?	* 자신의 감정을 개인작품으로 표현하기	국어 음악 미술 체육
8		• 관점: 친구들과 감정을 표현한 작품을 만들기 위해 어떤 방법을 선택하려고 합니까? • 형식: 감정을 어떠한 형식으로 표현하려고 하나요?	* 여러 사람이 공감한 감정을 협동작품으로 표현하기	
9~10	행동하기	• 인과관계: 발표회를 잘 준비하기 위해서 해야할 일은 무엇인가요? • 형식: 발표회를 어떤 방식으로 구성하면 좋을까요?	* 발표회 및 전시회 계획하고 준비하기	국어 음악 미술 체육
11~12		• 관점: 연주회를 통해 당신은 무엇을 배웠습니까? • 관점: 친구들의 연주를 보면서 무엇을 느꼈나요?	* 발표회 및 전시회 개최하기 • 감상 후 소감을 나누며, 공감하기 * 상호 평가 * 자기 평가	

라. 평가 계획

표 5-28 평가 계획

성취기준	평가 내용	탐구학습 과정	평가 방법
[4국03-03] [4국03-04] [4음02-02]	감정을 적절하게 표현하는 방법을 알고 있는가?	탐색하기	관찰/서술평가

	감정의 표현방법을 탐색하고 작품을 구상할 수 있는가?	구상하기	관찰 체크리스트
[4음03-03] [4체03-04] [4미02-01]	개인별, 모둠별로 설계한 내용에 따라 감정을 표현하는 작품을 구체화할 수 있는가?	설명하기	관찰 체크리스트
	공연 또는 전시의 형태로 감정을 표현하는 작품을 발표할 수 있는가?	행동하기	관찰 체크리스트 자기/동료평가

참고문헌

강효선(2020). IB MYP 통합교육과정의 원리와 한국 교육과정에 주는 시사점. 제주대학교 대학원 박사학위논문.

김성지 · 최은아(2022). Music−Centered Integrated Lesson Plan Based on IB PYP. 음악교육연구, 51(2), 1−20.

이향근(2014). IB 언어교육과정의 특성과 시사점 연구. 한국초등연구, 25(4), 91−110.

임유나, 김선은, 안서현(2018). 국제공인 유 · 초등학교 교육과정(IB PYP)의 특징과 시사점 탐색. 교육과정연구, 36(2), 25−54.

조호제 외 7인(2020). IB PYP 프레임워크 적용을 통한 서울형 PYP 모델 구축 방안 연구. 서울특별시교육청교육연구정보원.

최미영(2021). IB PYP 음악 교육과정의 분석적 고찰. 미래음악교육연구, 6(1), 24−44.

최은아(2020). Music Curriculum in International Baccalaureate Primary Years Programme. 음악교육연구, 49(4), 271−292.

IBO(2009). Making the PYP happen: A curriculum framework for international primary education.

IBO(2012). Developing a transdisciplinary programme of inquiry

IBO(2017). What is an IB education?

IBO(2018a). Learning and teaching.

IBO(2018b). Programme standards and practices.

IBO(2018c). The learner.

International School of Poznam(2009). ISOP PYP arts: music scope and sequence.

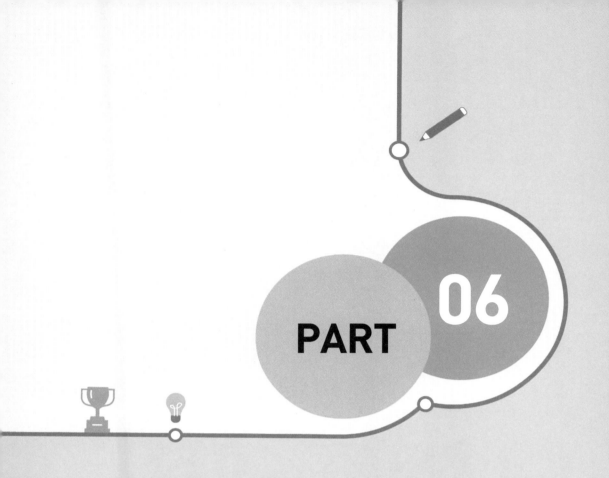

PART 06

2022 개정 교육과정 총론과 개념 기반 수업 설계 연계 방안

CHAPTER 01 개념 기반 교육과정의 대안적 교수 설계 모형(KCBC) 개발의 기본 방안

1. 대안적 교수 설계 개발의 필요성[1]

이 장에서는 국내 교육현장에서 증가하고 있는 International Baccalaureate(IB) 교육의 현황과 한계점을 분석하고, 이를 대체할 수 있는 한국형 대안적 교수 설계 모형(Korean Concept Based Curriculum: KCBC) 개발의 기본 방향을 제시하는 것을 제안한다. 또한 집필진이 개발한 대안적 교수 설계 모형의 실효성을 위해 교수·학습 사례 등도 함께 제시한다.

IB 교육에 관한 교육계의 관심과 IB 교육의 철학과 프레임워크를 활용하여 학교교육과정을 설계하여 운영하는 초등학교의 사례가 증가하고 있다. IB 월드스쿨로 인증을 받은 아시아 3개국으로 각 나라의 국·공립과 사립을 합한 초등학교의 수는 2024년 2월 기준 한국은 14개, 중국 170개, 일본은 56개이다.[2]

2024년 3월 기준으로 IB 인증을 받은 초·중·고 한국 학교는 제주 5개, 대구 9개이며, 서울시교육청은 25개의 관심 학교와 6개의 후보학교 운영을 하고 있다. 공립초등학교 PYP에 국한하여 전국적으로 관심학교가 74개교, 후보학교 29개교, 월드스쿨이 14개교 등으로 분포(2024년 3월 기준)하고 있다. 월드스쿨은 대구 지역이 9개 학교, 제주도가 5개 학교이며 이외 시·도에는 월드스쿨이 없는 상태이다.

IB PYP는 나름 학교 교육에서 다양한 학습 모델이나 평가를 구현함으로써 교육의 질을 높이고 범세계적인 국제교육을 지향한다고 할 수 있다. 동시에 교육과정의 프레임을 제공하고 있으며 다양한 학습 도구를 제시하여 프레임 내에서 여러 가지 조합을 통한 교육목적과 방법을 선택할 수 있다. 여기에 자국의 교육과정

---

1) 대안적 교수 설계 모형은 미래엔 초등 엠티처(https://e.m-teacher.co.kr)에 1학년부터 6학년까지 월 단위로 개념 기반 수업을 할 수 있도록 4개 주제, 총 24개의 주제로 대안적 교수 설계의 사례를 제시하였다.
2) 한국교육과정평가원 https://www.kice.re.kr

을 넣어 교육과정은 운영하면서도 교육을 통하여 달성하려는 지향점을 세계 여러 나라가 공유할 수 있어 응용력 또한 폭넓다고 할 수 있다.

하지만 단점도 있는 것이 사실이다. IB PYP의 교육에서 교수법은 개념 중심의 학습으로 일반 교사가 손쉽게 익혀 적용하는 데는 많은 어려움이 따른다. 수업 준비를 교사 개인이 준비하여 운영하기 쉽지 않고 동학년 수준이나 협력 교사들이 있어야 하는 경우가 많다. 그만큼 교수 설계가 용이하지 않다는 것이다. IBO에서 제시하는 여러 가지 저작물에 대한 저작권 그리고 국가 교육과정 총론과의 모호한 관련성, 특정 공교육기관이 한정하여 지원함으로써 특정 학생에게 많은 예산이 지출된다는 점 등이 고려되어야 할 문제이다. 현재 IB 교육은 IBO에 지급하는 높은 프로그램 비용과 연수비용 등으로 인한 재정적 부담, PYP-MYP-DP 간 교육의 연계성 부족 등의 문제점을 안고 있다. 이렇게 운영되는 IB PYP 교육이 국내에서 지속 가능한 교육이 될 수 있는지는 의심하지 않을 수 없다.

교육 방식은 시대에 따라 변화할 수 있지만 하나의 제도가 아닌 방법으로 지원한다면 일시적인 현상으로밖에 볼 수 없다. 교육은 늘 일관성이 있어야 하고 교육을 통하여 추구하려는 궁극적 지향점은 변함이 없어야 한다. 여기서 우리는 지속 가능하며, 신청비와 프로그램 비용을 지불하지 않고도 수준 있는 한국형 대안적 교수 설계 모형(KCBC) 개발의 필요성을 제기한다.

2. 교육과정과 수업에 대한 이해

가. 교육과정 총론과 수업의 관계

국가에는 헌법이 있고 하위 법률이 존재한다. 헌법은 법률을 조정하고 통제한다. 교육과정에도 총론이 있고 하위에 교과 교육과정이 존재한다. 총론은 각론의 운영, 관리, 지원 등을 포괄한다. 그래서 교육과정 총론은 총체적 교육과정이라고 할 수 있다. 교육과정 총론은 모든 학교 교육활동의 기준이 되며 교육과정 지원과 평가의 근거가 되기도 한다. 그래서 교육과정의 전체적 포괄성과 균형성을 유지하는 역할을 하기도 한다. 교과는 물론이고 비교과 활동의 유기적 연계 및 상호균형과 조화 등의 중심축 역할을 하기도 하는 것이 총론이다. 결국 총론은 교과 교육과정을 총괄하면서 교과간 사이의 균형을 잡는 역할을 하는 중요한 교육과정이라고 할 수 있다.

총론에는 해당 교육과정에서 추구하는 교육의 궁극적인 지향점과 목표를 제시하고 있다. 2022 개정 교육과정을 보면 '홍익인간'을 교육이념으로 제시하고 있으며 이는 궁극적인 교육의 지향점이라고 할 수 있다. 그 하위에 추구하는 인간상이 있으며 이와 연계하여 다시 그 하위에 초·중·고교별 교육목표를 제시하고 있다. 2022 개정 교육과정은 '자기주도적인 사람'을 추구하는 인간상으로 제시하였다. 물론 이전 교육과정에서도 '자주적인 사람'을 추구하는 인간상으로 제시하며 긍정적인 자아정체성을 형성하고 자신의 진로와 삶을 스스로 개척하는 사람을 강조하였다는 점에서 기존의 인간상을 현재까지 이어오고 있는 것이라고 할 수 있다. 2022 개정 교육과정 총론에 제시된 비전과 추구하는 인간상을 보면 다음과 같다.

> 2022 개정 교육과정은 '포용성과 창의성을 갖춘 주도적인 사람'을 비전으로 제시하였다. 즉 자신의 삶을 주체적으로 개척하면서도 공동체 구성원으로서 함께 살아갈 줄 아는 사람을 기르는 것이 교육과정의 목표라고 할 수 있다. 이에 따른 추구하는 인간상은 다음과 같다.
>
> • 전인적 성장을 바탕으로 자아정체성을 확립하고 자신의 진로와 삶을 스스로 개척하는 자기주도적인 사람
> • 폭넓은 기초 능력을 바탕으로 진취적 발상과 도전을 통해 새로운 가치를 창출하는 창의적인 사람
> • 문화적 소양과 다원적 가치에 대한 이해를 바탕으로 인류 문화를 향유하고 발전시키는 교양 있는 사람
> • 공동체 의식을 바탕으로 다양성을 이해하고 서로 존중하며 세계와 소통하는 민주시민으로서 배려와 나눔, 협력을 실천하는 더불어 사는 사람

초등학교의 교육목표를 보면 다음과 같으며 총괄목표를 제시하고 그 하위에 추구하는 인간상과 연계된 4가지 교육목표를 제시하고 있다.

초등학교 교육은 학생의 일상생활과 학습에 필요한 기본 습관 및 기초 능력을 기르고 바른 인성을 함양하는 데 중점을 둔다.
1) 자신의 소중함을 알고 건강한 생활 습관을 기르며, 풍부한 학습 경험을 통해 자신의 꿈을 키운다.
2) 학습과 생활에서 문제를 발견하고 해결하는 기초 능력을 기르고, 이를 새롭게 경험할 수 있는 상상력을 키운다.
3) 다양한 문화 활동을 즐기며 자연과 생활 속에서 아름다움과 행복을 느낄 수 있는 심성을 기른다.
4) 일상생활과 학습에 필요한 규칙과 질서를 지키고 서로 돕고 배려하는 태도를 기른다.

학교급별 목표 이후 제시되는 목표는 각론 교육과정에서 나타난다. 여기서 제시하는 비전이나 추구하는 인간상, 학교급별 목표 등 교육과정을 소개하는 것이 아니라 총론에 나타난 교육활동을 통해 달성해야 할 목표들이 어떻게 구현될 수 있는가를 구조적으로 설명하려는 것이다. 학교 교육 활동을 보면 대부분이 교과 활동이다. 그렇다고 총론을 직접 가르치지는 않는다. 그러나 학교의 교육 활동은 총론에서 추구하는 교육목표를 달성하기 위해 각론을 활용한다. 이때 각론은 수단이 되며 총론이 목적이 될 수 있다. 그래서 각론 교육과정의 교육목표와 총론의 교육목표는 긴밀하게 연계되어 있어야 한다. 이러한 총론 구조에서 수업 설계는 어떻게 이루어져야 하는 것인가? 총론에 나타난 추구하는 인간상, 교육목표 등은 어떻게 달성해야 하는 것인가? 총론과 무관하게 수업을 설계하고 실행한다면 자연스럽게 총론이 구현되는 것인가?에 대한 의문을 제기하지 않을 수 없다. 여기서 한 가지 더 문제를 제기할 수 있다. 그것은 총론의 변화, 즉 교육과정의 변화의 의미가 무엇인가?에 대한 것이다.

나. 총론을 구현하는 수업 설계

1) 교육과정 변화의 의미

교육과정이 변화되었다는 의미는 어디에서 찾아야 하는가?에 대한 질문을 던지는 것은 교육과정 변화의 진정한 의미에 대한 이해 수준에 오류가 만연하기 때문이다. 혹자는 교육과정이 변화되었다는 것을 문서적 의미에서 찾으려고 한다. 물론 교육과정 변화의 의미는 다양한 관점에서 찾는 것이 가능하다. 그러나 여기서 제안하는 변화의 의미는 수업 측면이다. 교육과정이 변화하면 총론이 변화하고 총론에서 제시하는 추구하는 인간상이나 교육목표 등이 변화한다. 특히 2022 개정 교육과정에서는 핵심 역량도 강조하고 있으며 그 적용 범위도 2015 개정 교육과정에서는 기능 중심에서 지식·이해, 과정·기능, 가치·태도 등의 3가지 범주로 확대하였다.

교육과정이 변화하면 교사에게는 수업하는 방식이 변화되어야 한다. 교육과정의 변화의 의미를 자신의 수업 방식의 변화에서 찾아야 한다는 것이다. 교육과정 총론은 미래지향적인 교육철학과 방향을 담고 있기 때문에 이를 구현하기 위해서는 시대에 맞게 사고하는 방식을 길러주는 것이다. 다시 말해, 미래 사회에 대비한 사고하는 기능과 역량을 길러줘야 한다는 것이다. 단순한 예를 들어 1+1의 덧셈을 가르치는 방식이 1차 교육과정 시기와 오늘날의 방식과 같을 수 없는 것과 마찬가지이다. 총론에 제시된 달성해야 할 교육목표들은 학교에서 단순히 교육활동이 이루어진다고 해서 자연스럽게 길러지는 것이 아니다. 총론을 구현하는 수업 설계에서 시작되어야 한다. 이를 위해서는 교육과정이 변화하면 교사는 자신의 수업 방식을 개선해야 한다. 주입 중심 수업이었다면 탐구 중심으로, 사실 중심이었다면 개념 중심 수업 등으로 수업 방식에 대한 체질이 개선되어야 총론에서 추구하는 교육목표의 달성이 가능해진다.

학교 교육과정도 마찬가지이다. 학교 교육 목표가 있고 특색교육이나 중점 교육 사항 등이 있다. 이러한 교육목표 등은 별도의 교육 계획에 의해 달성되는 것이 아니라 학교의 수업 활동을 통하여 구현되는 것이다. 따라서 학교 교육과정은 모든 수업 설계의 근간이 되어야 한다. 그러나 학교에서 자율장학이나 수업을 설계할 때 학교 교육과정에서 교육목표를 확인하는 경우는 거의 없다. 하나의 요식적 문서로만 존재하는 경우가 허다한 것이 사실이다. 학교 교육과정이 교육과정 총론이나 각 시·도교육과정 편성 운영 지침이나 장학 지침에 의해 편성됨을 볼 때 학교교육과정에서는 개정 당시의 교육과정 총론에 있는 교육철학이 그대로 스며들어오는 것이라고 할 수 있다. 따라서 총론을 구현하는 수업 설계는 학교교육과정으로 시작될 수 있으며 이런 경우 해당 학교만의 독특한 특성을 살린 교육 활동이 가능해 진다. 이것이 지역화된 교육과정이라고 할 수 있다.

2) 총론을 구현하는 수업과 평가 설계 방안

앞에서 강조한 것은 학교에서의 수업은 총론을 구현하는 수업이 되어야 한다는 것이다. 총론은 하나의 운영 체계의 수준을 벗어나 수업의 중심체 역할을 하기 위해서는 무엇보다 총론을 수업으로 연계시키는 구도가 잘 드러나야 한다. 그러나 홍익인간, 비전이나 추구하는 인간상, 학교급별 교육목표, 핵심역량 등이 높은 추상성을 갖기 때문에 손쉽게 수업으로 연계하지 못하는 경우가 많다. 따라서 우리나라 교육과정으로 수업과 연계되는 총론을 재구조화를 할 필요성이 제시된다.

IB PYP에서 제시하는 10가지 학습자상을 보더라도 구체적이면서 학습을 통하여 도달 가능한 목표지점을 확인할 수 있다. 교육과정 총론에서는 추구하는 인간상을 구체화하여 5가지 학생상을 제시한다. 또한 교과 통합 기준은 IB PYP는 6가지 초학문적 주제를 제시하고 있다. 여기서는 핵심 개념을 추출하여 교과 통합의 기준으로 활용한다. 여기서 개념은 광범위하고 교과의 경계를 넘어서는 매크로 개념(macro concepts)이다. 핵심 가치는 13개를 추출하였다. IB PYP에서는 핵심 가치를 별도로 제시하고 있지는 않다. IB PYP 같은 경우에는 7개의 명시된 개념을 제시하고 있다. 이는 매크로한 개념으로 제시하고 있으나 교과 수나 학습 내용에 비하여 우리나라 교육과정에서 볼 때는 그 숫자가 너무 적다. 이를 보완하기 위하여 24개의 핵심 개념을 제시하였다. 이는 앞에서 제시한 매크로 개념에 해당되는 것이다. 핵심 기능은 모두 9가지로 선정하였다. IB PYP가 5가지인 것에 반하여 4가지를 보완하였으며 기능의 성격도 다른 요소를 갖는다.

표 6-1 **IB PYP와 한국형 프레임워크의 비교**

비교 관점	IB PYP	한국형 프레임워크	비고
추구하는 학생상	10가지 학습자상	6가지 학생상	2022 개정 교육과정 연계
교과 통합 기준	6가지 초학문적 주제	핵심 개념	핵심 개념 24개
핵심 가치	없음	13개	2022 개정 교육과정 총론 추출
핵심 개념	7개	24개	문헌 분석
핵심 기능	5가지	9가지	
평가	GRASPS 및 전시회	1차원, 2차원, 3차원 평가	사실에서 일반화까지 평가

평가는 1차원에서 3차원까지 구조화하였다. 여기에 차원이라고 하는 용어가 붙는 것은 사실적 지식에 해당하는 1차원과 실제 상황에서 평가 2차원, 이를 응용하고 심화하는 수준으로 가는 단계에 해당하는 3차원으로 구분하기 때문이다.

순	차원	평가 내용	세부 내용
1	1차원 평가	단편적 지식 평가	• 특정 사실이나 지식을 얼마나 기억하고 있는지 확인하는 평가, 기초 개념이나 기본적인 정보를 이해하고 암기하도록 하는 데 효과적임.
2	2차원 평가	지식과 개념의 이해 평가	• 단순 지식을 넘어 개념을 이해하고 다양한 상황에서 실제적으로 적용할 수 있는지를 확인하는 평가, 개념적 이해를 요구함. 추론, 설명, 응용 등 사고력과 분석력을 키우는 데 도움이 됨.
3	3차원 평가	종합적 사고와 응용 및 심화	• 학습자가 배운 지식과 개념을 바탕으로 복합적인 문제를 해결하고 새로운 상황에서 적용할 수 있는지를 평가함.

IB 교육을 기반으로 학교교육과정을 설계한 국내 공립 초등학교의 사례가 많아지고 있다. 개념 기반 수업 설계와 연관하여 탐구 모형도 학교 구성원의 논의를 통하여 별도의 탐구 모형을 정하여 수업 실천을 하고 있다. 이렇듯 학교 단위 또는 교사 단위의 교수학습 설계를 위한 다양한 프레임워크의 개발이 필요하다. 학년의 교육과정 수립 외에 교사는 2022 개정 교육과정 총론에서 밝히고 있는 인간상을 통해 학습자상, 학생상을 도출할 수 있고, 우리 교육에 맞는 핵심 가치와 핵심 개념의 선정도 가능하다. 실질적인 수업 설계의 틀 마련을 위한 내용과 과정은 다음과 같이 이루어진다.

1. 학생상

2022 개정 교육과정의 비전은 '포용성과 창의성을 갖춘 주도적인 사람'이다. 이는 2022 개정 교육과정이 설정한 미래 사회의 인재상으로, 미래 사회 전망과 대국민 의견 수렴 결과, 세계 교육의 동향 등을 고려하여 도출된 '자기주도성, 창의와 혁신, 포용성과 시민성'의 지향점을 반영한 것이다(황규호 외, 2021). 2022 개정 교육과정의 비전으로 새롭게 강조된 '포용성'은 더불어 살아가는 지속 가능한 사회를 함께 실현해 나가는 데 필요한 '배려, 소통, 협력, 공감, 공동체 의식' 등의 가치를 담은 것이다. 그리고 '창의성'에는 미래 사회가 요구하는 다양한 역량과 국제적으로 경쟁력 있는 인재가 갖추어야 할 능력 및 소양 등 교육의 사회적 가치가 담겼다. 마지막으로 '주도성'은 목표를 설정하고 그에 맞는 행동을 설계하는 능력을 바탕으로 주변 세계에 능동적이고 주도적으로 참여하면서 다른 사람과 주

변 환경에 긍정적인 영향을 미치는 책임감을 내포하는 개념이다. 주도적인 사람은 자신의 삶을 스스로 설계하고 성찰하며 개척해 나갈 수 있고, 책임감 있게 행동하여 세계를 바람직한 방향으로 변화시키는 능력과 의지를 가진 사람이다. 또한, 자신의 역량과 자질을 위해 끊임없이 배우고 익히며 성장해 가는 사람이다.[3]

- 포용성: 더불어 살아가는 공동체적 소양이나 서로를 존중하고 배려하는 성숙한 인격 등 교육이 지속적으로 추구해 온 가치를 담음.
- 창의성: 미래 사회가 요구하는 다양한 역량과 국제적으로 경쟁력 있는 인재가 갖추어야 할 능력과 소양 등 교육의 사회적 가치를 담음.
- 주도성: 자주성이나 자율성, 자기관리 역량 등의 개념과 세계에 능동적이고 주도적으로 참여하면서 다른 사람과 주변 환경에 긍정적인 영향을 미치는 책임감을 담음.

이를 통해 학생상은 새로움을 창출하는 학생, 호기심을 해결하는 학생, 진로의 방향을 찾아가는 학생, 자신의 진로를 개척하는 학생, 공감하고 배려하는 학생, 배려하고 협력하는 학생, 품위와 인격을 지키는 학생, 상식을 지키는 교양있는 학생 등으로 기술할 수 있다. 이런 학생상에 대한 논의는 국가 차원에서도 필요하고 각급 학교에서도 제시할 필요가 있다. IB의 경우는 10가지 학습자상을 제시하고 있는데, 우리 교육도 이런 학생상에 대한 정의와 제시가 필요하다.

2. 핵심 가치, 핵심 개념, 핵심 기능

2022 개정 교육과정에서 추구하는 범교과와 인간상이 구현될 수 있도록 구체화하여 핵심 가치를 제시한다. **핵심 가치**는 학생이 교육 활동을 통하여 궁극적으로 길러야 하는 것으로 이는 2022 개정 교육과정의 핵심 역량과 연계할 수 있다. 서울형 IB의 특징적인 요소로 2022 개정 교육과정에서 다루기를 제안하고 있는 핵심 개념을 분석하여 추출한다. **핵심 개념**은 설정된 학습의 방향을 깊이 있게 탐구하기 위한 수단이 되기 때문에 같은 단원이라고 할지라도 교수 설계자의 의도

---

3) 조호제 외(2023). 개념 기반 수업, 이렇게 한다. 박영스토리. p. 51.

에 의해 달라질 수 있다. 핵심 기능은 2022 개정 교육과정에 제시된 총론의 주요 키워드를 통하여 추출하고 문헌 분석(BK21 핵심역량 연구센터, 2012; 한국교육개발원, 2012; 경인교육대학교 교육연구원, 2019)을 통하여 추출한다. 다음 쪽의 내용은 예시적 성격의 서울형 IB PYP의 프레임워크이다. 위에서 제시한 핵심 가치, 핵심 개념, 핵심 기능은 서울형 PYP의 핵심적이고 중추적인 역할을 수행하게 된다. 이 삼자는 수업을 통하여 동시에 기를 수 있도록 구성되었으며 주요 학습 방법은 개념 기반 탐구학습으로 이루어진다. 여기에 제시된 기본 영역별 하위 요소는 연구 계획 수준이며 실제 적용은 연구 학교 운영 주체인 교사의 논의와 추가적인 협의에 새롭게 설정될 수 있다.

우리나라 교육과정에서 그리고 사회적 요구 분석을 통해 핵심 가치와 핵심 개념을 도출할 수 있다. 핵심 가치는 진취성, 주도성, 창의성, 혁신성, 의사소통과 협력, 비판적 사고와 문제해결, 디지털 리터러시, 안전, 리더십과 책임감, 유연성과 적응력 등으로 도출할 수 있고, 핵심 가치는 역량 교육과정과 통합교육과정, 중핵교육과정 이론(유형)을 근거로 제시해 보았다. 핵심 개념은 학문중심교육과정과 중핵교육과정으로 교육 내용의 성격과 학습 내용을 설계하는 때에 필요하다. IB PYP에서 제시하는 핵심 개념 7개와 MYP에서 제시하는 16개의 개념, 그리고 공정, 자유, 민주, 상관, 정보 등의 핵심 개념을 도출할 수 있다.

IB 교육에서 학습접근 방법으로 알려진 ATL과 같은 핵심 기능을 우리 교육과정에서도 도출하여 활용할 수 있다. 블룸(Benjamin Bloom)의 교육목표 분류와 위긴스(Wiggins)와 맥타이(McTighe)가 제시한 6가지 이해의 측면을 활용하여 핵심 기능을 제시할 수 있다. 블룸의 교육목표 분류는 인지적(Cognitive), 정의적(Affective), 심리운동적(Psychomotor) 영역으로 나뉘는데 이중 인지적 영역의 교육목표로는 기억하기, 이해하기, 적용하기, 분석하기, 평가하기, 창조하기가 있다. 정의적 영역에는 수용하기, 반응하기, 가치화하기, 조직화하기, 내면화하기, 심리운동적 영역으로는 지각하기, 준비하기, 유도된 반응하기, 기계적 수행(숙련)하기, 적응(응용)하기, 창조하기가 있다.[4]

---

4) Bloom, B. S. (1956). Taxonomy of Educational Objectives: The Classification of Educational Goals. Longmans, Green.

A. 학생상	B. 핵심 가치	C. 핵심 개념	D. 단원 개념	E. 핵심 기능
1) 새로움을 제안하고 대안을 마련하는 학생 (창의성) 2) 자신의 강점을 찾고 진로를 탐색하는 학생(진로) 3) 공감하고 배려하며 상식을 지키는 학생 (인성) 4) 자신의 몸과 마음을 이해하고 관리하는 학생 (몸과 마음 건강) 5) 서로 다름을 알고 다양함을 인정하는 학생 (다원적 가치)	1) 진취성 2) 주도성 3) 창의성 4) 혁신성 5) 의사소통과 협력 6) 비판적 사고와 문제해결 7) 디지털 리터러시 8) 책임과 안전 9) 리더십 10) 사고의 유연성 11) 적응성 12) 다양성 13) 자기 표현	1) 원인과 결과 2) 시스템 3) 사이클(주기) 4) 상호작용 5) 다양성 6) 갈등과 협력 7) 패턴 8) 변화 9) 심미성 10) 공감과 소통 11) 공동체 12) 연결 13) 문화 14) 형태 15) 관점 16) 논리 17) 관계 18) 시간과 공간 19) 창의성 20) 자유 21) 공정 22) 정보 23) 기능 24) 책임	교수 학습 개발자 선정	1) 관점갖기 2) 공감하기 3) 해석하기 4) 설명하기 5) 분석하기 6) 종합하기 7) 평가하기 8) 창안하기 9) 적용하기
5개 학생상	13개 핵심 가치	24개 핵심 개념	미설정	9개 핵심기능

3. 교수 설계 및 평가

평가의 설계는 개념 기반 수업이 학습자로 하여금 3차원적 학습 목표에 도달하게 하는 것으로 개념적 지식의 습득과 개념적 이해의 측면, 그리고 그것을 실생활에 전이하여 활용하는 능력을 모두 포함하여 평가하는 방향으로 설계할 수 있다. 그리하여 3차원 평가로 명명하며 1차원은 개념적 지식 자체의 파악을 평가하기, 2차원은 단원 학습 후 학습자가 진정 이해하고 알기를 원하는 일반적이고 보편적인 사실에 이르는 것을 뜻하는 개념적 이해를 평가하기, 3차원은 전이하기로 실제 상황이나 모의 상황에서 그것을 적용하여 역량을 발휘할 수 있는 적용 및 전이의 평가로 접근할 수 있다. 수업의 양상이 달라지면, 즉 개념을 기반으로 탐구하며 개념적 이해에 이르게 하는 수업으로 변하면 평가도 그러한 차원으로 변해야 하는 것이다. 이상과 같은 내용을 조합하여 다음과 같이 2022 개정 교육과정 총론의 프레임워크, 학생상, 핵심 가치, 핵심 개념, 단원 개념, 핵심 기능을 정리하였다.

그림 6-1 수업 설계의 틀과 과정

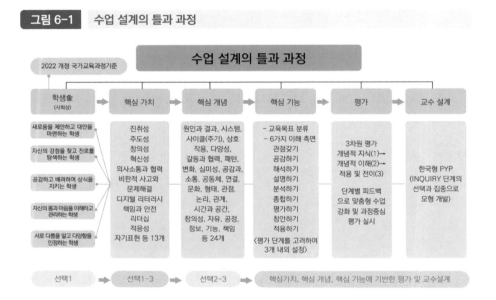

명제적 지식의 개념 기반 수업 설계 방안

CHAPTER 03

1. 명제적 지식과 개념 기반 설계 방안

명제적 지식은 사실과 개념, 원리 등을 포함하여 "무엇", "~라는 것을 안다 (Know That)"에 대한 지식의 형태를 말한다. 경험적 사실에 근거하거나 개념적 추론을 통해 도출된 명제, 규칙, 원리 등으로 구성되어 학문적 지식의 근간을 이룬다.

명제적 지식은 진위 여부를 구별할 수 있는 특징을 지니는데 참, 거짓을 구별할 수 있음을 의미한다. 명시적 표현, 기억과 이해가 핵심이며 학습 내용 간 연결성과 구조화를 통해 심화학습이 가능하다.

또한 명제적 지식은 개념적 기반이 되는 정보와 구조를 제공한다. 개념적 이해는 학생이 특정 개념과 이를 구성하는 원리를 체계적으로 파악하고, 이를 다른 맥락에 적용하거나 확장할 수 있는 능력을 의미한다. 명제적 지식은 단순한 사실을 암기하는 수준을 넘어, 지식을 구조화하며 이를 통해 문제를 해결하거나 새로운 통찰을 얻도록 하는 데 기여한다. 개념적 이해는 탐구, 비교, 분석 등의 과정을 통해 형성되며, 학생의 사고와 표현 능력을 강화한다. 따라서 명제적 지식은 개념적 이해를 위해 필수적이며, 개념적 이해는 명제적 지식을 유연하게 활용할 수 있는 능력을 제공한다.

개념 기반 설계 방안과 유사한 방법으로 사례 기반 접근, 탐구 중심 접근, 융합적 접근, 비판적 사고 기반 접근법을 들 수 있다.

사례 기반 접근법은 다양한 실제 사례를 통해 개념과 명제를 유도하는 방법이다. 학생에게 구체적인 사례를 제시하고 사례를 중심으로 개념과 원리를 도출하거나 이해하도록 하는 방법이다. 사례를 분석하면서 문제 해결 능력과 비판적 사고를 기를 수 있으며 구체적인 맥락에서 일반적인 개념이나 명제를 도출하는 데 유용한 방법이다. 사례 기반 접근법은 구체적 사례에서 출발하지만, 개념 기반 설계는 개념 자체를 중심에 두고 이를 다양한 맥락에 적용한다는 차이점이 있다.

탐구 중심 접근법은 질문과 문제 해결을 통해 명제를 탐구하는 방법이다. 학생이 스스로 질문을 생성하고, 개념적 이해를 도모하는 탐구 과정에서 사실적, 개념적, 논쟁적 질문을 활용하여 깊이 있는 이해를 할 수 있다. 탐구 중심 접근법은 학습 과정에서 학생의 자율성과 능동성을 강조하는 것이 특징이다.

융합적 접근법은 다른 교과와 연결을 강조하여 개념의 확장을 도모하며 비판적 사고를 기반으로 명제를 다양한 관점에서 검토한다. 여러 학문 영역의 개념과 지식을 통합하여 복잡하고 실질적인 문제를 다각도로 이해하도록 돕는 데 적합하다.

비판적 사고 기반 접근법은 정보를 분석, 평가, 판단하는 과정을 통해 깊이 있는 사고를 기르는 데 중점을 두고 있으며 개념 기반 설계는 지식을 구조화하고 적용하는 데 중점이 있다.

개념 기반 설계로 명제적 지식을 습득하기 위해 단순 지식의 암기와 암기를 위한 학습 활동 위주의 수업이 아닌 귀납적·연역적 수업 설계 방법이 효과적인 방법이다. 또한 사실적 질문, 개념적 질문, 논쟁적 질문을 수업에서 활용하여 개념적인 이해를 도울 수 있다.

명제적 지식의 습득을 통해 학생은 특정 주제나 현상에 대해 이해하고 설명할 수 있으며 탐구와 사고의 방향성을 잡게 된다.

2. 명제적 지식 습득을 위한 수업 모형

귀납적 모형과 연역적 모형은 서로 상호 보완적으로 활용될 수 있으며, 단원의 학습 목표와 내용, 학생의 특성, 기르고자 하는 핵심 개념, 핵심 기능에 따라 적합한 모형을 선택하거나 통합적으로 적용할 수 있다.

가. 귀납적 수업 모형과 수업 설계의 단계

귀납적 수업은 구체적인 사례나 경험을 통해 일반적인 원리나 규칙을 도출하는 과정에 초점을 둔다. 학생은 교사가 제시하거나 직접 찾은 다양한 사례를 비교하고 분석하면서 스스로 개념이나 명제를 발견하게 된다.

1) 단계와 절차

도입 단계에서는 학습 주제와 목표를 제시하여 학생이 수업 방향에 대해 이해하도록 학습 내용에 대한 안내를 한다. 학습 주제와 목표를 명확하게 설명하여 학습 동기를 유발하는 질문이나 사례를 제시하는 것이 중요하다.

전개 단계에서는 다양한 사례를 제시하고 학생이 공통된 특징을 탐색하게 된다. 교사는 구체적인 사례를 제시하며 학생이 관찰과 분석을 하며 공통된 특성을 찾도록 안내한다. 학생은 제시된 사례를 비교하고 규칙성을 발견하는 질문을 하게 된다. 질문은 거시적 질문과 미시적 질문으로 구분할 수 있다.

학생은 사례에 대한 관찰과 분석을 통해 개념의 속성을 탐구하며 사례 간의 관계를 명확하게 한다. 이때 사례 간의 공통된 특징을 정의하며 발견한 속성에 대한 이해를 강화한다. 교사는 학생이 발견한 개념이나 속성의 타당성을 검토하고 부족한 부분을 보충하며 개념의 정확성을 점검하는 등 적절한 피드백을 제공해야 한다. 이렇게 발견한 속성, 사례를 종합하여 개념이나 원리를 정의하고 일반화하게 된다. 일반화된 개념이 다른 사례에도 적용이 가능한지 새로운 사례를 제시하여 규칙을 적용하며 검증한다.

정리 단계에서는 학습한 개념을 실제 상황에 적용하여 새로운 문제를 해결하는 전이가 이루어진다. 학생은 학습한 내용을 실생활에 적용하여 활용해보도록 하여 이해를 심화하게 된다.

마지막으로 평가 과정을 통해 학생이 개념을 제대로 습득하고 이해했는지, 탐구 과정을 충실히 수행했는지를 확인하게 된다. 학생이 일반화된 개념을 정확히 설명하는지, 다양한 문제 상황에 개념을 적용할 수 있는지 다양한 평가 방식을 통해 확인한다.

단계	교수 · 학습 활동
탐구 질문하기	• 학습 내용 안내 및 협의 -거시적 탐구질문 만들기
개념 탐색	• 거시적 탐구질문의 해결을 위해 개념과 연계된 미시적 탐구 질문 만들기
개념 속성 탐구	• 미시적 탐구질문 해결하기
피드백	• 결정적 속성이 아닌 상투개념 정리하기
일반화	• 거시적 탐구질문에 대한 학습 내용 정리하여 일반화 진술하기
일반화 검증	• 일반화 검증하기
전이	• 실생활에 적용된 사례 검증하기
평가	• 거시적 질문과 연계하여 실제 상황을 고려한 평가하기 • 평가 결과 피드백하기

표 6-2 명제적 지식에서의 귀납적 수업 모형

나. 연역적 수업 모형과 수업 설계의 단계

연역적 수업은 일반적인 원리나 개념을 먼저 제시하고, 이를 구체적인 사례에 적용하거나 문제를 해결하는 과정을 통해 학습 내용을 강화하는 수업이다.

1) 단계와 절차

도입 단계에서 학습 주제와 목표를 제시하여 학생이 학습의 방향을 이해하도록 한다. 교사는 학습할 개념, 원리, 규칙에 대해 명확히 설명하며 학습의 필요성과 실생활에서의 관련성을 강조하고 학습 동기를 유발하는 문제나 상황을 제시한다.

전개 단계에서는 학습할 개념이나 원리를 정의하고 그 의미를 명확하게 전달한다. 교사는 학생에게 학습할 일반적 원리나 정의, 법칙 등을 설명한다. 이 때 설명은 학습자 수준에 맞는 간단한 사례, 학습자의 배경 지식을 고려하여 개념을 이해하도록 한다.

학생은 제시된 개념이나 원리를 세부적으로 탐색하며 이해하는 단계를 가진다. 개념의 결정적 속성과 비결정적 속성을 구분하며 구체적 사례를 통해 개념의 속성을 명확하게 한다. 교사는 학생이 속성을 스스로 정의하도록 질문을 유도한다.

교사는 학생의 응답을 통해 결정적 속성을 기반으로 정확성을 검토하며 오개념을 가졌을 경우 적절한 질문이나 사례를 통해 오개념을 수정하고 개념을 명확히 이해할 수 있도록 설명을 하여 개념 형성을 보완한다.

학생이 습득한 일반화된 개념이나 원리가 실제로 성립하는지 다양한 사례와 증거를 제시하며 개념의 타당성을 검증하게 된다. 학생은 원리를 적용하고 범위와 한계를 이해하는 단계이다.

정리 단계에서는 학습한 개념이나 원리를 새로운 문제나 실제 상황에 적용하는 전이가 시행된다. 학생이 배운 개념을 새로운 맥락에서 활용하도록 하며 실생활과 관련된 문제를 제시하여 학습 내용을 확장한다.

평가에서는 학생이 개념과 원리를 제대로 이해하고 적용할 수 있는지 다양한 문제 상황에 적용하는 것, 개념을 설명하고 증거를 들어 설명할 수 있는지 평가한다.

표 6-3 명제적 지식에서의 연역적 수업 모형

단계	교수 · 학습 활동
학습내용 안내	• 학습 내용 안내 및 학습 방향 협의
일반화 제시	• 개념과 연계된 미시적 탐구질문 만들기
개념 속성 탐구	• 미시적 탐구질문 해결하기
피드백	• 결정적 속성(증거)확인하기 • 오개념 정리하기
속성 검증 (증거기반)	• 일반화 속성의 적합성 검증하기
전이	• 실생활에 적용된 사례 검증하기
평가	• 일반화와 연결하여 실제상황을 고려한 평가하기 • 평가 결과 피드백하기

표 6-4	명제적 지식에서 귀납적 수업 모형과 연역적 수업 모형의 비교	
구분	귀납적 수업 모형	연역적 수업 모형
시작	구체적 사례	일반적 원리
접근 방식	사례→규칙성 발견→일반화	원리제시→적용→검증
학생의 역할	자료탐구, 규칙성 발견	원리 적용, 사례 검토, 연습
교사의 역할	사례 제공 학생 탐구 및 분석 과정 지원	원리에 대한 명확한 설명 피드백 및 충분한 시간 제공
적합한 내용	발견 학습 중심(개념 형성)	원리 및 법칙 중심(개념 적용)

3. 명제적 지식 습득을 위한 질문 유형

단계별 탐구 질문은 학생의 사고를 촉진하며 개념 형성과 이해를 돕는 중요한 도구이며 단계별로 적절한 질문이 주어졌을 때 학생의 동기 유발 및 탐구를 위한 동기를 제공하여 학습 효과를 극대화할 수 있다.

가. 사실적 질문

단편적인 사실을 묻는 질문으로 질문에서 요구하는 답을 텍스트나 책의 내용 등에서 찾을 수 있다. '교통수단에는 어떤 종류가 있나요', '대한민국의 수도는 어디인가요' 등 대부분의 사람들이 알고 있어 쉽게 대답할 수 있는 질문이다. 따라서 생각을 크게 요하지 않는 닫힌 질문이 많다.

나. 개념적 질문

사실이 모여 개념을 이루었을 때 그 개념과 원리를 묻는 질문이다. '교통수단의 발달이 왜 중요할까요', '대한민국의 수도는 왜 서울로 정하였을까요' 등 텍스트에서 답을 찾기보다는 개념들 간의 원리를 생각해보고 답을 해야 하는 경우에 속한다.

다. 논쟁적 질문

다양한 관점에서 사고를 요하는 질문이다. 개념과 개념 간의 관점이 모여 더 깊은 사고를 요하는 질문을 할 때 생각해보아야 하는 질문이다. '미래의 교통수단은 친환경적이어야 하나요' 등과 같이 정답보다는 다양한 관점을 알아보기 위한 질문이다.

라. 거시적 질문

개념 탐색, 일반화 단계에서 주로 활용되며 학습 과정의 큰 그림이나 개념의 범위를 이해하고 개념의 전체적인 의미와 적용 범위를 탐구할 때 사용된다. '이 사례들에서 어떤 원리를 도출할 수 있나요'와 같이 넓은 범위에서 질문을 하게 된다.

마. 미시적 질문

개념 속성 탐구, 피드백 일반화 검증 단계에서 활용되며 사례나 속성의 세부적인 부분을 분석하도록 돕는 질문이다. '이 사례에서 이 속성이 중요한 이유는 무엇인가'와 같이 개념의 세부적 근거를 확인하고 개념의 구체성을 확보하는데 사용된다.

표 6-5 명제적 지식 습득의 질문 예시

구분	명제적 지식 습득 질문 예시
사실적 질문	• 내가 알고 있는 교통수단과 이용한 교통수단은 무엇인가? • 내가 있는 곳의 위치를 알 수 있게 해주는 도구는 무엇인가?

구분	명제적 지식 습득 질문 예시
개념적 질문	• 지도는 어디에 활용할 수 있을까? • 교통수단이 시대에 따라 달라지는 이유는 무엇인가? • 교통수단은 어떻게 변화되고 있는가? • 교통수단의 변화는 사회와 문화에 어떤 영향을 주었는가?
논쟁적 질문	• 미래의 지도에는 무엇을 넣을 수 있을까? • 교통수단의 발전은 우리의 삶을 어떻게 변화시킬까요?
거시적 질문	• 교통수단의 발전은 다른 분야에 어떻게 적용할 수 있는가? • 발전되고 있는 도구들의 특징과 공통점은 무엇인가?
미시적 질문	• 교통수단이 중요한 이유는 무엇인가? • 내가 가진 교통수단을 더 발전시킬 수 있는 점은 무엇인가?

4. 명제적 지식에서의 평가

평가는 학생의 개념 이해 정도와 적용 능력을 확인하고 수업 목표가 달성되었는지 점검하는 중요한 과정이다. 특히, 개념 기반 설계에서는 단순한 지식 암기가 아닌, 개념과 원리의 이해와 이를 실제 상황에 적용하는 능력을 평가하는 데 초점이 맞춰져야 한다.

평가는 학생의 이해와 적용 능력을 확인하고 수업의 효과를 높일 수 있도록 도움을 준다. 진단평가, 형성평가, 총괄평가를 학습의 전, 중, 후에 실시하여 학생의 사전 수준과 학습목표 도달 이해 정도, 도달 정도를 확인하여 피드백을 실시한다.

과거 단순한 암기식 평가가 주를 이루었다면 개념의 이해 정도를 파악할 수 있도록 1차원적 평가 외에 개념 적용 능력을 평가할 수 있는 2차원 평가와 실생활 활용과 창의적 사고를 확장시킬 수 있는 3차원 평가가 함께 실시되어야 한다.

귀납적 수업 방법에서는 형성평가를 통해 학생이 사례를 분석하고 개념을 도출하는 과정과 새로운 사례를 제시하여 학생이 도출한 개념을 총괄평가에서 검증하게 된다.

연역적 수업 방법에서는 일반화된 개념을 구체적 상황에 적용하는 과정에서 평가가 이루어져야 평가의 효과를 높일 수 있게 된다. 형성평가를 통해 학생이 일반화된 개념을 문제에 적용하는 과정을 확인하며 복잡한 상황에 개념을 적용하여 문제를 해결하는 총괄평가를 실시한다.

평가를 통해 학생이 개념을 제대로 이해하고 있는지 학생의 학습 목표의 성취를 확인할 수 있다. 잘못 이해한 부분을 발견하고 오개념을 수정하며, 학생 중심의 수업이 효과적으로 이루어졌는지 학습 과정의 질을 향상할 수 있게 된다. 또한 학습자가 배운 내용을 실생활에 어떻게 사용할 수 있는지 실생활과 연결을 평가한다.

1차원적 평가는 단순 암기나 지식의 습득 수준만 평가하게 된다. 주로 객관식 시험이 주가 되며 개념의 정의를 묻는 단답형 문제가 많이 제시된다.

2차원 평가로 학생의 지식 이해와 개념 적용 능력을 알아보게 되는데 사례를 분석하거나 문제 해결을 과제로 제시하여 평가한다.

3차원 평가는 학생의 개념 이해와 적용뿐 아니라 실제 생활이나 상황에 활용능력과 창의적 사고를 평가하게 된다. 프로젝트 기반 평가, 포트폴리오 평가, GRASPS 평가가 3차원 평가에 해당한다.

표 6-6 명제적 지식 습득의 평가 예시

구분	명제적 지식 평가 방법 및 내용
1차원 평가	• 우리 학교 주변에는 무엇이 있는지 알아보기 • 다른 곳으로 이동하기 위해 무엇을 이용하는지 알아보기 • 다른 곳으로 이동하기 위해 어떤 도구를 보고 가는지 알아보기 - 서술형 평가, 관찰평가 등
2차원 평가	• 지역의 지도를 찾아보고 어떤 것이 보이는지 기록하기 • 다양한 지도에서 공통적으로 발견되는 요소를 모아보며 규칙성 찾기 - 서술형 평가, 형성평가 등
3차원 평가	• 내가 만드는 지도(무엇을 안내하는 지도인지, 다른 사람이 잘 알아 볼 수 있도록 표식을 넣었는지 평가) - GRASPS 평가, 총괄평가 등

5. 명제적 지식 습득의 수업 설계 사례

1) 귀납적 방법에 의한 명제적 지식 습득 수업 설계 사례

소주제	여기는 어디일까요	차시	6~9차시/10차시
핵심 가치	적응성	핵심 기능	분석하기
핵심 개념	정보	단원 개념	지리, 위치, 지도, 요소

성취기준	[4사05-01] 우리 지역을 표현한 다양한 종류의 지도를 찾아보고, 지도의 요소를 이해한다. [4사05-02] 지도에서 우리 지역의 위치를 파악하고, 우리 지역의 지리 정보를 탐색한다.
소주제 일반화	지도를 보고 내가 있는 위치를 알 수 있으며 주변의 건물과 도로를 볼 수 있다.
일반화	지도의 다양한 요소를 이해하면 정보를 효율적으로 탐색하고 분석할 수 있다.

단계		교수·학습 활동
도입	학습 내용 안내	**[생활 중 경험 사례 살펴보기]** • 어떤 장소인지 맞추기 　- 우리 학교와 인근 장소 　(모자이크처럼 하나씩 보이게 하거나, 조금씩, 확대해 가면서 볼 수 있음) • '학교'라는 것을 어떻게 알 수 있었는지 이야기 나누기 　(학교 마크가 보임, 우리집이 보임, 익숙한 장소가 있음, 도로를 보았음 등) • 학습 내용 알아보기 　- 내가 있는 곳을 잘 나타내고 알아볼 수 있는 도구에 대해 알아보기
전개	개념 탐색	• 우리 학교 주변에는 무엇이 있는지 알아보기 **평가 1** 　- 병원, 행정복지센터, 경찰서, 마트, 아파트, ㅇㅇ산, ㅇㅇ천 등 • 우리 학교에서 다른 곳으로 이동하기 위해 무엇을 이용하는지 알아보기 　- 버스, 지하철, 택시, 자전거, 자가용 등 　(다양한 교통수단을 이용하거나 도보로 이동하기 등) 　- 다른 곳으로 이동하기 위해 어떤 도구를 보고 가는지 알아보기 　(지도, 네비게이션 등) 　(사실적 질문) 내가 있는 곳의 위치를 알 수 있게 해주는 도구는 무엇인가?

		[다른 사례 탐색하기]
		• 여행 장소 알아보기
		  - 여행 장소로 가기 위해 무엇을 보고 찾았나요?
		  (여행을 안내하는 자료, 여행 후기, 책자, 인터넷 정보 등)
		• 여행 장소를 안내하는 안내지도에 있는 정보 알아보기
		  - 여행 장소의 특징, 거리, 숙소, 먹거리, 인근의 가볼 장소, 기타 등
		• 여행 장소에서 안내지도를 이용한 경험 나누기
		  - 안내지도를 유용하게 사용한 경험, 안내지도가 없었으면 어떠하였을까 등
		  (개념적 질문) 지도는 어디에 활용할 수 있을까?
		
		[단원 개념 형성하기]
		• 지도에서 위치를 찾을 수 있다.
		• 지도에는 다양한 정보가 담겨 있다.
		• 지도를 읽을 수 있으면 정보를 탐색하고 효율적으로 이용할 수 있다.

	개념
	속성
	탐구
		• 우리 학교 인근 지도 살펴보기
		  - 무엇이 보이는지 기록하기
		  (기호, 무엇이 보이는지, 보이는 것을 어떻게 표시하였는지 등)
		  - 지도에는 기호가 있고 여러 사람이 이해할 수 있도록 표시하기
		• 내가 가보고 싶은 지역 조사하기 **평가 2**
		  - 내가 가고 싶은 지역의 지도를 찾아보고 어떤 것이 보이는지 기록하기
		  - 지도를 통해 알 수 있는 점 발표하기
		• 다양한 지도에서 공통적으로 발견되는 요소를 모아보며 규칙성 찾기

	개념 정의 하기	**[단원 개념 정의하기]** • 지도를 보고 알 수 있는 점 확인하기 - 내가 있는 위치, 이동, 건물, 건물의 위치, 정확성, 거리 등 • 지도는 기호나 문자를 사용하여 표면에 있는 것을 나타낸 도구이다.
	일반화 진술 하기	지도의 다양한 요소를 이해하면 정보를 효율적으로 탐색하고 분석할 수 있다.
	적용 하기	• 학교로 가는 길 찾아보기 - 집에서 학교로 가는 길을 그려 보기

정리	전이
	하기
		• 내가 만들어 보는 지도 **평가 3**
		  - 무엇을 안내하는 지도이고, 왜 이 지도를 만들었는가?
		  - 지도에 표시된 것은 무엇을 의미하는가?
		  (논쟁적 질문) 미래의 지도에는 무엇을 넣을 수 있을까?

	성찰
	및
	피드백
		• 지도에 대해 알게 된 점 확인해보기
		  - 지도는 내가 있는 위치를 알게 해주며, 가고 싶은 장소를 갈 수 있는
		  방법, 다양한 정보 등이 담겨 있다, 정확하게 그려야 한다 등

2) 연역적 방법에 의한 명제적 지식 습득 수업 설계 과정

소주제	더 빠르게, 더 편리하게, 더 멀리	차시	9~12차시/12차시
핵심 가치	창의성, 혁신성	핵심 기능	공감하기, 분석하기
핵심 개념	연결, 변화	단원 개념	교통, 다양성, 편리, 발전
성취기준	[4사04-02] 옛날부터 오늘날까지 교통의 변화에 따른 이동과 생활 모습의 변화를 이해한다.		
소주제 일반화	교통수단의 발달은 생활 양식의 변화를 가져왔다.		
일반화	교통의 변화는 생활의 변화를 가져오며, 사회와 문화 발전에 중요한 역할을 한다.		
단계	교수 · 학습 활동		

단계		교수 · 학습 활동
도입	삶과 연계된 상황 살펴 보기	**[여러 가지 그림 비교해보기]** • 여러 가지 그림을 비교해보고 교통수단 찾아보기 - 고대 시대: 단순한 수단 등 - 중세 및 근현대: 수레, 마차, 증기 기관차 등 - 현대: 자동차(자율주행 자동차 포함), 오토바이, 비행기, 퀵보드 등 • 내가 이용한 교통수단 알아보기 - 내가 알고 있는 교통수단 알아보기 (사실적 질문) 내가 알고 있는 교통수단과 이용한 교통수단은 무엇인가? - 최근에 이용한 교통수단 알아보기 - 교통수단을 이용한 이유 알아보기 - 여러 가지 교통수단을 이용하면서 알게 된 점 생각해보기 - 내가 알고 있는 교통수단의 종류와 이용 방법 알아보기 **평가 1**
전개	일반화 제시 하기	**[일반화 진술하기]** • 교통의 변화는 생활의 변화를 가져오며, 사회와 문화 발전에 중요한 역할을 한다. - 내가 생각한 일반화 발표하기 - 짝, 모둠의 일반화 진술과 비교하기
	탐구 질문 하기	**[일반화 진술을 보고 탐구질문 만들기]** (개념적 질문) 교통수단이 시대에 따라 달라지는 이유는 무엇인가? (개념적 질문) 교통수단은 어떻게 변화되고 있는가? (개념적 질문) 교통수단의 변화는 사회와 문화에 어떤 영향을 주었는가?

		(논쟁적 질문) 교통수단의 발전은 우리의 삶을 어떻게 변화시킬까요?
	개념 속성 탐구 하기	**[탐구질문의 개념 속성 탐구하기]** (개념적 질문) 교통수단이 시대에 따라 달라지는 이유는 무엇인가? • 교통수단의 변화 알아보기 - 시대에 따라 교통수단이 어떻게 변화되어 왔는지 알아보기 (개념적 질문) 교통수단은 어떻게 변화되고 있는가? - 옛날 교통수단과 오늘날 교통수단의 차이점 알아보기 (개념적 질문) 교통수단의 변화는 사회와 문화에 어떤 영향을 주었는가? **평가 2** - 교통수단이 달라짐에 따라 생활이 바뀐 점은 무엇인지 알아보기 (빠르게 다른 곳으로 이동 가능, 가기 어려운 곳도 편리하게 갈 수 있게 된 점, 우주까지 진출할 수 있는 점, 국제 교류가 활발하게 되었다 등) - 교통수단이 달라짐에 따라 사회와 문화에 영향을 준 점 알아보기 (국제교류로 인해 다른 나라의 문화에 대해 더 잘 알 수 있게 되었다, 문화가 변화되었다, 더 빨리빨리를 추구하는 것 같다 등)
	더 깊이 개념 탐색 하기	**[교통수단의 발전이 준 장단점 찾아보기]** • 교통수단의 발전이 생활에 준 장점과 단점 찾아보기 - 교통수단의 발전이 생활에 준 장점 생각해보기 (이동 속도가 빨라졌다 / 세계 여러 곳을 여행할 수 있다 / 자율주행자동차로 이동하면서 그 시간에 다른 것을 할 수 있다 등) - 교통수단의 발전이 생활에 준 단점 생각해보기 (환경오염이 심해졌다 / 사고의 위험이 많아졌다 / 단시간 내에 갔다 올 수 있어 지역경제에 도움이 되지 않는 면도 생긴다 / 누구나 이용가능하지는 않다 등) (논쟁적 질문) 교통수단의 발전은 우리의 삶을 어떻게 변화시킬까요? • 미래의 교통수단의 발전과 우리의 삶에 대해 예측해보기 - 더 고속으로 교통수단이 발전될 것이다 / 손을 대지 않고 말로만으로 움직일 수 있고 제어가 가능한 교통수단이 발전될 것이다 등
정리	적용 하기 및 전이 하기	• 내가 만드는 교통수단 **평가 3** - 미래 사회에 이용하게 될 교통수단 만들기 (어떤 교통수단을 이용할까 / 왜 그 교통수단을 이용하는 것인가 / 교통수단의 이용으로 편리한 점은 무엇인가 / 이 교통수단을 이용하기 위해 갖추어야 할 점은 무엇인가 등)
	성찰 및 피드백	• 교통수단에 대해 알게 된 점 발표하기 - 교통수단은 이동을 편리하게 해주고 더 넓은 세상으로 나아가게 해준다 / 교통수단은 기술의 발전과 함께 발전한다 / 교통수단의 발달은 사회, 문화도 변화시킨다 / 앞으로 우주까지 진출할 수 있을 것 같다 등

CHAPTER 04 절차적 지식의 개념 기반 수업 설계 방안

1. 절차적 지식의 의미

절차적 지식(procedural knowledge)은 '무엇을 어떻게 할 것인가(knowing how)'와 같은 방법에 관한 지식이다. 지식을 습득하는 데 있어 실제적인 방법을 경험해 가면서 학습하게 된다는 뜻이다. '무엇이 무엇인가?', '무엇이 어떠한가?'와 같은 명제적 지식은 결국에는 알게 되지만 학습자가 실제로 할 수 있는 행동, 기능에 더욱 중점을 두게 된다. 이에 절차적 지식을 다른 말로는 과정 지식이라고 할 수 있다. 개념 기반에서 과정의 구조에 해당하는 교과를 통해 학습하게 되는 경우를 말한다. 절차적 지식에 대한 학습 목표는 '－을 할 수 있다'로 표현된다. 예를 들어 미술과에서 '구체물의 형태를 다양한 재료로 그릴 수 있다.'라든가 음악과에서 '리코더로 등대지기를 연주할 수 있다.', 영어과에서 '나이를 묻고 답하는 표현을 말할 수 있다.', 체육과에서 '공 던지기 기술을 익혀 피구 경기를 할 수 있다.'로 제시한다.

절차적 지식은 명제적 지식 중 규범적 지식과 맞물려 있다. 어떤 선언적 지식이 회상될 때 자동으로 관련된 절차적 지식이 활성화된다고 보는 것이다. 예를 들어 '도화지가 있다. 그림을 그리고 싶다. 연필이 있다.' 그러면 연필을 들고 그림을 그리는 행동을 하게 된다는 것이다. 그렇다고 절차적 지식의 습득 형태가 꼭 행동이나 기능으로 나타나는 것으로 국한되지는 않는다. 그 과정에서 학습자는 개념 형성을 바탕으로 그 분야의 전문가들이 하는 과정과 방식을 이해할 수 있게 되는 것이다.

미술과에서 회화 영역이라 할지라도 색감, 색상, 채도, 명도 등의 개념을 알고 색을 선택하는 과정에서 작가의 느낌과 의식, 감정, 가치관, 생각들을 색상으로 표현할 수 있음을 이해하는 학생은 작가의 그림을 보고 감상하는 능력이 달라질 수 있다. 이러한 과정에서 배우는 일련의 지식을 절차적 지식이라 볼 수 있다.

　체육과의 경우도 학생은 움직임의 요소를 알고, 신체의 어떤 부분을 움직임에 사용하는지 그 경험에 따라 공을 정확히 패스하는 방법을 알게 되고 축구 경기를 할 수 있는 절차적 지식을 습득하게 된다. 축구 경기에서 움직임을 이해하는 학생은 다른 스포츠나 신체 운동에서 사람들은 움직임을 위해 신체를 다양하게 움직이고 사용하는 것을 이해하게 되는 것이다. 그리고 학습 과정에서 자신만의 전략을 세우고 움직일 수 있다.

　영어과의 경우라면 '당신은 학생이다.'라는 문장으로 질문을 하려면 문장에서 무엇이 바뀌거나 어떻게 질문하는지 살펴보는 과정을 통해 문장 구조, 어휘의 변화 등의 영어 표현을 이해할 수 있다. 주어와 문장을 바꾸는 경우와 그렇지 않은 경우를 통해 질문하는 문장은 어떻게 표현하는지를 더 배울 수 있게 된다. 이러한 절차적 지식에서도 명제적 지식에서와 마찬가지로 탐구 질문은 매우 중요하다. 단순한 기능과 전략만을 습득하는 단편적이고 일방적인 학습이 되지 않기 위해, 절차적 지식을 습득하는 교과에서 깊이 있는 학습이 되기 위해서는 탐구 질문의 제시가 더욱 중요해진다. 절차적 지식에서 개념 기반 수업의 설계에는 그 학문의 고유한 개념을 교사가 전문적으로 아는 지식이 필요하다. 더불어 탐구의 과정으로 학습할 수 있도록 탐구 질문의 제시, 그리고 학습자 개개인이 보여주는 기능 이면의 전략, 이유를 세밀하게 살펴볼 수 있도록 해야 한다. 학습자 자신의 학습에 관한 성찰과 교사와의 상호작용, 피드백이 중요하다.

2. 절차적 지식과 개념 기반 설계 방안

　절차적 지식은 개념 기반 교육과정 원리에서 과정의 구조와 유사하다. 학생은 '신화와 인물들'이라는 쓰기 과정에서 작가가 글을 쓸 때 인물의 특성을 직접 묘사하거나 인물의 생각과 감정을 글로 표현하면서 인물에 대한 정보나 특성을 드러낼 수 있다는 것을 배울 수 있다. 또한 이야기를 전개해 가는 과정에서 생각과 감정을 표현하거나 다른 인물과의 관계를 통해 그 인물의 특성을 표현할 수 있음을 이해할 수 있다. 학생들이 작가, 인물 특성, 묘사, 대화와 같은 개념을 알 수 있도록 교사는 수업을 설계하고 지도해야 하는데, 이런 전략과 기능을 예시로 들어 가며 바로 제시할 수도 있고, 여러 학습 경험을 통해 알아가는 과정으로 제시할 수도 있다.

그림 6-2 과정의 구조 수업 방법

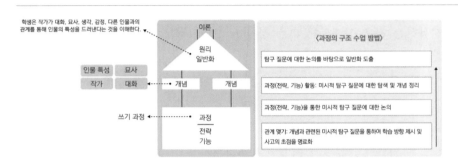

개념 기반 수업에서 이러한 전략과 기능을 교사가 다 제시해 주기는 어렵다. 왜냐하면 학생들 각자 자신만의 전략을 형성해 가고 기능을 행동으로 표현하는 모습이나 정도도 다르기 때문에 개념 기반 수업에서 일반화에 이르기 위해 교사는 많은 작품이나 문장 표현의 예시를 제시해야 한다. 그리고 학생 각자의 전략과 기능도 모두 살피면서 수업해야 하는 어려움이 생긴다. 교사가 모든 전략과 기능을 제시해 줄 수 없는 어려움에 대한 대안적 방법으로 이미 학습자에게 형성되어 있는 전략과 기능을 새로운 상황에서 탐구하는 질문을 제시하여 학습자가 전략과 기능을 스스로 형성해 갈 수 있도록 제시할 수 있다. 절차적 지식을 습득하는 과정에서 전략과 기능을 학습자 내에서 발견하고 행동으로 옮겨 보며 기능을 형성할 수 있도록 하는 것이다. 교과 고유의 학문적 성격에 따라 다양한 질문으로 제시될 수 있으며 절차적 지식을 습득하기 위한 수업 모형으로 미시적인 탐구 질문 접근으로 그 과정을 점검하며 일반화에 이르는 수업으로 제시할 수 있다.

가. 절차적 지식에서의 탐구 질문, 개념적 이해, 미시적 탐구 질문

1) 탐구 질문과 개념적 이해

일반적으로 탐구 질문은 전체 단원의 주제를 더 깊이 이해할 수 있도록 제시하는 질문이다. 탐구 질문이 제시되는 이유는 정보를 바로 외우거나 교사에 의해 제시되는 방식이 아닌 학생들이 스스로 생각하고 탐구의 본질에 다가가게 하기 위한 것이다. 탐구 질문은 보통 거시적 질문, 즉 큰 질문으로 시작하여 학습을 시작할 수 있다. 이런 경우는 '왜 그럴까요?', '어떻게 하나요?'와 같은 중요한 문제를 제시하며 학습자가 앞으로 공부해 나가야 할 학습의 방향성을 제시하는 것이기도 하다. 학습자로 하여금 '이런 내용으로 공부하겠구나, 또는 이런 일들을 다루겠구나.' 하는 사고를 불러일으키며 학습자의 선 경험과 관련된 사고를 도출하게 된다. 질문을 통해 호기심을 자극하는 과정은 '정말 그런 걸까?'나 '왜 그럴까?'와 같은 의문을 품게 되고 학습자는 더 깊이 생각하게 된다. 절차적 지식에서는 '이 작가는 왜 이렇게 인물을 표현했을까?', '이 화가는 왜 이렇게 그렸을까?', '왜 이런 색으로 이렇게 표현했을까?', '이 선수는 어떻게 해서 득점을 많이 할 수 있었을까?' 등의 질문으로 그 영역에서 전문가가 된 사람들의 사례에 대한 근본적인 질문으로 접근할 수 있다. 이는 수업 중 단원의 시작에서 제시되는 질문으로 결국 학생들은 탐구 과정을 통해 이 전문가는 이런 기능과 전략을 활용하고 표현하는 것을 이해하며, 나의 기능과 전략을 수정하거나 통합, 융합하여 나의 것으로 취할 수 있게 된다.

2) 탐구 질문과 미시적 탐구 질문

절차적 지식 습득에서 미시적 탐구 질문은 학습자가 지식을 발견해 가도록 유도하고, 폭넓게 사고하도록 장려한다. 이는 학습자가 절차적 지식에서의 개념적 이해에 이르도록 방향을 잡아가는 역할과 구체적인 사례를 더 찾거나 이 경우가 아닌 다른 예를 찾아보거나 유사한 사례를 수집하고 분석해 보는 과정으로 이끌기도 한다. 즉 단원 전체의 탐구 과정에서 미시적 탐구 질문은 세부적인 답을 더욱 구체적이고 단계적으로 나아갈 수 있도록 한다. 스포츠의 경우 학생은 다양한 스포츠의 사례를 통해 운동선수나 스포츠 활동을 하는 많은 사람들이 어떤 과정을 거치게 되는지 미시적 질문들을 통해 탐색할 수 있다. 같은 종목의 운동을 하는 사람들이라도 각자 자신이 선호하는 자세가 왜 생기는지, 어떤 자세가 중요한지, 자세가 득점에 영향을 미치는지 등의 질문을 통해 궁극적으로 움직임과 자세, 운동 경기의 결과 등이 서로 연관되어 있다는 것을 이해할 수 있게 된다. 미시적 탐구 질문은 절차적 지식을 습득할 수 있는 교과에서 개념을 단계적으로 이해하고, 내면화하는 것을 도우며 지식을 체계적으로, 심화된 지식을 습득하도록 돕는다. <그림 6-3>은 절차적 지식 습득을 위한 수업의 절차의 예시로 귀납적이거나 연역적인 방법과 상관없이 학생들이 할 수 있는 미시적 질문과 과정 활동을 보여주는 사례이다. 이처럼 절차적 지식은 그 분야의 전문가의 수준에 있는 사람들이 사용하는 기능과 전략을 탐구하기 위한 과정으로 여러 질문들을 제시할 수 있다.

그림 6-3 절차적 지식 습득을 위한 수업 절차

수업 절차

1. 과정 활동에 들어가기 전 개념과 관련된 미시적 탐구 질문을 던짐(관계 맺기, 집중하기) (예시) 1~2차시
   - 인물의 특성은 무엇을 통해서 알 수 있을까? 인물은 어떻게 표현할 수 있는가? (성격, 특성, 외모, 생각, 가치관, 배경......)
   - 글에서 묘사는 왜 필요할까? - 인물의 서로 다름을 표현하는 방법은 무엇일까? (묘사, 비유, 대치, 대화, 사건, 일화......)
   - 작품에 작가의 생각은 어떻게 찾을 수 있는가? - 작품은 모두 작가의 생각으로 쓰여지는가? (시대반영, 사실, 주관적......)
   - 글에서 대화 내용을 통해 알 수 있는 것은 무엇일까? - 작품에서 대화로 표현하는 이유는 무엇인가? - 질문을 ppt로 제시해도 좋음
2. 과정(전략, 기능) 활동: 교사가 제시한 미시적 탐구질문을 떠 올리며 과정 활동을 하되 탐구 질문 해결 (조사하기/조직 및 정리하기) (예시) 3-4차시
3. 과정(전략, 기능) 활동을 통한 미시적 탐구 질문 하나하나에 대한 탐색과 개념 정리 (일반화 주요 키워드 도출) (예시) 5차시
4. 탐구 질문에 대한 논의를 바탕으로 일반화 도출 (전이)

다음은 개념 중심 수업 설계를 위한 절차적 지식 습득 질문의 예시이다.

표 6-7 절차적 지식 습득의 질문 예시

구분	절차적 지식 습득 질문 예시
사실적 질문	• 작가는 작품의 배경을 어디로 정했나요? • 작가가 사용한 도구는 어떤 것인가요? • 질문하는 문장으로 바뀔 때는 문장에서 무엇이 달라지나요?
개념적 질문	• 작가가 이런 색상을 사용한 이유는 무엇일까요? • 각 선수의 득점 결과가 다른 이유가 있을까요? • 신체의 움직임에 주요한 역할을 하는 부분은 어디일까요? • 작가는 미술 작품에 어떤 요소를 담아 표현하나요?
논쟁적 질문	• 최고의 점수에 도달하게 하는 움직임의 위치가 있을까요? • 간단한 단어만으로 의사소통이 가능할까요? • 작가의 의도는 보는 사람이 결정할 수 있나요?
거시적 질문	• 어떻게 해서 이런 득점을 낼 수 있었을까요? • 작가의 의도는 어떻게 파악할 수 있나요? • 인간의 감정과 생각을 표현하는 방법은 무엇일까요?
미시적 질문	• 다르게 움직이거나 전략을 바꾸면 어떤 결과가 나올까요? • 규칙을 바꿔 보면 어떻게 될까요? • 대상이 달라지면 질문이 어떻게 달라질까요?

나. 절차적 지식에서의 평가

절차적 지식에서도 평가는 명제적 지식에서와 같이 일반적 3차원 평가로 실시할 수 있다. 이는 수업 자체가 개념 중심 학습으로 설계되기에 평가 또한 해당 교과나 학문 분야의 개념을 습득했는지 확인하거나 개념의 속성을 이해했는지를 평가하는 1차원 평가, 개념적 이해에 도달했는지를 파악하는 2차원 평가, 절차적 지식에서의 개념적 이해를 실제 상황에 연계하여 적용할 수 있는지를 파악하는 3차원 평가로 이루어진다. 명제적 지식에서 개념의 속성, 개념 자체를 습득했는지를 파악하는 양상과 절차적 지식에서의 개념의 습득에는 차이가 있다. 절차적 지식에서의 개념은 움직임, 요소, 형태, 색상, 어휘, 속도, 명도, 채도와 같이 기능과 전략 중심의 개념을 아는 것이다. 절차적 지식에서의 개념은 각 분야 전문가가 활용하는 기능과 전략과 관련된 개념이라 할 수 있다. 절차적 지식에서의 1차원 개념 습득의 평가는 학습의 초기에 주로 이루어질 수 있으며, 해당 주제와 관련된 색조, 명암, 의사소통, 기술 등과 같은 개념이 무엇인지를 아는 것을 확인하는 것이다. 개념적 이해의 평가는 미술과에서 독특한 색상을 사용하거나 색상을 조합하는 기술이 사람들의 시선을 사로잡을 수 있다는 개념적 이해에 도달했는지를 평가할 수 있다. 이러한 이해는 색상, 조합, 기술, 소통이라는 개념을 알고, 그것을 활용하는 이유를 실제로 어떻게 표현할 수 있는지 학습자의 기능과 전략을 활용하는 면을 평가할 수 있다. 즉 자신도 여러 색상의 조합과 특정 색상을 사용하여 감정을 표현하고자 하는 의지를 행동으로 보일 수 있는지를 평가할 수 있는 것이다. 이러한 절차적 지식 습득에서의 3차원 평가는 학습자가 자신의 감정을 색조라는 개념을 알고, 실제 상황에서 자신의 기능과 전략으로 표현할 수 있는 상황을 제시하고 그 결과를 확인할 수 있는 형태로 평가가 이루어질 수 있다. 절차적 지식에서의 3차원 평가는 <표 6-8>과 같으며, 평가 예시는 <표 6-9>와 같다.

표 6-8 절차적 지식 습득에서의 3차원 평가

절차적 지식에서의 3차원 평가

1차원: 각 분야 전문가의 기능, 전략 이해(개념 습득)
2차원: 개념적 이해 도달(일반화)
3차원: 개념적 이해의 실제 상황 연계 적용

표 6-9 절차적 지식 습득의 평가 예시

구분	절차적 지식 평가 방법 및 내용
1차원 평가	• 인물의 특성을 표현하기 위해 작가가 사용한 방법 제시하기 • 색을 다양하게 표현하는 방법 설명하기 • 움직임에 영향을 끼치는 요소 말하기 • 다양한 스포츠의 이름과 특징 설명하기 - 서술형 평가, 관찰평가 등

구분	절차적 지식 평가 방법 및 내용
2차원 평가	• 곡의 느낌을 살려 연주하는 것은 어떤 것인지 생각하며 연주하기 • 대상의 특징을 살려 표현하는 요소를 알고 표현하기 - 서술형 평가, 형성평가 등

3차원 평가	• 나의 작품에 나의 감정을 실어 표현하기(나는 감정 표현가)
	• 특정 상황의 감정이나 이야기가 있는 나의 감정을 색조와 형태로 표현하기
	  - 친구의 작품을 보고 친구의 감정을 유추해 보기 등
	  - 내가 쓰는 소설(장르를 하나 고르고 나의 글을 쓰기)
	  - GRASPS 평가, 총괄평가, 프로젝트, 포트폴리오 등

이러한 절차적 지식의 3차원 평가도 명제적 지식 습득의 경우처럼 단원의 설계시 어느 시점에 평가할 수 있을 것인지 미리 설계하는 것이 필요하다. 세 평가는 분절적인 평가가 아니며 단원의 전체 흐름에서 절차적 지식을 습득하는 과정에서 다양한 기능과 전략을 활용해 가며 일반화에 도달하도록 점검하고, 자신의 기능과 전략을 더욱 발전시켜 적용할 수 있도록 지원하는 평가여야 할 것이다. 절차적 지식의 습득은 한 차시의 단편적인 활동으로 이루어지는 것이 아니다. 지속적이고 다양한 시도를 통하여 일반화에 도달하는 연습과 반복, 잦은 시도가 필요하며 실패를 두려워하지 않고 시도하는 용기를 가지도록 학생에게 긍정적인 피드백을 해 주어야 한다. 결과가 바로 나타나는 특성이 있기에 하나의 활동 결과라도 자신이 생각한 전략을 사용한 것에 대한 격려, 인정, 지원이 필요하다. 교사는 학습자의 의도와 시도, 감정을 세밀하게 살피고 긍정적인 피드백을 아끼지 않아야 하며, 작은 진보를 놓치지 않고 학습자 스스로도 발견할 수 있도록 관찰과 지속적인 관심이 필요하다.

절차적 지식 습득 과정에서의 평가는 학습자의 기능과 전략 활용 결과에만 집중하지 않아야 하며, 학습자의 인지 구조에서 어떤 개념을 습득했는지 확인하고, 사고를 발전시킬 수 있도록 해야 한다. 결국 학습자가 학문적으로 그리고, 실생활에서도 여러 기능과 전략을 면밀히 살피고 사고를 발전시키는 데 기여할 수 있다.

다. 절차적 지식 습득을 위한 수업 모형

절차적 지식 습득을 위한 수업 모형도 명제적 지식을 습득하는 모형에서처럼 귀납적 접근과 연역적 접근, 그리고 상호 보완적인 방식으로 설계할 수 있다.

1) 절차적 지식에서의 귀납적 수업 모형

절차적 지식에서 귀납적 접근은 일반적인 다양한 사례를 통해 학습자가 일반화에 이르도록 하는 과정이다. 사실, 즉 다양한 실물과 작품 사례, 여러 표현활동과 기능의 결과를 살펴보고, 미시적 탐구 질문을 통하여 개념적 이해에 이르도록 설계할 수 있다. 수업 시작에 제시되는 작품이나 여러 현상, 기능의 모습, 실제 사례를 보고 탐구 질문하기로 시작하여, 제시된 학습 자료나 사례를 통해 여러 기능을 살펴본다. 그리고 사례를 통해 활용하고 있는 전략이 무엇인지 탐색한 후 자신이 적용하여 여러 기능과 전략을 시도해 보는 단계로 나아간다. 이를 통해 일반화에 이르도록 하고 일반화 진술하기를 통해 개념적 이해에 접근해 가도록 한다. 매 차시 성찰과 피드백은 수업 전중후를 순환적으로 실행할 수 있도록 한다. 절차적 지식의 귀납적 접근 모형의 설계 순서와 모형은 다음과 같다.

표 6-10 절차적 지식에서의 귀납적 수업 모형 및 사례

단계	교수·학습 활동
탐구 질문하기	- 사실, 사례, 예시에 관한 미시적 질문하기
기능 살펴보기	- 미시적 질문으로 관련 개념과 기능 살펴보기
전략 분석하기	- 개념 및 단계별 전략을 파악하고 분석하기 - 미시적 탐구 질문 해결하기
기능과 전략 적용하기	- 나의 목표 설정하기 - 나의 기능과 전략을 살피기 - 기능과 전략을 적용하기 - 기능, 전략 활용의 전후 비교하기, 개선점 찾기

단계	교수·학습 활동
일반화 진술하기	- 일반화 도출하기, 내가 진술한 일반화, 학급 일반화 진술하기
성찰 및 피드백	- 절차적 지식 습득의 과정 돌아보기, 학습 성찰하기 - 후속 계획 세우기

(가) 탐구 질문하기

절차적 지식 접근은 다양한 사례를 통해 학습자가 풍부한 사례를 볼 수 있도록 해야 한다. 배구를 할 때 서브를 하는 과정이나 배드민턴으로 셔틀콕을 쳐서 네트를 넘기는 과정, 공을 양발을 사용하여 몰고가는 드리블, 공을 차서 골에 넣기 등 다양한 과정을 살펴 보며 학생들은 질문을 할 수 있다. 이 단계에서 질문을 통해 학생들은 움직임이나 동작, 패스하기 등과 같은 개념을 확인할 수 있고, 다른 사례를 떠올리며 더 나은 기능이나 전략을 이야기 나눌 수도 있다.

(나) 기능 살펴보기

학생이 특정한 절차적 지식을 체계적으로 습득할 수 있고, 이를 적용할 수 있도록 하기 위해 사례를 통해 어떤 기능을 사용하고 있는지 파악한다. 미술과에서 생각 표현하기나 반응에 대해 설명하기와 같은 기능을 활용할 수도 있고, 체육과에서 정확한 패스를 위한 공 차기, 발 안쪽으로 공 차기 등과 같은 기능을 확인할 수 있다.

(다) 전략 분석하기

기능 살펴보기와 전략 분석은 동시에 이루어질 수 있으며, 꼭 분리되어 이 과정으로 이루어져야 하는 것은 아니다. 학생들은 공 패스하기에서 키가 큰 학생이나 달리기 속도가 다른 학생의 경우 등을 고려하여 학생 개개인에 따라 다른 전략을 사용할 수 있음을 끌어 낼 수 있다. 선수의 경우는 공을 차기 전 미리 사방을 둘러 본다거나 다른 선수가 다가오는 것을 감지할 때 어떤 방향으로 갈 것인지를 판단하는 세부적인 단계의 분석을 통해 이러한 전략을 확인할 수 있다.

(라) 기능과 전략 적용하기

다음은 학생들이 탐구의 과정으로 분석하고 파악한 기능과 전략을 자신이 활용해 보는 단계이다. 기능과 전략의 적용은 학습자가 기존에 이미 형성하여 지니고 있는 기능과 전략이 있을 수 있기에 자신의 선 경험을 떠올리고 지금은 어떻게 할 것인지 사고할 수 있도록 격려하는 것이 필요하다. 또한 다양한 기능과 전략을 마음껏 적용해 볼 수 있도록 여건과 분위기를 허용적이면서도 편안하고, 안전하게 조성할 필요가 있다. 기능과 전략을 개별로 적용해 볼 것인지, 다른 학생들과 함께 할 것인지를 결정하고 그에 따른 주의사항도 함께 제시해야 한다. 절차적 지식의 습득이라 하더라도 상호 소통하고 존중하며, 격려하는 학습 분위기의 조성은 매우 중요하다. 명제적 지식과 달리 결과가 바로바로 나오기에 오랜 시간의 고민과 시도 끝에 이루어지는 과정임을 서로 이해하고 존중하는 관계 형성이 무엇보다 중요하다.

(마) 일반화 진술하기

학생들은 다양한 예시와 패턴 분석, 자신이 직접 기능과 전략을 활용하여 활동을 해 보면서 스스로 습득한 절차적 지식을 도출하고 확인한다. 충분한 시도와 실천을 통해 절차적 지식을 습득하는 과정에서 어떤 기능과 전략이 무엇과 연관되었는지를 확인하고 문장으로 진술해 보도록 한다. 절차적 지식에서의 일반화 진술은 학생들이 자신의 기능과 전략을 활용해 본 후에 진술하기 때문에 보다 실제적이고 유의미할 수 있다. 또한 해당 분야의 전문가들이 도달하거나 활용하는 기능과 전략을 이해하고 자신만의 언어로 설명하거나 요약함으로써 개념을 정리할 수 있게 된다.

(바) 성찰 및 피드백

학생들이 습득한 절차적 지식을 다른 상황에서 적용해 보도록 하거나 후속 활동을 계획하기 등으로 피드백을 줄 수 있다. 절차적 지식의 성찰에서는 학습자가 기존에 가지고 있던 생각과 달리 해 보고 나니 자신이 느낀 점이나 새로 발견한 사실들이 많이 도출될 수 있다. 단순한 것에서 더욱 복잡한 것에 도전할 수도 있고, 새로운 규칙이나 기능, 전략을 발견하고 나눌 수도 있다. 다른 학생에게서 발견한 새로운 전략을 서로 격려하고 더욱 발전하기 위한 방안을 나눌 수도 있다. 이 성찰과 피드백의 과정은 학습 전반에 걸쳐, 단원 전반에 언제든 반영하고, 지속할 수 있다. 성찰과 피드백 단계에서는 평가를 포함하여 학생이 스스로 반성적 사고를 할 수 있도록 하여 자신이 습득한 절차적 지식과 기능, 전략을 다른 사람에게 설명하기 등을 통해 자신의 것으로 더욱 확고히 할 수도 있다.

2) 절차적 지식에서의 연역적 수업 모형

절차적 지식은 학문의 습득 자체의 특징으로 인해 학습의 과정에서 주어지는 여러 기능이나 전략을 그대로 따라 해 보고 학습자가 느끼는 점이나 깨닫게 된 기능, 전략을 나눌 수 있다. 연역적으로 그러한 기능이나 전략을 바로 실시해 보았을 때 나타나는 문제점이나 어려움을 발견하고 내 기능과 전략으로 습득해 가려는 과정을 통해 일반화를 다시 검증하고 재진술하는 과정으로 나아갈 수 있다. 이는 그냥 따라 해 보기, 한 분야의 전문가의 사례를 연역적으로 바로 접근하려는 시도를 통해 무엇이 부족하고 어떤 개념을 습득해야 이것이 가능한지를 찾아가는 탐구 과정으로 수업이 진행된다. 절차적 지식에서의 연역적 학습 접근 모형은 다음과 같은 단계로 이루어진다.

표 6-11 절차적 지식에서의 연역적 수업 모형

단계	교수 · 학습 활동
일반화 살펴보기	- 절차적 지식 관련 일반화 살펴보기 - 거시적, 미시적 질문하기
기능과 전략 모방하기	- 기능과 전략을 그대로 적용해 보기
피드백하기	- 기능과 전략을 적용하며 알게 된 점, 생각한 점 나누기 - 자기, 상호, 교사 등 피드백 교환하기
기능과 전략 분석,	- 기능과 전략을 세밀하게 분석하기

단계	교수·학습 활동
수정하기	- 나의 기능과 전략 수정하기
일반화 재진술하기	- 기존 일반화에 나의 기능, 전략을 적용해 본 후 일반화 재진술하기
성찰하기	- 학습 과정 돌아보기 - 나의 학습의 개선점, 달라진 점 등 찾기

(가) 일반화 살펴보기

절차적 지식의 연역적 학습 접근 수업 모형에서 일반화를 학생들과 먼저 살펴본다. 일반화는 개념 간의 관계를 진술하되 절차적 지식의 일반화에는 개념과 기능과 전략이 어떻게 구체화되고 실현되는지 나타나 있기에 학생들과 이 일반화가 뜻하는 것이 무엇인지를 서로 이야기해 볼 수 있다. 또한 떠오르는 사례들이나 일반화 기술과 연관된 경험을 떠올려 볼 수 있다. '작가는 독특한 색조의 사용으로 감정을 표현한다.'와 같은 일반화 문장을 예로 학생들은 '피카소의 경우 많이 사용한 색이나 어떤 작품에서 빨간색이 분노를 표현하는 것 같았다.'라는 경험을 이야기할 수 있다.

(나) 기능과 전략 모방하기

학생들은 그 후 제시된 사례를 그대로 따라 해 본다. 예를 들어 운동선수의 발 안쪽으로 공 차기 영상을 보고 그대로 해 보거나 작가가 표현한 방식을 유사하게 해 보는 것이다. 이유나 설명을 하지 않고 따라 해 보며 학생들은 어떤 것을 느꼈는지, 불편한 점이나 어려운 점은 없었는지 나눠 볼 수 있다. 이때는 왜 이것을 해 보는지 이유를 설명할 필요가 있다. '무작정 따라 하라'가 아닌, 작가가 어떤 의도로 이렇게 했는지 그대로 해 보면서 내가 그 의도를 찾아보려는 사고와 생각을 하는 것을 더 중요하게 하도록 안내가 필요하다. 처음부터 그대로 잘 될 수는 없지만, 기능과 전략을 따라 해 보면서 학생들은 연역적으로 절차적 지식의 습득 과정을 거치게 된다.

(다) 피드백하기

절차적 지식을 연역적으로 접근하여 학습하는 모형의 가장 중요한 부분이라할 수 있다. 학생들은 제시된 예시를 그대로 해 보면서 여러 가지 관점이나 느낌, 실패 경험, 어려움 등을 혼자 또는 짝, 친구들과 나눌 수 있다. 다양한 의견이 나오는 이유도 살펴볼 수 있다. 발 안쪽으로 공차기라는 단순한 기능에도 불구하고마음대로 되지 않는다거나 다른 방향으로 공이 간다거나 나는 발이 안 아픈데, 친구는 아프다거나 여러 양상이 나올 수 있고 그에 대한 분석과 피드백을 주고받을수 있다. 이 과정에서 학생들은 다른 개념도 함께 찾을 수 있고 습득할 수 있다. 이때 교사는 개념을 바로 제시해 주기보다는 학생들끼리 다양한 피드백을 주고받을 수 있도록 살펴보고 마지막에 관련 개념을 제시해 주어도 좋다.

(라) 기능과 전략 분석, 수정하기

학생들은 그 후 자신이 잘되지 않았던 부분들을 분석하여 문제점을 파악하거나 수정할 점을 찾아 다시 적용해 본다. 어떤 점을 개선하거나 수정하여 해 볼 수있을지 그 점을 찾아 다시 시도해 본다. 그 후 처음 따라 해 볼 때와 무엇이 달라졌는지 살펴보며 해 보도록 격려하고, 자신이 정한 목표를 과도하지 않게 설정할수 있도록 교사의 관찰과 피드백도 필요하다.

(마) 일반화 재진술하기

위와 같은 과정을 때로는 한 차시에 또는 여러 차시에 걸쳐 학습하며 학생들은그 후 자신이 도출한 일반화를 정리할 수 있다. 처음 제시한 일반화를 자신의 경험과 시도를 통해 도출한 내용을 자신의 언어로 정리해 본다. 일반화 재진술에는학습자가 습득한 개념과 기능, 전략 등이 포함될 수 있으며, 다른 표현으로 도출될 수 있다. 그러나 처음 제시된 일반화와 완전히 다른 일반화는 아니며, 학습자의 경험으로 도출된 진솔한 일반화일 수 있다. 예를 들어 '작가는 독특한 색조의선택과 조합으로 감정을 전달한다.'와 같은 일반화를, 학생은 '작가는 과감한 색을선택하고 조합하여 표현할 때 감정은 더 강렬하게 전달된다.'와 같이 재진술될 수있다.

(바) 성찰하기

절차적 지식의 연역적 접근에서의 성찰하기는 귀납적 방식의 경우가 크게 다르지는 않다. 학습의 과정을 돌아보거나 나의 학습의 개선점, 달라진 점을 찾기 등을 할 수 있다. 연역적으로 접근해 보았기에 어떤 학습자는 더 쉽게 일반화에 도달할 수도 있고, 어떤 학생은 그것이 더 어려웠을 수도 있다. 학생의 성향이나 기존 지니고 있던 기능과 전략 수준에 따라 다를 수 있는 것이다. 이러한 모든 면을 면밀히 살피고 자신뿐만 아니라 상호 피드백과 상호 성찰을 나눠보며 더욱 풍성하게 절차적 지식을 습득하는 학습자로 성장할 수 있다.

이와 같이 절차적 지식 습득에서의 귀납적 수업 모형과 연역적 수업 모형은 다음과 같이 비교할 수 있으며, 둘 다 학습자가 기존에 가지고 있던 자신의 기능과 전략을 파악하고 새로운 기능과 전략을 형성해 가는 과정은 동일하다 할 수 있다. 또한 절차적 지식 습득에서는 단순한 기능, 전략의 습득만으로 그치지 않도록 개념의 형성과 그 개념이 어떻게 일반화로 구현되는지 생각하고 사고하며 탐구의 과정으로 습득하도록 제시되어야 한다.

표 6-12 절차적 지식에서 귀납적 수업 모형과 연역적 수업 모형의 비교

구분	귀납적 수업 모형	연역적 수업 모형
시작	구체적 사례	일반화 확인
접근 방식	사례→규칙성 발견→일반화	기능, 전략제시→적용→검증
학생의 역할	자료 탐구, 기능과 전략 발견	절차 적용, 사례 검토, 연습
교사의 역할	사례 제공 학생 탐구 및 분석 과정 지원	원리에 대한 명확한 설명 피드백 및 충분한 시간 제공
적합한 내용	기능과 전략의 적용(개념 형성)	기능 및 전략 중심(개념 적용)

3. 절차적 지식 습득의 수업 설계 사례

1) 귀납적 접근에 의한 절차적 지식 습득 수업 설계 사례

단원	내가 쓰는 이야기	학년	6학년	차시	12
주제	인물의 특성이 드러나는 글쓰기				
학생상	- 새로움을 창출하는 학생 - 공감하고 배려하는 학생	핵심 가치	창의성, 유연성과 적응력		
핵심 개념	관점	핵심 기능	해석하기, 적용하기		

단계	교수 · 학습 활동
탐구 질문하기	- 하나의 문장을 살펴보기 - 어떤 점을 알 수 있나요? - 다음 문장들은 어떤 뜻인가요? - 관련 있다고 생각하는 문장으로 묶어 보기 - 어떤 작품인지 가장 어울리는 제목은 무엇인지 예상해 보기 - 미시적 탐구 질문 제시 - 이 문장에서 알 수 있는 사실은 무엇인가요? 왜 이렇게 표현했을까요? 작가는 인물을 어떤 사람으로 생각하고 이런 표현을 했을까요?
기능 살펴보기	- 이야기에 나오는 등장인물의 특성 파악하기 - 이야기에 나오는 인물 특성 소개문 작성하기 - 이야기에 나오는 인물의 특성에 대한 전체 의견 논의하기 - 작가가 인물의 특성을 표현하기 위해 어떻게 하였나요? - 인물의 특성은 무엇을 통해 알 수 있나요?
전략 분석하기	- 작가가 인물의 특성을 반영하는 다양한 사례 조사하기 - 관심 있는 작품, 여러 가지 이야기 자료 살펴보기 - 다른 이야기에 나오는 인물의 특성을 정리해 보기 - 내가 소개하는 인물 분석표 만들기
기능과 전략 적용하기	- 작품 속 인물 다른 사람으로 바꿔 보기 - 같은 상황에서 대사를 바꾸거나 표현을 달리하여 써 보기 - 내가 만든 인물의 특성이 드러나는 글 쓰기 (구체적 피드백으로 수행의 정확성과 효율성 높이기)

단계	교수·학습 활동
일반화 진술하기	• 인물의 특성이 드러나게 글을 쓰는 다양한 방법 정리하기 • 나의 작품에 함께 할 다른 인물 정하고 생각해 오기
성찰 및 피드백	• 일반화 정리하기 (학생은 작가가 대화, 묘사, 생각, 감정, 다른 인물과의 관계를 통해 인물의 특성을 드러내는 것을 이해한다.)

2) 연역적 접근에 의한 절차적 지식 습득 수업 설계 사례

단원	내가 짓는 이야기	학년	6학년	차시	12
주제	인물의 특성이 드러나는 글쓰기				
학생상	- 새로움을 창출하는 학생 - 공감하고 배려하는 학생	핵심 가치	창의성, 유연성과 적응력		
핵심 개념	관점	핵심 기능	해석하기, 적용하기		

단계	교수·학습 활동
일반화 살펴보기	- 작가는 대화, 묘사, 생각, 감정, 인물과의 관계를 통해 인물의 특성을 드러낸다. - 무슨 뜻인지 나의 말로 설명해 보기, 짝과 대화해 보기 - 이런 사례를 들 수 있나요? - 어떤 경우를 예로 들 수 있나요?
기능과 전략 모방하기	- 인물이나 배경을 바꾸어 우리만의 이야기 만들어 보기 - 작가가 활용한 기능과 전략을 사용하여 표현하기 - 인물의 특성을 정하기(성격, 생각, 가치관, 잘하는 것, 인물만의 특성을 미리 정하기) - 인물의 특성이 드러나도록 글쓰기 - (묘사하기, 생각을 담아 표현하기, 감정을 표현하는 내용을 담아 글쓰기, 다른 인물과의 관계에서 인물의 특성을 드러나게 글쓰기)
피드백하기	- 다른 사람의 글을 살펴보기 - 작가의 방식대로 글을 작성해 보았을 때 어떤 점이 어려웠는지 이야기해 보기

단계	교수 · 학습 활동
	- 어떤 점이 좋았는지, 쉬웠는지, 다른 친구들의 글을 바꿔 보며 서로 피드백하기
기능과 전략 분석, 수정하기	- 작가가 인물의 특성을 나타냈다고 생각하는 부분 찾아보기 - 모둠별 우리가 생각하는 인물의 특성을 나타낸 부분을 찾고 분류해 보기 - 왜 그렇게 분류했는지 이유 나눠보기 (인물을 묘사한 문장, 인물의 생각을 나타낸 문장, 인물의 감정을 표현한 문장, 다른 인물과의 관계를 통해 특성을 드러냈다고 생각한 부분 등) - 왜 그렇게 작가가 표현하려고 애썼는지 의견 나누어 보기
일반화 재진술하기	- 처음 살펴보았던 일반화를 나의 말이나 우리 반의 문장으로 재진술해 보기 - 다양한 표현을 수용하기, 인물의 특성을 드러나게 글을 쓰는 방법에 대한 기능과 전략 중 새로 발견한 내용을 같이 쓰기 - 인물의 특성을 드러나게 글을 쓴다는 것은 ~이다. - 작가는 ~을 통해(하는 방식으로) 인물의 특성이 드러나도록 글을 쓴다.
성찰하기	- 수업을 통해 발견한 점, 알게 된 점, 의미 있었던 점, 더욱 개선하고 싶은 점 등을 나누기

찾아보기

저자약력

조호제

(현) 고려대학교 및 숭실대학교 겸임교수
고려대학교 대학원 교육과정학(박사)
한국교원대학교 대학원 초등체육교육(박사)
한국교원대학교 대학원 교육과정학(석사)
한국교원대학교 대학원 초등체육교육(석사)
서울교육대학교 초등교육과(학사)
제33회 대교문화재단 눈높이교육상 수상(2024)
「최신교육과정 재구성의 이론과 실제」 공저(2021)
「개념 기반 교육과정 및 평가의 이론과 실제」 공저(2021)
「ON 교육과정 재구성」 공저(2020)
「교과 및 교과통합 서술형 평가의 실제」 공저(2023)
2022 개정 교육과정 운영 위원 및 초등학교 교육과정 심의위원장(교육부)
진학계 고교의 진로별 교육과정에 관한 학생요구 조사 분석(2017)
초·중학교 수학, 영어, 학습부진 학생을 위한 교육과정 개선 방안 탐색(2019)외 50여 편
한국연구재단 등재 학술지 29편 게재

교육과정 성취기준 및 수업과 평가, 학교 교육과정 개발과 운영, 고교 진로탐색과정 운영, 교육과정 총론 기준, IB PYP, 교수·학습과 평가 등에 관심을 가짐.

김남준

(현) 서울노일초등학교 수석교사
서울교육대학교 대학원 초등수학교육(석사)
경남대학교 수학교육과(학사)
2018 대한민국 수학교육상 수상
2022 개정 수학과 교과용 도서 심의위원
2015 개정 수학과 교과용 도서 심의위원
개념연결 초등수학 용어사전 공저(2024)
「이렇게 생긴 수학 1~3권」 공저(2022)
「개념연결 유아수학사전」 공저(2021)
「개념연결 연산의 발견 1~12권」 공저(2020)

아이들이 행복한 수학교실을 위해 꾸준히 연구해 왔으며 교육과정 총론, 수학과 교육과정, 수업 코칭 등에 관심을 가짐.

김정숙

(현)서울면남초등학교 교사
한국교원대학교 대학원(석사)
청주교육대학교 초등교육과(학사)
「AI와 연계한 맞춤형 수업 설계의 이론과 실제」 공저(2024)
「개념 기반 교육과정 수업 설계의 이론과 실제」 공저(2023)
초등학생용 정신건강 리터러시(교육부, 2023)

「개념 기반 교육과정과 수업 사례」 공저(2022)
교육환경보호원(교육부) 생명존중예방 프로그램 개발(2021)
다문화 수용성 함양을 위한 놀이중심 프로그램의 개발과 적용(2020)
과정중심평가 문항 개발 및 적용(2020)

IB PYP, 개념 기반 교육과정 등에 관심을 가짐.

김정윤

(현) 서울갈현초등학교 수석교사, 서울대학교 객원연구원, 숙명여자대학교 강사
서울대학교 교육학(박사)
미국 위스콘신대학교 교육과정(석사)
서울교육대학교 교육전문대학원 초등영어교육(석사)
서울교육대학교 초등교육과(학사)
「개념 기반 교육과정 및 평가의 이론과 실제」 공저(2021)
「교과 및 교과통합 서술형 평가의 실제」 공저(2023)
「Ai와 연계한 맞춤형 수업 설계의 이론과 실제」 공저(2024)
「개념 기반 수업, 이렇게 한다!」(2024)
2015 개정 교과 교육과정 시안 개발 연구(교육부)
2022 개정 통합교과서 편찬 검토
2022 개정 통합교과 평가기준 개발 연구(교육부)

개념 기반 교육과정, IB PYP, 통합교과 교육과정, 교육과정 설계 및 실천 등에 관심을 가짐.

김혜숙

(현) 서울탑동초등학교 교사, 경인교육대학교 강사
경인교육대학교 대학원 다문화교육(석사)
부산교육대학교 초등교육과(학사)
2022 개정 특수교육 5~6학년군 국정 교과용도서 국어 심의위원(2024)
국제바칼로레아(IB) 교사 양성 과정(IBEC) 수료 및 자격(2024)
디지털·AI와 연계한 맞춤형 수업 설계 및 실행 방안에 관한 연구(2024)
「개념 기반 수업, 이렇게 한다」 공저(2024)
「AI와 연계한 맞춤형 수업 설계의 이론과 실제」 공저(2024)
「개념 기반 교육과정 및 평가의 이론과 실제」 공저(2024)
「AI시대 역량 있는 학부모 되기, 이제는 학부모다」 공저(2024)
초등 원로 교사의 다문화교육 경험에 대한 내러티브 탐구(2023)
초등학생용 정신건강 리터러시(교육부, 2023)
교육환경보호원(교육부) 생명존중예방 프로그램 개발(2021)
영어과 교육과정 및 교수·학습 방법, IB PYP, 교사교육 등에 관심을 가짐.

박은하

(현) 서울대도초등학교 교사
건국대학교 대학원 교육과정학(박사)
서울교육대학교 교육전문대학원 유아교육(석사)
서울교육대학교 초등교육과(학사)
「개념 기반 수업, 이렇게 한다」 공저(2024)
「AI와 연계한 맞춤형 수업 설계의 이론과 실제」 공저(2024)
「2022 개정 교육과정 맞춤형 교과 및 교과 통합 서술형 평가의 실제」 공저(2023)
「개념 기반 교육과정 수업 설계의 이론과 실제」 공저(2023)
2023 생각하는 힘을 기르는 서·논술형 평가 장학자료(서울시교육청)
초등학생용 정신건강 리터러시(교육부, 2023)
「개념 기반 교육과정과 수업 사례」 공저(2022)
「개념 기반 교육과정 및 평가의 이론과 실제」 공저(2021)
교육환경보호원(교육부) 생명존중예방 프로그램 개발(2021)
초등학교 안전한 생활 교과용 도서 심의위원(교육부)
2009 개정 체육과 검정 교과용 도서 집필

교수·학습 설계 및 평가, 교사 교육 등에 관심을 가짐.

박일수

(현) 공주교육대학교 교수
한국교원대학교 대학원 교육과정학(박사)
한국교원대학교 대학원 교육과정학(석사)
인천교육대학교 초등교육과(학사)
「통합교과의 이론과 실제」 공저(2020)
「교육과정과 수업」 공저(2019)
「예비 및 현직 교사를 위한 교육평가의 이해」(2021)

교사교육, 교육과정 설계, 교사교육과정, 과정중심평가 등에 관심을 가짐.

백종민

(현) 서울 중평중학교 수석교사
고려대학교 대학원 교육과정학(박사)
고려대학교 대학원 물리교육(석사)
부산대학교 사범대학 물리교육과(학사)
「2009, 2015 개정 교육과정 중학교 과학 교과서 및 지도서」 집필
「가르쳐주세요 전자에 대하여」 (2008)
「수업 컨설팅 바로하기」 공저(2007)
2022 개정 과학과 교육과정 및 과학과 성취기준 개발 연구(2023)
IB MYP 틀을 적용한 중학교 과학 수업 개발 과정 연구(2022)
IB MYP 평가체계와 실행탐색(2024)
국내외 사범대학의 교육목표와 교육과정 편성 비교 연구(2021) 외

IB 교육, MYP, 개념 기반 교육과정, 수업과 평가, 성취평가제 등에 관심을 가짐.

채은경

(현) 글벗초등학교 교사
한국교원대학교 대학원 인구다문화교육 전공(석사)
서울교육대학교 초등교육과(학사)
초등 사회과와 도덕과에서 반영된 연령 통합 내용 분석(2020)
초등학교 사회 교과서 3-6(2022)
IB PYP 프레임워크 적용을 통한 서울형 PYP 모델 구축 방안 연구(2021)
어린이 초록마을, 나라, 세계(2012)
초등학교 환경 3-6학년(2012)
2007 개정 초등학교 사회과 교과서(2011)
학교 교육과정 수립과 교사 공동체, 개념 기반 교육과정의 현장 적용에 관심을 가짐.

최은아

(현) 전주교육대학교 음악교육과 교수
한국교원대학교 대학원 음악교육 (박사)
한국교원대학교 대학원 초등음악교육 (석사)
서울교육대학교 음악교육과 (학사)
「가치 그리고 음악교육」 공역(2024)
「배우며 가르치는 음악교육」 공저(2022)
「음악중심 통합교육」 공저(2022)
「최신교육과정 재구성의 이론과 실제」 공저(2021)
「개념 기반 교육과정 및 평가의 이론과 실제」 공저(2021)
「미래를 향한 새로운 음악교육」 공역(2021)
「ON 교육과정 재구성」 공저(2020)
2009, 2015, 2022 개정 음악과 검정 교과용 도서 집필

IB PYP, 주제중심 통합교육, 음악과 교육과정 및 교수·학습 방법 등에 관심을 가짐.

개정 증보판

개념 기반 교육과정 수업 설계의 이론과 실제

초판발행	2023년 4월 12일
개정 증보판발행	2025년 3월 4일
지은이	조호제·김남준·김정숙·김정윤·김혜숙·박은하·박일수·백종민·채은경·최은아
펴낸이	노 현
편 집	배근하
기획/마케팅	김한유
표지디자인	이영경
제 작	고철민·김원표
펴낸곳	㈜ 피와이메이트 서울특별시 금천구 가산디지털2로 53, 210호(가산동, 한라시그마밸리) 등록 2014. 2. 12. 제2018-000080호
전 화	02)733-6771
f a x	02)736-4818
e-mail	pys@pybook.co.kr
homepage	www.pybook.co.kr
I S B N	979-11-7279-089-9 93370

copyright©조호제 외 9인, 2025, Printed in Korea

* 파본은 구입하신 곳에서 교환해 드립니다. 본서의 무단복제행위를 금합니다.

정 가   24,000원

박영스토리는 박영사와 함께하는 브랜드입니다.